U0942159

本书为国家社科基金“十三五”规划2017年度教育学重点课题
“新高考制度实施与动态调整研究”（AFA170006）之成果

郑若玲 等著

浙江教育出版社·杭州

总 序
FOREWORD

高考是中国教育改革的关键环节，而整个考试招生制度又是以高考制度为核心的。2014年8月29日，中共中央政治局会议审议通过了《关于深化考试招生制度改革的实施意见》。会议指出，考试招生制度是国家基本教育制度，是人才培养的枢纽环节，关系到国家发展大计，关系每一个家庭的切身利益，关系亿万青少年学生的前途命运。改革开放以来，我国教育考试招生制度不断改进，为学生成长、国家选才、社会公平做出了重要贡献。这是对以高考为核心的考试招生制度的重要而精练的评价。

2014年9月4日，国务院发布《国务院关于深化考试招生制度改革的实施意见》，进一步指出：考试招生制度"对提高教育质量、提升国民素质、促进社会纵向流动、服务国家现代化建设发挥了不可替代的重要作用。这一制度总体上符合国情，权威性、公平性社会认可"。这份纲领性文件充分肯定了考试招生制度的功能与作用，强调了改革开放以来考试招生制度改革取得的成就，是一个实事求是的基本判断。确实，以往高考在科学选拔人才、保证高校生源的质量，促进学生努力向学、提高民族文化水平，维护教育公平、稳定社会秩序，促进社会流动、保持社会活力等方面，一直起着重要的作用。改革开放近40年来，我国基础教育水平的提高、经济的腾飞、社会的发展，都与高考的恢复和改革密不可分。经过高考选拔的人才在接受高等教育后成为国家各行各业的骨干力量和栋梁之材，推动了中国经济的飞速发展，高考制度的积极意义应该充分予以肯定。

同时，该实施意见也指出了目前考试招生制度存在的弊端："主要是唯分数论影响学生全面发展，一考定终身使学生学习负担过重，区域、城乡入学机会存在差距，中小学择校现象较为突出，加分造假、违规招生现象时有发生。"高考制度也确实存在很多局限性，因为竞争性的统一考试会诱发应试的顽症，如造成学生学习时间长、体育锻炼少、一定程度的偏科、只重分数不重平时表现，等等。虽然各种教育文件中都明文规定全面考核学生的德、智、体、美，择优录取，但在实际操作中，基本上是以“智”即高考分数来衡量学生的。尤其是平行志愿录取模式，更是将分数的重要性推向极致。在某些人口大省，高考分数集中的分数段，提升一分就可能超越千人，因此学生更是竭尽全力地追求分数。

为了克服应试造成的弊端，必须对高考制度进行变革。作为人们共同遵守的办事规程或行动准则，制度一旦形成，便具有一定的稳定性和刚性的约束力。高考制度的利弊都很显著，要对长久以来形成并得到多数民众拥护的高考制度进行变革，具有很大的难度，任何微小的变动都会引起全社会的关注。如何使高考制度与国家人才培养和社会人才需求有机结合起来，使之高效地服务于新时期国家社会经济的发展，是一个全局性问题。因此，必须在长远规划和全面研究的基础上，积极稳妥地推进高考制度变革。

2017年是进行高考综合改革试点的上海、浙江的“3+3”科目改革完成一轮进入录取阶段的年份，也是总结成效和经验、准备推广实施的重要年份，而且是纪念恢复高考40周年的特别年份。高考改革各方面都在推进，出现了许多新气象、新挑战、新问题，亟须进行全面、系统的研究。应高考制度变革的时代与社会需要，我们组织编写了这套“高考制度变革与实践研究”丛书。

本丛书已列入2017年国家出版基金项目。丛书突出高考改革进入新阶段之后的考试招生制度的变化，直面出现的新气象、新挑战、新问题，力图对高考制度变革理论、国外高校招考制度、高考改革热点与难点问题、异地高考政策与随迁子女社会融入、高考录取制度改革、试点省市高考改革、高考改革形势下的基础教育变革、高考法律问题等方面进行系统的研究，为高考制度变革提供理论依据和政策建议，具有特别明显的现实意义和历史意义。

刘海峰

2017年4月12日

前言

PREFACE

我国统一高考制度从1952年建制迄今已逾60年，1977年恢复统一高考制度至今也有40年，其间几经风雨。进入21世纪后，高校招生考试制度(简称高校招考制度)进入改革的快车道，方案多、力度大，呈现出一派热闹景象，也引发了前所未有的激烈争议。统一高考制度作为一项极富中国特色的招生考试制度，其改革深受我国政治、经济、社会、教育、文化等各种要素的影响。“就高考论高考”固然重要，但“跳出高考看高考”同样不可或缺，这有助于我们理性地破除思维定式，清醒认知考试本质及其功能局限，从而制定出符合国情、科学合理、切实可行的招生考试政策，把好高等教育人才培养质量的“源头关”。

从世界高等教育发展整体来看，高校招考制度对于世界各国的高等教育人才培养质量起到至关重要的作用。因此，世界发达国家都非常重视高校招考制度的改革与完善，力图建立起与本国高等教育人才培养相适应的新生选拔制度。从世界主要国家或地区的高校招考制度看，各国或各地区根据各自政治、经济、社会特点，尤其是高等教育传统，采取程度不一的多样化招考方式，但“从分散走向统一是一个大趋势，其间存在一定的规律性”①。事实上，大学入学标准采取“统一”与“多样”相结合的方式，已成为越来越多国家高校招生的发展方向，这一趋势有利于招考制度在公平选才与科学选才之间实现相对的平衡，从而求取选才的最优值。

高考改革的多样化是大势所趋。不少人在提到高考多样化改革时，多以美国、日本以及我国台湾地区等高考模式作为参照系，但对于其具体做法与存在的问题却往往一知半解，或避而不提。笔者认为，在借鉴这些经验时，首先必

① 刘海峰. 高考改革的统独之争[J]. 教育发展研究,2006(21):47-50.

须清楚了解其制度的运作与多样化程度及其成效，以及改革中存在的问题，在此基础上结合国情，方可有针对性地提炼出高考改革值得参考或借鉴的启示与经验。放眼其他国家或地区高校招生改革可以发现，尽管各国或地区高校招生模式互有不同，但其共同的特点是重视高校招生录取中的统考形式。统考不仅被有着悠久统考历史、考试竞争激烈的中国所看重，也越来越受到具有高校单独招生传统的其他国家或地区的青睐。在美国、英国、法国、俄罗斯、澳大利亚、日本、韩国、印度、新加坡等国家，以及我国港、台地区，由政府或民间专业机构主持统考的成绩，都是影响大学录取结果的重要甚至唯一因素，只是所占权重有所不同。[①] 各国之所以重视统考在招生中的作用，不外乎对公平与效率的考虑——尽管过分倚重统考常常引发人们对“一考定终身”弊端的指责。

一般都认为，高考改革是我国教育领域社会关注度最高的事件，事实上，高考早已超越其作为高校选拔新生的渠道，而成为一种具有重大社会影响与重要社会功能的制度。正是这种重大的社会影响，使高考改革举步维艰、难度很大，同时也赋予高考改革以重大责任和高考研究以重要意义。遗憾的是，学界对于高考研究的重视程度与其重要性相比，却极不相称。可以说，高考改革在教育研究中是一个长期被边缘化的领域。民众对高考讨论的热情与学者对高考研究的冷漠形成鲜明对照。近年来，这种情况有所改观，出现了一批有关高考改革、较具理论深度的研究专著，如《高校招生考试制度改革研究》《高考改革的理论思考》等。但是，仍未形成大气候，仅有少数团队、学者对这一领域的研究坚持不懈、孜孜以求。

相比国内高考制度的研究，对境外高校招生考试制度的研究则更为稀少。专门讨论境外高校招生制度的著作主要有唐滢的《美国高等院校招生考试制度研究》（华中师范大学出版社，2007），王立科的《英国高校招生考试制度研究》（华中师范大学出版社，2008），吴向明的《美国高等院校招生制度改革》（中国社会科学出版社，2008）等。这些著作分别对相应国家或地区的高校招考特点和问题进行考察分析，并针对我国的高考改革提出建议。还有一部分著作

① 郑若玲, 等. 苦旅何以得纾解——高考改革困境与突破[M]. 南京: 江苏教育出版社, 2011:16-17.

是从社会学角度研究高校招生制度的，重点聚焦于公平性问题，如美国学者约瑟夫·索尔斯的《特权的力量：耶鲁和美国精英大学》(Joseph A. Soares. *The power of privilege: Yale and America's elite colleges*. Stanford, CA: Stanford University Press, 2007) 和《SAT战争："可免试入学"之案例》(Joseph A. Soares. *SAT Wars: The case for test-optional college admissions*. New York: Teachers College Press, 2012) 两书，主要从教育与社会公平的角度来批判SAT考试和美国精英大学的"寒门难出贵子"问题。罗伯特·勒纳和艾尔西亚·纳盖的研究报告《优先权无处不在：美国大学入学中的种族和少数民族歧视》(Robert Lerner & Althea K. Nagai.*Pervasive Preferences: Racial and Ethnic Discrimination in Undergraduate Admissions across the Nation*. http://eric.ed.gov/?id=ED454804,ERIC Number: ED454804, 2001)，则通过对美国47所大学招生实况的考察，发现非洲裔在招生中享有最大的优先权，其次是西班牙裔，而亚裔作为少数族裔，却无法享受到这种优先权，在大学招生中，申请者的出身常常比其学业表现具有更重要的作用，精英大学尤甚。

有关境外高校招生研究的单篇论文，多为对某一国家或地区高校招考制度的独立研究和国家之间的比较研究，主要集中在对美国、英国、日本等国及我国台湾地区的高校招考制度研究及对我国内地高考改革的启示方面，如刘海峰的《变革中的台湾大学联考制度》(《中国高校招生》1993.1)，郑若玲的《我们能从美国高校招生制度借鉴什么》(《东南学术》2007.3)、《追求公平：美国高校招生政策的争议与改革》(《教育发展研究》2008.13-14)、《美国大学"可免试入学"改革及启示》(《华中师范大学学报》2016.2)，郑若玲和陈为峰合撰的《美国名校本科招生方式及其启示》(《外国教育研究》2010.10)，刘清华的《日本的偏差值教育与高校招生考试制度改革》(《外国教育研究》2006.10)，王定华的《美国大学招生制度与公平性问题》(《中国高等教育》2003.9)，张民选的《美国加利福尼亚州高等学校招生考试制度研究》(《大学·研究与评价》2007.6)，乐毅的《美国本科招生模式及录取标准:启示、借鉴与本土实践》(《现代大学教育》2008.1)，李润华的《统一性与多样化并存的日本大学招生考试制度》(《比较教育研究》2011.2)，白振国、白莉娜的《刍议日本大学入学考试的多样化及我国应采纳的方式》(《中国高教研究》2002.12)，等等。

本书以美国、加拿大、英国、澳大利亚、俄罗斯、日本、韩国、新加坡高校招考制度为考察对象，采取文献法、比较法、案例法等研究方法，研究东亚、东南亚和西方主要国家的高校招考制度，主要聚焦于各国的高校招考历史、现状、改革及对我国高考制度改革的启示与借鉴价值，在此基础上，归纳国外高校招考制度的发展规律、共同特点及发展趋势等。本书作者均为厦门大学考试研究中心的师生，有的是已出站或仍在站博士后，有的是已毕业或仍在读的博士生，几位作者均有国外一年以上的求学经历，有的还在国外获得博士或硕士学位。切身的国外求学经历，使得作者们对各自研究国家的高校招考制度有着亲身体会与一线观察体验，能收集到第一手的文献资料或调查数据，并据此对各自研究的国家高校招考情况进行纵深探究，所做的分析鞭辟入里，得出的结论较为可信。

比较研究一方面是为了了解国外高校招考制度的过去、现状与未来走向，另一方面是为了更好地观照我国的高考改革。因此，“放眼世界看高考”不可或缺，理性观照我国的高考制度，有助于提高我国高考改革决策的科学性。当然，由于各国的政治制度、经济状况、文化传统、教育发展、社会心理都存在差异，国外行之有效的招考制度，照搬到我国未必行得通。因此，我国高考改革的多样化必须在守望理想与尊重现实的基础上稳步推进，切忌激进冒失、盲目照搬。然而，对国外高校招考制度的研究，有助于我们丰富看待问题的视角，拓宽解决问题的思路。这大概就是本书研究的意义所在。

目录
CONTENTS

第一章

美国高校招考制度

美国是世界上高等教育最发达的国家，高校招考制度对于其高等教育的发展起到了十分重要的作用，因此，美国的招生办公室通常与教务部门一样，成为各高校非常重要的部门之一。美国大学采取典型的“多样化招生”办法，其高校招生制度具有“标准多元、综合评价、自主招生”等特征。近20年来，美国高校陆续进行了以提升公平性与科学性为主旨的各种招生制度改革，部分高校还开始试行“可免试入学”和“彩虹项目”等改革措施。这些办法或举措颇值得我国在高考改革中予以关注与借鉴。

第一节
美国高校招考制度的发展历程

美国在建国前是英国在北美大陆的殖民地，因此，其高等教育历史长于建国历史。美国高等教育发端于1636年创建的哈佛学院，迄今已有三百多年的历史，其大学招生制度也随之不断发展变革，形成了今天颇令美国人自豪的多元综合招生制度，并对世界诸多国家产生了重要影响。美国高等教育及其招考制度的发展变革历程，无疑很值得我们了解和研究。综合美国社会与高等教育的发展，可将其高等教育史划分为殖民地学院时期、建国时期、转型时期、大众化时期及体制多元化时期等五个阶段。[①]伴随着高等教育的发展，各阶段的招生制度也相应发生变化。

一、殖民地学院时期（1636—1789年）

1620年，移居北美的第一批英国清教徒乘坐“五月花”号轮船抵达马萨诸塞州南端的普利茅斯港。由于担心美洲新大陆的教会被不学无术的人员所把持，这些清教徒认为迫切需要设立学校，以培养合格的牧师来传播宗教。在第一批移居马萨诸塞湾殖民地的移民中，大约有130人接受了大学教育，其中35人毕业于剑桥大学伊曼纽尔学院。于是，他们依照伊曼纽尔学院建立了哈佛学院。[②]因此，美国的大学一开始就是以英国教会私立高等院校的传统为模式，殖民时期的学院是仿照英国牛津和剑桥的类型办起来的，其办学目的在于培养教派人士、官员和专业人才。[③]从1636年至1769年，殖民地共创建了9所学院，分别是1636年公理会在马萨诸塞州的波士顿创立的哈

① 这一划分时期参考了美国学者亚瑟·科恩的观点，详情见：亚瑟·科恩，著.美国高等教育通史[M].李子江，译.北京：北京大学出版社，2010.

② 亚瑟·科恩，著.美国高等教育通史[M].李子江，译.北京：北京大学出版社，2010:17.

③ 黄福涛.外国高等教育史[M].上海：上海教育出版社，2003:178-181.

佛学院（哈佛大学前身）、1693年圣公会在弗吉尼亚州创办的威廉玛丽学院、1701年公理会在康涅狄格州建立的耶鲁学院（耶鲁大学前身）、1740年在宾夕法尼亚州建立的费城学院（宾夕法尼亚大学前身，虽然不是由某一教派创立，但实际上由圣公会支配）、1746年长老会在新泽西州建立的新泽西学院（普林斯顿大学前身）、1754年由英国国教在纽约州创建的国王学院（哥伦比亚大学前身）、1765年浸礼会在罗德岛建立的罗得岛学院（布朗大学前身）、1766年荷兰归正会在新泽西州建立的皇后学院（罗格斯大学前身）、1769年公理会在新罕布什尔州建立的达特茅斯学院。①虽然这些学校都与教会有关联，但学院的教育意义远远超过宗教意义，学院很早就已建立由非神职人员来管理的传统。。

这一时期，美国本土建立的学院以欧洲的教育模式为参照，深受其母体欧洲大学“办学自主、学术自治”传统的影响，加之当时的公立普通教育至为缺乏，没有相对统一的普通高中教育标准供参考，因此，殖民地学院的入学考试都是自主进行，且没有笔试，一般由校长或教师对学生进行口试。例如，哈佛学院要求申请人能够朗读拉丁文诗篇和散文，能够列出希腊语法的变化规律；威廉玛丽学院规定申请人必须年满15岁，如果以前没有进行过古典语言知识的学习，那么必须在学院预科部学习拉丁语和希腊语；耶鲁学院要求学生能够熟练解释并合乎文法地分析拉丁语和希腊语作品，能够写出优美和正确的拉丁文。即便是这种口试，也常常由于生源的缺乏而没有得到严格执行。只有到了该时期末期，入学条件才发生了一些变化。例如，1745年，耶鲁学院的入学条件中增加了对算术理解力的要求，同时还要求提供能够充分证明申请人生活清白无瑕的证据。1760年，新泽西学院在入学条件中加入了算术。1754年，国王学院开始要求申请人懂拉丁语、希腊语和算术。②

二、建国时期（1790—1869年）

美国建国后，虽然高等教育迅速发展，新建学院数量剧增，但大学招生

① 亚瑟·科恩，著.美国高等教育通史[M].李子江，译.北京：北京大学出版社，2010: 21.

② 亚瑟·科恩，著.美国高等教育通史[M].李子江，译.北京：北京大学出版社，2010: 23.

由各校自定标准、自主录取的做法并没有改变。

1776年7月4日，《独立宣言》在北美殖民地大陆会议上获得通过，宣告美国的诞生。美国的独立拉开了西进运动的序幕，大量人口迁移至阿巴拉契亚山脉以西居住。此后，美国又陆续扩充了西部、南部的领土，其版图迅速扩大，人口迅速增加。北方制造业和南方种植业继续发展，铁路、河道的建设加快，宗教教派继续分化，各种矛盾不断激化，美国社会自我实现的观念和自由企业制度进一步发展，使得社会改革运动在整个19世纪得到发展。

与此相伴的是各种类型的高等教育机构的建立与发展，其中又以宗教团体最为热衷于此。当时，建立学院的社会环境极为宽松，宪法中没有明确提及教育的相关条款，也没有全国的教育管理部门。不仅如此，最高法院在1819年达特茅斯学院案的判决中还强调了法人团体不可侵犯的原则，给高等教育带来了深刻影响，即各大学可以任意发展，自由选择各自的办学模式。与此同时，各州也先后建立了学院。由于既没有上级机构发号施令，又没有现成的规则必须遵循，因此，到19世纪60年代，美国已建立500多所学院，还有200多所正在建设之中。

这一时期的高等教育机构主要是学院层次，虽然在教育制度方面受到德国大学制度的影响，但这些学院多为专业院校，而非以开展研究生教育和科学研究为基础的大学。不过学院的类型开始呈现多样化特点。相应地，学生来源也日趋多元化，除了传统的白人男子，女性和少数非裔美国人也开始接受高等教育，学生的家庭背景也由以往单一的富裕阶层拓展到中低阶层。

19世纪初期，大学入学条件除了要求懂拉丁语和希腊语外，通常还要求具有算术能力，此后，代数、英语语法、历史、地理等陆续被列为入学考查科目。随着学院课程的增加，入学的考查科目也在增加。到19世纪中后期，几乎所有学院都把地理、英语语法、代数、几何、古代历史、自然地理、英文写作和美国历史等列为入学考查科目。但由于年轻人不满当时学院的清规戒律与清贫的生活环境，接受高等教育的意愿尚不强烈，许多年轻人不愿进入学院学习，大多数学院在实际执行这些入学要求时都不敢太过严格，以免在生源竞争中处于不利地位。

三、转型时期（1870—1944年）

美国内战的爆发，使美国高等教育进入转型时期。当时工业化进展顺利，并因此带动农业的大力发展。伴随着财富的增长和工业的扩张，也出现了诸如贪婪、投机与敛财等不良社会现象，政府为了抑制资本家的过分贪婪行为，出台了一系列法令，试图对工业家和银行家的行为进行控制，限制个人财富的过度集中。与此同时，也使慈善基金会得到发展，并在其后对高等教育发展产生重要影响。

美国独立后，社会经济迅速发展，急需高等教育提供智力支持。1861年，美国在内战期间通过了具有划时代意义的《莫里尔法案》，次年该法案生效。此举被认为是美国政府第一次对高等教育的大规模干预。该法案规定联邦政府在每州至少资助一所学院从事农业和技术教育，即所谓的“赠地学院”，政府根据国会议员的分布给各州划拨一定数量的公用土地或相等的土地期票，将公用土地出售所得资金设为捐赠基金。1890年，《第二莫里尔法案》通过，该法案规定联邦政府每年向赠地学院拨款。《第二莫里尔法案》的颁布，使得政府资金大量注入农工高等教育，大大刺激了公立和实科高等教育的发展。许多州都依靠赠地、出售土地所得或拨款建立了新的农工学院，或者在原有学院里设立了与农业、机械相关的系科。与此同时，创办研究型大学、发展研究生教育的呼声不断高涨，传统学院和州立大学的改造与转型加速。研究型大学、农工大学（州立大学）、初级学院（即后来的社区学院）构成了美国这一时期高等教育的主体，形成了研究生教育、本科教育、专科教育（副学士教育）三级教育结构，并一直延续至今。①

转型时期伴随着高等教育机构数量的增加、类型的多样化以及高中教育规模的急剧扩大，人们进入大学的意愿越来越强烈，大学入学率增长势头迅猛，尤其是20世纪20年代增长最快。和前一阶段相比，大学入学条件也相应提高，高中学习成绩成为重要的招生标准，从19世纪90年代至20世纪50年代，公立大学通常根据获得认证资格的公立高中的毕业文凭来录取学生，但东部的精英大学由于入学竞争激烈，除了高中学业成绩外，还参考其他入

① 黄福涛. 外国高等教育史[M]. 上海: 上海教育出版社，2003: 141-143.

学标准，如推荐信、个人信息（含家庭社会地位）、志愿书等。[①]大学校友或富裕家庭的子女在招生中会被另眼相看。物理、自然地理、英语写作、自然科学、英语文学和现代语相继成为大学招生考试的科目，但各大学对学科知识要求的深度与广度各不相同。例如，哈佛大学最注重考查学生的数学能力；密歇根大学最不重视的学科是希腊语；1870年，普林斯顿大学将英语写作列为入学考查科目，随后哈佛大学、密歇根大学、哥伦比亚大学也先后跟进，要求申请入学者写一篇英语短文；1870年，哈佛大学和密歇根大学将自然地理列为入学考查科目；1877年，康奈尔大学将哲学列为入学考查科目；1890年，密歇根大学将植物学和自然哲学列为入学考查科目。到19世纪末，物理已经成为各大学本科入学考试的基本学科之一。在外语方面，对语言的应用能力以及阅读原著能力的重视取代了以往的语法技能训练。到19世纪末，虽然绝大多数授予文学学士学位的学院的入学要求是学生具有拉丁语或希腊语基础，但这一比例在下降，取而代之的是要求学生掌握一门现代语言。[②]

转型时期，中西部的州立大学由于声誉不及东部的私立大学，招收生源只能依据最低的标准，只要具有高中毕业水平就能入学。但东部的私立大学由于入学压力增大，加之对生源家庭社会地位与财富的“青睐”，于20世纪初发起并成立了大学委员会，用以开发学术科目通用考试作为入学标准。因此，仅有高中毕业文凭者是无法进入这些竞争激烈的私立精英大学的，只有在学术科目通用考试中取得好成绩的学生才会被录取。那时，在纽约的大量犹太人由于重视教育、学业优良，在学术科目通用考试竞争中占据优势，得以进入哥伦比亚大学，从而引起反犹太人的耶鲁大学和普林斯顿大学等精英大学的恐慌。这些大学希望借助于某种智力测验，证明拥有日耳曼血统的青年要比其他“劣种人”，如阿尔卑斯山人、地中海人（包括犹太人）和黑人青年更优秀。[③]在这一背景下，SAT（Scholastic Aptitude Test，学术性向测验；后改为Scholastic Assessment Test，学术评估测验）于1926年被引入大

---

① 亚瑟・科恩，著．美国高等教育通史[M].李子江，译．北京：北京大学出版社，2010. 110.

② 亚瑟・科恩，著．美国高等教育通史[M].李子江，译．北京：北京大学出版社，2010: 107-108.

③ Soares J A.The Power of Privilege: Yale and America's Elite Colleges[M].Stanford,CA: Stanford University Press, 2007:25.

学招生中。可见，SAT起初的定位是一种测量先天智力水平的智商测验，而不是测试学生对学术课程掌握程度的测验。20世纪50年代，美国中西部的公立大学开发了ACT（American College Test，美国大学入学考试），作为SAT之外的另一种选择。此后，SAT或ACT等标准化考试成绩便取代高中成绩成为打开大学之门的“万能钥匙”。有学者因此认为，公立大学与高中学校之间的直接关联，从20世纪中叶起遂被切断。①

在这一时期，由于种族、宗教、性别、民族、家庭财产和社会地位等先天因素都曾被作为大学入学条件，这些因素不是基于个人才能和努力的结果，有悖于公平和平等原则，渐渐遭到人们的抵制，取而代之的是学业成绩和标准化考试成绩，这一评价方式越来越为人们所接受，人们也意识到客观的入学标准更有利于选拔有能力的学生。②

四、大众化时期（1945—1975年）

“二战”结束后，美国发展为世界第一强国，经济复苏并快速发展，人口增长达到顶峰，退伍军人大量回归社会，民权运动风起云涌，这些给美国高等教育带来剧烈冲击，美国高等教育进入一个全新的大众化时期。对高等教育及其招生制度影响最大的莫过于《退伍军人权利法案》（*Service-men' s Readjustment Act*）和《肯定性行动计划》（亦名《平权法案》，*Affirmative Action*）的颁布。

1944年，“二战”接近尾声。鉴于“一战”后大批退伍军人由于安置问题而导致了1932年的“向华盛顿进军”事件，为了防止数以百万计的即将复员的军人回流社会造成严重社会问题，美国国会于1944年6月22日颁布了《退伍军人权利法案》，旨在帮助退伍军人在战后更好地适应平民生活。该法案被视为美国历史上有关社会保障最重要的立法之一，1956年该法案终止。在该法案实施期间，共有780万名退伍军人利用教育条款接受了后高中教育，其中223.2万人接受了大学教育，348万人在其他各类学校接受了教

① Soares J A.For Tests That Are Predictively Powerful and Without Social Prejudice[J].Research & Practice in Assessment，2012(7).

② 亚瑟·科恩，著.美国高等教育通史[M].李子江，译.北京：北京大学出版社，2010:111.

育，140万人接受了职业培训教育，69万人接受了农业培训教育。联邦政府为此共花费145亿美元的巨资。该法案内容涉及补偿、教育、医疗卫生、住房、创业、失业救济等各方面。其中关于教育方面的内容包括：联邦政府资助退伍士兵并提供在其退役以后再继续接受教育或技术训练的机会（接受教育训练的时间总共不能超过4年），为他们无偿支付每年不超过500美元的学费,并向他们提供必要的学习用具和生活补贴，向单身的退伍士兵每月提供50美元的生活津贴（其后又增至75美元），向已婚的退伍士兵每月提供75美元的生活津贴（其后又增至100美元），以帮助他们完成中等或高等教育。

《退伍军人权利法案》极大地推进了美国高等教育的发展。虽然该法案本意并不关注高等教育本身，但在客观上使联邦政府找到了以最低程度介入高等教育的适当方式，并产生了意想不到的深远影响。受这一法案的推动，大学在校园建设、教师队伍建设、教学规模等方面都迅速加强与扩大，社区学院蓬勃发展，校园的开放性与师生关系也得到改善，最终促使高等教育从精英教育迈入大众教育。《退伍军人权利法案》对推动美国高等教育发展进入黄金时代功不可没。①

《肯定性行动计划》是另一个对这一时期美国高等教育产生重要影响的法案，而且至今仍是美国高等教育公平争议的焦点话题。美国作为一个典型的移民国家，种族不平等问题根深蒂固，以非洲裔美国人为主体的少数族裔和以盎格鲁-撒克逊人后裔美国人为主体的多数族裔，在政治、经济、文化、教育等各方面发展都存在较大差距。历史上饱受白人歧视乃至承受非人待遇的非洲裔美国人，早在19世纪中叶便取得了抗争的初步胜利，1865年奴隶制被禁止，此后不久，他们又取得了公民权和选举权（黑人妇女在50年后才获得选举权）。但直到20世纪50年代，美国社会仍存在“隔离但平等”现象，种族隔离仍属合法，到1954年“布朗诉托皮卡教育委员会案”判决后，带有种族主义色彩的“隔离但平等”政策方得以彻底终止。

少数族裔的权利意识在“二战”后得到激发，加之受到民主党鼓励，少

① 李传利. “美国最伟大的一代”与《1944年军人再调整法》[J]. 历史教学(下半月刊), 2010(3): 43–47.

数族裔争取平权的行为更加积极。1961年3月6日，肯尼迪总统签发行政命令，明确要求联邦政府实施《肯定性行动计划》，规定政府、企业、学校等单位在就业和入学方面不能因种族、信仰、肤色或民族血统而歧视任何雇员、求职者或申请入学者。1964年颁布的《公民权利法》（*Civil Right Act*），重申所有公民，不分种族、性别、肤色和民族，均有享受平等的就业或就学的权利和机会。《公民权利法》为此前的行政命令提供了法律依据。此后，肯尼迪总统又签署了“肯定性行动”的关键性行政命令，不仅重申此前的反歧视规定，而且要求政府、企业、学校等采取肯定性照顾措施。历经几届政府的推进，《肯定性行动计划》已演变为一系列反对种族歧视和不平等的法律规范的总称，目的在于避免因族裔、性别、肤色、宗教、性取向等因素而对少数群体产生歧视。法案明文规定给少数群体保留相应的配额，以增加他们在高等教育、住房、经济合同、工作竞聘及社会其他福利领域的机会。《肯定性行动计划》对于高等教育中的族裔和性别平等及招生问题产生了巨大影响，当然，与之相伴的争议也延续至今。

这一时期之所以被认为是美国高等教育发展的黄金时期，一是各种类型的院校在此期间都得到发展。有的院校则因种种局限性而被自然淘汰，如私立初级学院、单一性别学院、师范学院等，但研究型和综合性大学得到进一步发展，公立院校尤其是公立社区学院发展尤为迅速，文理学院在发展竞争中数量虽明显下降，但整体质量得以提升，成人教育机构数量快速上升，美国高等教育的自由竞争机制与百花齐放格局基本形成。二是高等教育规模的急剧扩张。这一时期的30年间，大学入学人数增幅超过450%，学生人数从约200万增加到1100万，以公立院校学生人数增幅最大。受《肯定性行动计划》和1973年的《康复法》（*Re-habilitation Act*）的推动，少数族裔、女性、残疾学生入学的增长速度较快，学业优秀但社会经济地位较低家庭的子女受益于政府的奖学金项目也得以进入大学。

大学主要依据学生的高中学业成绩排名和标准化考试分数来选拔学生，ACT作为和SAT类似的选拔测验，在1959年应运而生，并逐渐发展为与后者“平分天下”的大学入学测试。当然，不同层次的大学，入学竞争程度差异甚大，一流的研究型大学和有声望的文理学院，能招收到学业成绩最优秀的学生，但对于一般大学，为了吸引学生，不得不招收一些学业准备不足的学生，并为此制定有针对性的教育补救方案。显然，大学已不再局限于精英教育，而成为一种面向大众的教育。

五、体制多元化时期（1976年至今）

20世纪70年代中期后，伴随着国内经济社会发展和国际形势的变化，美国高等教育进入一个前所未有的多元化时期。冷战结束后，美国将重心转移到经济和社会发展上，上大学才能获得高收入成为普遍共识，人们接受高等教育的意愿更加强烈，大量女性走出家庭，走向学校和职场，少数族裔的平权意识更加强烈。高等院校的数量增长在20世纪60年代达到高峰后，增长趋缓，但大学招生规模继续扩大，公立院校尤甚。私立院校虽然规模相对较小，但人才培养的成才率却不容小觑，授予学士学位的比例高于其录取的本科生比例。文理学院虽然规模小、培养目标单一，但仍以丰厚的学生资助、优良的培养质量、鲜明的办学特色，赢得广泛认可，得以保持高竞争性、低录取率。社区学院的数量虽然增长放慢，但因学费低廉且与职场关联紧密，入学人数所占比例仍持续上升，大量非传统学生（传统意义上的大学生一般年龄为18—22岁，非传统意义上的学生即指突破这个适龄阶段 入学的学生，一般是指在职学员或其他超龄学员）进入社区学院接受教育，而且建立了与大学之间的转学机制。这一时期，除了3000多所获得认证的具有学位授予权的非营利性的公立和私立两年制和四年制学院或大学，还有一些私立营利性中等后教育机构。这些机构既各具特色、相对独立，各自肩负不同的人才培养使命与目标，又相互沟通、相得益彰，共同构成灵活多元的美国高等教育系统。

这一时期，大学招生仍主要参考申请者的高中成绩和标准化考试分数，但招生人员发现，后者由于评分标准存在差异、考查面较窄，并不是一个可靠的预测大学学业的依据，因此在招生时加大了对高中学业成绩的倚重程度。相应地，各州也提高了高中生的毕业标准，并规定了高中毕业生必须学习的核心课程，直到现在，美国大学在招生时仍要求申请者提供其在高中修完大学所规定或建议的核心课程的成绩。随着一流大学入学竞争的加剧，越来越多的学生参加了AP（Advanced Placement，美国大学先修课程）①、IB（International Baccalaureate，国际高中文凭课程）②等课程的学习，以提前获得大学学分，为进入优质大学增加自己的竞争砝码。

随着少数族裔或特殊群体平权意识的觉醒，大学招生出现了各种各样的诉讼案件，包括白人学生起诉因自己的白人身份而在大学招生中被逆向歧视，残疾学生起诉自己申请大学时因残疾而被拒录，非传统学生起诉在大学申请中因年龄太大而遭拒绝，还有起诉各州为了本州利益在招生时对州外学生存在经济援助方面的歧视等。甚至，连大学在招生中要求申请者提供标准化考试的做法也被质疑引发种族歧视。凡此种种，都是美国高等教育体制及社会多元化带来的正常现象，也必然促使高等教育走向优化与完善。

① AP课程由美国大学理事会（The College Board）开发，在高中阶段开设的具有大学水平的课程，涉及22个门类的38门课程，已在美国15000多所高中普遍开设。它可以使高中学生提前接触大学课程，避免了高中和大学初级阶段课程的重复。目前，已有40多个国家的3000多所大学承认AP学分为学生入学参考标准，其中包括哈佛大学、耶鲁大学、牛津大学、剑桥大学等世界名牌大学。

② IB课程由非营利性教育基金会IB组织于1968年开发，旨在发展学生的智力、个性、情感和社会技能，以适应全球化时代的生活、学习和工作。学校开设IB课程需得到IB组织授权。IB项目根据学生年龄共分为四个阶段的课程，其中，文凭项目（Diploma Programme）是世界名牌大学招生的重要参考依据，全球近90个国家的超过3300所著名大学在招生时采纳申请者的IB文凭项目的成绩。

第二节
美国高校招考制度的现状及改革

作为世界高等教育强国的美国经过数百年发展，形成了成熟、独特且高度个性化的高校多元招生制度。但美国的高校招生制度并非完美无缺，相反，有些问题还十分突出。为了提高选拔人才的公平性与效率，更好地发挥招生在美国高等教育发展中的作用，近年来美国高校也进行了诸多改革。

一、美国高校招生多元评价指标

如今，美国4000多所大学类型、层次各异，有各不相同的入学要求与标准，但大致可分为两类：一类是对高中毕业或同等学力者实行开放入学（Open Admission）的大学（含两年制社区学院），只需申请者提供高中毕业文凭或同等学力证明；一类是有入学要求的大学，通过对多元指标的综合评价（holistic review）来选录学生，要求申请者提供高中学业表现、SAT或ACT分数、推荐信、课外活动、才艺证明、作文等一系列材料中的一种或数种。①

（一）高中学业表现

在各项申请材料中，高中学业表现是美国大学入学最重要的一项考量指标。对高中学业的考查主要包括三部分：修读课程、中学报告、高中成绩。每所高校对中学课程修习的规定各不相同，有的学校对申请者修读什么课程并未作硬性要求。例如，8所常春藤盟校都未对中学必修课程提出要求，但会提出它们所建议的或认为能够为大学学习做好准备的理想课程结构。多数大学则对此做出硬性规定，要求申请人在中学必须完成年限长短不一的英语、数学、生物、物理、历史、社会科学、外语（同一门）等课程的学习。

① 郑若玲.美国大学招考制度的启示[N].光明日报，2007-05-09.

例如，维克森林大学2015—2016年度招生要求申请者从认定中学毕业并且有至少16学分的高中课程（unit），[①] 至少包括四年的英语课程、三年的数学课程、两年的社会科学课程、两年的外语课程（同一门外语）和一年的自然科学课程，但最好有20学分的高中课程，英语、数学、社会科学、外语（同一门外语）和自然科学各领域的课程最好都有至少四年的学习经历。[②]普林斯顿大学2016年的招生指南，列出了建议学生在高中期间修读的课程，包括学习四年的英语（含持续的写作训练）、四年的数学（申请工程类专业者要求学习微积分）、四年的外语（同一门外语）、至少两年的历史和实验室科学课程（申请工程类专业者要求学习物理和化学）、至少两年的历史课程。

尽管对必修的课程没有要求，但高竞争性大学一般都很注重学生追求上进、挑战自我的精神，希望学生在可能的情况下多选修一些难度大的高级课程或大学预修课程并通过考试，如AP、IB等。美国大学理事会的统计显示，和同龄人相比，那些在AP考试中表现优秀的学生在大学里获得了更高的GPA(Grade Point Average,平均学分绩点）；提前修习过AP的学生，在随后的大学相应课程里的表现要好于没有修习过AP的学生，这些学生更有可能在5年内完成大学学业并有更高的大学毕业率。[③]85%的竞争性大学在做录取决定时会重点参考申请者的AP成绩，31%的大学在发放奖学金时会参考申

---

① 美国高中课程体系采用学分制，课程科目（subject）一般包括必修的英语（对应我国的语文课）、数学、外语、社会科学、自然科学、体育、艺术以及选修课（electives）。在每一类科目下，美国高中一般根据年级设有多门课程供学生选择，以威彻斯特中学（Westchester Country Day School）2015—2016年的课程为例（https://www.westchestercds.org/document.doc?id=1121），学生修读的四年标准英语课程包括9年级的9年级英语荣誉课（English 9 Honors）、10年级的英国文学荣誉课（British Literature Honors）、11年级的美国文学荣誉课（American Literature Honors）和12年级的世界文学荣誉课（World Literature Honors），但在10—12年级，学生可以根据个人情况选择难度更高的高级古典文学（Advanced Humanities）、英语语言AP课(AP English Language)、英语文学AP课，分别替代学校建议的标准课程。在课程时长和学分上，多门课程均为一年、1学分，也有少数课程为一学期、0.5学分，部分难度较高的课程可能为一年、1.5学分。在学期设置上，美国高中一般为一年两学期制，也有一年三学期制。由于美国高中教育并不标准化，公立、私立和不同地域高中的课程设置和修读的具体情况不尽相同，笔者经咨询美国一位大学升学独立咨询师及一位威彻斯特中学的高中教师后，将16 units of high school credit译为“16学分的高中课程”，将four units in English译为“四年英语课程”，在于遵从业界的用语习惯及便于读者理解。

② 数据来源于维克森林大学的Common Data Set 2015—2016。

③ The 10th Annual APReportto the Nation, FEBRUARY 11, 2014: 5. 研究报告来源于College Board官网。

请者的AP表现，美国顶尖大学的录取者一般所修的AP数目为4—5门，也就意味着，如果想申请这些顶尖大学，修习AP的科目至少为4门。例如，在以下名牌大学，新生每人提交的AP课程数目分别为：哈佛大学4.296门、普林斯顿大学4.63门、耶鲁大学4.95门、哥伦比亚大学4.692门、康奈尔大学4.364门、布朗大学4.297门、加州理工大学4.4门、达特茅斯学院4.688门、宾夕法尼亚大学4.605门、威廉姆斯学院4.64门。[①]修习并通过一些难度大的高级或预修课程的考试，无疑为成功申请大学增加了筹码。例如，普林斯顿大学在招生指南里明确提出，希望申请者尽可能修习并通过一些高难度课程，如AP、IB考试，也希望他们提供一些大学和中学双认可的课程证明或英国"高考"A-Level证书及其他项目文凭考试成绩等，并希望申请者涉猎一些艺术领域的课程或提供艺术相关的优良成绩证明。[②]

中学报告由申请者所在中学的校长或大学顾问填写，以表格形式呈现，内容涉及学生在中学课内、课外的活动，既有客观选择项，又有主观报告项，有些大学还要求学生提供高中最后一学年的中期报告（mid-year school report），以便于追踪入学申请提交后学生的学习情况及学业进展（如果申请者此后的学业表现不佳，则有可能被大学取消录取资格）。中学报告通常要附上填有课程名称和分数的正式成绩单（由中学顾问、校长或其他学校官员填写并寄送）。

各大学所要求的中学报告内容繁简不一。有的大学要求比较简单，主要是填空，内容包括学生的各科成绩、年级排名或平均成绩，以及所在中学的基本情况，如学校性质（是否为公立或私立，是否隶属于宗教派别等）、开设课程（有没有开设AP或IB课程）、对学生毕业的要求、上一年度该中学学生的标准化考试平均成绩、毕业生中准备申请四年制和两年制院校的比例等。有的大学则不厌其烦，要求提供更为周详的学生信息。例如，普林斯顿大学要求的中学报告包括以下三部分内容：学术表现包括候选人的排名、课程平均成绩、年级最高的平均成绩，以及申请人所在中学同届毕业生申请四

---

① 数据来自College Board官网。

② 详情请参阅普林斯顿大学招生办公室网站信息，https://admission.princeton.edu/how-apply/academic-preparation.

年制和两年制院校的比例等；综合等级评定包括学术成就、学习动力、潜力、创造性、批判性思维、思维开放性、情感成熟度、自信心、领导才能、对他人的关心度、职业道德、自私性、同学的评价、老师的评价等；总体评价或总结涉及学术、课外活动的参与及贡献、个性品质等方面，要求报告完成人从总体上对申请者与其他同学进行对比，分出三六九等。①

高中成绩有两种体现方式：一种是年级排名，一种是平均学分绩点（GPA）。对高中成绩的考查，大学一般不设僵硬的“底线”。但精英大学在招生简章上都会列出上一届新生的中学成绩排名或GPA情况，供报考者参考。例如，2014年美国部分名牌大学招收的新生在所就读高中年级排名为前10%的比例，普林斯顿大学为95%，哥伦比亚大学为90%，耶鲁大学为95%，达特茅斯学院为93%，斯坦福大学为80%（排名在前20%的比例为92%），史瓦兹摩尔学院（Swarthmore College）为92%，维克森林大学（Wake Forest University）为75%，卫斯理安大学（Wesleyan University）为78%，阿默斯特学院（Amherst College）为84%（排名在前25%的比例为97%）。②为保证中学成绩在大学录取中被充分尊重，有的州还制定出相应法规，规定州内高中年级排名前X%（top-X% based）且第一次申请大学的学生在满足州的相关要求之后，即可享受该州公立大学系统优先录取的机会。例如，得克萨斯州规定，中学成绩排名在前10%的学生将自动被该州任何一所州立大学录取；③爱荷华州也有类似的立法规定。④

尽管中学成绩是美国大学入学最主要的考查标准，但大学在评估此项指标时，并非片面追求高分数，而是将其放置到学生的中学教育条件或家庭背景中综合考量。例如，假如有分数相同的两位申请者，一位来自社会经济地位处于上层的优势白人家庭、就读于高质量的私立高中，另一位来自社会经济地位处于下层的劣势少数族裔家庭、就读于低质量的公立高中，则后者的分数含金量会被认为高于前者，在招生中可能更有竞争力。

① 详情请参阅普林斯顿大学申请材料中的中学报告表格。

② 比例数据来源于各校官网。

③ Jerry Needham.North East class ranks draw anger[N] .San Antonio Express-News, 2006-11-14.

④ End the 50% admissions rule.DesMoines Register[DB/OL].http://desmoinesregister.com/apps/pbcs.dll/section?category=OPINION.

（二）标准化考试分数

标准化考试分数是仅次于高中学业表现的另一个主要入学指标。美国大学入学的标准化考试主要有SAT和ACT。SAT[①] 由美国大学委员会（College Board）主办，由美国民间考试机构ETS（Educational Testing Service, 美国教育考试服务中心）承担命题及阅卷工作。SAT与ACT都被称为“美国高考”。SAT包括推理测验（Reasoning Test）和学科测验（Subject Tests）两项，前者主要考查学生在大学学习所需要的批判性思维能力（分析和解决问题能力），内容有阅读、数学、作文三部分（2016年开始实施的新SAT，作文变为可选部分），后者主要考查学生对某一学科知识的掌握程度及其运用能力。SAT每年在美国本土举办7次，在海外举办6次。ACT是占据美国大学入学测试“半壁江山”的另一种考试，内容包括英语、数学、阅读、科学、作文（选考）五部分。和SAT相比，ACT更注重考查考生对课程知识的掌握程度，同时也考虑到了对考生独立思考和判断能力的考查。ACT每年举行6次。标准化考试分数是大学排行榜的影响因子之一，大学排行榜会报告各校招收新生位于中间50%段的标准化考试平均分数。

（三）课外活动

课外活动也是一些大学，尤其是精英大学审查学生入学申请时较重视的内容，它不仅有助于大学了解学生对非学术活动或在学校以外社区活动的参与程度、承担的义务、所做的贡献，而且可以关注到学生的特殊才能或成就。这是由于精英大学重视校园及其文化的多样化，而新生群体及其课外活动的多样化正是校园文化多样化的前提。但并非每所学校都千篇一律地要求学生个个有丰富的课外活动履历，而是充分尊重学生的个性。例如，哈佛大学认为，他们招收的多样化新生群体中，有的是在学习或研究领域有非同寻常成就的学生，有的是对所在中学或社区有引人注目的突出贡献者，有的是在某一特殊领域表现出色的偏才、怪才，有的则是能给大学带来不同景象

① SAT原是“学术性向测试（Scholastic Aptitude Test）”的缩写，后来又变为“学术评估测试（Scholastic Assessment Test）”的缩写。如今，SAT已没有什么确切的含义，只是作为“美国高考”为人所知。

的、有着特殊成长环境或经历的学生。许多大学都强调，学生参与课外活动不在于次数的多少，而在于参与的深度、贡献的程度与影响力的大小，特别是学生在其中所扮演的领导角色。

（四）推荐信，才艺证明，作文

不少精英大学还要求申请者提供推荐信、才艺证明、作文等辅助考查材料。推荐信一般要求两封，由高中最后两年的主要课程任课教师所写。有的学校还规定，如学生认为有必要，也欢迎提供这两封以外的推荐信，例如由雇主、教练、朋友乃至家人所写的推荐信，达特茅斯学院甚至欢迎来自申请者的同学的推荐信，认为同龄人的评价视角独特。由于希望选拔到全面发展的学生，一些大学也鼓励申请者提交各种才艺证明。例如，普林斯顿大学规定，有特殊才艺的申请者，可将音乐表演或美术、文学创作等作品等直接寄送给招生办，由招生办安排相关科系的教师来观看、鉴赏和评估这些幻灯片、磁带、唱片或其他发表作品。对于一些有运动特长的申请者，则由学生和学校相关教练直接联系，安排考核。这些教师和体育教练向录取工作人员提供申请者的才艺信息，会在审核申请过程中被加以考虑。有些大学还要求学生提交作文，通常是短文或个人自述，一般学校会给学生提供若干参考主题，比如出国旅行经历、个人特殊的生活环境、对自己影响最大的学术经历、最喜欢的书等。申请者可选择适合的主题进行写作，短则两三百字，长则四五百字。主题大多从上届申请者征集而来。申请者在完成作文时可与他人讨论主题或思路，但必须自己亲自撰写。

（五）面试

面试表现也是一些大学录取评价的内容之一。面试并不在校园内由招生人员完成，而是由散布在全美各地（乃至全世界）的校友代表委员会（Alumni Representative Committee，ARC）的志愿者们代表学校在当地执行。例如，美国哥伦比亚大学的ARC在招募新成员时，把自己界定为遍布美国乃至全球的“哥大特使”。这些成员来自不同的职业背景和毕业年份，都强烈希望能与未来的哥大学生分享其哥大经历，以便申请者有机会了解关于哥大的独特的第一手体验。[①]通常校友志愿者接到大学招生办提供的当地

① https://undergrad.admissions.columbia.edu/arc/guide/frontpage.

申请者的信息后，会主动联系申请者并商定面试的时间地点。不过，鉴于并非所有地方都有校友代表，大学在招生指南中尽管鼓励有机会得到面试的申请者尽量参加面试，但也声明，假如申请者地处偏远，因当地没有校友代表而无缘参加面试，也不必担忧，他们的录取机会不会因此受到影响。因此，面试与其说是招生的一环，毋宁说是经由校友志愿者建立的大学与申请者之间的沟通桥梁。

以上各项招生材料，可使大学在冰冷的考试分数与学业成绩之外，了解学生作为“人”的思想、观念、态度、爱好、兴趣、生活经历等活生生的另一面，从而使申请者在招生人员眼中变成一个生动的“立体人”。

二、近十年美国高校招考改革

美国是个典型的移民国家，各族裔、各阶层的社会资源（包括教育资源）差异甚大。在普通教育阶段，由于实行义务教育，入学机会不成为问题，只有教育资源多寡的差别。但到高等教育阶段，不同族裔和阶层子女的入学机会是否公平的问题便凸显出来，尤其是享受优质高等教育资源的机会，在族裔及阶层间分布很不均匀。因此，入学机会是否公平一直是美国高校招生改革的热点，也是美国政府面临的最头痛的教育乃至社会问题之一。近十年美国高校招生主要进行了以下数项改革。

（一）取消提前招生计划

美国数千所高校由于资质、声誉、办学条件、生源各不相同，其招生计划也是“因校制宜”，常用的招生计划主要有提前招生、常规招生和滚动招生三种。其中，提前招生又分为提前决定（early decetion）和提前行动（early action）两种类型。二者的区别在于：提前决定是“捆绑式”的，学生申请了这一计划，意味着对大学做了某种承诺，一旦被录取，便有义务进入该校，且要交纳一定的入学保证金，同时撤销已提交的其他学校的申请，否则便是违规；提前行动则是“非捆绑式”的，学生即使被某所大学录取了，也可等到其他大学的录取结果出来后做比较，再决定上哪所大学。提前招生一般要求学生在每年的11月1日前递交入学申请材料，12月中旬学校出录取结果（包括奖学金的审批结果）。提前招生通常有录取、延迟考量、否决三种结果。其中，延迟考量是指将申请者延迟到常规招生时段和其他申请者一起考量，由于提前招生时段的申请者较之常规招生时段的申请者更具竞争力，通常最终会被录取。否决则意味着申请者在当年度不再有机会申请该校。常规招生的申请截止日一般为1月1日，3月底或4月初出录取结果，大约一个月后，考生需做出最终决定并答复学校，如果接受录取结果，则需缴纳一笔保证金。常规招生通常也有录取、候补、否决三种情况。其中，候补是为了已被录取的新生放弃录取结果而准备的。由于学生申请的大学数量无限额，有些学生可能同时被数所大学录取，最终只能择一入读，因此，被列入候补名单的学生仍有很大可能获得入学机会。滚动招生则是边申请边录取，一般在入学前6—9个月开始受理申请材料，以保证生源较为缺乏的学校也能招到足够的新生。

源起于20世纪50年代的提前招生计划，到90年代发展迅速。提前招生因录取率高出常规招生数倍而备受家境好的优秀学生青睐，但也因此给弱势群体带来不利而颇受非议。2006年9月12日，哈佛大学宣布从2007年起取消提前招生计划。此后的两周，普林斯顿大学和弗吉尼亚大学也跟着做出同样的决定。其实，哈佛大学并非第一所停止提前招生计划的高校，早在2002年，北卡罗来纳大学教堂山分校和玛丽华盛顿大学便停止了提前招生计划。北卡罗来纳大学教堂山分校发现，该校的提前招生计划中有82%的申请者为白人，而在常规招生时段，这一数据为69%，该计划不利于少数族裔和低收入群体。[①]特拉华大学也早在2001年便已停止该计划。[②]其实，关于提前招生计划不公平的争论早已有之，但因改革的高校知名度不高而未引起社会广泛关注。而此次由哈佛大学发起的改革，由于在一个月之内三所著名大学先后宣布取消提前招生计划，迅速在全美掀起了一场关于取消提前招生计划的争论热潮。

哈佛大学进行这项改革最主要的原因便是出于公平的考虑。哈佛大学认为，提前招生使得低收入家庭、工人阶级和少数族裔的子女（亚裔

① Tamara Holub. ED470540 2002-00-00 Early-DecisionPrograms. ERIC Digest: 4. 资料来源: ERIC Clearinghouse on Higher Education Washington DC.

② Choosing a college takes time, September 15, 2006, Philadelphia Inquirer. 资料来源于NACAC网站。

除外）在这些著名大学的入学竞争中明显处于劣势，而对那些本来就处于优势地位的学生则更为有利。统计显示，提前招生计划的录取率比常规招生计划高出许多，例如，2002年，约翰·霍普金斯大学的提前招生录取率为59%，而常规招生只有33%；宾夕法尼亚大学的提前招生录取率为38%，而常规招生只有16%。① 一般而言，那些家庭富裕、学业优秀的学生更倾向于申请提前招生计划，因为这一计划要求学生在无法对所获得的助学金结果进行比较的情况下做出入学决定。家境一般而需要奖学金资助的学生则常常没有足够的勇气申请这一计划。

除了奖学金的原因，赞成者认为取消提前招生主要有下面两个好处。

其一，有助于减轻中学生对大学入学的狂热程度，改善中学的教学氛围。在提前招生计划下，升学的压力已越来越早地进入中学生的生活中，有些成绩好的学生，甚至从初中阶段开始便被报考名牌大学的压力所困扰，父母们，尤其是那些“追求卓越”的父母们也跟着陷入一种热衷于升学的疯狂状态。可见，提前招生实际上并没有为学生减轻升学压力，而只是把压力提前。取消提前招生，则可使学生在11年级（高三）及其以前阶段的学习处于正常状态。

其二，可以缩小大学之间的竞争力差距，各阶层子女入学机会将更加平等。提前招生对精英大学特别有利，可以确保这些大学提前招到能付得起学费的优质生源，从而提高新生的报到率，而且这些人将来很可能成为重要的捐款校友。再者，“捆绑式”的提前招生也意味着学生失去了通过比较不同学校的财政援助计划而得到更多助学金的机会，从而使这些大学减少助学开支。提前招生还导致社会阶层的歧视现象。申请提前招生的学生多数是那些请得起家教或升学顾问，或者就读于教学条件优越、有丰富升学指导经验的中学的优势阶层子女。另一方面，低收入家庭子女由于需要对更多学校的财政援助结果进行比较，很难对“捆绑式”的提前招生做出承诺，这使得他们通常不愿也不敢申请这一招生计划。显然，取消提前招生将使优势阶层子女占有的升学申请优势不复存在。

反对取消提前招生计划的一派则针锋相对地认为其弊端有如下几点。

---

① Loftus M. Early decision[J]. U.S.News & World Report, 2002(9):70.

其一，如果取消提前招生计划被广泛采纳，则入学对于许多学生和大学来说可能变得更糟。对学生而言，提前招生可以使许多12年级（高四）学生在圣诞节之前解脱升学的重压，因而很受学生欢迎。再者，申请提前招生的多为那些选修了高难课程（如AP课程）、积极参与课外活动的优秀学生，取消提前招生，意味着对所有资质的学生“一刀切”。如果学生不能尽早确定他们能否获得所申请学校的录取资格，就得同时申请多所学校、付出更多的申请费。整个入学系统因此变得十分拥堵，入学竞争更加激烈。而实际上学生申请的一些大学并不一定是他们真正感兴趣的，从而使入学申请过程变得低效，与此同时，申请者被录取的机会并没有增加。对于大学而言，由于提前招生时段分流处理了一部分申请材料，可以减轻常规招生时段的工作量。取消提前招生，无疑将加大常规招生时段的工作压力。

其二，取消提前招生计划是否真的有利于弱势阶层子女也令人质疑。不少人认为，提前招生可以检查中学在升学指导方面工作的好坏，例如，在有些中学，一些学生虽资质不错，但由于升学指导的匮乏或不力，他们到了高四仍没有参加SAT或ACT考试，也没有参观过任何大学校园，甚至没有和升学顾问探讨他们对大学的兴趣与意向。取消提前招生计划，将使这些相对劣质的中学在指导学生不力方面，丧失来自外部的监督压力，而这些中学通常为低收入家庭或少数族裔子女就读的学校。

尽管取消提前招生计划的改革得到许多大学招生办主任和大学升学顾问以及其他相关人士的赞扬，但真正付诸行动的只有少数几所大学。毕竟这一计划实行了几十年，取消它是一项重大的改革，因此，绝大多数学校只是静观其变，不敢轻举妄动，唯恐改革带来优质生源的流失。只有像哈佛大学这种具有高声誉的大学才敢于进行这一改革，因为即使取消了提前招生计划，它们也始终是尖子生的首选。即便如此，哈佛大学倡导的这项改革也只实行了不到4年的时间便宣告失败，此后又恢复了提前招生计划。[①]

（二）废除《平权法案》

作为美国社会一项重要的法案，《平权法案》从20世纪60年代出台迄今，一直都是美国各界尤其是教育界争辩的重要议题。

---

① 郭英剑. 4年半招生改革失败，哈佛、普林斯顿恢复提前录取[N]. 科学时报，2011-03-09.

《平权法案》出台的目的，是为了纠正历史上对黑人和女性的歧视，将其在历史上承受的痛苦“折算”成现实的利益。正如约翰逊总统在1965年的演讲中所言，“你不能把一个才从很多年的手铐脚镣束缚中解救出来的人，立刻将他带到与别人并肩的起跑线上，对他说‘你可以和别人自由竞争’，并且相信这样做是绝对公平的”。[①]作为一项政治法案，《平权法案》对大学招生的影响，主要表现为族裔之间因肤色不同，而享有不同的竞争机会。由于大学在执行《平权法案》时会有意向少数族裔，尤其是非洲裔学生倾斜，引起了白人学生的不满，从20世纪70年代至今，出现了数起关于《平权法案》的招生诉讼案。

1973年，具有良好学术成绩的白人青年艾伦·贝基（Allan P. Bakke）申请加州大学戴维斯分校医学院遭拒。该医学院为了执行《平权法案》，建立了一个主要由少数民族人士组成的特别招生委员会。医学院规定，如果申请者是少数民族，那么，他既可以通过正常的招生渠道与白人学生进行竞争，也可以通过特别招生委员会申请入学。如果特别招生委员会确认他由于少数民族的身份在经济上和教育上处于不利的地位，在录取时，他就不必再和其他学生一起排名，而是与同是申请“特别通道”的少数民族学生一起排名。特别招生政策使少数民族学生避免了与白人学生的激烈竞争，而固定配额则为少数民族学生的数量提供了最低保障。[②]当贝基发现很多被录取的少数民族学生成绩远低于他后，一怒之下把加州大学告上了法庭。他在给加州大学的信里抱怨道：“为了满足未来医疗健康事业的要求，医学界需要最有能力和最有献身精神的人才。我意识到，设置少数民族学生录取定额是为了补偿以往种族歧视的恶果，但是，这种照顾少数民族的措施实际上又开创了新的种族偏见。这不是一个公正的解决办法。”此案一路上诉到联邦最高法院，成为反《平权法案》的第一个标志性案件。

贝基的诉讼使得当时的联邦最高法院面临两难选择，若判加州大学胜诉，则意味着违背美国联邦宪法第14条修正案中的平等保护条款；若判贝

---

① 孙静. 美国《平权法案》的存废之争[N]. 学习时报, 2015-11-26.

② 杨尴. 美国最高法院对高校少数民族招生优惠政策的司法规制——以巴基案为中心[J]. 教育与考试, 2016(01):5-8.

基胜诉，则意味着间接宣判《平权法案》违宪。1978年6月，大法官鲍威尔使用了双重判决：校方有权制定灵活的入学政策；但在招生过程中使用配额，则违背了第14条修正案的平等保护条款。暧昧的双重判决暂时平息了《平权法案》招生政策引起的纷争。[①]在诉讼中，贝基首次使用了“反向歧视（reverse discrimination）”这一概念来表达《平权法案》实施之后许多白人的不满：“我们不歧视黑人也就罢了，可是我们现在在入学和就业上却低于黑人一等。”[②]贝基打响了白人群体抗议《平权法案》第一枪后，1997年的“芭芭拉·格鲁特诉鲍林格案”（Barbara Grutter v. Bollinger）、2016年的“阿比盖尔·费什诉得克萨斯大学奥斯汀分校案”（Fisher v. University of Texas at Austin）等案件，一次次将这一话题推至社会舆论的风口浪尖上，关于《平权法案》存废的争论依然在继续。

虽然《平权法案》至今仍被绝大多数州所执行，但也招致越来越多质疑，有些州开始审视其存在的必要性。1995年，加州大学董事会经过激烈争论，率先在公立大学的招生与招聘中取消将种族和性别作为优先考虑的因素，成为美国第一所取消执行《平权法案》的公立大学。1996年11月，加州通过了“209法案”[③]，宣布取消配额制，禁止州立大学在招生中考虑族裔、肤色、性别等因素，成为美国各州中废除《平权法案》的“排头兵”。2006年11月7日，密歇根州在中期选举中对废除《平权法案》的“2号提案”进行表决，结果以58%比42%获得通过，意味着少数族裔和女性的入学和就业优待不再受法律保护，密歇根州的投票再次引起美国社会对《平权法案》的讨论。迄今为止，已经有8个州明确禁止在州立大学录取中执行《平权法案》。

加州取消《平权法案》后，在非常看重学业成绩和考试分数的加州大学系统中，非洲裔、西班牙裔和美洲土著等少数族裔学生的入学比例大为下

① 孙静. 美国《平权法案》的存废之争[N]. 学习时报, 2015-11-26.

② 胡德维. 考大学是靠肤色还是靠成绩[N]. 光明日报, 2013-08-10.

③ 加利福尼亚州209法案（California Proposition 209），是美国加利福尼亚州州宪法的一个修正案。此法案禁止州政府机构在雇用公务员、签订公共服务合同和公共教育中考虑种族、性别和族群因素。此法案使加州成为全美第一个禁止公立大学在录取时参考种族因素的州。华盛顿州、密歇根州和内布拉斯加州也先后通过了类似法律。

降，特别是在伯克利分校和洛杉矶分校两所学校。相反，亚裔和白人学生的比例则大幅上升，其中亚裔学生数量增加最多，超过了他们在本州的人口增长速度。亚裔在加州大学系统9所分校里的7所中，都成为最大种族，在个别分校更是成为占51%的多数。少数族裔特别是非洲裔学生比例的下降，引起了加州乃至美国社会关于是否要重新起用《平权法案》的争论。不少人认为，如果继续执行"209法案"，最终将导致非洲裔学生被加州这所最好的公立大学拒之门外。同时，非洲裔学生比例的下降也引发了加州大学系统对其招生政策的反思。他们认为，如果改变过去仅重视学习成绩和标准考试分数的入学标准，兼顾考虑学生的课外活动、学习主动性与学业进步等因素，则有可能使学生种族成分发生变化。[①]

从密歇根州的情况看，取消《平权法案》提案的支持者认为对个体的评价应当根据其能力而非其他。反对者则认为，提案的通过意味着密歇根州公民思想的严重倒退，使少数民族和妇女的权益受到伤害，并将减弱职场和公立大学特别是密歇根大学的多样化。民众对《平权法案》见仁见智不足为奇，即使在最高法院内部，对于是否应执行《平权法案》也存在分歧。美国历史上首位拉美裔最高法院法官索尼娅·索托马约尔（Sonia Sotomayor）是《平权法案》的坚定支持者，作为一位出身贫寒的少数族裔，她本人之所以能进入普林斯顿大学就读，就得益于该法案。她认为，正是《平权法案》铺就了自己的"常春藤之路"，因此，对于历史上曾受到边缘化对待的少数族裔，联邦法院有义务保护他们的宪法权益，多数族裔不能竖起选择性壁垒来侵蚀少数族裔的权益。[②]而最高法院里唯一的非洲裔大法官克拉伦斯·托马斯（Clarence Thomas）则对《平权法案》持完全相反的态度。他认为自己便是《平权法案》的"受害者"，在求职过程中，其耶鲁大学法学院文凭被潜在的雇主认为是《平权法案》的产物而"大打折扣"，《平权法案》实质上是"种族主义的（家长）专制"，这类政策等于给被照顾的少数人群贴上"次等人"标签，而且很可能把他们惯出一些凡事依赖的陋习。[③]

① Ralph C. Carmona.Beyond 209 [N].San Francisco Chronicle, 2006-10-26.

② https://en.wikipedia.org/wiki/Sonia_Sotomayor.

③ https://en.wikipedia.org/wiki/Clarence_Thomas#Equal_protection_and_affirmative_action.

由于《平权法案》将学业表现优秀的亚裔排除在所保护的少数族裔外，亚裔已成为哈佛大学等名校招生中的“新犹太人”。近几年，不断有亚裔团体或民间组织出于公平抗争的考量，对哈佛大学、耶鲁大学等名校提起诉讼，指控他们违背宪法，以种族背景作为录取依据；抗议高校录取为了“平权”，把华裔、亚裔当作替罪羊，制造所谓的“亚裔劣势（Asian penalty）”：即亚裔在任何一个SAT分数段的录取率都是最低的，在同样分数的情况下，录取率比白人低67%，比其他族裔则更低。换言之，亚裔学生的入学胜算只有白人的70%，而黑人学生的入学胜算则是白人的5.5倍。亚裔进入一流名校的SAT成绩要比白人高140分，比西班牙裔高270分，比非裔高450分。[①]亚裔团体认为许多亚裔美国学生虽然有近乎完美的SAT分数，处于前1%的高中成绩，在各种课外活动中表现出色，但仍被哈佛大学等常春藤盟校拒收，而各方面表现更逊色的其他族裔学生却被录取。因此，亚裔团体要求联邦最高法院重新考虑《平权法案》的设置，不能让种族偏见、成见、多重标准横行。[②]

虽然近年来大学招生诉讼案频繁上演，但获得最高法院听审的概率不高，因为大法官们认为应该充分尊重大学奉行多元化的自主招生权利，而多元化在录取中的含义广泛，种族并不是保证实现多元化的唯一标准，多元化也包括申请人居住的地区、性别、家庭收入、成绩、兴趣爱好、职业规划、文艺体育特长等因素。正如大法官肯尼迪所说：“大学考虑学生种族的原因应该是保证生源多元化，以达到丰富生源的性格和素质，完善高等教育体系的目的。种族应该是录取的依据之一，而不是唯一依据，基于种族的录取政策应该针对个案，范围不宜过宽。”[③]事实上，美国大学尤其是私立大学在招生中不仅对少数族裔（亚裔除外）有所倾斜，而且总会优先录取一些特殊学生，如体育特长生、政要子女、捐赠校友子女等。“真正的公平”只是

① Thomas Espenshade & Alexandria Walton Radford. No Longer Separate, Not Yet Equal: Raceand Class in Elite College Admission and Campus Life[J]. Contemporary Sociology, 2011, 40(5):580-582.

② Ema O′Connor.Sixty-Four Asian-American Groups File Federal Discrimination Complaint Against Harvard, 2015-05-17.

③ 宋一.哈佛大学被诉无助亚裔入学大学录取难以“真正的公平”[EB/OL].法制网, 2014-11-26. http://www.legaldaily.com.cn/international/content/2014-11/26/content_5860071.htm?node=34042.

“莫须有”的概念，只要这些政策的歧视不构成违反宪法，法院就不会也无权给大学招生设限。又由于美国大学招生奉行的多元化具有模糊性，在将来诸多关于大学招生《平权法案》的诉讼中，各级法院很可能会继续支持大学招生基于多元化考量的族裔倾斜政策。

（三）财政援助改革

和入学机会一样，大学学费和财政援助也一直是美国高等教育争议的热点。2006年9月，哥伦比亚大学宣布从2007学年起，对来自年收入低于5万美元的中低收入家庭的本科生，将以奖学金取代贷款。[①]近几年进行了类似改革的常春藤盟校还有哈佛大学、普林斯顿大学和耶鲁大学三所大学。这一改革的出发点是为了吸引更多优秀的低收入家庭子女入学。

随着美国高等教育的普及，弱势阶层子女上大学的机会增加了许多，但由于政府对高等教育的财政支持减少，导致大学学费近年来涨速迅猛（详见表1-1）。表中数据显示，2003—2004学年，州内学生[②]就读本州四年制公立大学的学杂费平均为5900美元，再加上食宿费，每人每年需花费约13376美元；2013—2014学年，州内学生就读本州四年制公立大学的学杂费平均为8893美元，加上食宿费，每人每年花费约18391美元。四年制非营利性私立高校以及两年制公立高校也有类似的涨幅。在私立大学中，卡耐基分类法中的私立非营利性具有博士学位授予权的院校，年均学费则更高，为37171美元，加上食宿费12650美元，每人每年花费49821美元，比上一年度增加3.8%。从2003—2004学年到2013—2014学年的十年间，州内四年制公立大学学费平均年增长率为4.2%，四年制非营利性私立大学学费平均年增长率为2.3%。因此，大学在学费不断上调的同时，也不得不增加奖学金以帮助学生完成学业。

① Karen W. Arenson.Columbia Alters Financial Aid for Low-Income Students[N]. New York Times, 2006-09-19.

② 表中公立高校的数据是指州内学生，如果是州外学生，则学杂费更高。

表1-1 2003—2014年每学年高校学杂费、食宿费的变化

学年	学杂费						学杂费+食宿费			
	四年制非营利私立高校费用（美元）	年增长率（%）	四年制公立高校费用（美元）	年增长率（%）	两年制公立高校费用（美元）	年增长率（%）	四年制非营利私立高校费用（美元）	年增长率（%）	四年制公立高校费用（美元）	年增长率（%）
2003至2004	24071	—	5900	—	2425	—	33098	—	13376	—
2004至2005	24722	2.7	6322	7.2	2564	5.7	33874	2.3	14031	4.9
2005至2006	25081	1.5	6566	3.9	2609	1.7	34362	1.4	14483	3.2
2006至2007	25607	2.1	6662	1.5	2601	−0.3	35007	1.9	14735	1.7
2007至2008	26264	2.6	6943	4.2	2573	−1.1	35878	2.5	15204	3.2
2008至2009	26356	0.4	7008	0.9	2530	−1.7	35895	0.0	15263	0.4
2009至2010	27920	5.9	7672	9.5	2787	10.2	38041	6.0	16526	8.3

续表

学 年	学杂费						学杂费+食宿费			
	四年制非营利私立高校费用（美元）	年增长率（%）	四年制公立高校费用（美元）	年增长率（%）	两年制公立高校费用（美元）	年增长率（%）	四年制非营利私立高校费用（美元）	年增长率（%）	四年制公立高校费用（美元）	年增长率（%）
2010至2011	28679	2.7	8174	6.5	2938	5.4	39072	2.7	17335	4.9
2011至2012	28830	0.5	8557	4.7	3074	4.6	39261	0.5	17739	2.3
2012至2013	29593	2.6	8821	3.1	3216	4.6	40261	2.5	18171	2.4
2013至2014	30094	1.8	8893	0.9	3264	1.5	40917	1.7	18391	1.2

资料来源：College Board.Trend in College Pricing 2013[EB/OL]. https://trends.collegeboard.org/sites/default/files/college-pricing-2013-full-report-140108.pdf.Table 2B.p.15.

近十余年来，美国高校在本科生的奖学金授予上有一个根本性改变，即越来越多奖学金的授予不是基于学生及其家庭的经济需要而是基于学术成就——前者自1965年《高等教育法》通过后一直是一条起主导作用的发放奖、助学金的评定标准。在高校、州政府和联邦政府这三条主要的奖学金渠道中，前两条渠道基于学术成就授予奖学金的增长趋势已经凸显。美国教育部主持的一项涉及数千所高校的关于美国大学生援助的全国范围的研究项目（National Postsecondary Student Aid Study）调查数据发现，从学校（包括社区学院、四年制公立、四年制私立）这条渠道看，对学生的援助在1995—2004年间增长了105%，其中，基于需要的奖学金的增长仅为47%，而基于学术成就的优秀奖学金却增长了212%。后者在所有奖学金中所占比重也由35%上升到54%。从州政府这条渠道看，优秀奖学金占州政府奖学金支出的比重，也从1981年的9%上升到2004年的26%。①

优秀奖学金比例上升所带来的结果是：家庭富有者、白人或亚裔子女比低收入家庭及其他少数族裔等弱势群体子女受益更多。弱势群体得到的财政援助越来越少，直接影响到他们参与和完成大学教育的机会。不仅哈佛大学、斯坦福大学这些一流大学的学费让低收入家庭和少数族裔学生望洋兴叹，就是那些本该在教育机会平等运动中发挥领导作用的公立大学系统，其入学和财政援助政策也越来越向特权或优势阶层子女倾斜。2003年，这些名列前茅的公立大学给家庭年收入低于2万美元的学生提供的奖学金为1.71亿美元，而那些家庭年收入超过10万美元的学生却得到了2.57亿美元的援助。②因为这些大学为了保持在各种排行榜上的领先位置，非常看重学生的标准化考试分数，而优势阶层子女通常就读于教育条件优越的学校，而且请得起家教和升学顾问，能参加考前辅导课程等，因而在标准化考试竞争中占据优势。

可见，美国高等教育的学生财政援助存在着两难境地：一方面，大学和政府希望增加优秀奖学金来吸引优秀生源；另一方面，这样做的后果又直接影响了弱势群体的入学机会，从而影响到美国高等教育一向所标榜的教育机会公平以及高等教育的多样化。少数一流大学已经注意到这一问题，并进行了减免低收入子女财务负担的相应改革，承诺在学生用尽了其他经济来源（如研究经费、家庭支付）的情况下，学校将百分之百满足他们的奖学金要求，学生无须借贷。但由于低收入子女在这些一流大学所占的比例非常小，从总体上看，这些改革对增加弱势群体的高等教育机会影响不大。只有当类

① U.S.Department of Education. Institute of Education Science. National Center for Educational Statistics (NCES): Issue Brief, 2004: 115.

② Arthur M. Hauptman. College: Still Not for the Needy[J]. The Chronicle Higher Education, 2005, 52(12).

似的政策在大量公立、私立大学广泛推行，才可能对增加弱势阶层子女入学机会产生较大的影响。

（四）“可免试入学”改革

尽管美国的大学享有高度的招生自主权，招生标准、规模及运作完全由各校招生委员会自主制定，且录取评审指标多元，但在招生实践中，标准化考试分数逐渐成为凌驾在大学招生自主权之上的“无冕之王”，自1926年尤其是20世纪50年代后，标准化考试分数成为美国近百年大学录取新生深为倚重的“黄金罗盘”。截至目前，标准化考试分数仍被美国2400多所四年制大学视为录取抉择的最重要依据，并且一直是颇有影响的杂志《美国新闻与世界报道》（*U.S News & World Report*）大学排行指标体系的重要指标。

正如统一高考在中国饱受非议一样，标准化考试在美国也是一个备受争议的话题。近20年来，不断有学校改革入学政策，取消对标准化考试成绩的要求。部分大学甚至完全实行所谓的“可免试入学（Test-optional）”政策，SAT或ACT成绩不再是必须提交的申请材料。

实行这一改革主要基于以下两点理由。

其一，标准化考试成绩对预测大学学业成绩效果甚微。既然标准化考试分数是大学录取新生的主要依据，人们自然期望它能很好地预测学生进入大学后的学业表现、按时毕业率以及未来职场前景。然而有研究者发现，标准化考试分数对大学学业成绩的预测力实际上微不足道，即使根据考试开发者自己提供的数据，标准化考试分数的预测度充其量也只有两成，意味着大学学业表现的绝大部分无法通过标准化考试分数有效预测到。如果把这样一种预测度很低的标准化考试分数作为大学录取新生的“黄金罗盘”，则大学招生所倚重的实际上是一个“找不着北”的无效罗盘。

相反，人们发现，高中成绩比标准化考试分数能更好地预测大学成绩和毕业率，正如加州大学前校长理查德·阿特金森（Richard Atkinson）和伯克利分校统计学家索尔·盖泽（Saul Geiser）所认为的那样，“高中学科成绩的总平均学分绩点被证明是大学成绩的最佳综合预测指数，无论高中的品质或类型如何”[①]。这一点已被许多相关成果所证实，其中，以考试机构自身主持的研究项目的实证最具说服力。主办SAT的大学委员会在一些写给统计行家看的专业性文章中，承认高中成绩对大学学业预测最为重要，但在一些面向大众的出版物中，他们对真相却采取了选择性取舍态度，声称标准化考试的预测效果是最好的。[②]

为了提供更令人信服的证据，美国的统计学家还进一步对标准化考试分数在高中成绩对大学学业成绩的预测水平基础上的增值情况进行探究。他们采用线性多元回归方法并通过建立模型，来测量SAT和高中成绩对大学学业解释功效的贡献度（即模型里所谓的决定系数）。与SAT有着密切利益关联的考试业界，声称发现决定系数有8个百分点的提升，即从单一高中平均学分绩点的决定系数的13%提高到附加SAT后的21%；[③]但独立研究者多认为仅有2%的增长，无论是SAT或ACT，都未能在高中平均学分绩点的决定系数基础上增加几个百分点。相比于考试产业在考试准备和管理费用等方面每年耗费美国人数十亿美元之巨，研究者们认为这点可怜的增加是微不足道和没有价值的。[④]

其二，标准化考试强化了社会不平等。美国不少学者认为标准化考试带有歧视性质，将社会淘汰“粉饰”为学术淘汰，窄化了被录取者的社会经济地位及种族来源的多样性，大学入学越倚重它，对少数族裔、女性及较低社会经济地位人员就越不利。[⑤]而且，标准化考试分数在性别与种族之间存在的差异，远非考试不公平问题的全部，研究表明，家庭收入与考试分数之间也有很强的线性关系，即学生的家庭收入越高，标准化考试的平均分数也越高：那些年收入低于2万美元的贫寒家庭学生，考试分数比年收入4万—5万美元中等家庭的学生低100分；中等年收入家庭的学生，考试分数又比年收

① Atkinson R & Geiser S. Reflections on a Century of College Admissions Tests.Research & Occasional Paper Series: CSHE.4.09，University of California, Berkeley. http://cshe.berkeley.edu/, 2009:2.

② http://thechoice.blogs.nytimes.com/2011/11/09/sat/.

③ 百分比由Raw R相应数据的平方所得，详见Kobrin J, Patterson B, Shaw E, Mattern K & Barbuti S. Validity of SAT for Predicting First Year College Grade Point Average [R]. NY: College Board, 2008:5.

④ Soares J A. Private Paradigm Constrains Public Response to Twenty-first Century Challenges[J]. Wake Forest Law Review, 2013, 48(2).

⑤ Soares J A. The Future of College Admissions: Discussion[J]. Educational Psychologist, 2012, 47(1).

入超过10万美元家庭的学生低200分。[①]加州大学的统计学家索尔·盖泽和玛利亚·森迪莱斯（Maria Santelices）2007年曾对SAT词汇和数学两部分的分数与家庭收入进行相关性研究，也证明了标准化考试分数承载着社会不平等。研究表明："SAT词汇部分与家庭收入存在0.32水平的相关，与父母受教育程度存在0.39水平的相关；SAT数学部分与家庭收入及父母受教育程度分别存在0.24和0.32水平的相关。而高中平均学分绩点与家庭收入及父母受教育程度却分别只存在0.04水平与0.06水平的相关。"[②]

鉴于标准化考试分数与家庭收入及父母受教育程度密切相关，而高中成绩却与后两者几乎无关，标准化考试的反对者们极力推崇以高中成绩取代标准化考试作为录取学生的依据。得克萨斯大学奥斯汀分校负责招生事务的副教务长布鲁斯·沃克（Bruce Walker）曾发布过多份关于"10%解决方案"的研究报告，阐释高中排名是预测大学成绩和毕业率的绝佳且可靠指标。他说："位列任何高中毕业班前10%的成绩，可以使年轻人克服来自低收入贫寒家庭、父母无高中文凭以及就读低水平高中等劣势。在得克萨斯大学，那些来自年收入在2万美元以下的低收入家庭以及毕业于官方认为是最差高中且成绩排名前10%的年轻人，其学术表现要强于那些高中成绩排名在10%之后、毕业于模范高中、来自高收入家庭且父母受过高等教育的学生。"[③]因此，根据高中成绩来录取学生，被认为既有助于提升大学校园种族与社会阶层的多样化程度，又有助于低社会经济地位阶层学生获得更加公平的教育机会。

基于以上原因，越来越多的学者加入到支持"可免试入学"改革的行列中，主张抛弃标准化考试这一最初由私立大学设计、旨在将高社会经济地位、高收入家庭子女尽收囊中，带有社会偏见与歧视的旧的"黄金罗盘"，创新出适合21世纪的新的招生方法。社会历史学家查尔斯·默里

① Soares J A. For Tests That Are Predictively Powerful and Without Social Prejudice[J]. Research & Practice in Assessment, 2012,7.

② Geiser S & Santelices M V V. Alidity of High-school Grades in Predicting Student Success beyond the Freshman Year: High-school Record vs. Standardized Tests as Indicator of Four-year College Outcomes (Occasional Paper Series, 6.07) [R].Berkeley, CA: Center for Studies in Higher Education, 2007:2

③ Walker B. Overcoming the Effects of Social Structure on College going Behavior and Academic Performance: Texas and the Top 10% Solution[R].Austion: University of the Texas, 2009.

（Charles Murray）是其中最具代表性的学者，他曾经坚定信奉并坚决主张运用智力测试来筛选大学新生，[①]如今转而提倡废除标准化考试，他说："证据压倒了一切……我坚决主张SAT必须终止。不仅仅是弱化其重要性，而是不再实施……SAT分数原本应成为底层大学前进的信号灯，结果却成了顶尖大学炫耀的资本。"[②]

在过去20年间，美国越来越多的大学进行了"可免试入学"的改革和尝试，截至2014年，已有800多所四年制大学（占该类大学总数的三分之一）在招生中部分甚至全面实行了"可免试入学"政策，其中不乏高水平大学或文理学院。因改革效果良好，"可免试入学"政策受到越来越多大学的关注与重视。普林斯顿大学人口统计学家托马斯·埃斯彭沙德（Thomas Espenshade）和张杨冲（Chang Young-Chung）通过建立统计模型，来预测"可免试入学"政策对新生的社会构成和学术能力产生的影响，以此判断这一新政到底"是不是赢家"。研究结果表明，无论私立或公立大学，在终止使用标准化考试分数，改而采用高中成绩和大学预修课程（AP课程）考试分数作为录取依据后，将会招录到社会构成更多样、学术能力更强的学生。[③]这一预言正在一些进行改革试验的大学中成为现实。

以维克森林大学为例。2009年，维克森林大学成为《美国新闻与世界报道》杂志大学排行榜前30所精英大学中唯一实行"可免试入学"政策的大学。新政实行前，维克森林大学的高年级学生只有6%为有色少数族裔。新政实行后的三届学生中，非洲裔和西班牙裔学生比例增至23%，亚裔学生增至11%，父母双方均未上过大学的所谓"第一代大学生"比例猛增至11%，家庭收入接近贫困线的佩尔奖学金获得者的比例上升至11%。从入学新生的

---

① 1994年，查尔斯·默里在其与心理学家理查德·赫恩斯坦（Richard Herrnstein）合著的《钟形曲线：美国生活中的智力与阶级结构》（*The Bell Curve：Intelligence and Class Structure in American Life*）一书中宣称，智商是天生的，在不同种族中的分布是固定的，与社会地位、经济条件无关。

② Charles Murray.Abolishing the SAT.In Soares J A (Ed.). SAT wars: The case for test-optional college admissions[M]. NY: Teachers College Press, 2012:69.

③ Thomas J. Espenshade & Chang Young-Chung.The Opportunity Cost of Admission Preferences at Elite Universities[J]. Social Science Quarterly, 2005,86(2).

高中排名看，居前10%的人数比例由2008年的65%上升到2011年的83%。[①]新政的实施，不仅没有降低维克森林大学的品质与学术声誉，反而因生源成分更加多样而使校园更具活力与吸引力。因此，维克森林大学实行的“可免试入学”政策被认为是一个“双赢”政策。

除了依据高中成绩和AP课程成绩来选拔新生，也有一些学校尝试采用其他方式来甄选生源，取得了良好效果。例如，塔夫斯大学（Tufts University）尝试采用非认知性考试“彩虹项目（Rainbow Project）”和“万花筒项目（Kaleidoscope Project）”，来评估申请者的创造力和解决实际问题的能力。他们发现，与SAT相比，这些非认知性考试对学生大学成绩和保留率有更强的预测力，而且更加公平，考试分数也没有性别或种族差距，有助于提高弱势阶层子女的入学率。[②]

① Soares J A. Private Paradigm Constrains Public Response to Twenty-first Century Challenges[J]. Wake Forest Law Review, 2013,48(2).

② Robert J. Sternberg. The Rainbow and Kaleidoscope Projects: A New Psychological Approach to Undergraduate Admissions[J]. European Psychologist, 2009, 14(4).

第三节
美国高校招考制度的启示与借鉴

美国作为多样化招考制度的典型代表和高等教育的强国与大国，其高校招考制度历经三百多年的发展，已比较成熟和完善，可以成为我国高考多样化改革的重要参考。但任何国家招考制度的形成与运作，与本国的历史、文化、经济、政治和教育等因素关联紧密，其他国家可以受其启发，甚至借鉴其制度，但生搬硬套却绝不可行。因此，我国高考多样化改革在借鉴美国的做法时切不可忘记“橘逾淮为枳”的教训，否则便可能南辕北辙，弄巧成拙。笔者认为，中国高考多样化改革可以从美国高校招考制度中得到以下启发与借鉴。

第一，注重入学机会公平。美国是个典型的移民国家，由于各族裔、各阶层子女的教育条件不同，高等教育阶段的入学机会差异甚大。为缩小差距，美国政府早在20世纪60年代初就颁布了《平权法案》，旨在给予少数族裔或女性在就业和教育机会方面优先考虑的权利，政府还设有一些专门针对弱势群体的财政援助项目，如“佩尔奖学金（Pell Grants）”针对低收入家庭的本科生，无须偿还。一些高校则设立了为少数族裔提供入学信息、咨询与指导的专门机构，如哈佛大学有“本科生少数族裔录取项目（Undergraduate Minority Recruitment Program）”。我国也是一个地域辽阔、民族众多的国家，民族、阶层、城乡、地域间差异甚大，教育的条件不均衡以及由此带来的机会不公平，在某种程度上与美国相似，特别是城乡、地域间的差别，相比于美国可以说有过之而无不及。高考制度在多样化改革过程中，也必须时刻凸显公平，尤其要防止因客观标准减少导致权力、金钱介入而给弱势群体带来的不公。

第二，适度采用多元录取指标。美国高校录取新生，没有固定的指标体系，而是依据综合评价：既有智力方面的要求，又有非智力因素的考量；既重视学生的考试成绩，又看重平时的学业成就；既从考试分数或年级排名等相对客观的硬指标来评判学生，又从充满个性与人情味的推荐或自述材料中了解学生。指标多元化体现了美国大学既注重学生德、智、体全面发展，又不错失“专才”“偏才”的综合评价方式。这种综合评价方式正是我国高考多样化改革的目标。在目前优质高等教育资源紧张、诚信制约机制尚未健全的背景下，我国高考多样化改革仍需以统考为主。但本着从实际出发、循序渐进等原则，可将考试成绩之外的其他因素适度、逐步、切实地纳入录取指标体系，并建立和健全相应的监督机制。

第三，扩大高校招生自主权。美国高校向来具有办学自主与学术自治的传统，体现在高校招生上，也具有高度的自主权，招生的标准、规模及运作完全由各校招生委员会自主制定，联邦政府与州政府不得干预。我国高考虽然从20世纪80年代便开始了“扩大高校招生自主权”的努力，但进展缓慢，即使是实行自主招生，高校真正享有的自主权仍十分有限。笔者建议待时机成熟时，可将我国统一考试与招生两相分离，由高校自主决定考试结果的使用比例，或将统一高考变成水平考试，让招生院校在水平测试的“基准”之上最大限度地行使招生自主权。

第四，建立多渠道、多层次的考试“立交桥”。美国高校招考制度的一个鲜明特色是招生计划与机制灵活多样、招生效率高。对学生而言，既有提前招生计划，也有常规招生计划，还有针对快进生或超常生的提前入学计划。从高校来说，既可以让那些生源充足的学校在规定时间内尽快完成招生工作，又可以让那些生源不足的学校在最大的时间跨度内网罗更多生源。我国目前虽然不大可能采取完全个性化和自主性的招生机制，但分类进行考试却有其必要性与可行性。目前我国正在试行的普通本科与高职高专院校的分类招考改革力度还应加大，使高校招生在坚持统一考试的前提下，真正建立起多渠道、多层次的考试“立交桥”，以便适应高等教育多样化和人才结构立体化的需求。

第五，必须对统一高考招生制度进行全面反思，扬利除弊，这也是最重要的一点。与SAT长期是美国大学招生的主要方式一样，统一高考也长期在我国大学招生中雄踞“一统天下”的重要地位，对我国教育发展与人才培养发挥了积极作用，在可见的未来，高考仍会是高校选拔新生最重要的依据与途径。然而，最重要不等于唯一。以往教育领域出现的许多负面现象或问题，如片面追求升学率、学业负担过重、智育一枝独秀等，都是缘于我们错误地将高考这一“重要”途径践行成“唯一”途径。固然，将所有教育与社会问题都怪罪于高考有失公允，但我们不得不正视它对中小学教育产生的强大的指挥与牵制作用。造成这些负面现象最主要的原因是高等教育入学渠道与录取依据过于单一，高考背负了太大责任，被寄寓了太多希望，已成为许多考生精神世界的“不能承受之重”。[①]

从测量学上看，人才考核要全方位、多角度进行，才具有高效度。高校选拔新生也同样如此。而高考仅采取一种笔试的方式（除外语科目有少量口试）考核人才，其局限性是显而易见的。高考再改革、再完备，也只是人才考核众多手段之一，无法也不能据此对考生素质进行综合评价与考核。单一的考核手段与录取标准，造成“唯分是从”“分分计较”的结果，既不科学，也不公平，既不综合，也不多元，成为高校招考制度改革目标实现的瓶颈。

披览近几年发布的重要纲领性文件，无一不对高考改革提出指导意见或明确规定。2010年出台的《国家中长期教育改革和发展规划纲要(2010—2020年)》，提纲挈领地提出“分类考试、综合评价、分类录取”的改革目标。2013年11月12日，党的十八届三中全会通过《中共中央关于全面深化改革若干重大问题的决定》，提出“探索招生和考试相对分离、学生考试多次选择、学校依法自主招生、专业机构组织实施、政府宏观管理、社会参与监督的运行机制”，并在学业水平考试和综合素质评价、职业院校分类招考或注册入学、综合评价多元录取机制、高考科目改革及一年多考等方面，提出了一系列指导思想。2014年9月出台的《国务院关于深化考试招生制度改革的实施意见》，再次提出“到2020年基本建立中国特色现代教育考试招生制度，形成分类考试、综合评价、多元录取的考试招生模式”。随后，上海市、浙江省相继公布了高考综合改革试点，都体现了多元考核、多一把“尺子”量学生以及把更多选择权交给学生的思路。从以上指导思想与改革精

① 郑若玲.将高考分数标准由“硬”调“软”[N].光明日报，2014-05-13.

神，可以归纳出我国高考改革的最主要目标是“公平”与“科学”，其中，科学又包含“分类”“多元”“综合”等要素。美国大学进行“可免试入学”改革的动机主要也是出于公平与科学的考量，从已有的改革成效看，这两点都在一定程度上得以实现。虽然美国学术界对“可免试入学”政策尚有许多争议，但其关于大规模标准化统考的反思与破除统考迷信的改革尝试，给我们提供了可贵的启发和思考。

近十年来，我国高考制度进行了分省命题、自主招生、新课改高考、高校招生“阳光工程”、平行志愿录取模式、考试安全、高职单招、高考加分范围调整、促进重点大学招生计划区域公平等诸多方面的重要改革，并取得了相当程度的进展。高中阶段也相应进行了学业水平考试、综合评价、创新人才培养等多种改革尝试。但受高校招生体制所囿，这些科学合理的高中教育改革及人才评价手段，往往止步于高考录取分数线的界外，无法深入到高校招生体系内部发挥应有的作用，令人深为叹惋。

现阶段，我国绝大多数高校仍需倚重统一高考成绩作为选拔新生的主要手段，但“只有统考才公平”的迷思必须破除，高考分数“独霸招生，一统天下”的状况必须改变。唯其如此，我国高校招生方可逐渐挣脱藩篱、闯出新路，我国教育方可真正选拔英才、功利千秋。如果我们目光短浅，仅仅关注考试这一环节，注定要与时代发展对人才培养多元、多样化的需求相脱节。我国高考制度要发挥良性的教育与社会功能，必须打破“以分数论英雄”的观念桎梏，推动人才评价多元化与招生录取多样化改革。至少，可以先推动少数顶尖大学深化招生改革，在保证公平的前提下，不拘一格、科学选才。俗话说，“秧好一半谷”，选好生源是高等教育品质保障的前提，只有选取素质全面、潜质丰厚的“好秧苗”，提升高等教育质量，建设世界一流大学才会有良好起点。①

① 郑若玲. 美国大学“可免试入学”改革及启示[J]. 华中师范大学学报(人文社会科学版),2016,55(02):161-167.

第二章

加拿大高校招考制度

国外高校招考制度研究

国外高校招考制度研究

国外高校招考制度研究

国外高校招考制度研究

加拿大是会聚了众多民族，有多种语言的多元文化国家，该国在地理、政治、语言和文化方面的特性直接影响到其高等教育的结构和风格。加拿大高等教育在三百余年的发展历程中传承了法国、英国古典大学的血脉，又深受美国大学现代模式的影响，形成了具有本国特色的高等教育风格。伴随着高等教育的发展变迁，加拿大高校的招考制度也进行着与时俱进的改革，在不同历史发展阶段呈现出不同的特点。

第一节

加拿大高校招考制度的发展历程

加拿大的高等教育最早可以追溯到新法兰西时代，“不同的教会团体相继来到加拿大，开展神学教育活动来教化土著民族放弃自然神宗教而改信天主教”[①]。1635年，耶稣会学院在魁北克（Quebec）省成立，这甚至比在北美大陆成立的哈佛学院还早一年。若以此为发端，加拿大的高等教育至今已有380多年的历史。在漫长而悠久的发展历程中，加拿大高校招生考试制度几经更迭，在不同时期的宗教、政治、经济和文化等因素的影响、塑造下，呈现出迥异的风貌。

一、个别学校筛选制：招考制度的个别化

加拿大早期的高等教育规模十分有限，17世纪的大学几乎都是神学院，那时的大学教育是中、上阶层男性的特权，他们希望在大学获得通识性的古典教育培训以及牧师资格，这能够确保他们在社区里谋得令人敬仰的职位。寥寥无几的高校以及特权阶层出身的少量学生给当时的高等教育深深地打上了“精英教育”的烙印。这也决定了最初的高校招生只能以个别的、零散的、自发的方式进行，这种“个别学校筛选制”式的招考制度以申请者的出身和地位为资格审查的前提，以他们入学考试的成绩和在中等学校的“英才成就”为选拔依据，为维护和巩固特权阶层的利益服务。

与17世纪相比，加拿大高等教育在随后两个世纪的发展要更为丰富多彩。18世纪美国独立战争后，大批保皇党人逃亡到加拿大，这些英国国教的拥趸者的到来，推动了加拿大种族及宗教力量的重新调整，各类基督教教派的学院相继问世，打破了天主教神学院的优势地位。19世纪，人口的繁荣导

① 吴扬，编著. 拉瓦尔大学[M]. 长沙：湖南教育出版社，1994:9.

致社会大众的宗教和文化身份进一步多样化。尽管此时的高等教育依然保留着“精英教育”的特征，但是高等教育不再是权贵阶层独享的特权，宗教教育逐步让位于世俗教育，对“牧师”的培养逐步让位于对“职业人士”的培养，学生的构成开始多元化。此间，麦吉尔大学 (McGill University) 、达尔豪西大学（Dalhousie University）、蒙特爱立森大学 (Mount Allison University) 、国王学院 (King's College) 等高校先后建立，有志成为牧师、医生、律师或其他“绅士”的人可以申请进入这些大学，学习拉丁语并接受古典教育，这种教育经历是他们进入高深职业的“入场券”。然而，即使到了1871年，也仅有少数人有上大学的机会。当时的加拿大仅有17所高校，全国在校生总数为1561人，其中麦吉尔大学以323人的规模成为当时的“超级大学”，有10所大学的学生人数甚至不足50人。生源短缺导致各院校之间的竞争异常激烈，“处境艰难的院校，如维多利亚大学（University of Victoria）和女王大学 (Queen's University) 等，几乎无力拒绝任何交得起学费的学生，尽管有些学生可能并不够格”。[①]

当时的高中课程与大学一、二年级课程的内容相互重叠，高中教育与大学教育的边界尤为模糊。正如加拿大教育史学家保罗·艾克赛尔罗德（Paul Axelrod）所言:“实际上，高等学校的学习（higher learning）究竟包含哪些内容？这到19世纪上半期还是个复杂的问题，因为当时的中等教育与中等后教育之间的界限是模糊的。在普通教育或小学教育之上的高级教育（advanced schooling）在文法学校、神学院、文实学院及其他学院和大学都能获得。这些院校都毫无例外地关注古典教育——宗教、数学、拉丁语和希腊语，致力于使其毕业生获得社会的尊敬。但是这些学院的入学标准却因校而异。由于学院和文法学校的课程经常重复，在缺少文法学校的地方，家庭富裕的家长可能会直接把儿子送到学院或大学接受高级教育。”[②]

在当时的历史条件下，不但高中的教育内容与大学类似，高中入学选拔考试的难度更是出乎想象。以安大略省（Ontario）1898年的高中入学考

① Paul Axelrod. The Promise of Schooling: Education in Canada, 1800–1914[M].Toronto:University of Toronto Press,1997:92–93.

② Paul Axelrod. The Promise of Schooling: Education in Canada, 1800–1914[M].Toronto:University of Toronto Press, 1997:92–93.

试为例，安大略省8年级的学生必须参加由省教育部组织的统考，这些考题经常会让大学教授们犯难。而当时那些十三四岁的学生要能够“找出355和497的最小公倍数”“写出形容词‘单纯的’和‘世俗的’的反义词”“画一幅国家地图和安大略湖并写出每个郡及其首府的名称”“清晰准确地朗读莎士比亚戏剧《约翰王》的一个片段”“对麦考莱（Macaulay）或弥尔顿（Milton）作品的一个段落做语法剖析”。[①]这些中学生取得的成就不容小觑，因此仅有少数的学生能够读到8年级，在他们中只有41%的人自愿或被挑选来参加高中入学考试，其中将有30%的人不能通过考试。换言之，在当时，高中入学考试的功能就是对本来人数就不多的应试者进行无情的筛选，最终选拔出少量的学术精英，赋予他们在高度竞争的学术性高中就读的权利，那时的高中课程如同当今的本科课程，扮演着社会秩序守门人的角色。[②]

自19世纪60年代始，加拿大中等教育与高等教育的边界和课程日益清晰。申请上大学的学生，需要接受过高中教育。然而，这一时期院校间的重叠并未完全消失。高中高年级或者最后一年的学习通常就等同于大学第一年的学习。如果学生完成高中第二年的学习就可以进入大学学习。[③]在入学要求方面，到了19世纪晚期，加拿大的高校意识到：本科课程学习必须要以学生入学时的学习程度为基础。到了1890年，加拿大所有大学的入学要求在内容上高度相似，都要求高中生出示五门学科，即古典学科、数学、英语、历史与地理、科学或一门外语的成绩。[④]其中“古典学科”是指拉丁语和希腊语，拉丁语在早期的高等教育界具有至高无上的地位，但是随着现代语言的兴起，一些大学的入学考试开始允许用法语、德语等现代语言替代拉丁语。现代语言在阿卡迪亚大学（Acadia University）、麦吉尔大学和新不伦

① Robert Douglas Gidney. From Hope to Harris: the reshaping of Ontario's schools[M]. Toronto: University of Toronto Press, 1999:282.

② Robert Douglas Gidney. From Hope to Harris: the reshaping of Ontario's schools[M]. Toronto: University of Toronto Press, 1999: 283.

③ Paul Axelrod. The Promise of Schooling: Education in Canada, 1800–1914[M]. Toronto:University of Toronto Press, 1997:92–93.

④ Paul Axelrod. The Promise of Schooling: Education in Canada, 1800–1914[M]. Toronto:University of Toronto Press, 1997:92–93.

维克大学（University of New Brunswick）已经成为入学条件之一。在法语为教学语言的大学，法语是入学的必备条件。

二、省内统考制：招考制度的规范化

20世纪早期，加拿大先后经历了第一次世界大战和30年代的经济危机，“一战”造成了加拿大人员的重大伤亡和物质的重大损失。战争对加拿大高等教育的影响表现在三个方面：财政拨款削减，延误了学校基本建设；大批青年人走上战场，导致在校学生人数减少；课程设置迎合战时经济体制，限制了普通教育、职业教育的发展。[①]随后的世界性经济危机则严重冲击了加拿大人民的正常生活秩序，高等教育的发展也受到重创。尽管这一时期，有的大学学生人数出现反复，但从整个二三十年代来看，加拿大的高校注册学生人数在缓慢增加。因为对年轻人来说，找不到工作只好在高校继续读书，以便经济复苏后拥有更佳的就业资本。

20世纪初，加拿大高校招生制度日趋规范化，各省教育部普遍推行高中阶段的“入学资格考试”。这种考试分为两个等级，以安大略省为例，如果该省的高中生成功修完12年级的学业，就会获得“初级入学资格（junior matriculation）”；如果成功修完13年级的学业就会获得“高级入学资格（senior matriculation）”。由于各省学制差异，在新斯科舍省，修完高中11年级的学业即获得“初级入学资格”，修完12年级的学业则获得“高级入学资格”。到了1920年，除了古典的学院体系，大学的入学资格都是预科衔接。具有“初级入学资格”的学生可升入大学一年级，具有“高级入学资格”的学生可升入大学二年级。学生在申请大学时需要提供高中阶段最后一年五门课程的成绩及班级排名，这五门课程依次为：英语、历史、数学、拉丁语及一门其他课程。在当时，仅有不列颠哥伦比亚大学（University of British Columbia）、达尔豪西大学等五所大学要求科学课成绩。

也正是在这段时期，伴随着申请入学人数的缓慢增长，加拿大高校逐步提高了入学标准。到1930年，在全国范围内“高级入学资格”已经基本取代了“初级入学资格”，成为法律等专业院系第一年的最低要求。随后，一

① 侯建国．“二战”后加拿大高等教育改革与发展研究[D]. 河北大学博士学位论文, 2005: 16.

些大学的文学院也要求申请者具备“高级入学资格”。[①]截至1940年，“高级入学资格”成为所有学院对申请者的基本要求。入学要求的提高并没有延长学生获得学士学位的时间，这是因为大学的四年课程被相应地压缩到三年，有些高校的荣誉课程[②]则还是四年。到了20世纪50年代，为了加强对学校教育质量的问责，也为了大学对申请者进行更加公平有效的选拔，各省教育部对“高级入学资格”的考核日趋规范和严格。

大学入学标准的提高，在一定程度上是因为“一战”后加拿大中等教育就学人数不断增加。伴随着中等教育的普及，各省政府通常采取考试手段来加强对教育的管理，在中、小学的不同年级设有升级考试，特别是高中阶段的考试。再以安大略省为例，8年级的学生需要参加省教育部统一组织的“高中入学考试”才能进入高中学习。后来，升级的决策权下放给教师、校长和校董会。到了1950年，安大略省仅保留了“13年级毕业考试（Grade 13 departmentals）”，只有通过考试的学生才能获得大学的“高级入学资格”。该考试是全省范围的分科统考，在学生13年级结束时由省政府统一出题考试并改卷。每个考生的考试成绩都会被公布在当地报纸上，该考试力求客观、公正，不受任何外部因素干扰，考生的平时成绩或者学期考试分数都不会被折算计入统考成绩。因此，学生在13年级的学习成绩，甚至是整个中学5年的学习成果都取决于这最终的考试。“13年级毕业考试”通常在每年天气湿热的六月举行，它由若干场科目考试组成，每场考试历时3小时，对学生而言是一次严峻的考验。[③]该考试不仅对想要上大学的学生至关重要，对教师和校长们同样重要，因为当时对教学质量的判断和评比取决于考试通过率和获得第一名的考生人数。可以说，实际上“13年级毕业考试”在当时就是实现公众问责的一种非同寻常的手段，它可以让整个社会相信高中

① Robin S. Harris. A History of Higher Education in Canada, 1663-1960[M]. Toronto: University of Toronto Press, 1976: 363.

②荣誉课程即获得荣誉学士学位所需修的课程。加拿大大学本科学位通常有两种：学士学位（Bachelor Degree)和荣誉学士学位（Honor Bachelor Degree），一般学士学位学制3年，若想获得荣誉学士学位，则还要加一年的学习。荣誉学士学位比学士学位要求更多，修课也更多。这两种学位同样都是大学本科毕业，但如果学生想继续深造，如读硕士、博士，通常大学只认可荣誉学士学位。

③ Robert Douglas Gidney. From Hope to Harris: the reshaping of Ontario's schools[M]. Toronto: University of Toronto Press, 1999: 20.

教育没有辜负大众的期望，培养出了众多优秀人才，还能够让相关学校管理层和家长们引以为戒，进行变革。[①]由此可以看出，安大略省的“13年级毕业考试”实质上就是该省的高中毕业统考，顺利通过考试的学生可以获得“高级入学资格”，能够申请到什么样的大学也在很大程度上取决于该次考试的成绩。

三、全国统考制：招考制度的统一化

“二战”打乱并改变了人们正常的生活节奏，同时也改变了公众对大学地位和价值的传统看法。“二战”前，加拿大联邦政府在教育方面发挥的作用非常有限，省政府在宪法上对教育承担管理义务。“二战”期间，联邦政府由于战时需要而大力资助高等教育，培养了大批专业技术人员，加拿大大学的科研能力得到了充分的发挥，为政府解决了一系列重大的军事技术问题，使政府真正认识到了大学的重要作用。1946年加拿大联邦议会通过《复退军人再培训法案》，规定高等院校每接受一名复退军人，联邦政府就为其提供每年150加元的资助。从1943至1952年，加拿大高校为13.5万复退军人提供了培训和教育，从联邦政府获得5500多万加元的资助。[②]在一系列资助政策的鼓励下，加拿大的高等教育得到迅速发展。

此外，婴儿潮与新移民的涌入导致加拿大人口急剧增长，“从1945年的1200万人增长到1961年1800万人，增长比例近55%。出生率的上升导致高等院校在校学生人数增长2倍，小学和中学人数增加2倍多。人口结构的改变，年轻人所占比例的上升，对加拿大社会、经济、文化发展提出了新的要求。满足年轻人的学习需要，提供良好的高等教育机会，成为摆在政府、高等学校面前的重要任务”。[③]为了适应经济快速发展的需要，联邦政府和省政府共同投资创立了一大批大学和学院。各类社区学院和私立学院得到了相当的发展，打破了传统上较为单一的高等教育模式，大学不再是获得高等教育和各种学位的唯一通途。

---

① Robert Douglas Gidney. From Hope to Harris: the reshaping of Ontario's schools[M]. Toronto: University of Toronto Press, 1999: 20.

② 符华兴, 王建武, 主编. 世界主要国家高等教育发展研究[M]. 长沙: 湖南人民出版社, 2010: 390.

③ 侯建国．“二战”后加拿大高等教育改革与发展研究[D]. 河北大学博士学位论文, 2005: 46.

“二战”后，高校入学名额极度饱和，入学竞争愈演愈烈，招生标准不断提高。在1947—1948学年，安大略省的教育部长收到了20几封来信，来信者均是对子女教育抱有期望的医生、律师、教师和工程师，他们希望部长能帮助他们的子女进入理想的大学。部长在回信中礼貌而坚决地表示：他不能干涉大学的录取程序，这有碍于大学自治的理念。[①]这个事件反映了当时的社会现实，那就是高校学习名额有限，难以满足入学需求。如何对众多的申请者进行有效筛选？成为各高校面临的重要问题。而此时，实施多年的“13年级毕业考试”因其造成填鸭式教育和学生考试压力过大等原因而饱受诟病。1964年，安大略省教育部建议政府制订长期计划，逐步取消13年级及其毕业考试，大学入学准备将通过12年级的有关课程来完成。1966年，安大略省教育部宣布取消“13年级毕业考试”这一省级统考，把高中生的毕业考试交由学校自行组织。当局认为这样做有利于加大管理的灵活性、增加教师的责任感、下放政府对课程的管理权，并且减少学生不必要的考试压力。对于取消考试的现实原因，安大略省教育部长也直言不讳地说：“参加考试的考生人数不断攀升，致使阅卷工作量陡增，几乎不可能按时完成阅卷，无法及时为大学的入学筛选提供信息。”他还暗示，政府将会引进一套新的能力和成就测验，测验成绩将和学生在校成绩一起提供给高校作为招生依据。[②]

不仅是在安大略省，20世纪60年代后，加拿大各省普遍意识到需要对高校招生提供国家层面的协调服务，这种需求的出现源自两个原因。第一，加拿大各省学生之间流动性的增加，需要适用于全国范围的教育测试工具，许多人认为，如果缺乏这样一个协调机构，那么各省在高校招生方面的做法将大相径庭。全国范围的测试能够提高高校招生工作的有效性，因为有了这样的测试，高校在招生时除了参考各省的高中考试成绩外，还能够参照全国性的标准。即使有些省的统考成绩发布时间较晚，无法及时为高校招生提供参考，不利于高校与学生之间的双向选择的时候，如果统一考试的成绩能较

① Paul Axelrod. Scholars and Dollars: Politics, Economics, and the Universities of Ontario: 1945-1980[M]. Toronto: University of Toronto Press, 1982: 27.

② Robert Douglas Gidney. From Hope to Harris: the reshaping of Ontario's schools[M]. Toronto: University of Toronto Press, 1999: 68.

早公布，也能够在相当程度上提高大学招生工作的效率。正是在这样的背景下，一些大学开始认可美国的大学入学考试，即SAT。第二，人们认为除了教育测试外，全国范围的考试还能够在其他方面发挥重要作用，包括如何解决中等教育过渡到第三级教育之间的衔接问题、如何对学业成绩进行合理解释、如何改善高校选拔和招生程序，以及如何评定奖学金和助学金等。[①]鉴于上述原因，加拿大全国性的服务机构呼之欲出。

受到美国"教育考试服务社（Education Test Service，ETS）"启发，加拿大1966年成立了"高校招生服务社（the Canadian Service of Admission to College and University，SACU）"。该组织被寄予厚望，开始在全国推行类似美国SAT考试的加拿大版考试CSAT（the Canadian Scholastic Aptitude Test），即"加拿大学术性向能力测验"，旨在测量学生的语言和数学能力的发展程度，其中语言部分测量学生对词语和观点的理解能力。数学部分测量学生对数学符号的理解能力、推理能力以及解决实际问题的能力。

1969年，加拿大进行了历史上首次全国性的统一考试，并计划随后每年举行一次。考试一经推出就被众多高校广泛采纳。到了1971年，有两个省的教育部在全省的高中生中推行该考试，三个省以及魁北克省说英语地区的所有大学都要求或建议学生在申请入学时提交该考试成绩。在1971—1972学年，大约10万名学生参加了考试。多伦多大学、女王大学、布洛克大学等均在入学要求中明确要求申请者提供CSAT成绩。

然而，由于制度预期收益较低、考试信度和效度缺乏等原因，特别是加拿大民众对统一外部考试的排斥，该考试在施行四年之后即被废止。故1972—1973学年的"加拿大学术性向能力测验"和"加拿大英语语言成就测验（the Canadian English Language Achievement Test）"遂成为加拿大高校招生服务中心的"绝唱"，自此之后，高校招生服务中心连同它的考试一起销声匿迹。统一外部考试的废止对加拿大后来的高校招生工作产生了深远影响，奠定了随后以高中成绩为主要标准的招生制度。[②]

① Service for Admission to College and University. The SACU Guidance Manual 1971 Test Administration. Ottawa:1971.

② 李欣，刘海峰. 加拿大历史上统一招生考试的兴废及启示——基于制度变迁理论的分析[J]. 清华大学教育研究，2015(3): 39–47.

四、综合选拔制：招考制度的多元化

自1973年开始，鉴于全国统一外部考试试验的失败，省内统考又早已废除，学生在高中的成绩成为申请大学的关键依据，这种做法一直持续到现在。为了满足各阶层民众接受高等教育的需求，加拿大在20世纪六七十年代，通过扩大现有大学规模和设立社区学院等措施对高等教育规模进行扩容，特别值得一提的是创建远程教育大学，这使许多无法在传统的大学校园接受教育的学生获得成功。经过40多年的发展，加拿大的高等教育已经打破了传统上较为单一的教育模式，各种类型的社区学院、私立学院、开放大学得到了相当程度的发展，传统的大学不再是获得高等教育和各种学位的唯一通途。高等教育机构的多样性决定了入学方式的多元化，加拿大逐步形成了选拔性招生与开放入学并存、高校自主招生与省内集中申请并存的综合选拔式招考制度。

通常，高校在招生时会关注申请者三个方面的条件。第一是看申请者是否完整地修完了高中课程。申请者要有高中毕业证书，证明已经学完了长达12年的中小学课程，为升入高校学习做好了知识上的准备。第二是审查申请者的高中学习成绩，特别是高中最后一年的平均学分绩点。第三是审查申请者是否满足填报专业的附加条件。凡申请牙科、法律、医科、工商管理等专业的学生，还需参加专门的学术性向考试，例如“医学院入学考试（Medical College Admission Test，MCAT）”和“法学院入学考试（Law School Admission Test，LSAT）”等。各类学院和开放大学的入学竞争尽管没有传统大学那么激烈，但不同的专业对申请者高中阶段特定学科也有成绩要求。总体说来，加拿大没有全国统一的高校招生标准，招生行为作为大学自治的一部分，其标准完全由各校自行制定。在招生组织方面，在高校非常集中的省或地区（如安大略省），各高校在达成共识的基础上通过网络中心进行统一招生，外省的申请者需要达到所在省大学的入学要求，并要求提供相当于本省高中生的毕业证书。更多的高校仍然自行组织招生。

对于加拿大3000多万的总人口而言，高等教育需求与供给较为平衡。传统大学、社区学院以及开放大学基本能够满足加拿大学生多样化的入学需求，而且加拿大各高校的校舍、设备等硬件设施基本相当，高等教育的整体质量很高，仅存在有限的差异，因此学生之间对优质高等教育资源的竞争也不会达到白热化程度。平衡的供给关系、相似的校舍配置、有限的水平差异，使得高校能够采取较为灵活变通、以人为本的综合选拔制，而无须采用一种追求“至公”的评价工具来衡量所有学生。此外，加拿大整个社会重视诚信、讲求公正，这是采用综合选拔制的文化心理环境，否则，综合选拔制将无法实施。

第二节
加拿大高校招考制度的现状及改革

自统一外部考试的尝试失败之后，加拿大各省开始实施基于高中成绩的招生制度。该制度在40余年里保持了相当高的稳定性，民众对于这种选拔方法本身没有过多的质疑，目前的改革焦点在于如何为所有够格进入大学的人提供适当的高等教育机会，以及大学的学费上涨是否合理等方面。

一、加拿大高校的录取要求

加拿大高校招生既没有大学入学考试，也没有全国统一的招生制度，而是由各高校根据自行规定的招生标准进行招生。各高校不同专业的招生条件虽然千差万别，但都有一个共同的最低要求，那就是申请者必须拥有高中文凭。此外，申请者高中最后一两年的成绩也非常关键，这决定了申请者最终能否被录取。

（一）高校的最低录取要求

虽然加拿大各省和行政区的教育制度不尽相同，但除魁北克省外，其他各省的高等院校入学申请资格基本上没有太大差别。加拿大高校的入学资格通常由各高校自行规定。一般而言，首先，高中文凭是进入加拿大大学接受本科或大专教育的基本前提条件；其次，高中最后两年的主课成绩是进入高校的重点参考条件。由于各省和行政区的课程体系不尽相同，高校在招生时需要针对性地说明每个省和行政区的最低录取要求，以便申请者参考。例如，在约克大学的招生网站上，对高中学生的录取要求分门别类，特别是对10个省和3个行政区的最低录取要求和专业录取要求做了逐一说明，详见表2-1。

表2-1 约克大学对各省和行政区的最低录取要求

省/行政区	最低录取要求
安大略	获得“安大略省中学文凭”； 修过6门大学定向或混合定向的课程，其中包括ENG4U，即12年级英语
阿尔伯塔	获得高中文凭； 修过5门学术类课程，包括英语30（ELA30-1）
卑诗（不列颠哥伦比亚）	获得高中文凭； 修过4门12年级的学术类课程，这些课程不一定是省级统考的科目，但不包括缺乏或不够学术含量的自动科技、职业生涯规划、纺织、旅游等课程
曼尼托巴	获得高中文凭； 修过5门12年级的学术类课程，其中必须包括英语40S和三门40S水平的课程，另外一门可以是40S或40G
新不伦维克	获得高中文凭； 修过包括英语在内的6门12年级学术类课程（即大学预科类120、121或122）
纽芬兰与拉布拉多	获得高中文凭； 在高中12年级代码为3000水平的课程中获得11个学分，其中包括高中毕业水平的英语
西北行政区	获得高中文凭； 修过5门学术类课程，其中包括英语ELA30-1或英语30
新斯科舍	获得高中文凭； 修过5门学术类课程（即大学预科或高级课程），其中包括英语
奴那瓦特行政区	获得高中文凭； 修过5门学术类课程，其中包括英语ELA30-1或英语30
爱德华王子岛	获得高中文凭； 修过5门12年级的学术类课程（标号为611或621），其中必须包括英语

续表

省/行政区	最低录取要求
魁北克	获得"12年级毕业证书(Grade 12 Certificate of Graduation)"; 修过6门大学预科水平(university preparation level)的课程,其中必须包括12年级英语
萨斯喀彻温	获得"12年级毕业证书(Grade 12 Certificate of Graduation)"; 修过6门大学预科水平(university preparation level)的课程,其中必须包括12年级英语
育空行政区	获得高中文凭; 修过4门12年级的学术类课程,这些课程不一定是省级统考的科目,但不包括缺乏或不够学术含量的自动科技、职业生涯规划、纺织、旅游等课程

资料来源:根据http://futurestudents.yorku.ca/requirements/highschool网页资料整理。

观察表2-1可以看出,育空行政区与不列颠哥伦比亚省的要求完全相同,这是因为前者执行后者的课程标准。尽管约克大学对各地的最低录取要求有所差别,但整体而言都包括两个方面:第一,高中文凭;第二,高中最后两年的学习成绩。下面将对这两点做进一步分析。

1. 高中文凭

获得高中文凭是申请高校的前提条件。在加拿大,高中也被称为"中学(Secondary School)"或"学院(Collegiate Institute)",通常包括9—12四个年级(四年时间)。学生从9年级开始,需要逐渐明确自己将来的发展方向是继续上大学、大专,还是直接工作。每个省的高中教育略有差别,以安大略省为例,该省教育部规定高中生必须同时满足三个条件才能为其颁发"安大略省中学文凭(the Ontario Secondary School Diploma)":首先,高中四年达到30学分要求;其次,高中10年级通过安大略省中学文化测试(Ontario Secondary School Literacy Test,OSSLT);最后,高中期间完成40小时志愿服务。其示意图如图2-1所示。

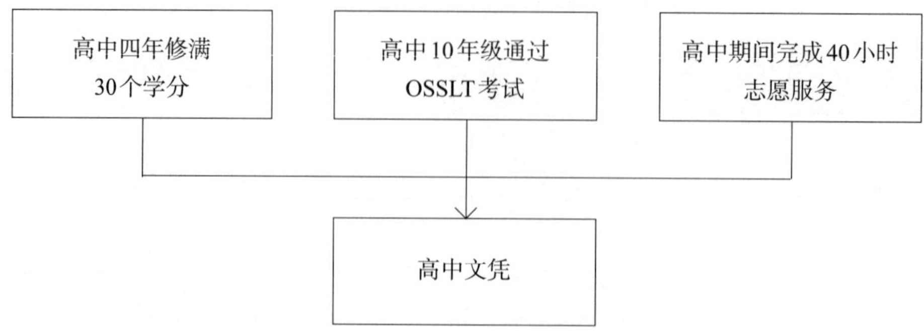

图2-1 获得安大略省高中文凭要求示意图

（1）高中学分要求

加拿大的高中普遍实行学分制，以安大略省为例，学生需要上完110学时的课程，获得30学分才能取得高中文凭。其中，必修课占17学分，选修课占12学分，通过OSSLT考试获得1学分。必修课必须遵循安大略省教育部的课程要求，详见表2-2。选修课12个学分，可以由学生根据自己的兴趣从学校开出的选修课里选择。

表2-2 安大略省高中必修科目及对应学分

必修科目	对应学分
英 语	4
数 学	3
科 学	2
加拿大历史	1
艺 术	1
健康与体育	1
法语(作为第二语言)	1
职业学习	0.5
公民学	0.5
英语、法语(作为第二语言)、母语、古典语言、社会与人文科学、加拿大与世界研究、职业教育、带薪实习(选一)	1

续表

必修科目	对应学分
健康与体育、艺术、工商学习、法语(作为第二语言)、带薪实习(选一)	1
科学、技术教育、法语(作为第二语言)、计算机学习、带薪实习(选一)	1

资料来源：多伦多学区教育局网页。

表2-2中英语、数学、科学等前9门课程是安大略省高中的核心课程，是必修课里的必修科目，在加拿大全国具有代表性，体现了各省教育部在知识经济时代对高中生基本知识和能力的要求。表2-2中后三行是必修课里的选修科目，学生可以结合自己未来的发展方向进行选择，例如，打算进入大学学习商科的学生，就可以选择工商学习科目；打算学习理科的学生，可以选择科学或计算机学习科目；打算学习文科的，可以选择英语、社会与人文科学和艺术等科目；打算毕业后直接就业或进入职业技术学院的学生，可以选择职业教育、技术教育或带薪实习。对带薪实习科目还有特殊的学分规定：最多2学分的带薪实习能被算入必修学分。

（2）安大略省中学文化测试

2000年开始执行的安大略省中学文化测试（OSSLT）是取得高中文凭的必要条件。该考试包括阅读和写作两部分，在10年级春季举行，成功通过考试的学生就达到了毕业要求，并且能够获得1学分，通不过者则无法毕业。

值得一提的是，安大略省中学文化测试不是单独列出的考试，它是嵌入在安大略省整个学业评价体系中的一部分。为了确保学生学习质量的提高，加拿大于20世纪90年代初进行了重大教育改革，全面实施学生成绩鉴定，举办全省统一考试。加拿大各省普遍制定了课程省颁目标，以统一考试作为衡量目标实现程度的评估手段之一。1995年2月，安大略省依法成立了教育质量与问责办公室(Education Quality and Accountability Office，EQAO)，专门负责学生的成绩鉴定，并直接对省教育部长负责，是加拿大第一个官方教育绩效机构。随后，在教育质量与问责办公室的领导下，制定和实施了一系列对3、6、9和10年级学生的学习成就测验（数学、阅读和写作测验），并一直持续至今，对教育绩效的提升起到了积极的推动作用。[①]其中，3、6、9三个年级的省级统考只作为省内教育质量检测的手段，只有10年级的测验直接与学生毕业挂钩，形成安大略省中学文化测试，没有通过统一测验的学生不予毕业。因此，该考试使用教育质量与问责办公室开发的评估分析准则。研究发现，安大略省学生在这一测试的驱动下，学习成绩有了大幅提升：一个最明显的例证是，在2000年的国际学生评估项目测试（Programme for International Student Assessment，PISA）中仅次于芬兰；在2003年的PISA中，加拿大安大略省学生在阅读能力方面排第三名，仅次于芬兰和韩国。[②]目前，安大略省的统一考试已在中小学阶段全面展开。安大略省是全国教育最发达的省份，这些改革措施很具有代表性和全国影响力。

还需要指出的是，安大略省中学文化测试只是学生成绩的一部分，学生的成绩报告单上仅显示该生是否成功通过考试，不显示具体成绩。通过考试可以获得1学分。成绩报告单上显示的是学生所有必修课和选修课的最后成绩及获得的学分。因此，它不能取代学校和教师组织的考试，只是对后者的补充。

（3）社区志愿服务

关于社区志愿服务，安大略省规定如下：首先要达到40小时的社区参与活动；其次，必须是志愿的、无报酬的服务；最后，要对社区有建设性的贡献。安大略省教育部做出此举，并非为了提高学生毕业的难度，而是有着用心良苦的长远考虑，主要有以下五点原因：强化公民意识，加强社区建设，提高学生的自信心和自我认知，为学生日后就业拓展人脉，使学生档案里多一些实践经历。

多伦多青年志愿者（Youth Volunteer Toronto）组织创办了专门的网站，为志愿者列出了五大类的工作机会：卫生健康、服务、教育、信仰与宗教、文化与运动。学生们可以联系当地的志愿者服务中心，以了解工作机

① Education Quality and Accountability Office[EB/OL].http://www.eqao.com/Students/Secondary/10/10.aspx?Lang=E&gr=10.

② 郑宏宇，郭清秀. 加拿大教育问责制度研究[J]. 当代教育科学, 2011(15): 49-52.

会。学校建议学生可以先咨询周围的邻居是否需要帮助，如帮助老年邻居整理花园、铲雪、驾车、购物、阅读、做饭等，帮助有孩子的邻居照看小孩儿，帮助周围年龄小的学生辅导功课等。除了帮助邻居，还可以帮助社区的居民，例如拜访老人之家、组织社区活动、保护社区环境、参与慈善活动、在当地医院或图书馆帮忙等。此外，还可以选择在学校或其他学校做志愿服务，例如帮助残疾学生辅导功课、在学校图书馆帮忙、参与9年级新生的入学教育等。为了保护未成年人的利益，安省教育部还罗列了一些不能算作志愿服务的活动，例如禁止16岁以下学生在采伐或煤矿的作业环境中进行志愿活动，禁止15岁以下学生在工厂从事志愿活动，禁止14岁以下或没有成人陪伴的学生在工厂之外的工作场所进行志愿服务等。

学生在8年级之后直到毕业前都可以进行志愿服务，只要是课堂时间之外，例如午休、晚上、周末、节假日或暑假期间都可以。学生在从事志愿活动的时候，需要填写一张表格，表格上列出了每次志愿活动的日期、服务时间、机构名称、个人承担的工作、指导者的姓名和电话、指导者的签名、校长或其指派者的签名。

如果成人想要获得高中文凭，可以有多种选择，成人高中和学习中心、社区学院、网络或远程教育机构、当地教育局和社区服务组织都有此类学习班，这些教育培训多是免费或收费很少，成人可以选择全日制、非全日制或在家学习。此外，成人还可以参加普通教育发展考试（General Educational Development Test, GED），该考试分为5个课程领域，学生必须通过所有5个考试才能获得证书，该证书等同于加拿大高中文凭。[①]

2. 高中最后两年的学习成绩

对本国学生而言，高中阶段的学习成绩，特别是高中最后两年学习成绩的高低，对能否进入加拿大的著名学府有决定性影响。加拿大大学对本国应届高中毕业生的录取分数以高中11年级和12年级科目的最后成绩为准，但每所院校都根据各自的录取标准以及申请者的个人情况来判断是否符合录取条件。加拿大高中提供课程的实用性非常强，涉及社会的每一个行业，几乎涵盖了所有大学可能设置的专业。学生在高中9、10年级选课时要在特定的

① Get Your High School Diploma[EB/OL].http://www.canlearn.ca/eng/lifelong/continuing/diploma.shtml.

几大类里拿到17个必修课学分，到了11、12年级就可以完全按照自己的兴趣、爱好和将来的发展方向选课。这样既能保证必修课的学习，又能让学生按照自己的兴趣、爱好自由发展。

考虑到高中毕业后有的学生会直接工作，有的会选择专科学校，有的会申请大学，学校选修课通常会设置不同的难易程度，适应不同学生的选课需求。学生成绩单上的课程代码也能反映出该生的发展方向。例如ENG4U是指高中第4年，即12年级的英语，相当于我国国内的高三语文，主要培养学生的阅读与写作能力；MHF4U是指12年级的高级函数代码中的U就是University的缩写，算是大学预科课程，选择有此字母代码的学生就是打算申请大学的。还有的课程代码以M结尾，是Mix（混合）的缩写，例如ICS4M是指计算机与信息科学这门课是同时面向打算申请学院和大学的学生，其难度比专门面向大学的课程要低一些。如果学生学习基础好，打算申请大学，就要选择代码中以U结尾的课程。因此，学生在11年级所选的课程就决定了他今后的发展方向。加拿大千禧奖学金基金会（the Canada Millennium Scholarship Foundation）在2002年的研究也从侧面说明了这一点。该研究发现，高中生的学习成绩对他们做出上大学的决定影响重大。平均分95分以上的高中生早在11年级就做出了上大学的决定。高校招生部门在收到申请人的材料后，重点要看的就是学生最后两年所选的课程类型及其成绩。如果学生所选课程与其申请的专业基本要求相匹配，而且这些课程的成绩都比较高，那么通常情况下该生就会被录取。

对大学先修学分的认可也是因校而异。如今，许多高中生在申请大学时都能提供大学预科课程（advanced placement course）成绩、国际学士文凭（the International Baccalaureate）等大学预科学习证明，但对于如何认定这些预科学习的减免学分，各省高校没有统一的做法，即使同一省内的不同高校也做法各异。但可以肯定的是，这些证明材料是校方做录取决定的考虑因素之一。

地处魁北克省讲法语的地区，小学和中学基础教育共11年，这一点与加拿大其他省份和地区的12年基础教育有明显区别。另一个明显区别是该省高等教育分为两个阶段：第一阶段是大专教育，包括2年的大学预科或3

年的职业技术教育；第二个阶段是大学教育，大学本科学制是3年，而不是4年，这主要是由于第一阶段的大学预科和职业技术教育已有2—3年。大学预科和职业技术教育是魁北克省高等教育体系中最具特色的部分。本省学生可以选择3年的职业技术课程或两年的大学预科课程以获得大专毕业证书。只有取得了魁北克大专毕业证后方有资格被大学录取，进入第二阶段的大学本科教育。魁北克省的基础教育和大专教育使该省学生在进入大学学习时已有13年或14年的受教育经历。①

（二）高校的实际录取要求

最低录取要求只是为申请者提供一个指导，告诉他们进入某所大学的准入标准是什么，然而，实际的录取要求可能更高。加拿大著名周刊《麦卡林》（*MacLean's*）每年编辑的加拿大大学入学指导列出了一些大学实际录取的平均分。某些大学的最低录取要求与实际录取分数之间的差距颇为惊人。如果这两者间的差距过大，很可能说明该大学拒绝了大量的申请者，它"真正的"最低标准比所公布的准入标准要高得多。这些情况有时可能会误导申请者。例如，在2002年，加拿大靠近大西洋的三省和加拿大西部地区的高校公布的录取要求较低，似乎更像是"开放入学"，实际上，这些高校的选拔标准并不低于安大略省和魁北克省的高校。而安大略省和魁北克省的高校公布的最低录取标准比较高，但实际上的录取分数与其他省的分数所差无几。加拿大西部地区的不列颠哥伦比亚大学、萨斯喀彻温大学（University of Saskatchewan）和温尼佩格大学（Winnipeg University），以及东部的蒙特爱立森大学（Mount Allison University）和开普布莱登大学学院（the University College of Cape Breton），实际录取分数比公布的最低入学要求要高出20分。尽管根据它们所公布的入学标准，每一所都看似相对容易申请，然而实际情况并非如此。

此外，高校录取的新生中平均成绩超过75分的学生所占比例，也能说明最低录取要求与实际录取分数之间的差距。尽管大多数加拿大大学的最低入学要求都在65　70分之间，然而实际上分数在此区间的学生很难进入绝大多数加拿大的大学。根据《麦卡林》杂志的统计，加拿大名牌大学的热门

① 朱梅.加拿大高等院校入学指导[M].北京：中国社会科学出版社，2006:31.

专业对本国应届高中毕业生的录取标准，都要求高中11年级和12年级期末考试平均成绩达到80分以上。2002年，19所高校超过80%的新生平均入学成绩超过75分，如表2-3所示。

表2-3 2002年入学平均成绩在75分以上的新生占所有新生比例超过80%的大学

大 学	比例(%)
女王大学(Queen's University)	99.8
麦吉尔大学(McGill University)	99.5
不列颠哥伦比亚大学(University of British Columbia)	99.3
多伦多大学(University of Toronto)	98.9
古尔夫大学(University of Guelph)	98.5
西蒙菲沙大学(Simon Fraser University)	98.4
西加拿大大学(University of Western)	96.4
维多利亚大学(University of Victoria)	91.7
达尔豪西大学(Dalhousie University)	89.4
滑铁卢大学(University of Waterloo)	88.9
威尔弗雷德·劳瑞尔大学(Wilfrid Laurier University)	88.6
麦克马斯特大学(McMaster University)	87.4
阿尔伯塔大学(University of Alberta)	86.3
约克大学(York University)	84.5
拉瓦尔大学(Université Laval)	82.7
蒙特爱立森大学(Mount Allison University)	82.5
阿卡迪亚大学(Acadia University)	82.2
萨斯喀彻温大学(University of Saskatchewan)	81.1
卡尔加里大学(University of Calgary)	80.2

（三）高校专业性学位的录取要求

对报考牙科、法律、医科等专业的学生，必须接受过1—3年的本科课程学习，或者已经取得本科学位，才具备申请条件。有些专业还要求申请者通过专门的外部考试，例如报考法律专业须参加法学院入学考试（LAST），医科、牙科及经济管理等专业也采用类似的考试办法录取学生。图书馆学只录取已获得文、理学士的学生。下面以多伦多大学的专业性学位录取要求为例，详细说明此类专业的招生特点（详见表2-4）。

表2-4 多伦多大学专业性学位的录取要求

专 业	学 年	授予学位	最低要求	学术要求
牙医学	4	牙医学士（DDS）	3年本科学习	参加1学年的生物化学，1学年哺乳动物生理学，至少2学年生命科学和1学年人文与社会科学的学习
教育学	1	教育学学士（BED）	本科学位	本科学位的课程成绩较高，具有相关经历
法律学	3	法律职业博士（JD）①	3年本科学习或已经修完4年的本科学位	参加LAST考试
医学辐射科学	3	医学辐射理学士（BSc in Medical Radiation Science）	至少1年本科学习	参加一学年的生物、数学和物理学课程的学习

①法律职业博士（Juris Doctor, JD）并不是一般意义上的博士学位，该学位持有者也不能在其名字前冠以Dr.称呼。关于法学第一学位教育，在英美法系国家中存在着LLB（Bachelor of Laws，源自于拉丁文Legum Baccalaureus，即法学学士学位）和JD（法学职业博士）之区分。二者的区分主要是在称谓上，而非实质内容上。前者是英联邦国家法学教育的传统，且仍在坚守着自己的阵地；后者则肇始于美国的法学教育，1903年美国芝加哥大学法学院首次颁发JD学位。考虑到毕业生在美国找工作等客观原因，多伦多大学法学院于2001年第一个将法学第一学位的称谓由LLB改为JD，截止到2011年，除了魁北克省外，加拿大全国17所法学院都对此学位进行了更名。

续表

专　业	学　年	授予学位	最低要求	学术要求
医　学	4	医学博士[①]（MD）	3年本科学习	修过2门生命科学课程、1门人文与社会科学或语言课程，参加MCAT考试
护理学	2	护理理学士（BScN）	2年本科学习	在人体生理学、生命科学（或自然科学）、社会科学、人文科学课程中都获得1学分，学过半年统计学课程，本科第二年的平均成绩至少是B等
药　学	4	药学理学士（BScPhm）	2年本科学习	学过12年级英语、物理（或学过两学期大学程度的物理）和大学程度的基础生物学、基础化学、有机化学、物理化学、微积分、统计学、生物化学，外加至少2学期的人文与社会科学，参加PCAT考试，要求面试
医生助理学	2	医生助理学士（BScPA）	2年本科学习	学过一学年大学程度的化学、人体解剖学、生理学，累积GPA至少为3.0

资料来源：见多伦多大学招生办宣传材料University of Toronto, Admission Bulletin, 2012/13, Professional Faculty Programs Requiring University Preparation.

如表2-4所示，除了要求修过特定课程外，部分专业需要申请者参加外部考试，例如法律学专业要参加LSAT考试、医学专业要参加MCAT考试、药学专业要参加PCAT考试。

LSAT全称为Law School Admission Test，由位于美国宾夕法尼亚州的法

① 加拿大的“医学博士（Doctor of Medicine，MD）”来自拉丁文Medicinae Doctor，是由医学院颁授给医师的一个专业学位。1807年设立MD学位时欧美医学仍不算进步，当时美国的大学也无博士学位。英国体系的医学学士学位称为MBChB或MBBS (Bachelor of Medicine and Bachelor of Surgery)，在英国MD则是等同于Ph.D的医学博士学位，而在美国和加拿大等许多国家这是一个“职业博士（professional doctorate）”，或者称作“首个专业学位（first professional degree）”，即“资格学位（qua-lifying degree）”，因此，美国与加拿大的MD学位等同于英国的医学学士。

学院入学委员会（Law School Admission Council）负责主办，是法学院的入学资格考试。几乎所有的美国和加拿大法学院都要求申请人参加LSAT考试。LSAT考试共有五个部分（包含一个不记分的供入学委员会评估用的评测部分），包括三方面内容，每部分考试时间为35分钟，另加30分钟的写作。三个方面的内容是阅读理解、逻辑推理及分析推理，主要测试考生准确阅读并理解复杂文章的能力、组织有关信息并得出合理结论的能力、批判性的推理能力和对他人的推理进行分析和评价的能力。LSAT满分为180分，最低分要求为120分，考试成绩5年内有效，有些法学院对申请者的成绩有最低要求。

通常，法学院的入学竞争极为激烈，即使学院没有列出最低分数，申请者还是要努力考出高分。例如，多伦多大学法学院2012—2013学年有2000名申请者竞争法学院约200个JD名额，最终195人被录取。录取者的LSAT成绩平均在165分，也就是这些录取者的成绩在所有考生中处于95%以上，而且他们所有人的第一个本科学位平均成绩为86.5分。个别被录取者的成绩可能在平均线以下，这是因为他们的背景、资格或个人成就较为突出，在法学院录取委员会看来，录取这些人能够为课堂带来多样性。该法学院还将申请者归为三类：普通人、成人和土著人，申请者要按照自己的身份进行申请。[①] 积极招录土著学生是各大法学院的传统，土著学生毕业率也是全国最高的。尽管如此，法学院也不会为土著学生预留名额，通常每年仅有10名土著学生被成功录取。土著毕业生日后会为完善和发展土著法律做出积极贡献。

MCAT（the Medical College Admission Test）即医学院入学考试，是申请攻读北美医学类院校的学生必备的一项机考（CBT）标准化考试，由美国相关机构组织，主要考察应试者解决问题的能力、批判性思维能力和分析写作技巧，同时考察应试者对学科原理和知识的掌握程度。MCAT每年在授权的普尔文考试中心举办25次考试，参加考试的学生多为希望申请北美地区医学院的大三或大四学生。MCAT由四部分内容组成，按照考试日的出现顺序依次是：物理与无机化学（PS）、语言推理（VR）、写作（WS）、生物与有机化学（BS），各部分满分为15分。多伦多大学医学专业的入学竞争也异

① JD Admission Policies[EB/OL]. http://www.law.utoronto.ca/admissions/jd-admissions/admissions-policies.

常激烈，每年大约有3000名申请者竞争259个名额。GPA的最低要求为3.6分（4.0分为最高），除写作部分要求合格外，MCAT其他三部分的最低要求为9分，然而并非达到最低要求就能被录取。2012年的申请者多达3052名，即11.78人竞争一个名额，进入面试的有576名，最终被录取的申请者平均GPA为3.9分，MACT四部分的平均成绩也都很高，PS为11.37分、VR为9.59分、BS为11.58分、WS为中等。①由于竞争激烈，在筛选过程中招生委员会要综合考虑每个申请者的学术和非学术表现，即使本校的学生也不会给予照顾。

PCAT（the Pharmacy College Admission Test）即药学院入学考试，旨在测量学生的整体学术能力和学科知识，以确保这些学生日后能够成功适应药学院的学习。该考试由六部分构成：语言能力、生物、化学、阅读理解、量化分析和写作。考试成绩有效期为5年。药学院的竞争整体上没有医学院那么激烈。②

二、加拿大高校的招生流程

经过多年的发展，尽管各省的高等教育各自为政，但其招生部门的设置与招生流程大同小异。以安大略省为例，该省高校招生流程如图2-2所示。

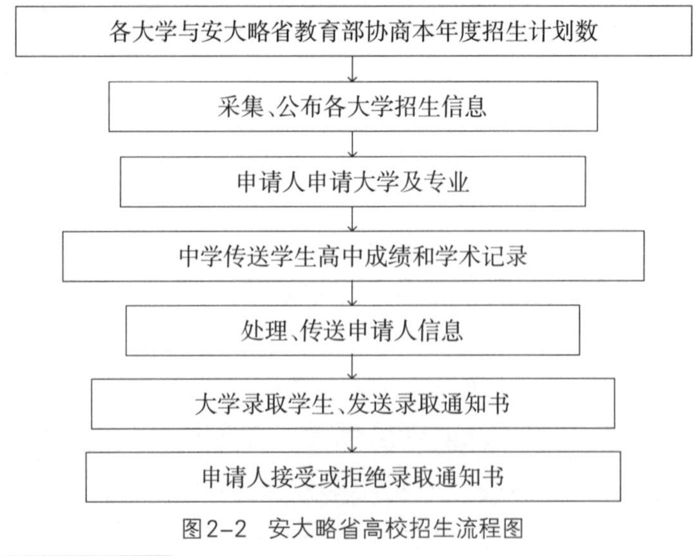

图2-2　安大略省高校招生流程图

① Admission Statistics[EB/OL]. http://www.md.utoronto.ca/admissions/statistics.htm.

② Admission Overview[EB/OL]. http://www.pharmacy.utoronto. ca/bscphm/admissions/admission-overview.

安大略省高校的招生流程包括以下七个环节：

（1）安大略省各大学与安大略省教育部协商本年度招生计划数。

（2）安大略省大学申请中心采集、公布各大学的招生信息。

（3）申请人通过安大略省大学申请中心向各大学提出申请，可以选择在线申请或者通过填写纸质表格申请，可同时申请安大略省所有大学，但从第4所大学开始加收费用，每所大学可申请3个专业。

（4）对于就读安大略省高中的学生，由其所在中学将其11、12年级成绩和学术记录电子版传送至安大略省大学申请中心。

（5）安大略省大学申请中心处理申请人信息，并传送至考生申请的学校。

（6）大学根据申请人的高中成绩和学术记录等信息录取学生，发送录取通知书，包括奖学金情况等。

（7）申请人接受或拒绝录取通知书。由于不同学校录取周期不同，接受一份录取通知书并不取消其他申请，但一个申请人只能同时拥有一份通知书，如果申请人接受一份新通知书，安大略省大学申请中心自动取消其原来已接受的通知书。

需要说明的是，一旦申请人的申请被接受和处理，在大学规定的最后期限内，申请人随时可以通过“回顾和改变你的最后申请”系统做出改变，既可以改变学校，也可以改变专业，安大略省大学申请中心随时编辑、传送变化信息至相关学校。[①]正如一位曾在约克大学录取办公室做过兼职的中国学生所言，“录取办公室的流程是很明确的，分工也很清晰，杜绝了违规操作的情况。我们每个人在工作后都要在材料上签字，对自己的工作负责。整个材料处理和审查是一步一步向上进行的，直到录取办公室主任批准。外人是不可能找到机会接触申请资料和数据的”[②]。

高校的招生部门在录取工作中坚持“以专业为基础”和“先到先审”两大原则。

第一，基于专业要求进行筛选。

① 丁秀涛. 对北京和安大略省高校招生系统的比较分析[J]. 中国考试，2007(5): 26-29.

② 杨晔. 加拿大大学怎样录取新生[J]. 21世纪, 2007(8): 20-21.

各高校的招生部门首先会考察申请者是否达到了面向所有专业的基本入学要求，如果申请者达到此要求，接着就要看申请者是否达到了具体专业的附加条件。通常，所有的申请者都能达到高校的基本入学要求，竞争主要取决于申请者在专业附加条件上的表现。以约克大学为例，该大学的基本入学要求有两个：拥有安大略省中学文凭；修过6门大学预科的课程，其中包括ENG4U，即12年级英语。达到基本入学要求只是获得了进一步申请专业学院的资格，因为不同学院的不同专业还有附加招生要求。例如，约克大学健康学院（Faculty of Health）下设的4个专业各有不同的招生要求（详见表2–5）。

表2–5 约克大学健康学院不同专业的招生要求

<table>
<tr><th>专 业</th><th colspan="2">要 求</th></tr>
<tr><td>健康研究学
（Health Studies）</td><td colspan="2">最好修过一门12年级的数学（4U Math）课程</td></tr>
<tr><td rowspan="2">运动与健康科学
（Kinesiology & Health Science）</td><td>理学士
（BSc）</td><td>修过一门12年级数学（4U Math）课程；
修过一门12年级化学（SCH4U）或物理（SPH4U）课程</td></tr>
<tr><td>文学士
（BA）</td><td>修过一门12年级数学课程；
修过一门12年级生物（SBI4U）或化学（SCH4U）或物理（SPH4U）课程</td></tr>
<tr><td>护理学
（Nursing）</td><td colspan="2">修过一门12年级数学（4U Math）课程；
修过一门12年级生物（SBI4U）或化学（SCH4U）或物理（SPH4U）课程</td></tr>
<tr><td rowspan="2">心理学
（Psychology）</td><td>理学士
（BSc）</td><td>修过一门12年级数学（4U Math）课程；
修过一门12年级化学（SCH4U）或物理（SPH4U）课程</td></tr>
<tr><td>文学士
（BA）</td><td>需符合基本入学要求</td></tr>
</table>

资料来源：约克大学招生宣传资料和网页资料。

从表2–5可知：①该学院可以颁发文学士和理学士两种学位，并且同一专业对待两种学位的要求也不同，特别是心理学专业文学士的入学要求比理学士要低，预示着两类拥有不同学习基础的学生日后的课程也会有所差别；②除了12年级英语作为全校的基本入学要求外，12年级的数学课程普遍受到各专业重视；③该学院对每门课程的最低成绩没有划线，从侧面说明该学院的申请者人数适中，不属于特别热门或竞争激烈的学院。

在加拿大高校，一些热门专业的申请竞争尤为激烈，此时学院就不得不提高入学标准，通过划定要求科目最低分数线的方式来控制申请人数。近年在加拿大非常热门的学院有工程学院、商学院等，这些学院的不同专业几乎都有最低分数要求。例如，约克大学的舒立科商学院（Schulich School of Business）被誉为加拿大最好的商学院之一，要求申请者的12年级英语和函数分数在70分以上，所修过的M类课程不能少于2门，此外还有其他要求。多伦多大学的罗特曼商学院（Rotman School of Business）要求学生在高中学习过商科科目，并且英语和商科的成绩在85分以上。多伦多大学的工程学院（Faculty of Engineering）享誉全球，它的申请条件也几乎是所有学院中最严格的，所属的10个专业均要求申请者在高中11、12年级修过计算机与信息科学、函数、化学和物理等课程，并且每门课的成绩都要在80分以上。其中工程科学专业要求申请者的每门课成绩都在90分左右，该专业授予毕业生的学位也与其他9个专业不同，名为“工程科学理学士（BASc in Engineering Science）”，其他专业则授予“理学士”学位。之所以有如此高的要求，除与该专业本身的难度有关，也与学生毕业后高回报率有关，顺利毕业的学生不但享有很高的荣誉，也很容易找到高薪的工作，因此，该专业吸引加拿大的许多理科精英趋之若鹜。

加拿大乃至北美大学的各专业录取标准不同，但是一旦进入大学，转专业是很容易的。进入大学后，可以在第一年学习结束后再按照自己的兴趣并结合自己的学习能力，通过自己对不同课程的反应来确定最适合自己的专业。在大学中有些专业比较难读或者比较冷门，例如数学、矿业工程等，申请人数比较少，学校为了鼓励学生报名读这些专业，一方面会降低标准，一方面以发放部分奖学金的形式来吸引学生。这类奖学金其实和学生的学习水平并不相关，只是学校的一个优惠政策而已。[①]

第二，先到先审的录取原则。

为了增加被录取的机会，高校招生部门都会在各种招生材料和招生网页上提醒学生尽量提前申请。这是因为高校招生办每年都会收到数以万计的申请材料，特别是工商管理和工程等热门学科。“学校采取的政策是材料先到先审的政策。更重要的是，这类热门专业的标准会随人数的增多有一定调整，申请时间越往后，录取位置就越少，标准就越高，得到奖学金的可能性就越小。而且越往后，给结果的时间就拖得越长，因为人数太多，录取委员会要不断比较才能确定录取人选。”[②]因此，学生需要在申请季节一开始就马上申请，以便尽早获得申请结果。

招生工作非常繁杂，因此，录取办公室的人员需要具有这样几种能力：一是很强的沟通能力。因为需要回答大量的访客问题，而且回答须非常专业，同时要诙谐幽默，尽量减轻访客的心理压力。二是很好的组织能力，材料的安排处理要井井有条，和同事之间的配合也要非常默契，这样才能保证招生工作顺利进行。三是很强的职业精神和职业道德，绝对不能够违反工作流程。[③]

三、加拿大高校招考制度的改革焦点

加拿大高等教育资源丰富，现行的高校招考制度较好地适应了该国的国情，不论是学生、家长，还是高校招生部门的工作人员，都认为现行的招考方式运行良好。当前的问题主要集中在关乎社会公正的入学机会方面，较为关联的两个重大挑战就是入学机会深层的失衡问题和学费上涨危及申请者入学机会的问题。

（一）高等教育入学机会存在不同社会群体发展失衡问题

入学机会平等问题在当下的加拿大呈现出一种特别的性质。据马丁·特罗的高等教育发展理论，加拿大已经进入高等教育普及化阶段。然而掩藏在这个表象之下的却是加拿大国家内部不同社会群体高等教育发展失衡的问题。其中最为突出的就是农村人口和土著人口的高等教育发展失衡问题。多

① 杨晔.加拿大大学怎样录取新生[J]. 21世纪, 2007(8): 20–21.

② 杨晔.加拿大大学怎样录取新生[J]. 21世纪, 2007(8): 20–21.

③ 杨晔.加拿大大学怎样录取新生[J]. 21世纪, 2007(8): 20–21.

年来，这两大群体的高等教育发展既有宏观的、总量上的不均衡，也有更为深层的隐性失衡。这些失衡问题具体表现在三个层次上：首先是高等教育入学率的巨大落差；其次，农村、土著和城市学生在高校选择上存在显著差异，多种原因导致农村和土著学生更多地选择在学院和大专就读，而城市学生更多地选择在大学就读；最后，不同群体对专业的选择也存在差异，农村地区和民族地区的学生更倾向于选择较为普通且入学要求不太高的专业，医学和法律等门槛高、费用高的专业则更受城市学生的青睐。这样的选择偏好导致某些专业的生源结构极度失衡，例如，目前加拿大各医学院的农村籍生源严重短缺，威胁到农村地区的医疗保健工作，各医学院不得不制定优惠政策吸引更多的农村生源，以使他们的人数达到公平合理的水平。这些深层的失衡问题是对“追求多样”的制度理念的巨大挑战。

（二）学费大幅上涨危及入学机会公平问题

2012年10月22日，加拿大各地的学生在加拿大学生联合会（the Canadian Federation of Students-Ontario）的组织下，汇集在渥太华，向下议院和参议院请愿，希望政府能够改善中等后教育质量、扩大民众受中等后教育的机会。这次请愿活动并不是一次偶然事件，2011年在魁北克省也爆发了以学生抗议学费大幅上涨为导火线的“魁北克之春”运动，迫使政府不得不推迟学费涨价计划。事实上由于入学人数上升和办学成本增加等原因，加拿大高校的学费在近半个世纪一直以加速度的方式增长，其涨幅远远超过了通货膨胀率。特别是近年来，破纪录的高学费与经济不景气相叠加，减少了一些弱势群体接受高等教育的机会，包括土著学生、少数族裔学生、残疾学生和低收入家庭的学生。学生的抗议事件说明：日益增高的学费和居高不下的失业率导致加拿大社会矛盾激化。曾经，建立“正义的社会”是自特鲁多时代以来所有加拿大人的梦想，然而，如今不断上涨的学费正危及这个福利国家的正义梦想。①

综上所述，经过多年的发展，加拿大已经形成了独具特色的高校招生考试制度，其制度理念、运行机制、选拔方式、学生择校和资助政策较好地适应了加拿大在政治、文化、民族等方面的国情，在本质上体现了加拿大崇尚

① 李欣.加拿大高校招生考试制度透视[J].复旦教育论坛, 2014(3): 31-36.

社会正义与文化多元的治国追求，值得其他国家效仿。然而，教育普及化的深入伴随着经济的困境，使这个高福利国家的教育机会均等意识面临严重挑战。在经济持续低迷的时期，如何在现有的制度框架下确保弱势群体的入学机会？如何在招生工作中给予弱势群体更有效的指导和帮助？如何改善现有的学费收取方式？这些问题或将成为加拿大政府和高校首先需要携手解决的问题。

第三节

加拿大高校招考制度的启示与借鉴

加拿大高校招考制度是其特定的哲学价值观、经济、社会、政治、历史文化和民族传统等因素相互作用和影响的结果。经过三百多年的发展，加拿大已经形成了比较完善和稳定的高校招考制度。该制度有自成一体的鲜明特色，对于我国正在探索的高校招考制度改革具有较高的借鉴价值。

一、加拿大高校招考制度的改革焦点

加拿大各高校的招生实践在整体上呈现出地方性、自主性、灵活性、公正性、多元性等特点，具体可以从以下几个方面进行解读。

（一）地方格局，自主招生

加拿大特殊的历史发展过程塑造了其特殊的“软联邦制”政体，“地方主义”在加拿大的政治生活中是一种深入骨髓的观念，这使“加拿大社会具有‘妥协’的性格，特别是在政治上，联邦政府与省政府相互妥协，政府与各利益群体之间相互妥协”[①]。在联邦的法律框架内，各省享有较高的自由度，在各省的法律框架下，高校也享有较高的自治权。“1867年的《大不列颠北美法案》和1982年的《加拿大权利与自由宪章》从法律上赋予了各省教育立法权和管理权。省的法规为大学的结构及运行提供了一个框架，并要求其在规定的框架内运作。省政府根据本省立法审批设立大学和其他高等教育机构，规范大学名称，批准授予学位，监督大学依据法律程序设立董事会和评议会。”[②]以不列颠哥伦比亚省为例，省政府对高等教育的立法主要包括大学法（university act）、学院法（college and institute act）和学位授予法案（degree authorization act）。这些立法对该省不同类型的高校提供了法律框

① 仇雨临. 加拿大社会保障制度对中国的启示[J]. 中国人民大学学报，2004(1): 57-63.

② 黄蓉, 鲁军. 加拿大大学法人治理结构的分析[J]. 理工高教研究，2009(12): 97-101.

架，大学在框架内运作，拥有相当大的自主权。[①]加拿大的高校作为独立法人具有三个显著特点，即财产独立、高校自治和责任自负，其中高校自治是大学法人的本质特征，高度自治权的首要体现就是自主招生。

加拿大没有联邦教育部，因此高校的招生方式较其他国家更为灵活多样，高校招生的自主权主要体现在以下几个方面。

第一，无高校统一入学考试。加拿大高校招生采用中学毕业证书资格制度，即获得高中毕业文凭或普通教育证书（the General Certificate of Education），便基本上获得了升入高校的资格。加拿大中学毕业资格由省级管理，各省要求不一，而且高中毕业成绩并不一定以省级统考成绩为主，如魁北克、纽芬兰与不列颠哥伦比亚等省高中毕业生成绩为省统考成绩与在校平时成绩的平均值。加拿大高校采用高中毕业资格认定的方式招生，消除了学生需准备大学入学考试而带来的额外负担，避免了高校入学考试对高中教学的冲击，同时省级高中毕业考试也使省内高中的课程相对统一，高中生的学业水平有了可比性。这种方式适合加拿大高校入学机会较为宽松的国情。

第二，无国家层面的高校招生机构。各高校大都自行处理入学申请，由于各省之间相互承认高中毕业资格，因此这种做法有利于扩大申请者与高校之间双向选择的机会。申请者可同时向多所高校提出入学申请，不受数量限制。由于加拿大地域辽阔，英语、法语同为官方语言，而采用双语教学的高校并不多，再加上各省的教育体制具有较大的独立性，因此各高校招收的新生绝大多数来自本省。[②]

第三，基于专业的入学竞争。与一些国家学生的名校情结不同，加拿大学生的大学竞争主要集中在专业领域。高中毕业生主要申请当地的高校，仅有少数本科生会选择去外省读书。很少有雇主会认为某个加拿大大学的牌子比其他大学更有价值。但这并不意味着加拿大的大学入学竞争不激烈。加拿大学生的激烈竞争聚焦在高回报率的专业上，例如工商和工程专业。在大学的头一两年，加拿大的大学生在大学接受通识性文理教育，之后就要在专业领域展开激烈竞争。换言之，由于加拿大的大学之间缺乏明显差异，知名

① 范文曜，刘承波．大学制度建设：加拿大、美国高教考察与启示[J]．理工高教研究，2007(2)：6–11.

② 王秀梅．加拿大高校招生特点[J]．英语知识，2003(4)：12.

度、学费、生活开销、入学难度等相差不大，因此,学生的竞争压力不在于是否进入所谓的名校，而在于是否进入大学里高回报率的专业。①

（二）机会均等，宽严并举

机会均等是与高等教育的发展阶段相互关联的概念，在任何国家，能够上大学的学龄青年比例最终取决于国家的公共政策和国民心态，但更为直接地取决于中学阶段和大学入学阶段所进行的学术筛选。

20世纪60年代，加拿大加快了高等教育民主化的进程，接受高等教育不再被视为少数人的权利，扩大高等教育入学机会的呼声日涨。当时加拿大的总理特鲁多提出要建立一个“正义的社会”。社会政策的制定者们日益意识到要消除社会和经济的不平等，消除造成许多社会弱势群体（如妇女、讲法语人士、少数民族人士、土著居民以及农村和北方人士）充分参与加拿大经济和文化发展的障碍，发展高等教育是一个重要社会政策，它被看作争取美好生活的内在宝贵因素，以及实现社会及经济变革的主要工具。②增加入学机会的现实，要求教育机构必须调整数量和规模以容纳更多的学生，在这样的时代背景下，加拿大的高等教育进入了大发展时期，大学不断扩招，社区学院作为新型的教育机构不断涌现。教育机构和课程的多样性，要求有与之相匹配的多样化招生选拔类型。鉴于高校的类型、专业院系的学术声望和就业前景等因素，加拿大的高校在招生中体现出“宽进严出”“严进严出”并用的特点，这种“宽严并举”的做法不仅存在于不同类别的高校中，也广泛存在于同一高校的不同专业之间。追根究底，这种做法是以专业而非学校为基础进行的筛选。加拿大大部分高校的大部分专业都实行“宽进严出”的招生策略，“为鼓励学生努力学习，增强竞争意识，加拿大的大学还实行一整套的奖学金制和学位等级制。学习中不能保持优秀者，奖学金就会被取消。加拿大还实行毕业生等级制。具体做法是根据学生几年的学分和学习成绩，在毕业时将他们分为三个等级：荣誉毕业生、普通毕业生和及格的毕业生。这对学生毕业后找工作和工资待遇有直接影响。这种管理高度调动了学

① Scott Davies, Floyd M. Hammack. The Channeling of Student Competition in Higher Education: Comparing Canada and The U.S.[J].The Journal of Higher Education, 2005, 76(1): 89–106.

② 曾子达. 加拿大社区学院[M]. 北京: 北京大学出版社, 1994: 63.

生学习的积极性，最大限度地发挥了他们的特长。严格的淘汰制则培养了学生的竞争意识，确保了大学毕业生的质量。加拿大先进的治学理念和人性化的管理，使加拿大的学位证书极富含金量，并在世界范围内得到广泛的认可”。①

而对有些高校的部分专业而言，现实的情况却是实实在在的“严进严出”，这些专业入学竞争非常激烈，甚至有上千申请者竞争几十个入学名额，而毕业要求也很高。例如，笔者在对多伦多的瑞尔森大学招生办主任艾丽卡访谈时获悉，该校影视表演专业每年都吸引了来自加拿大各地，甚至外国的一千余名学生报考，而该专业的招生名额仅有30个，竞争之激烈可以想象。该大学原先只是多伦多市中心的一所职业技术学院，近年来才升格为教学型大学，提供学位教育。由此可见，高校的类别并不是决定入学竞争激烈程度的核心要素，专业的就业机会及未来薪资水平才是最为关键的因素。当然，对名校的热门专业而言，“严进严出”也成为一种被广为接受的招生实践。在此方面的典型之一就是多伦多大学的工程科学（Engineering Science）专业，该专业的入学竞争十分激烈，申请者高中最后一年数学、物理等主课的平均成绩基本都在90分以上。每年的招生名额约为300人，学生即使入选了也还要继续面临严酷的学术筛选，大学第一年的淘汰率高达50%，也就是说第一年结束后仅有150名左右的学生能继续留在该专业学习，被淘汰的学生会被分流到其他难度较低的理工科专业。有幸在第二年筛选中“生存”下来的学生将有机会进入难度更为高深的专业，如航空航天专业等，如果他们能顺利完成学习，毕业时的就业前景和收入将非常令人羡慕。正是这种从严把关的做法促使学生能以理性的态度申请学校和专业，不盲目追求名校热门专业，而更多地以自己的兴趣和学习能力为出发点，选择最适合自己的院校及专业。

（三）以人为本，多次选择

加拿大高校招生考试制度的另一个突出特色就是充分体现了对学生求学意愿的尊重，即“以人为本”，正因为如此，学生才有了多次选择的机会。

首先，学生在申请院校和专业的时候，可以按照自己的喜好申请。各省

① 符华兴，王建武. 世界主要国家高等教育发展研究[M]. 长沙: 湖南人民出版社, 2010: 431.

对学生申请院校的数量没有限制。安大略省和不列颠哥伦比亚省虽然有高校集中申请中心，每个学生在缴纳申请费后可以一次性将申请材料提交给三个院校的不同专业，但只要学生愿意申请更多的院校，只需缴纳相应的申请费即可。其他各省没有集中的申请中心，都是由学生自行联系院校。所以从理论上讲，加拿大的学生可以申请无数个院校和专业，在此方面具有相当大的自主权。

此外，学生还可以根据自身情况选择学习方式。尽管全日制学习是较为理想的选择，学生可以不受干扰、全身心地投入学习，但是对于许多需要半工半读和有家庭的学生而言，则无法进行全日制学习，因此非全日制的学习方式更适合这部分人。不同的学习方式满足了学生多样化的入学需要，体现了“以人为本”的精神。表2-6列出了加拿大2000年与2011年全日制与非全日制学生的人数比较，可以看出，非全日制学生在2000年时占所有本科生的28%，到了2011年该比例下降至23%，但仍有23.7万名学生进行非全日制学习。

表2-6 加拿大2000年与2011年的全日制与非全日制学生人数比较

学习方式及统计	本科人数			研究生人数		
	2000年	2011年	增长率	2000年	2011年	增长率
全日制学生	541200	777500	43.7%	81 100	147700	82.1%
非全日制学生	210700	237600	12.8%	37 000	47700	28.9%
比　例	2.58:1	3.72:1	—	2.19:1	3.1:1	—
总　计	751900	1015100	35%	118100	195400	65%

资料来源：转引自AUCC根据加拿大统计局中等后教育学生信息系统（PSIS）整编的资料。

其次，学生入学以后仍然可以有转学的机会，这大大降低了一次选择的风险性。在加拿大，对专业的热衷导致大学生中途转学的事件频发。许多学生如果没有机会进入知名大学的热门专业，就会转学到社区学院的相同专业。这种做法被学者们称为“循环式就学”。除此之外，许多大学生甚至在毕业后还会继续去社区学院修读一个文凭，以便为其就业赢得先机。研究表明：加拿大各学院的毕业生比大学毕业生能更快适应就业市场，在毕业的头两年，前者比后者更容易找到工作，毕业后的五年内，两者的就业率才能持平。[①]

学生在进入高校或毕业时都可以进行“循环式就学”，即不但可以选择“向上流动”接受研究生教育，也可以选择“向下流动”接受各类学院的技术培训。“向上流动”是一种非常普遍的求学选择，但是，“学生的流动也并不都是‘人向高处走’，在加拿大，有些大学毕业生愿意再上社区学院学习技能技术，其目的之一是为了加强自己的动手能力，用实践技能去结合理论，有利于自己的全面发展；目的之二是为了增加就业的优势，这在经济萧条时期更具意义”。[②]自20世纪80年代以来，这种社区学院与大学之间的“循环流动”趋势逐步加强，研究显示，安大略省社区学院的新生中来自大学的肄业生人数比例由1983年的4.6%上升到1987年的5.1%，这一时期拥有大学学位的新生人数比例由1.6%上升到1.8%。[③]到了2001年，大约有12%拥有学士学位的大学毕业生会在毕业5年内在社区学院就读，他们通常会选择应用型的学科。在一些高等教育资源丰富的大省，学生在不同院校之间的“循环流动”更是活跃，图2–3列出了1989年和2012年不列颠哥伦比亚省公立高等教育体系内的学生转学及流动模式。

① Mary Allen, Shelly Harris. George Butlin. Finding Their Way: A Profile of Young Canadian Graduates. Culture,Tourism and the Centre for Education Statistics Division, 2001.

② 曾子达. 加拿大社区学院[M]. 北京: 北京大学出版社, 1994: 119.

③ Peter Stokes. College Transfer Revisited. A Working Paper, 1989.

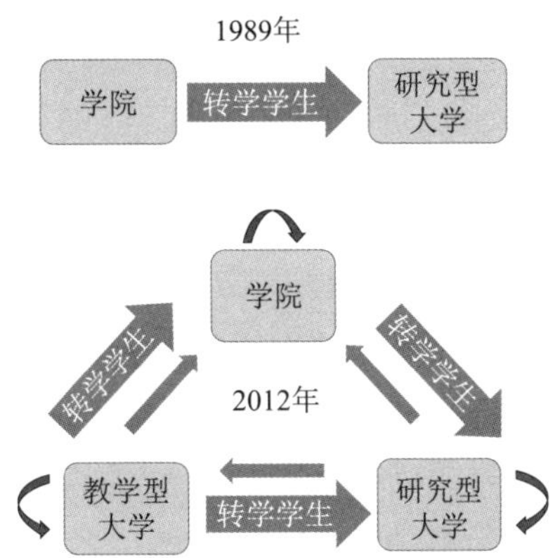

图2–3 不列颠哥伦比亚省公立高等教育体系内的学生转学及流动模式

资料来源：Enabling Transfer in BC, 2011–2012 Annual Review, Report of the BC Council on Admissions and Transfer to the Ministry of Advanced Education, May 2010.

从图2–3的比较可以看出，在20年前，学生的流动是单向的，几乎都是从社区学院转学到研究型大学。然而，经过数年的发展，不列颠哥伦比亚省的转学系统已经变得更为复杂，不仅在学院、教学型大学和研究型大学三类高校之间有学生的流动，三类高校内部也有学生的流动。政府必须对公众的需求做出反应，因此省教育部成立专门的转学委员会，协调高校之间的转学工作，并推动相关科研，以便学生可以更为灵活地在多样化的高等教育机构之间流动。

因此，许多加拿大的文科学士选择进入社区学院就读，是为了在工商或计算机应用等领域接受职业培训，而并非为了第二学位。这也从侧面证明：与知名大学的牌子相比，对高回报率的热门专业进行投资才能获得更好的收益。加拿大的这种“循环就学”的现象较为特别，即便在美国也很难想象一个哈佛大学或斯坦福大学的学生会在毕业后去当地不知名的社区学院再攻读大专文凭。然而，这也恰好说明学校的知名程度与专业的热门程度在不同的国家是如何平衡的。[①]

总体而言，加拿大的高校在招生政策方面如同为学生铺设了一座“立交

① Scott Davies, Floyd M. Hammack. The Channeling of Student Competition in Higher Education: Comparing Canada and the U.S.[J]. The Journal of Higher Education, 2005, 76(1): 89–106.

桥”，具有多个入口和出口，学生可以自由穿行在各高校之间。相比之下，中国的高校招生更像是一条“单行道”，学生一旦做了选择就较难有机会“掉头”。

（四）重视资助，兼顾就业

加拿大高校具有健全的奖学金及贷款制度，这与各级政府的重视密不可分。从1985年8月1日至1986年7月31日，加拿大联邦政府向233569名全日制大学生和1100名兼职大学生支付了6.47亿加元贷款。1990—1991学年，联邦政府支付学生贷款为7.12亿加元，受益学生达272225人。到1995—1996学年，学生贷款资金达到150多亿加元，受益学生达365721人。1999—2000学年，从联邦政府获得贷款的学生达到了45万人。[①]尽管受国内经济环境的掣肘，加拿大政府对高校的资助近年来有所下降，但还是承担了学生相当比例的教育成本。因为加拿大的高校基本都是由政府提供资金，他们大多是非营利性的公立院校，按照成本回收的原理运作，收取学费并不是为了营利，而是要保持收支平衡。学生所支付的学费通常只占其实际教育成本的20%—30%，其余的费用由政府补助。

考虑到有些学生可能无力支付基本学费和大学生活的开支，联邦政府和各省政府都设立了学生贷款项目，鼓励学生先上学后还款。此外，高校还设立了多种奖学金和助学金，按照来源划分，可分为加拿大政府提供的、私人及私人性质的基金会提供的以及高校提供的三种类型。奖学金的评奖标准主要依据学生的成绩，助学金则主要考虑学生的经济需要，对学习成绩也有一定要求。许多奖学金是按学科分类的，奖励或促进对某些领域的研究。为了奖优助贫，通常高校都会在每年的预算中拨出专款。表2-7显示了麦吉尔大学等8所高校2011年的奖、助学金占大学预算的比例，由此可以看出，其中有3所名校的此项预算比例都在10%以上。

---

① 符华兴，王建武. 世界主要国家高等教育发展研究[M]. 长沙: 湖南人民出版社, 2010: 410.

表2-7 8所大学2011年奖、助学金占大学预算的比例

大学名称	奖、助学金占大学预算比例(%)
麦吉尔大学	12.2
女王大学	11.1
多伦多大学	10.4
约克大学	7.8
布洛克大学	7.4
西蒙菲沙大学	6.8
蒙特爱立森大学	6.1
温尼佩格大学	3.6

资料来源：根据http://tools.macleans.ca/ranking2011/selectuniversities.aspx网页资料整理得出。

加拿大的高校还在招生中兼顾就业，以返还学费的方式吸引优秀人才留在当地工作。作为一个高福利国家，加拿大从2006年就开始以退税形式为学生返还学费。曼尼托巴省、新不伦维克省、新斯科舍省、萨斯卡彻温省都启动了这个教育退税项目（Education Tax Rebate Programs），但仅限于本国学生或者移民人士。曼尼托巴省和新不伦维克省是返还额度位居前二的两个省。目前，根据曼尼托巴省政府规定，只要是2007年1月1日后毕业于加拿大公、私立大专以上院校，具有各类学位、文凭或证书并留在曼尼托巴省工作的国际学生，都可以以退税的形式申请获得高达60%、总数不超过25000加元的学费返还。加拿大的其他省份也拟采取类似的方式来吸引更多的国际人才。

二、加拿大高校招生制度对我国的启示

他山之石，可以攻玉。加拿大的高校招生制度在许多方面的做法较为先进，我国的高校招生考试制度改革或可从中得到如下启示。

第一，把高校的学术选拔适当提前到高中。首先，高中阶段的课程设置

要考虑学生的兴趣、爱好与发展方向。加拿大的高中课程设置相当灵活，必修课与选修课比例适当，实行真正的学分制，通过选修课让学生的兴趣、爱好得到认可和发展，从而影响其对日后大学专业的选择。其次，针对学生的学习能力开设难易程度不同的课程，学生能够量力而行、提前分流。而在我国现阶段的高中课程设置中，“大一统”的痕迹却十分明显，学生的个体差异未得到充分重视，也未能通过课程难易程度划分来实现提前分流，致使高考承担了过多功能。

第二，在确保工作效率的前提下，赋予学生更多的选择权。首先，从理论上讲，加拿大的高中生只要愿意交申请费，就可以不限数量任意申请高校。而且接到录取通知书后还有多次反悔的机会，换学校或转专业都可以，学生具有较大的自主权。我国的考生在整个录取过程中都比较被动，申请学校数量有限，而且一旦拿到录取通知书就难有机会反悔，致使学生和家长填报志愿的压力过大。因此，我国今后的高考改革不能仅仅倚重考试改革，还应逐步给考生赋权，让他们获得更多自由选择的机会，降低一次选择的高风险性。其次，我国高校之间也要适当打破壁垒，使大学生能在入学后有二次选择的机会，在满足一定条件的基础上，转入另一所高校就读。最后，高校内部的学生流动也应该适度放宽。学生在填报高考志愿时，对于大学各专业的区别与联系所知甚少，在专业的选择方面会受到父母、亲友、师长等人的影响，大部分学生并不清楚自己适合学习哪个专业，因此，高校应该在制度上为学生转专业提供途径，力争使每位学生都能学到自己想学并且擅长的专业。

第三，在确保学术筛选公平性的基础上，扩大生源的多样性。加拿大的一流大学都在践行“均等与多样”的招生理念，力争使来自不同族群的学生都能被充分代表。“我国已经进人高等教育大众化阶段，但规模的扩大并没有从根本上改变我国高等教育发展中存在的城乡二元结构和区域性失衡。农村学生与城市学生、少数民族学生广泛聚居的西部地区与经济发达的东部地区在高等教育的资源分布、教育经费投入、学科专业设置、师资力量、办学质量等方面都存在巨大差距，农村学生和少数民族学生在高等教育的竞争中逐渐被边缘化。”[①]在解决高等教育公平性的问题上，加拿大采用了“积极差别待遇”这样的公平补偿原则，即“承认差别、缩小差距”，这对我国推进高等教育均衡发展具有积极启示。入学机会公平是公平诉求在高等教育领域的体现。高等教育的公平与整个社会的公平密不可分。相信随着中国社会发展的整体推进，中国高校也能进一步实现对公平性与多样性的追求。

① 李欣. 从“普及中的失衡”到“均衡中的普及”——加拿大促进高等教育均衡发展的政策研究[J]. 复旦教育论坛，2013(1): 75-79.

第三章

英国高校招考制度

英国是高等教育的发源地之一，不仅高校办学历史悠久，而且有牛津大学、剑桥大学两所非常古老的、世界顶尖的一流大学，在质量保障体系尤其是学位的认证上亦颇具特色。在2014—2015学年，英国共有162所经英国权威机构（英国和苏格兰议会、威尔士与北爱尔兰议会）认证可授予学位的“认可院校”，其中，161所为公共财政资助的高等教育提供机构（Higher Education Providers，包括大学和从事高等教育的学院两类，本章统一以“高校”指代），1所为私立的白金汉大学(University of Buckingham)。另外，英国还有700多家私立的“指定机构”，虽然没有颁发学位的权力，但是开设有完整的课程，经“认可院校”验证生效后可作为学位课程。由于私立高等教育机构在质量保障中较为关注结果的质量而不太注重入口的质量，故本章的研究范围为英国公立高校，尤其聚焦于入学竞争激烈的精英大学。英国公立高校的本科招考制度在管理体制、考量因素和促进入学机会公平的实践上都有着鲜明的特色，可以为我国招考制度的完善提供诸多借鉴。下面将先简要介绍英国高校分权合作式招考管理体制、中学证书考试和大学入学考试并存的招生考试体系和引入对申请者个人背景考察等方面的发展历程，随后重点阐述高校录取机制的现状、学术标准主导的综合评价的实施和促进入学机会的主要举措，最后在总结英国高校招考制度的基础上得出对我国高校招考制度改革的启示。

第一节
英国高校招考制度的发展历程

在19世纪初期，英国只有10所高校，容纳的学生数量只占英国总人口的1%，招生几乎只面向富家子弟。“二战”后，在《罗宾斯报告》的倡导下，通过新建“绿地大学”和多科性技术学院、升格原有高级技术学院等途径，英国高等教育成功地从精英教育转向大众化教育，招生对象覆盖各阶层、各类别的适龄青年。进入21世纪以来，英国高等教育逐渐往普及化阶段发展，18—30岁青年首次进入高等教育的入学率在2006年达到42%，2014年增长至48%。[①]随着高等教育规模的不断扩大，英国高校招生考试制度也日益成熟和凸显专业化，具体为：在招考管理体制上，形成了政府、高校、专业机构分权合作的伙伴关系；在招生考试体系上，中学证书考试与大学入学考试并存于精英大学中，共同服务“优中择优”的招生目的；在扩大高等教育的参与面上，越来越多的高校引入对申请者个人背景的考察，以增加弱势群体的入学机会。

一、分权合作式的招考管理体制

在英国高校的招考管理体制中，申请事宜由英国大学与学院招生服务处（Universities and Colleges Admissions Service，UCAS）负责，公共考试由综合考试机构负责，对生源的选拔由高校负责，但高校招生录取政策的制定和实施受到政府的宏观调控以及专业机构和公众的监督，从而形成申、考、录分离，多方力量共同监督并良性互动的分权合作式“伙伴关系”。

① UK Department for Education.Participation rates in higher education: Academic years 2006/2007-2014/2015(provisional) [EB/OL]. https://www.gov.uk/government/uploads/system/uploads/attachment_data/file/552886/HEIPR_PUBLICATION_2014-15.pdf.

（一）申、考、录分离体制的形成

在英国，录取决策历来属于高校自主权的范畴，是大学基于学术判断的责任，但是申请和证书考试事务均由不同的部门负责。就申请事宜而言，UCAS成立于1992年，由1961年成立的全国大学招生委员会（Universities Central Council on Admission）和1985年成立的全国多科性技术学院招生委员会（Polytechnics Central Admissions System）合并而成，为独立于政府和高校的第三方非营利性机构，[①]统一处理学生对英国高校本科专业课程的申请。通过UCAS申请表，学生最多可填报5所高校，但不能同时申请牛津大学、剑桥大学，原因在于“防止牛津大学、剑桥大学竞争同一个学生造成的金钱投入浪费”。[②]UCAS除了集中处理分发申请表，还提供与高校招生相关的广泛服务，比如提供多样化的申请建议和高校相关的信息[③]、推出学业成绩换算体系（UCAS Tariff）[④]、收集和公布招生数据[⑤]等。近年来，UCAS还成立专门的稽查小组，借助数据库和软件等手段审查申请材料是否存在作弊现象。[⑥]

就公共考试而言，最初英国公共考试的实施权力由大学控制，后来在各方利益的协调下，公共考试（包括普通教育科目和职业教育科目）由专门的综合考试认证机构实施，主要包括评价与资格证书联盟（Assessment and Qualifications Alliance）、北爱尔兰课程、考试与评价委员会（Council for the Curriculum, Examinations and Assessment）等6个机构，学生参加哪个认证机

---

① 王立科.英国高校招生考试制度研究[M].武汉：华中师范大学出版社，2008: 139.

② Anna Mountford Zimdars.Meritocracy and the University:Selective Admission in England and the USA[M]. London, UK: Bloomsbury Academic，2016: 110.

③ 比如个人陈述的撰写、面试的准备、学生资助与贷款信息等。

④ 由于英国中学证书成绩以字母表示，同时证书考试的科目和试卷组合难度、评分标准都不一样，为易于比较，UCAS会根据“统一计分量表”（*Uniform Mark Scale*）将证书原始成绩转换成以百分比形式表示的UMS标准分。目前英国高校大部分均采用该体系，但也有一些大学例外，比如牛津大学。

⑤ 比如UCAS每年都会发布《招生季末报告》（*End of Cycle Report*），公布关于申请和录取情况的详尽数据，下载地址为：https://www.ucas.com/corporate/data-and-analysis/ucas-undergraduate-releases/ucas-undergraduate-analysis-reports/ucas。

⑥ 新京报.牛津大学如何避免招生“潜规则”[EB/OL]. http://edu.sina.com.cn/a/2013-12-16/1022237580.shtml.

构的考试一般由高校指定。同时，公共考试的实施受到英国政府的宏观调控和资格证书与课程局（Qualifications and Curriculum Authority）、教育标准办公室（Office for Standards in Education）等机构的监督。[①]

（二）多方监督体制的形成

尽管英国高校有权自主设置录取标准、评价方式和实施过程，但录取政策的制定及其实践遵从于政府设定的政策和法律要求，比如英国大学招生需遵守《2010年伦敦平等法案》（*Equality Act 2010*），对来自不同种族的申请者平等对待、没有歧视。同时，由于英国高校从1998年开始实行学费政策，最初为1000英镑，到2004年在《高等教育法案》（*Higher Education Act 2004*）的许可下上涨至3000英镑，2012年罗素联盟大学（Russell Group）[②]的学费更上涨至9000英镑。为了抵消学费上涨造成的负面影响，英国政府在2004年建立公平入学办公室（Office For Fair Access，OFFA），[③]与所有收取学费超过6000英镑的高校签署《入学机会协议》（*Access Agreement*），监管高校关于扩大高等教育参与的实践。

除了政府，专业组织和公众也共同监督英国高校的录取实践。专业组织主要包括高等教育质量保障署（Quality Assurance Agency for Higher Education，QAA）和招生专业化支持（Supporting Professionalism in Admissions，SPA）机构。QAA于2011年编制了《英国高等教育质量编码》（*UK Quality Code for Higher Education*），为英国高等教育提供标准和质量的建议和监管，其中B部分“保障和提高学术质量（Assuring and Enhancing Academic Quality）”第二章“高校招募和录取（Recruitment and Admission to Higher Education）”详细列明了对高校招生录取工作的要求和期待。SPA成立于2006年，旨在提供与招生相关的专家、循证式(evidence-based)的有效实践指

---

① 详见：王立科.英国高校招生考试制度研究[M].武汉：华中师范大学出版社，2008: 114-117.

② 罗素联盟大学由英国24所一流的研究型大学组成，包括牛津大学、剑桥大学、伦敦政治经济学院、帝国理工学院等，每年获得的科研经费和赞助资金占全英国高校经费总量的65%以上。

③ Oxpolicy.Racial inequalities in UK higher education: qualitative research into the under-representation of BME students at Oxford[R/OL]. http://www.oxpolicy.co.uk/portfolio/increasing-accessibility-to-oxbridge, 2016: 5.

南和建议的集中资源，以支持高校开展公平和专业的招生。①在公众监督上，如果媒体或者任何公众说明原因要求查阅招生会议或录取统计资料的记录，高校须予以配合。受信任的记者也可获得观察招生过程的机会，并在其媒体上发表。②例如，2012年2月在《卫报》（*The Guardian*）上发表的剑桥大学招生案例，即体现了这一监督的过程。③

二、中学证书考试和大学入学考试并存的招生考试体系

英国大学建立之初至中世纪后期在招生中一直没有考试要求，直至19世纪初牛津大学、剑桥大学引入书面考试，进而逐步建立考试制度。1858年，牛津大学、剑桥大学分别成立地方考试委员会，开始对中学生开展大规模校外公共考试，并于1877年起对考试合格的学生授予证书。1918年，中等学校考试委员会推出了学校证书考试，与伦敦大学考试委员会设计的大学入学证书考试（matriculation）并存。1951年，普通教育证书（General Certificate of Education，GCE）开始实施，标志着英国确立了“证书型”的高校招生考试制度。④同时，精英高校和一些专业性较强的学科（比如法律和医学）多要求学生参加额外的入学考试，因此形成了中学证书考试和大学入学考试并存的招生考试体系。

（一）中学证书考试的发展

普通教育证书考试自实施以来，其高级水平考试（A-level）⑤因突出学术性成为申请大学的必备条件，类似于我国的高考。A-level需要在中学高级

---

① Joanne Moore, Anna Mountford-Zimdars & Jo Wiggans.Contextualized admissions: Examining the evidence[R/OL]. https://www.spa.ac.uk/sites/default/files/Research-CA-Report-2013-full. pdf, 2013: 10.

② Anna Mountford Zimdars.Meritocracy and the University: Selective Admission in England and the USA [M]. London, UK: Bloomsbury Academic, 2016: 168.

③ 具体请见：Jeevan Vasagar. So who is good enough to get into Cambridge? [N/OL]. The Guardian. https://www.theguardian.com/education/2012/jan/10/how-cambridge-admissions-really-work.

④ 王立科.英国高校招生考试制度研究[M].武汉：华中师范大学出版社，2008: 95-96.

⑤ GCE分为三个水平，包括一般水平(O-level)、高级水平(A-level)和奖学金水平(S-level)。一般水平考试用来甄别参加考试的16岁以上的学生是否适合学习中六学级课程、接受延续教育及专业教育等，为评估性考试。奖学金水平考试适用于希望获得国家奖学金的学生，为竞争性考试。

阶段[①]的两年时间完成。鉴于其上承高等教育、下启基础教育的重要性，A-level的课程内容、形式以及成绩计分方式等经历了多次改革。1951年设立之初，A-level证书成绩的计分等级设为“通过”和“失败”。1963年，计分等级改为A、B、C、D、E、O、F（分别代表不同等级层次的考试成绩）。1987年，计分等级再次改为A、B、C、D、E、F、G和U（U为不及格）。2000年，A-level证书开始实行模块化考试，将A-Level证书的获得分为第一年末的AS-level和第二年末的A2-level两个阶段，即以新的AS（Advanced Subsidiary）模块化考试取代原先的AS（Advanced Supplememtary）考试，科目考核在课程每个模块结束时进行，各学年最后得到的加权总成绩分别为AS-level成绩和A2-level成绩，各占A-level成绩的50%。2008年，英国政府再次提出了A-Level改革提纲，主要包括增设A*等级（2010年启用）、减少考试模块等。[②]2015年，新一轮的A-level改革启动，改革内容主要包括以下三个方面：AS-level和A2-level课程内容的变革，包括减少课程作业量等；AS-level和A2-level考试形式的变革，由以前的分模块考核改为课程结束时的一次性考试；AS-level将从A-level中独立出来，考试成绩不再计入A-level成绩。改革在2015—2019年内分三阶段完成。[③]促使A-level屡次改革的主要动力在于减少重考学生的数量以及提高考试成绩的区分度等。

英国不同的高校根据自身的定位对A-level成绩的要求各有不同，精英大学一般要求申请人具有三门A-level课程，并且考试成绩须达到优秀，大众型高校要求一般为两门A-level课程，以及一门职业型资格证书。[④]除A-level外，英国高校选拔生源考察的学术型资格证书还包括剑桥大学预备证书

① 在英国实行的是由初等、中等、延续与高等教育组成的三级一贯制的现代教育体制。一般分为五个阶段：第一阶段是3—5岁的幼儿园教育，第二阶段是5—11岁的小学教育，第三阶段是11—16岁的中学初级教育。5—16岁为法律规定的强制教育阶段，属义务教育。第四阶段是16—18岁的中学高级阶段（或中六学级、大学预科班），为中学至大学的过渡期。第五阶段为大学教育，一般从18岁开始，读本科需要3—4年（医科为5年），可取得学士学位；硕士通常为1—2年，博士为3—5年。资料源自：王立科.英国高校招生考试制度研究[M].武汉：华中师范大学出版社，2008: 21.

② 张飞彦.英国高考A-Level证书等级体系的构建与启示[J].教育与考试，2017(1): 21-27.

③ UK Government. Get the facts: AS and A level reform[EB/OL]. https://www.gov.uk/government/publications/get-the-facts-gcse-and-a-level-reform/get-the-facts-as-and-a-level-reform.

④ 刘海峰，等.高校招生考试制度改革研究[M].北京：经济科学出版社，2009: 253-254.

（Cambridge Pre-Us）、苏格兰高等和高级高等证书（Scottish Highers and Advanced Highers）、国际大学预科证书（International Baccalaureate Diploma，IB）、延伸项目资格和跨学科项目证书（Extended Project Qualification and Interdisciplinary Project）、普通中等教育证书（General Certificate of Secondary Education，GCSE），[①]其中IB和GCSE使用最为普遍。职业型资格证书，诸如商业和技术教育文凭（Business and Technology Education Council Diplomas）、剑桥技术证书（Cambridge Technicals），也可用于大学申请。

（二）大学入学考试的发展

中学证书考试虽然为英国高校选拔学生发挥了重要的作用，但对有着庞大数量申请者的精英大学而言，抱怨证书考试形式不能对学生进行有效区分的声音长期存在。A-level考试的通过率越来越高，大约四分之一的考生都能获得A等成绩[②]，比如2011—2016年获得A—A*成绩的学生占比即在27%—25.8%区间浮动。[③]为了更公平、有效地优中择优，英国精英大学多数都要求学生参加额外的专业入学考试，尤以牛津大学、剑桥大学为代表。然而，牛津大学、剑桥大学入学考试的发展历程呈现波折反复的状态。剑桥大学曾于1980年取消单独的入学考试，随后又恢复。1995年前后，牛津大学、剑桥大学大部分专业在公立学校声称入学考试偏向私立学校的压力下取消了入学考试。进入21世纪后，不同类型的入学考试逐步被牛津大学、剑桥大学重新引入，比如剑桥大学在放弃使用全国性的法律入学考试（Law National Admissions Test，LNAT）后于2009年首次实施了自己设计的法律考试。[④]同时，剑桥大学于2016年11月份开始，将引入一个内容根据专业调整但格式规范统一的写作测验系统，旨在为招生导师提供关于申请者学术能力和有潜

① UCAS.Post-16 qualifications you can take[EB/OL]. https://www.ucas.com/ucas/16-18-choices/search-and-apply/post-16-qualifications-you-can-take.

② 何家军. 英国高考改革发展趋势[N]. 中国教育报, 2007-04-11.

③ Ashley Kirk. A level results 2016: Which subjects did students do the best and worst in? [EB/OL]. http://www.telegraph.co.uk/education/2016/08/18/a-level-results-2016-which-subjects-did-students-do-the-best-and.

④ Graeme Paton.Oxford and Cambridge introduce new entrance tests[EB/OL]. http://www.telegraph.co.uk/education/6561399/Oxford-and-Cambridge-introduce-new-entrance-tests.html.

力的有价值的额外证据。[①]另外，英国2005年曾开展一项为期五年的采用美国SAT测验的必要性的研究，结果显示平均A-level成绩是大学学业表现的最佳预测指标，其次为平均GCSE成绩，SAT的增值效度不具备显著的统计学意义，因此SAT最终没被采用。[②]

三、引入对申请者个人背景的考察

1963年，英国政府组建罗宾斯委员会对高校的全日制生源状况进行调查，结果发现学生的社会经济背景与学业成绩密切相关，尽管接受高等教育的人数有大幅增加，但来自社会各阶层的学生占比并没有发生明显变化。[③]1997年，英国政府在高等教育领域积极推行"扩大参与（Widening Participation）"政策，适龄青年的高等教育参与率，特别是女性和少数族裔学生的参与率，得到稳步的增长。[④]然而，不同生源群体之间的入学机会差距仍然明显，就读精英大学的情况更是不容乐观。以牛津大学、剑桥大学为例，1997年至2014年，牛津大学录取的公立学校学生从47%增长至56.3%，剑桥大学录取的公立学校学生从51%增长至62.2%，[⑤]但基于英国只有7%的年轻人就读于私立学校的事实，公、私立学校生源进入两校的概率仍然存在很大差异。[⑥]

（一）个人背景考察实践的提出

2003年，英国教育与技能部部长查尔斯·克拉克（Charles Clarke）任命

---

① Vision Plus Education Consultants.Cambridge university to introduce entrance test for admission process [EB/OL]. http://vpecoverseas.com/blog/cambridge-university-to-introduce-entrance-test-for-admission-process.

② Catherine Kirkup, Rebecca Wheater, Jo Morrison, Ben Durbin & Marco Pomati.Use of an aptitude test in university entrance: A validity study[R/OL]. BIS research paper number 26.https://www.gov.uk/government/uploads/system/uploads/attachment_data/file/32423/10-1321-use-of-aptitude-test-university-entrance-validity-study.pdf.

③ 王立科.英国高校招生考试制度研究[M].武汉：华中师范大学出版社，2008: 105.

④ 王立科.英国高校招生考试制度研究[M].武汉：华中师范大学出版社，2008: 52.

⑤ 英国的基础教育体系包括公立学校和私立学校（independent school），公立学校虽是英国主流的学校类型，但教学质量往往不如私立学校。私立学校主要招收良好社会经济条件家庭的子女。

⑥ Sutton Trust. Oxbridge Admissions[R/OL]. http://www.suttontrust. com/researcharchive/oxbridge-admissions, 2016: 3.

高等教育招生监管委员会（Admissions to Higher Education Steering Group）主席斯蒂文·施瓦茨（Steven Schwartz）教授检视在大学招生过程中考察个人背景的实施情况。2004年，调查报告《高等教育公平入学：有效实施的建议》出台，这份报告亦被称为《施瓦茨报告》（*Schwartz Report*）。该报告提出："基于学生的教育机会和环境存在差异的事实，除已有的教育成就外，考察背景是公平且恰当的……所有高校都应该认识到个体学生的社会经济地位和受教育机会，并预料到他们的背景和经历可能会对学业发展形成阻碍。"①《施瓦茨报告》是倡导英国大学在招生中引入个人背景考察的里程碑式文件，提出的许多建议奠定了后续政策、相关研究和高校实践的基础。例如，《英国高等教育质量编码》于2006年根据《施瓦茨报告》的建议，对"高校招募和录取"的内容做了相应修改，督促高校通过个人背景考察来改进招生过程 。②SPA以及专业研究人员，如安娜·蒙特福德·钦姆达斯（Anna Mountford Zimdars）博士等，发布的诸多研究均在《施瓦茨报告》结论的基础上，进一步探索如何有效提升个人背景考察和整体性评价的方法。越来越多的高校也认识到考察申请者个人背景符合自身的最佳利益，可以辅助辨识拥有最佳发展潜能的生源。③

（二）个人背景考察实践的发展

2008年，SPA关于《施瓦茨报告》实施情况审查的研究发现，尽管49%的高校认为出于获得多样化学生群体的追求而减少对某些申请者的录取是不

① Admissions to Higher Education Steering Group. Fair admissions to higher education: recommendations for good practice[R/OL]. http://dera.ioe.ac.uk/5284/1/finalreport. pdf, 2004:6.

② Colin McCaig, Tamsin Bowers-Brown, Kim Slack, Ruth Barley, Nick Adnett, & etc. Fair admissions to higher education—a review of the implementation of the Schwartz Report principles three years on: Report 1 - Executive Summary and Conclusions[R/OL]. https://www.spa.ac.uk/sites/default/files/Schwartz-review-executive-summary-conclusions. pdf, 2008: 6.

③ OxPolicy. Contextual admissions: a method of improving accessibility to Oxbridge? Examing current policy, national trends and attitudes to contextual data[R/OL]. http://www.oxpolicy.co.uk/portfolio/increasing-accessibility-to-oxbridge, 2016: 12-13.

公平的，但有超过一半的高校都认同申请者的背景应该得到考虑。[1]而且，该研究指出一些高校正在逐步实施《施瓦茨报告》提出的建议，特别是精英大学持欢迎态度，因为该报告凸显了它们一直坚持的公平招生理念。[2]2012年，根据SPA定期开展的关于申请者个人背景考察的调查报告显示：在回应调查的67所UCAS成员高校中，有37%的高校表明已经使用了某种形式的个人背景信息，有57%的高校计划在未来纳入对个人背景的考察。2015年，在回应SPA调查的68所高校中，84%的高校表明已经使用了考察个人背景的综合评价（Contextualized Admissions），还有6所高校正在计划或考虑中。[3] SPA的证据显示纳入个人背景考察的英国高校数量呈增长态势，而且包含几乎所有的罗素联盟大学。[4]笔者相信，将学业成就置于个人成长的背景中进行考量，将成为英国高校招生的常态。

---

① Colin McCaig, Tamsin Bowers-Brown, Kim Slack, Ruth Barley, Nick Adnett, & etc.Fair admissions to higher education- a review of the implementation of the Schwartz Report principles three years on: Report 1 - Executive Summary and Conclusions[R/OL]. https://www.spa.ac.uk/sites/default/files/Schwartz-review-executive-summary-conclusions. pdf, 2008: 8.

② Colin McCaig, Tamsin Bowers-Brown, Kim Slack, Ruth Barley, Nick Adnett, & etc. Fair admissions to higher education- a review of the implementation of the Schwartz Report principles three years on: Report 1 - Executive Summary and Conclusions[R/OL]. https://www.spa.ac.uk/sites/default/files/Schwartz-review-executive-summary-conclusions.pdf, 2008:10.

③ Lizzy Woodfield & Janet Graham.SPA's use of contextualized admissions survey report 2015 (with HEDIIP) [R/OL]. https://www.spa.ac.uk/sites/default/files/Research-CA-survey-report-2015_0.pdf, 2015: 1.

④ Anna Mountford Zimdars.Meritocracy and the University:Selective Admission in England and the USA [M]. London, UK:Bloomsbury Academic, 2016:74.

第二节
英国高校招考制度的现状及改革

在申、考、录分离的招考管理体制中，英国高校的申请和考试体制相对较为稳定，高校自主负责的录取机制则出现了一些动态演变。同时，在对生源的具体选拔上，英国高校坚持学术标准主导的综合评价，主要对申请者的学术成就和大学学习的成功潜力感兴趣，也会密切关注取得成就的个人背景，并注重通过拓展工作等手段鼓励和吸引更多的弱势群体申请大学，以构建公平的招生体系。

一、分权与集中的高校录取机制

一般来说，高校录取机制由录取决策模式和录取决策过程组成，其中录取决策模式是指有关录取事务的分工和实施的宏观范式，录取决策过程是指有关录取决定做出的流程和结果的微观实践。英国不同类型的高校基于自身的特点和需求选择了不同的录取决策模式，相应的录取决策过程也存在差异。

（一）录取决策模式

在英国高校的录取机制中，根据选拔者角色的不同，形成了三种录取决策模式：第一种是由专业人员主导的集中式录取模式，即具体的录取工作，包括录取决定的做出和录取政策的实施，由招生办公室全职的专业人员组成的团队负责，各学院负责学术教学的导师基本上只参与招生目标和标准的制定，不介入具体的事务。在集中式录取模式中，申请材料都是由专业人员阅读及评判的，如有面试也由专业人员负责实施。该模式与美国大学招生通行的模式一致，也成为英国高校现在最常用的录取决策模式。第二种是由学术导师主导的分权式或者下放式录取（Decentralised or Devolved Admissions）

模式，即所有的录取决定均由大学各学院的学术导师自主负责，招生办公室专业人员只负责提供相应的协助和服务，不参与实质的录取过程。学术导师的职责范围包括审查申请材料、实施学术性面试（Academic-led Interviews）以及选拔自己期待的教学对象。这种录取模式通常以团队或小组的形式工作。招生办公室的工作内容主要为整理好申请材料供学术导师阅读，以及确保录取过程遵守设定好的录取原则和质量保障要求，同时越来越多的招生办公室会给申请材料增加从其他渠道获取的相关信息，以便选拔者更加全面地了解申请者。[①]分权式录取模式意味着学术导师将录取工作视为学术职业的工作内容之一，单独设置的招生办公室只有行政性的功能，不具有录取决策的功能。[②]第三种是混合模式，也就是说在一所高校中，大部分专业的录取决定是由招生办公室的专业人员做出的，小部分专业，比如说专业性或职业性很强的专业，由相应院系的学术导师负责。[③]

近年来，英国出现越来越多高校使用集中式录取的趋势。根据SPA的调查显示：2010—2013年，使用分权式录取的高校比例从39%下降至11%，其中以牛津大学、剑桥大学为代表的英国精英大学占据大多数；使用集中式录取的高校比例从44%增长至64%，包括部分罗素联盟大学；使用混合模式的高校比例从17%上升至25%。[④]一方面，集中式录取被青睐与其自身的优势有关：首先，由招生办公室集中运作可以使高校在整个招生季获得准确的、及时的管理信息，并提高他们对申请者的回应率；[⑤]其次，对不同申请者的审查可以更一致，从而确保每位学生得到相同的对待；最后，招生事务日益复杂和精细化，牵涉面甚广，需要选拔者付出一定的时间和精力。对于以教

① Anna Mountford Zimdars.Meritocracy and the University: Selective Admission in England and the USA[M]. London, UK: Bloomsbury Academic, 2016:21.

② Anna Mountford Zimdars.Meritocracy and the University:Selective Admission in England and the USA[M]. London, UK: Bloomsbury Academic, 2016:26.

③ Anna Mountford Zimdars.Meritocracy and the University: Selective Admission in England and the USA[M]. London, UK: Bloomsbury Academic, 2016:19.

④ Joanne Moore, Anna Mountford-Zimdars & Jo Wiggans.Contextualised admissions: Examing the evidence [R/OL]. https://www.spa.ac.uk/sites/default/files/Research-CA-Report-2013-full_0.pdf, 2013: 18.

⑤ Joanne Moore, Anna Mountford-Zimdars & Jo Wiggans.Contextualised admissions: Examing the evidence [R/OL]. https://www.spa.ac.uk/sites/default/files/Research-CA-Report-2013-full_0.pdf,2013:17.

学工作为主的学术导师而言，有些导师乐于参与录取决策，但也有导师认为没有责任亲自选拔日后教学的对象。[①]

另一方面，使用集中式录取的高校呈增长趋势与分权式录取本身存在的问题有关，特别是在类似牛津大学、剑桥大学的学院式大学中。第一，大学各学院之间的评审过程和标准并不完全一致。信息的不对称可能造成学生的申请障碍和招生导师的决策困难，因为学生可以申请不止一个专业，导师也可能参与跨院系的录取工作。第二，不同院系和专业的入学竞争受到诸如申请者数量和质量等影响而存在差异，申请冷、热门专业的学生录取概率并不均等，比如在剑桥大学，2014年申请经济学的学生只有13%被录取，申请经典文学的录取比例则有48%，[②]这就导致有些学生为了能够被录取，选择申请冷门专业而非自己喜欢或擅长的专业。在媒体和中学中即存在广泛传播的一个观点：选择一个正确的学院，可以明显提高被录取的概率。[③]

针对分权式录取模式存在的不足，英国教育慈善机构苏顿信托（Sutton Trust）建议牛津大学、剑桥大学尽可能使不同院系的招生过程标准化，以帮助不熟悉招生过程的学生和导师。[④]英国政府也早在《高等教育的未来》（*The Future of Higher Education*）白皮书“公平入学（Fair Access）”一章中提出，希望牛津大学、剑桥大学实施协调、集中式录取以拓宽入学机会的建议。[⑤]对此，牛津大学、剑桥大学仍坚持学术导师在录取决策中处于核心地位，比如牛津大学曾声称“在拥有众多高成就候选者的情况下，学术导

---

① Anna Mountford Zimdars.Meritocracy and the University: Selective Admission in England and the USA[M]. London, UK: Bloomsbury Academic, 2016.

② Sutton Trust.Oxbridge Admissions[R/OL]. http://www.suttontrust.com/researcharchive/oxbridge-admissions, 2016: 7.

③ Working Party on Selection and Admissions at University of Oxford.Undergraduate admissions: policy and procedures[R/OL]. http://image.guardian.co.uk/sys- files/Education/documents/2005/12/14/Oxford.pdf, 2005: 2.

④ Sutton Trust.Oxbridge Admissions[R/OL]. http://www.suttontrust.com/researcharchive/oxbridge- admissions, 2016: 6.

⑤ Sutton Trust. Oxbridge Admissions[R/OL]. http://www.suttontrust.com/researcharchive/oxbridge-admissions, 2016: 6.

师在招生过程的主导角色是保证选拔最优秀学生的关键"[①]。同时，牛津大学、剑桥大学均采用了生源库系统（Pool System）来解决不同学院生源录取概率不均等的问题。在该系统中，申请热门学院的符合录取条件的学生也会被其他学院考虑，以确保当学院录取率每年都会变化时，优秀学生进入牛津大学、剑桥大学的概率是均等的，同时使得优秀学生不因对第一志愿学院的选择而处于劣势。牛津大学2014级学生中有27%进入的学院不是他们的第一选择。牛津大学的生源库系统在学生到牛津面试时生效，即申请者可以参加2—3个学院的面试。剑桥大学的生源库系统在第一轮的面试结束后、第一批录取通知发出时生效，许多生源库系统中的学生可以再次到校参加第二个学院的面试（通常在圣诞节后）。[②]剑桥大学大约20%的录取名额是通过生源库系统给出的。[③]

（二）录取决策过程

在英国高校的录取决策过程中，专业人员主导的集中式录取和学术导师主导的分权式录取有着一些关键性的差异，特别是当后者包含面试时。在集中式录取中，招生标准相对来说比较清楚，主要包括已有的和预测的成就、在特定学科测验的成绩以及一些与成就相关的背景，对录取资格的确定多采取对成就表现进行阈值打分（cut-off point approach）和与招生委员会会议讨论（committee meeting approach）等相互补充的方式。招生委员会会议以讨论来自弱势背景的申请者的录取资格为主，包括审查申请表中是否存在其他可能支持积极录取决定的信息、是否给予额外面试等，目的在于保证弱势背景的学生不因为分数没有达到阈值而被自动拒绝。[④]在分权式录取中，招生标准往往增加了对面试表现的考虑和对学术资格的额外审议，而且关键性的

---

① Working Party on Selection and Admissions at University of Oxford. Undergraduate admissions: policy and procedures[R/OL]. http://image.guardian.co.uk/sys- files/Education/documents/2005/12/14/Oxford. pdf, 2005: 1.

② Sutton Trust.Oxbridge Admissions[R/OL]. http://www.suttontrust.com/researcharchive/oxbridge- admissions, 2016: 2.

③ Sutton Trust.Oxbridge Admissions[R/OL]. http://www.suttontrust.com/researcharchive/oxbridge- admissions, 2016: 5.

④ Anna Mountford Zimdars.Meritocracy and the University: Selective Admission in England and the USA[M]. London, UK: Bloomsbury Academic, 2016: 136.

录取决策审议发生在面试前后。面试之前的审议旨在形成面试名单。作为一个普遍趋势，如果在是否邀请某位学生来面试的决定上存在歧义，该生都可获得面试机会。在面试结束和面试评价报告完成后，面试导师会一起讨论应该给谁发录取通知。通常，选拔者对于清晰的最佳选择和明确不想录取的学生会取得一致意见，最难的录取决定和花费最多时间的是那些有资格被录取、但受名额限制无法被录取的边缘学生。①名额设定与专业规模和学术资源有关，比如牛津大学的招生人数由各学院理事会决定，招生人数会考虑学院资金、住宿、学术和非学术工作人员的人数等因素。②

值得指出的是，分权式录取同样会借助集中打分排名的规则来辅助录取决策，比如牛津大学的打分排名可以发生在录取过程的任一阶段，但对面试人选的筛选和最终录取决定的做出尤为重要。打分采用100分制，并提供充足的等级来区分候选者。③具体来说，牛津大学在学校层面负责的教师会先做出一个全校通用的排名，根据各考量因素的表现对所有的申请者进行分类。基于全校排名，每个学院的招生导师再根据自身发展的权重系统，对参与面试的候选者进行学院内部排名。招生导师可以自行调整权重来观察如何影响候选者的排名，从而帮助他们做出录取决策。因此，各学院的排名自主权更注重招生导师个人的专业判断，而非只是依赖机械化的数字输出。④

选拔者给出的录取决定多数为有条件的录取（Conditional Offer），即通常要求被录取者最终的A-level成绩达到要求才能进入高校就读，也有不要求额外学术资格的无条件录取，以及保证录取资格但因申请时未表明意向学院，而要等最终A-level成绩明确后才确定就读学院的开放录取（Open Offer）。基于录取决定是根据证书考试的预测成绩做出的，而预测成绩存在不准确和膨胀等问题，英国政府和高校一直在讨论实施考试认证后申请制度

① Anna Mountford Zimdars. Meritocracy and the University: Selective Admission in England and the USA [M]. London, UK: Bloomsbury Academic, 2016: 139.

② 新京报. 牛津大学如何避免招生“潜规则”[EB/OL]. http://edu.sina.com.cn/a/2013-12-16/1022237580.shtml.

③ Working Party on Selection and Admissions at University of Oxford. Undergraduate admissions: policy and procedures[R/OL]. http://image.guardian.co.uk/sysfiles/Education/documents/2005/12/14/Oxford.pdf, 2005: 22.

④ Rebekah Nahai. ‘Decoupling’ meritocratic policy from ground-level practice in elite university admissions: The case of Oxford University[D]. Kellogg College Dissertation at University of Oxford, 2011: 29.

(Post-Qualifications Applications，PQA）的可能性，[①]比如英国贝德福德大学（University of Bedfordshire）副校长比尔·拉莫尔（Bill Rammell）认为大学录取“应该转向PQA制度，而非使用依赖预测成绩给出有条件录取的现有制度”[②]。

然而，PQA制度至今未得到实施，牛津大学、剑桥大学等精英大学尤为反对，原因包括：如果PQA制度以彻底改革的方式实施（即所有申请者的A-level成绩没有公布之前不得录取），大学缺乏充足的时间完成录取决策过程，除非A-level成绩公布时间提前或延后开学；如果PQA制度以折中改革的方式实施（即留出小部分的名额供A-level成绩公布后录取），将会出现通过两种渠道入学的生源群体。如此，两种渠道候选者的实力水平和选拔标准可能不一致，进而导致不公平竞争。同时，许多优秀的候选者如果第一轮被拒绝，第二轮能否申请也值得考虑。[③]另外，UCAS在招生季末开展的“清档”为想要知晓A-level成绩后申请大学的学生提供了途径，即从8月到9月末，“清档”程序会提供仍有录取名额的专业课程供学生申请。

二、学术标准主导的综合评价

基于对申请者学术表现的综合评价来决定录取与否，是英国高校选拔新生的传统途径，而且竞争越激烈的高校考量因素越全面。牛津大学作为英国最富声望的大学之一，在世界各类大学排名中均名列前茅。[④]牛津大学目前有38个学院，其中30个学院招收本科生，每年的申请者超过18000人（其中

① 王立科.英国高校招生考试制度研究[M].武汉：华中师范大学出版社，2008:199-200.

② Sean Coughlan.University application ‘should come after results’[EB/OL]. http://www.bbc.com/news/education-33861672.

③ Working Party on Selection and Admissions at University of Oxford.Undergraduate admissions: policy and procedures[R/OL]. http://image.guardian.co.uk/sysfiles/Education/documents/2005/12/14/Oxford.pdf,2005: 4-5.

④ 牛津大学在QS世界大学排名2016—2017中，位列第六（http://www.topuniversities.com/university-rankings-articles/world-university-rankings/top-universities-world-201617）；在上海交大世界大学排名2016中，位列第七（http://www.shanghairanking.com/ARWU2016.html）；在《美国新闻与世界报道》世界大学排名2016中，位列第五（http://www.usnews.com/education/best-global-universities/rankings?int=a27a09）.

大约11700人为英国人），但录取名额只有约3200名，[①]录取率为18%左右，入学竞争之激烈可见一斑。

本节以牛津大学为例，阐述英国高校综合评价制度的运作。牛津大学为学院制大学，招生事务由各学院自行负责，但招生的理念和模式基本一致，都是通过综合评价优中择优录取。牛津大学对卓越生源的衡量指标为已有学术成就和专业成功潜力，[②]其中专业成功体现在三方面：大学专业课程成绩优秀、毕业获得一等荣誉学位[③]、就业有保障。牛津大学的招生传统为学生直接向专业学院提交申请，所以与专业相关的兴趣和能力是考察的重点内容。同时，英国经济的衰退和对成功的关注使得保障毕业生的就业颇受重视，招生导师视自身的工作为帮助学生成功毕业并保障学生在毕业后获得雇佣机会。[④]

为了选拔学业表现最优以及最具成功潜力的学生，牛津大学通过申请者提供的所有信息建立起一幅拼图，以辅助录取决策。这幅拼图由以下信息构成：个人陈述、推荐信、A-Level预测成绩（或同等证书成绩）、早期学业记录，牛津大学的多数专业还要求额外的入学考试或者写作。如果这些申请材料通过筛选后，学生的面试表现也会被考虑。[⑤]另外，个人背景也在牛津大学综合评价的考虑范围内，本节将一并进行阐述。

（一）UCAS申请表

在申请者的信息拼图中，个人陈述、推荐信、A-Level预测成绩、学业记录均记载在UCAS申请表中，从不同角度辅助招生导师对申请者进行

---

① University of Oxford.Agreement with the Office for Fair Access 2016–2017[R/OL]. https://www.offa.org.uk/access-agreements,2016:25.

② University of Oxford.Common Framework[EB/OL]. https://www.ox.ac.uk/admissions/undergraduate/applying-to-oxford/decisions/common-framework?wssl=1.

③ 英国大学本科学位由五个等级组成，从高到低分别为一等荣誉学位（First-class honours/1st）、二等一荣誉学位（Second-class honours, upper division/2:1）、二等二荣誉学位（Second-class honours, lower division/2:2）、三等荣誉学位（Third-class honours/3rd)和普通学位（Ordinary degree/pass）。英国大约10%的毕业生能拿到一等荣誉学位，不过只有一小部分精英大学授予该学位。

④ Anna Mountford Zimdars.Meritocracy and the University:Selective Admission in England and the USA[M]. London, UK: Bloomsbury Academic,2016:31.

⑤ University of Oxford. Writing your personal statement[EB/OL]. http://www.ox.ac.uk/admissio-ns/undergraduate/applying-to-oxford/ucas-application/writing-your-personal-statement.

评审。

1. 个人陈述

个人陈述是UCAS申请表的一部分，学生写一篇即可，通用于所有高校的申请。个人陈述是申请者向高校说明为什么想要学习所选专业，以及自己如何成为一名优秀大学生，重在展示对专业而非高校的兴趣和抱负，以及习得的专业技能或成就。[①]需要注意的是，个人陈述并非成就清单，因为牛津大学既没有指定的成就类型，导师也不会仅仅以寻找关键字或词组的方式来浏览个人陈述。[②]除了专业相关信息，学生也可提供其参与课外活动的描述，但牛津大学建议个人陈述80%的内容聚焦于学术兴趣、能力和成就，其中可以包括任何相关的学术性课外活动，剩下的20%可以覆盖其他的课外活动经历。

申请者不用担心因为没有丰富的课外活动而影响申请胜算。比如，如果想申请医学专业，即使只有一些简单的志愿服务或者仅与朋友和家人讨论过一些医学问题，仍然可以通过反映自己如何学习和讨论的批判性思考来写一篇很好的个人陈述。[③]总而言之，牛津大学的招生导师希望从个人陈述中找到学生真正喜欢学习所申请专业的证据。为了保证竞争的公平性，UCAS有专门的软件（Copycatch）负责检测个人陈述是否存在抄袭现象，以避免有人通过欺骗而占据录取优势。如果个人陈述的语句相似性达到10%，UCAS会自动向相应的申请者及相关高校发送附有检测报告的邮件。[④]

2. 推荐信

推荐信和个人陈述一样，只需一封即可，通用于所有高校的申请。推荐信通常由熟知学生学术能力的教师或咨询师提供，如果学生已离开中学，也可由独立介绍人（如雇主或培训者）提供，但不能由父母、朋友、搭档或前

① UCAS.Writing a UCAS undergraduate personal statement[EB/OL]. https://www.ucas.com/uc-as/undergraduate/getting-started/when-apply/writing-ucas-undergraduate-personal-statement.

② University of Oxford. Writing your personal statement[EB/OL]. http://www.ox.ac.uk/admissio-ns/undergraduate/applying-to-oxford/ucas-application/writing-your-personal-statement.

③ University of Oxford. Writing your personal statement[EB/OL]. http://www.ox.ac.uk/admissio-ns/undergraduate/applying-to-oxford/ucas-application/writing-your-personal-statement.

④ UCAS.Fraud and similarity-guidance for applicants[EB/OL]. https://www.ucas.com/ucas/unde-rgraduate/apply-and-track/filling-your-application/fraud-and-similarity.

搭档提供，否则可能会被取消申请资格。[①]高校希望推荐信能够提供尽可能多的关于学生学业成就和专业能力的证明，比如特定课程的表现、学生的获奖情况、与其他学生的互动、大学准备的程度、职业目标、工作经历和道德表现等等。如果推荐信由教师所写，可以加入学生在校的任何待定资格证书的预测成绩。另外，在得到学生本人的同意后，推荐信可以加入影响其学术表现的特殊境遇，比如个人问题、疾病等。[②]

在英国的传统文化中，推荐信往往不会充满赞许之词，有时会指出缺点，一般不说坏话的推荐信就表明对被推荐者的肯定。然而，在1998年《数据保护法案》（*Data Protection Act*）出台后，学生及家长均有权查看推荐信，这使得撰写推荐信的人不再那么坦白，推荐信越来越正面。很多私立中学的推荐信甚至根据学生父母的意愿来写，导致推荐信愈加趋同化，不再像以前一样能够提供很真实、有效的信息。因此，如果推荐信写得不够漂亮，牛津大学会结合申请者就读中学写推荐信的传统风格来考虑。如果推荐信显示就读中学不支持某位学生的申请，尽管牛津大学不太可能仅因此而拒绝录取该生，但只有申请者的其他表现非常出色，才可能消除中学不支持所产生的负面影响。[③]

3. A-level预测成绩

由于每年的10月15日为提交牛津大学申请表的截止日期，大部分申请者此时仍处于12年级上学期，尚未获得A2-level证书，学科教师需要根据学生以往的学业表现预测学生在A-level最终能达到的成绩，并在推荐信中予以表明。因此，招生导师在录取决策过程中参考的A-level成绩包括AS-level成绩和A-level预测成绩，并以后者为主。由于A-level预测成绩不是真实的成绩，牛津大学给出的录取资格大部分是有条件的，需要学生最终的A-level成绩达到要求方才有效。牛津大学的有条件录取要求为三门A-level课程

---

① UCAS.How to get a UCAS undergraduate reference[EB/OL]. https://www.ucas.com/ucas/un-dergraduate/apply-and-track/how-get-ucas-undergraduate-reference.

② UCAS.How to get a UCAS undergraduate reference[EB/OL]. https://www.ucas.com/ucas/un-dergraduate/apply-and-track/how-get-ucas-undergraduate-reference.

③ Anna Mountford Zimdars.Meritocracy and the University: Selective Admission in England and the USA [M].London, UK: Bloomsbury Academic, 2016: 120-121.

（不包括“通识学习”课程）且成绩范围为AAA至A*A*A*，[①]具体需要怎样的成绩等级则取决于专业，比如化学等5个专业要求两个A*和一个A，生物化学等专业只需一个A*和两个A，历史、音乐等人文类专业基本只需三个A。[②]牛津大学所有的专业课程要求都很严格，导师需要确信录取的学生具备应付紧张学业的能力以保证在牛津大学成功完成学业。如果学生感觉同时学习三门A-level吃力的话，招生办公室会建议学生思考申请牛津大学的必要性。[③]

2015年，牛津大学的申请者和录取学生中分别有72%和88%的A-level成绩最少包含一个A*，其中有19%和41%的成绩达到了A*A*A*或更好，具体见表3-1。总的来说，申请者的A-level成绩有越多A*，成功率就越高。但由于入学竞争太过激烈，优秀的考试成绩只是保证竞争的资格而非入学的门票，未被牛津大学录取的申请者中也不乏有至少一个或更多A*成绩的学生。以2014年为例，共有4357位申请者（约占37%）的成绩最少为A*AA但未被录取。[④]

表3-1　2015年牛津大学申请者的A-level成绩

A-level成绩	申请人数	录取人数	成功率(%)
A*A*A* 或以上	2148	905	42.1
A*A*A	2289	662	28.9
A*AA	2470	203	8.2
AAA	1218	203	16.7

① University of Oxford. FAQs on A-level reform[EB/OL]. https://www.ox.ac.uk/admissions/und-ergraduate/courses/entrance-requirements/faqs-level-reform?wssl=1.

② University of Oxford.Oxford and Cambridge: the similarities and differences[EB/OL]. http://www.ox.ac.uk/admissions/undergraduate/applying-to-oxford/supporting-an-applicant/resources-teachers/oxford-and-cambridge-similarities-and-differences.

③ University of Oxford. Entrance requirements[EB/OL]. https://www.ox.ac.uk/admissions/underg-raduate/courses/entrance-requirements?wssl=1.

④ University of Oxford.Agreement with the Office for Fair Access 2016-17[R/OL]. https://www.offa.org.uk/access-agreements, 2016:25.

续表

A-level成绩	申请人数	录取人数	成功率 (%)
AAA以下 (包括A*A*B等)	3113	231	7.4
总　数	11238	2204	19.6

注：表中数据基于2014年和2015年候选者完成的除通识学习外课程的A-level成绩。注意A-level成绩为AAA以下的申请者可能有额外的Pre-U证书或未计入内的2014年以前的A-level成绩。表格出自University of Oxford.Qualifications [EB/OL]. https://www.ox.ac.uk/about/facts-and-figures/admissions-statistics/undergraduate/additional-info/qualifications?wssl=1.

基于申请名校的高利害性，中学教师给出的A-level预测成绩日益提高。UCAS主席玛丽·科诺克·库克（Mary Curnock Cook）指出，学科教师正在夸大学生的A-level预测成绩，以帮助学生被顶尖大学录取。UCAS调查也显示与2010年相比，2015年预测成绩最少为两个A、一个B的学生占比上升了9个百分点，达到了63%。①对此，牛津大学声明“学科教师是做出学生预测成绩的最佳人选，但也理解预测不一定都准确”②。同时，对于《提升大学申请过程》（*Improving the Higher Education Applications Process*）报告提出的建议——“A-level预测成绩对实际成绩更好或更差的学生都不公平，高校不应该继续使用该项指标”③，牛津大学认为A-level预测成绩是关于申请者的重要信息，在录取考量中仍会被谨慎地使用，因此不会放弃。④

由于并非所有的申请者都参加A-level考试，牛津大学也会考虑其他同等资格的证书成绩，其中IB是该校申请者拥有的第二种主要证书类型。IB满分

① Hannah Richardson.A-level predictions "boosted" to reach top universities[EB/OL]. http://www.bbc.com/news/education-35492915.

② University of Oxford.FAQs on A- level reform[EB/OL]. https://www.ox.ac.uk/admissions/undergraduate/courses/entrance-requirements/faqs-level-reform?wssl=1.

③ Department for Education and Skills.Improving the higher education application process: Summary of the Consultation Document[R/OL]. https://www.education.gov.uk/consultations/downloadableDocs/Improving%20the%20HE%20Applications%20Process%20-%20summary%20paper%20(PDF).pdf.

④ Working Party on Selection and Admissions at University of Oxford. Undergraduate admissions: policy and procedures[R/OL]. http://image.guardian.co.uk/sysfiles/Education/documents/2005/12/14/Oxford.pdf, 2005: 3.

为45分，牛津大学期待申请者的IB成绩达到38—40分（取决于专业），并包含核心课程以及6至7门高难度课程的成绩。[①]对于更多额外的资格证书，牛津大学视为学生证明自身的学术潜力和胜任获得牛津大学学位所需的紧张学习的方式，但不是基本要求。此外，学生可以通过探索专业相关的活动而非只是通过考试成绩来证明个人能力。与有着更多考试证书但缺乏对专业的热情或深入学习的欲望的申请者相比，牛津大学的导师更倾向于那些广泛阅读与专业相关的书目并超出学校要求的、对专业有热忱并能为之付出努力的申请者。[②]

4. 学业记录

牛津大学区分高成就申请者的策略之一是寻找比A-level更早期的学业记录，即学生在全国性标准化的GCSE考试中的表现。GCSE作为英国普通中等教育证书，是1988年《教育改革法》规定的英国所有公立学校学生在义务教育结束时必须参加的考试，类似于我国的中考。GCSE考试的目的在于评价义务教育阶段学生学业成绩和学校教学水平，但也为高校选拔优秀学生服务。[③]GCSE成绩（成绩范围从高到低为A*、A至G）与A-level一样反映了跨越两年的学术成就，最后一门考试通常是中学初级阶段结束时开始，学生会得到每门科目的GCSE成绩。牛津大学对GCSE成绩没有具体的要求，但比较注重专业相关课程的GCSE成绩，而且通常成绩越好越有竞争力，被成功录取的学生通常有一系列的A和A*成绩。同时，导师会留意学生就读学校的整体GCSE表现，并比较在同一所学校就读的申请者的GCSE成绩。

导师会结合申请者的具体情况考量其学业记录。如果申请者由于某些合理的原因，比如学校或教育体系的变化和教师的变更导致的学习中断、丧亲或衰退性疾病带来的影响，导致GCSE成绩没有体现出自身应有的水平，该学生仍然可能是很有竞争力的候选者。导师将每位申请者作为一个

① University of Oxford. Entrance requirements[EB/OL]. https://www.ox.ac.uk/admissions/undergraduate/courses/entrance-requirements?wssl=1.

② University of Oxford. FAQs on A-level reform[EB/OL]. https://www.ox.ac.uk/admissions/undergraduate/courses/entrance-requirements/faqs-level-reform?wssl=1.

③ 王立科. 英国高校招生考试制度研究[M]. 武汉: 华中师范大学出版社, 2008: 112.

个体来审查，只要学生表明经历过特殊境遇，导师都会将有关情况考虑在内。另外，招生导师期待看到申请者在完成GCSE证书后继续提升学业，即在A-level或同等证书上取得优秀的成绩。[①]尽管GCSE成绩是反映学生学业成就的重要指标，但有人提出不同学校的教育质量存在差异，导致有些学校在GCSE课程教学上比其他学校更好，并质疑GCSE成绩更多地反映了学生的记忆能力而非思考能力。[②]另外，有些学生不太在意GCSE成绩，因为考试过于简单，可能没有发挥出应有的水平，从而导致被大学低估甚至错过。[③]

（二）额外要求

由于许多申请者都有很高的A-level预测成绩和GCSE成绩，也有优秀的推荐信和个人自述，牛津大学不可能仅凭UCAS申请表上的信息选拔生源。因此，牛津大学大部分专业会要求所有的申请者参加单独的入学考试。2016年牛津大学49个招生专业中，除考古学和人类学、生物化学、艺术史等7个专业外，其余专业（占85.7%）均规定申请者必须参加相应的专业入学考试。同时，有过半专业有额外的写作要求，以加深对申请者的了解。

1. 入学考试

牛津大学共有11门不同的入学考试，除通用的生物医学入学考试（Biomedical Admissions Test，BMAT）和法律入学考试外，9门为针对牛津大学的专业考试，包括牛津思维技能考试（Thinking Skills Assessment Oxford，TSA Oxford）、经典文学考试（Classics Admissions Test，CAT）、历史能力考试（History Aptitude Test，HAT）等。在考试内容上，几乎所有的入学考试都是对单个学科领域内基础知识的考察，牛津思维技能考试为唯一跨学科领域的入学考试，旨在评价候选者是否具有在实验心理学、地理、人类科学等9个

① University of Oxford.Entrance requirements[EB/OL]. https://www.ox.ac.uk/admissions/undergraduate/courses/entrance-requirements?wssl=1.

② Anna Mountford Zimdars. Challenges to Meritocracy? A study of the social mechanisms in student selection and attainment at the University of Oxford[D]. New College DPhil thesis at University of Oxford.https://ora.ox.ac.uk/objects/uuid: 0e9cf555-a921-4134-baf4-ce7114795f36,2007: 224.

③ Anna Mountford Zimdars.Meritocracy and the University: Selective Admission in England and the USA[M]. London, UK: Bloomsbury Academic, 2016: 65.

专业所需的技能和天赋。[①]因为这9个专业要求一系列相似的能力，候选者又来自不同的学科背景，录取决策变得复杂，牛津思维技能考试有助于招生导师甄别候选者是否具有大学成功所需的批判性思维和问题解决能力，从而做出明智的录取决定。[②]在考试形式上，40个专业的入学考试均为笔试，只有美术和音乐专业为实操测验（比如美术专业测验为规定主题的两幅绘画）。

在考试门数上，多数专业只要求参加一门考试即可，有些交叉专业则由于对不同学科知识的要求，需要学生参加两门考试，比如历史与现代语言专业要求候选者参加历史能力考试和现代语言入学考试（Modern Languages Admissions Test，MLAT）。有些学科相近的专业，会使用同一门入学考试，比如材料科学和工程科学的入学考试均为物理能力考试（Physics Aptitude Test，PAT）。在考试时间上，除了美术和音乐专业的实操测验在面试期间举行外，其余入学考试均在面试前。英国学生不需要前往牛津大学参加入学考试，在就读学校或者家附近的经认证的考试中心参加即可，[③]且无须缴纳考试费用。[④]但考卷必须交由学校签字并在封面上加盖印章，以确定是学生本人参加的考试。[⑤]

面试之前要求学生参加单独的入学考试是牛津大学招生的鲜明特色，其他英国精英大学虽也有专业入学考试，但不如牛津大学普遍和种类繁多。牛津大学对入学考试的青睐主要有以下两个原因。第一，入学考试为学科测验，旨在评价专业相关的才能（aptitude）而非已掌握的知识，帮助招生导师获得更多关于申请者的信息和识别证书成绩未展现出的潜力，从而有效区

① 2016年，牛津大学化学专业开始使用牛津思维技能考试，因此目前共9个专业使用牛津思维技能考试。另外，思维技能考试由剑桥大学招生考试服务中心编制，目前有剑桥大学、牛津大学和伦敦大学学院（University College London）三所大学在使用各自的版本——TSA Oxford、TSA Cambridge、TSA UCL，各个版本根据大学的要求，在考试内容、时长、适用专业上不尽相同。

② Admissions Testing Service. About TSA Oxford[EB/OL]. http://www.admissionstestingservice. org/for-test-takers/thinking-skills-assessment/tsa-oxford/about-tsa-oxford.

③ University of Oxford. Tests[EB/OL]. https://www.ox.ac.uk/admissions/undergraduate/applying-to-oxford/tests?wssl=1.

④ Sutton Trust.Oxbridge Admissions[R/OL]. http://www.suttontrust.com/researcharchive/oxbridge- admissions, 2016: 5.

⑤ 新京报. 牛津大学如何避免招生“潜规则”[EB/OL]. http://edu.sina.com.cn/a/2013-12-16/1022237580.shtml.

分众多有着相似学业成就和证书成绩的申请者。历史、法律和医学专业入学考试均证实了这一点。[①]第二，入学考试可以为来自不同教育、社会、国别背景的学生提供可比较的信息。比如，2013年牛津大学有32.9%的申请者来自英国之外的国家，33.2%的申请者没有A-level成绩，[②]所以一个人人都能参加的学科才能测验是有用的基准。牛津大学支持研发和实施一系列的入学考试，既可以提高筛选效率和优中选优，也使选拔更为公平。

然而，牛津大学额外使用入学考试并非没有争议，批评的声音集中于这些考试增加了申请障碍、是牛津大学精英主义的象征。苏顿信托便提出"除A-level和GCSE外的入学考试会给申请者带来额外的负担，而且有利于那些可以用金钱获得专门辅导的学生。大学应该确保评审手段在于凸显学术潜能，而非测试谁拥有最好的辅导"。但牛津大学有招生导师为此辩护："虽然额外考试可能不公平，但面试更不公平。至少所有申请者会通过笔试的形式被评价，但不一定都能获得面试机会。面试固然能够帮助招生导师更好地了解学生，但我认为基础评价的部分必须是笔试，这可能是很多教师支持额外考试的原因。"[③]另外，对于英国2005年尝试引入SAT的探索，牛津大学表示不能代替专业考试，因为"单一性的通用测验不太可能对来自艺术、科学和社会科学各领域的申请者有充分的评价，也不太可能使导师在没有面试和具体的专业考试的情况下区分大量优秀的候选者。美国的经验亦显示，与设计初衷相反，SAT对才能的测验让位于辅导效应"[④]。

2. 写作

在牛津大学2016年的49个招生专业中，25个人文社科类专业（占51%）

---

① Working Party on Selection and Admissions at University of Oxford.Undergraduate admissions: policy and procedures[R/OL]. http://image.guardian.co.uk/sys-files/Education/documents/2005/12/14/Oxford. pdf, 2005: 6-7.

② University of Oxford. Undergraduate Admissions Statistics: 2013 entry[R/OL]. https://www.ox.ac.uk/media/global/wwwoxacuk/localsites/gazette/documents/statisticalinformation/admissionsstatistics/Admissions_Statistics_2013.pdf.

③ Anna Mountford Zimdars. Meritocracy and the University: Selective Admission in England and the USA [M].London, UK: Bloomsbury Academic, 2016: 66.

④ Working Party on Selection and Admissions at University of Oxford.Undergraduate admissions: policy and procedures[R/OL]. http://image.guardian.co.uk/sys-files/Education/documents/2005/12/14/Oxford. pdf, 2005: 8.

都对候选者提出额外的写作要求，其中艺术专业要求候选者提供包含个人摄影图片、绘画等展示个人兴趣和特长的档案，化学、计算机科学等理工类专业则没有写作要求。对于写作的总体要求，牛津大学指出必须是申请者在中学写过，经教师打分，不超过2000字的原始书面作业（即没有被重写或纠正过）。提交的作文应该体现申请者与专业有关的思考、推理、语言和写作能力。当提交完UCAS申请表后，学院会联系有意向的申请者，告知其如何提交作文。①在上述原则下，各专业自行规定提交作文的数量、内容等，比如考古学和人类学专业2016年的要求为提交两篇在申请日期前两周内撰写的经教师打分的作文，最好是不同课程的作文，也可选择再提交一篇距离申请日期超过两周时间的作文。同时，申请者还需提交一篇不超过500字的命题短文，回答“我们从物质文化中对人类的过去或现在有什么了解”的问题。②又如历史专业则要求申请者提交一篇与历史话题有关的A2-level或同等水平的作文，写作时间只要在2016年11月10日之前即可。③

概而言之，牛津大学要求的写作分为两类：一类是中学的写作作业，是否与专业相关视专业而定，主要反映申请者的写作能力；另一类是专业命题写作，旨在帮助导师评价学生对专业的兴趣和了解程度。由于写作容易造假，牛津大学招生指导小组建议写作不应作为筛选面试名单的依据之一，但它可以辅助面试，因为在面试中就能清楚写作者是否为学生本人。④导师会就申请者提交的作文在面试时与学生进行探讨。

（三）面试

面试是牛津大学选拔过程中决定申请者最终能否被录取的关键程序，旨

① University of Oxford.Written work[EB/OL]. https://www.ox.ac.uk/admissions/undergraduate/applying-to-oxford/written-work?wssl=1.

② University of Oxford. Archaeology and Anthropology-How to apply[EB/OL]. https://www.ox.ac.uk/admissions/undergraduate/courses-listing/archaeology-and-anthropology?wssl=1.

③ University of Oxford.History[EB/OL]. https://www.ox.ac.uk/admissions/undergraduate/courses-listing/history?wssl=1.

④ Working Party on Selection and Admissions at University of Oxford. Undergraduate admissions: policy and procedures [R/OL]. http://image.guardian.co.uk/sys-files/Education/documents/2005/12/14/Oxford. pdf, 2005: 8.

在评价学生的学术能力，特别是学术潜力，[①]以及测试申请者能否较好地参与学术讨论。因为牛津大学的教学特点是导师制，学术环境是辅导式的，学生经常会和导师进行面对面的讨论。面试就像牛津大学教学活动的提前预演，[②]导师可以通过面试推测学生被录取后在大学的表现。面试也是牛津大学和剑桥大学区别于英国其他高校招生模式的特色所在。尽管面试是牛津大学和剑桥大学选拔过程中非常重要的环节，但不是所有申请者都可以获得面试机会。剑桥大学大约80%的申请者得到面试机会，[③]牛津大学更少，平均邀请不到60%的申请者进行面试，不同专业因竞争性不同而有所差异。以2013年为例，牛津大学面试了57%的申请者，其中自然科学类专业申请者参加面试的比例为56.4%，人文社科和艺术类专业的面试比例为57.3%，各专业的面试比例在25%（经济与管理专业）至100%（经典文学和现代语言专业）之间浮动。[④]

1. 面试对象的筛选

一般来说，牛津大学筛选申请者的关键因素并不是A-level预测成绩，亦非个人陈述、推荐信和写作，而是入学考试成绩，但具体仍视专业而定。越来越多的专业通过对申请者进行基于考试成绩的集中排名，来直接决定面试名单，或作为决定面试名单的重要参考。[⑤]比如牛津大学医学专业的面试人选筛选过程是建立一个基于中学GCSE成绩和BMAT成绩的量化排名，并依排名和录取名额（一般一个录取名额会邀请两到三人来面试）形成一份最初的筛选名单。如果学生没有GCSE成绩，排名仅计BMAT成绩。虽然GCSE

① University of Oxford. Interviews at Oxford[EB/OL]. https://www.ox.ac.uk/admissions/undergraduate/applying-to-oxford/interviews?wssl=1.

② University of Oxford.Interviews at Oxford[EB/OL]. https://www.ox.ac.uk/admissions/undergraduate/applying-to-oxford/interviews?wssl=1.

③ University of Oxford. Oxford and Cambridge: the similarities and differences[EB/OL]. http://www.ox.ac.uk/admissions/undergraduate/applying-to-oxford/supporting-an-applicant/resources-teachers/oxford-and-cambridge-similarities-and-differences.

④ University of Oxford. Undergraduate Admissions Statistics: 2013 entry[EB/OL]. https://www.ox.ac.uk/media/global/wwwoxacuk/localsites/gazette/documents/statisticalinformation/admissionsstatistics/Admissions_Statistics_2013.pdf.

⑤ Working Party on Selection and Admissions at University of Oxford. Undergraduate admissions: policy and procedures[R/OL]. http: //image.guardian.co.uk/sys-files/Education/documents/2005/12/14/Oxford. pdf, 2005: 5.

成绩和BMAT成绩在排名计算中拥有相同的权重，但BMAT成绩各部分分数权重并不相同，2015年的权重计算为第一部分（“能力与技能”部分）占40%，第二部分（“科学知识与应用”部分）占40%，第三部分（“写作任务”部分）占20%。对GCSE成绩的审核为A*占比与A*数量的混合，同时导师会比较申请者的GCSE成绩与其就读学校的GCSE表现。如果申请者的GCSE成绩比就读学校的平均成绩更高或更低，通过筛选的概率可能会相应增加或减少。需要指出的是，尽管筛选以BMAT和GCSE成绩为基准，在实践中并没有两项成绩的分数线。至于BMAT成绩达到多少才能进入面试，取决于其他申请者的表现以及GCSE成绩，一个相对更差的GCSE成绩可能会被一个很好的BMAT成绩弥补，反之亦然。①另外，一个由跨学院导师组成的专家组将再次评审没有出现在最初筛选名单的申请者，将揭示GCSE和BMAT成绩低于应有水平的个人情况考虑在内，并给予额外的面试机会。2015年便有40名额外的申请者进入了医学院的面试名单。②

2. 面试形式

确定面试名单后，牛津大学所有专业均统一安排在12月中上旬进行面试，③面试时长一般为20—30分钟，通常是两名或更多的专业导师共同面试一位学生。如果申请的专业为交叉学科项目，学生可能被来自各学科至少一名导师组成的导师组一起面试，或由各学科导师分开面试。研究生通常会在面试现场做记录，确保导师可以专注于学生的表现。④由于面试的重要性，导师在第一次负责招生时都需要完成关于面试的在线培训。⑤每位学生通常有两个面试，最多时可达四个面试，但面试次数与录取概率无关。一般

① Medical Science Division at University of Oxford. Application Process[EB/OL]. https: //www.medsci.ox.ac.uk/study/medicine/pre-clinical/applying/application-process.

② Medical Science Division at University of Oxford. Application Process[EB/OL]. https: //www.medsci.ox.ac.uk/study/medicine/pre-clinical/applying/application-process.

③ University of Oxford.Interview timetable[EB/OL]. http://www.ox.ac.uk/admissions/undergraduate/applying-to-oxford/interviews/interview-timetable.

④ University of Oxford. Your guide to Oxford interviews[EB/OL]. https://www.ox.ac.uk/sites/files/oxford/Interviews%20guide%202016. pdf, 2016: 7.

⑤ University of Oxford.Agreement with the Office for Fair Access 2016-17[R/OL]. https://www.offa.org.uk/access-agreements,2016: 25.

第一个面试在学生申请的第一志愿学院（如果学生为“开放申请”[①]则在由学校计算机随机分配的意向学院）进行，第二个面试在学校计算机随机分配的备选学院进行。之所以给予学生最少两次面试机会，主要是确保符合录取条件的学生不因对第一志愿的选择而处于劣势。因为有些专业过于热门（比如医学、法律等），有些专业相对冷清（比如化学、音乐等），各学院面试的通过率有显著差异。

就面试内容而言，导师可能从询问个人陈述相关的信息开始，然后询问专业相关的问题。导师也会询问申请者提交的作文、考试成绩以及阅读书目等。以考古学和人类学专业面试为例，面试内容包括：①讨论与申请专业有关的、自行选择的一个话题（比如一本读过的书、一段参与过的考古发掘经历）；②在面试之前阅读一小段文字，在面试中回答相关问题；③讨论给定的人工制品、地图或者写作材料。[②]在专业问题的设计上，导师通常不问诸如“你认为这个专业在社会上扮演什么角色”等过于专业的问题。如果学生不知道问题的答案，导师会期待学生尽可能地予以回答。因为许多问题的设计在于测试学生能否应用逻辑和推理能力来回答没有学过的问题，答案没有对或错，而在于评价学生的思维能力和学术潜力。[③]

①在牛津大学的申请中，申请者一般直接向意向学院提出申请，但也可不表明意向学院，向学校提交“开放申请”，由学校计算机随机分配一个名义上的意向学院。源自：University of Oxford.Undergraduate Admissions Statistics: 2013 entry[R/OL]. https://www.ox.ac.uk/media/global/wwwoxacuk/localsites/gazette/documents/statisticalinformation/admissionsstatistics/Admissions_Statistics_2013.pdf.

② School of Archaeology at University of Oxford.Applying[EB/OL]. http://www.arch.ox.ac.uk/undergraduate-applying.html.

③ University of Oxford. Interviews at Oxford[EB/OL]. https: //www.ox.ac.uk/admissions/undergraduate/applying-to-oxford/interviews?wssl=1.

3. 对面试的质疑

对于牛津大学的面试，从1999年劳拉·思朋斯（Laura Spence）事件[①]开始，公众一直存有质疑之声。有人提出虽然牛津大学的面试问题设计合理，但其过于依赖面试选拔本科生的形式本身存在问题，加剧了如阿兰·本内特（Alan Bennett）的戏剧《历史男孩》（*The History Boys*）中所讽刺的牛津大学申请者[②]的刻板印象。也有人认为面试考题刁钻古怪，无法有效分辨学生的智力水平。尽管如此，一位罗素联盟大学前招生人员指出“这是牛津大学，没有面试，反而很奇怪”[③]。另外，关于面试者有可能被辅导从而带来录取不公的批判，牛津大学导师的回应是“如果候选者已经接受面试培训，便不太可能会认真聆听我们的问题，因为他们会聚焦于事先的准备”“我们的大部分问题很难被预先演练，因此通过面试很容易从培训者中区分候选者自我思考的能力及其对专业的热忱”“我寻求的是潜力，而非被润色的成品”。[④]换言之，导师会通过学生对问题的回答来辨识学生是否被辅导，也希望学生在面试中表现出真实的自己。

三、公平招生体系的构建

作为指导英国高校公平招生实践的里程碑式文件，《施瓦茨报告》明确提出：一个公平的招生体系是为所有人提供被适合个人能力和志向的专业录取的平等机会，不偏向于来自特定背景或学校的申请者，并确保录取决

---

① 1999年，公立学校女学生劳拉·思朋斯以10科成绩为A*的CCSE和5科A-level预测成绩为A（5科A-level实际成绩也均为A）的优异学业表现，申请牛津大学摩德林学院医学专业，却在面试后被牛津大学以劳拉不具备学习医学的潜力为由不予录取。劳拉最后被美国哈佛大学录取并获得该校的奖学金。英国财政大臣戈登·布朗(Gordon Brown)等政治家对牛津大学的面试流程表示出质疑，批评牛津大学精英主义的思维方式，认为是“十足的丑闻”，劳拉受到了歧视，成为陈旧面试制度的牺牲品。劳拉就读的中学校长认为劳拉没被录取的主要原因是劳拉来自英格兰东北部（落后地区）的公立学校，由此引起媒体和社会各界的激烈争论。

② 艾伦·班尼特（Alan Bennett）编写的戏剧《历史男孩》，刻画了3位想考牛津大学和剑桥大学历史系的高中生形象：一位打基础、灌输扎实的基本历史知识；另一位背诵英语文学作品、扩大知识面和培养个人修养；第三位专门培训论文写作和应付面试。

③ The Guardian.Oxford University tutors open up about admissions interviews[EB/OL]. https: //www.theguardian.com/education/2014/oct/15/oxford-university-tutors-intervierws-admissions.

④ University of Oxford. Your guide to Oxford interviews[EB/OL]. https: //www.ox.ac.uk/sites/files/oxford/Interviews%20guide%202016. pdf, 2016: 7.

策过程中考虑的因素是准确的、相关的，从而允许所有申请者都拥有证明个人成就和潜能的平等机会；实施原则包括保持透明、高校通过判断个人成就和能够完成大学学业的潜能来自主选拔生源、使用兼具信效度的测量手段、最小化申请者的障碍、实施专业化。[①]英国高校解决入学机会不平等的具体途径包括在录取标准中做相应调整、引入背景考察以及开展拓展工作等。[②]由于关于录取标准的内容上面已有阐述，以下将重点介绍背景考察及拓展工作的实践。

（一）实施背景考察

近年来英国高校对在招生中考察申请者个人背景更感兴趣，视其为促进入学机会公平的核心举措。下面将介绍背景考察的范畴及使用方式，并佐以案例进行说明，同时呈现相关的争议及应对。

1. 背景考察的范畴及使用方式

英国高校考察背景的范畴主要涉及三个领域，包括教育环境、地理—人口学信息以及社会经济背景[③]：教育环境是指申请者就读学校的情况，比如就读学校学生的平均A-level成绩；地理—人口学信息是指地理位置和人口学特征，比如申请者的成长社区或种族；社会经济背景是指家庭状况，比如申请者是否为家庭中第一个接受高等教育的人。考察申请者背景包括背景数据（contextual Data）、背景性信息（contextual Information）和拓展活动参与（Outreach Participation）中记录的信息。[④]背景数据包括申请表中记载的数

① Admissions to Higher Education Steering Group.Fair admissions to higher education: recommendations for good practice[R]. Department for Education and Skills Publications, Nottingham, 2004: 30.

② Anna Mountford Zimdars. Meritocracy and the University: Selective Admission in England and the USA [M]. London, UK: Bloomsbury Academic. 2016: 176.

③ QAA.UK Quality Code for Higher Education, Chapter B2: Recruitment and admission to higher education (Consultation draft)[R/OL]. http://dera.ioe.ac.uk/17847/1/Chapter-B2-Draft-Consultation. pdf, 2013: 4.

④ Kath Bridger, Jenny Shaw & Joanne Moore.Research to describe the use of contextual data in admissions at a sample of universities and colleges in the UK[R/OL]. https://www.spa.ac.uk/sites/default/files/Research-CA-Report-2012-full.pdf,2012: 15.

据，比如“是否为残疾人”“是否处于养育状态”[①]，以及UCAS、政府部门、专业机构或商业机构提供的公共数据，比如住宿社区分类（A Classification of Residential Neighborhoods，ACORN）和年轻人高等教育参与率分类（Participation of Local Area，POLAR），这两项是辅助背景考察的主要公共数据集。其中，ACORN是关于工作类型、教育水平、财产类型、失业状态等一系列因素的数据，将英国所有居民分成五大类的地理—人口学信息系统，其中第4组或第5组人群通常为收入低、家庭人数多、无房产、亚裔等贫困人群；POLAR由英格兰高等教育拨款委员会（Higher Education Funding Council For England，HEFCE）编制，是根据18或19岁年轻人高等教育参与率的数据把英国地区分成5组的数据集，其中第1组代表高等教育参与率最低的五个地区，第5组代表高等教育参与率最高的地区。背景数据通常以旗帜的形式做出标记或被编码，从而为选拔者提供决策参考。

背景性信息是指通过个人陈述、推荐信、额外的问卷或表格等途径获取的相关信息。比如，剑桥大学为有个人特殊遭遇或教育中断经历的申请者提供《特殊情况声明表》（*Extenuating Circumstances Form*），表格由申请者就读学校的教师或申请者的医生/社会工作者填写并提交；牛津大学则鼓励中学教师在UCAS申请表中提供关于任何特殊情况的细节。[②]选拔者会基于对中学的了解和审查的专业经验，对各种渠道提供的背景性信息进行公平的评价。拓展活动参与中记录的信息是指通过关注学生在拓展项目中的参与行为，收集相关的个人信息。因为拓展活动在申请大学之前开展，可以对弱势群体进行定位和辨识。比如英格兰地区（以东南部为主）推行的“高等教育入学追踪（Higher Education Access Tracker）”拓展项目为其合作的20所高校提供网络数据系统，使他们能够获得活动参与者的细节信息，并将信息与UCAS和高等教育统计局（Higher Education Statistics Agency）的记录相匹

① 养育状态一般指没有父母、由他人抚养长大的情况。英国有研究表明经历养育状态的青年人接受的教育质量往往偏差，因此高校招生通常将其列为弱势群体之一。研究详见：Sonia Jackson, Sarah Ajayi & Margaret Quigley. Going to university from care[R/OL]. http: //www.buttleuk.org/research/by- degrees-going-to-university-from-care. 2005.

② University of Oxford. Oxford and Cambridge: the similarities and differences[EB/OL]. http://www.ox.ac.uk/admissions/undergraduate/applying-to-oxford/supporting-an-applicant/resources-teachers/oxford-and-cambridge-similarities-and-differences.

配。高校可以检查参与活动学生的学校表现和POLAR数据的系列背景性数据变量，并追踪他们最终就读的高校和获取申请阶段展现的相关背景性信息。①

高校搜集申请者个人信息的做法因校而异，一般都会通过多个渠道来全面掌握申请者的背景情况，其中对背景数据的使用是英国精英大学考察个人背景的主要方式。选拔者如何处理背景数据并没有统一的模式，有可能会第二次阅读被标记的申请者的个人自述，或者取代一个学术表现类似但未被标记的候选者的录取资格，也有可能人为提高被标记申请者的成绩以补偿其所遭遇的教育阻碍，或者给予调整后的录取资格（Adjusted Offer），即降低录取标准。②SPA于2011年对UCAS成员高校开展了关于如何使用背景数据的调查，在回应调查的93所高校中，有38所就“背景数据的使用方式和范围”进行了回答，其中大约34%的高校基于背景数据对某些类别的申请者给出调整后的录取资格，在确认阶段审查学术表现勉强合格的候选者（Borderline Holders）时考虑背景数据的高校最多（占68%），结合背景数据来评价招生考试成绩的高校最少（占16%），具体见表3-2。

表3-2 英国高校对于背景数据的使用方式

使用背景数据的方式	不同专业使用背景数据的高校数（单位：所）						总 数
	所有专业使用	大部分专业使用	一些专业使用	很少专业使用	一个专业使用	没有回答	
对某些类别的申请者降低录取标准	8	5					13
满足学术标准即可录取	9	7	3	2	1	1	23

① Joanne Moore, Anna Mountford-Zimdars & Jo Wiggans.Contextualised admissions: Examing the evidence [R/OL]. https: //www.spa.ac.uk/sites/default/files/Research-CA-Report-2013-full_0.pdf,2013: 17.

② OxPolicy. Contextual admissions: a method of improving accessibility to Oxbridge? Examing current policy, national trends and attitudes to contextual data[R/OL]. http: //www.oxpolicy.co.uk/portfolio/increasing-accessibility-to-oxbridge, 2016: 7-8.

续表

使用背景数据的方式	不同专业使用背景数据的高校数（单位：所）						总数
	所有专业使用	大部分专业使用	一些专业使用	很少专业使用	一个专业使用	没有回答	
用以决定是否邀请申请者参加面试	9	5	2	1	1		18
评价招生考试的成绩	3	3					6
在确认阶段考虑学术表现勉强合格者	11	6	4	2	2	1	26
在额外(extra)、清档(clearing)或调整(adjustment)阶段予以考虑申请者	5	6	3		1		15
其　他	4	3	2		1		10

注：表格源自 Kath Bridger, Jenny Shaw & Joanne Moore.Research to describe the use of contextual data in admissions at a sample of universities and colleges in the UK[R/OL]. https://www.spa.ac.uk/sites/default/files/Research-CA-Report-2012-full. pdf, 2012: 17.

2. 个人背景考察的案例

牛津大学和剑桥大学的入学机会是否公平，是英国社会的核心问题之一，两校在英国扮演着获得社会地位、经济地位和政治成功的守门人的角色。[①]出于对促进社会阶层流动使命的主动追求和对《施瓦茨报告》倡导的响应，两校在招生中都引入了对生源的背景考察。尽管两校对背景考察的重要性有共同的认识，在具体实施上却不尽相同。以牛津大学、剑桥大学两校为案例进行介绍，有助于我们更为细致地了解英国高校招生中个人背景考察的具体运作。

① OxPolicy. Racial inequalities in UK higher education: qualitative research into the under-representation of BME students at Oxford[R/OL]. http: //www.oxpolicy.co.uk/portfolio/increasing-accessibility-to-oxbridge, 2016: 5.

（1）牛津大学

牛津大学从2008年开始，在录取决策过程中引入基于证据的个人背景信息，一个以“旗帜标记（flagging）”申请者的身份系统被所有专业采用，确保招生导师能够辨识出具备高成就但在社会地位、经济状况和教育背景上处于弱势的学生群体。2009年，牛津大学与曼彻斯特大学（University of Manchester）一起采用了考察个人背景的新操作方案，即基于住址、邮编以及就读学校在GCSE和A-level上的表现对申请者进行标记。该方案还对来自教育和社会经济弱势背景以及处于养育状态的申请者给予了特别的关注，在申请过程中均予以标记以引起招生导师额外的注意。2011年，来自高等教育参与率低的社区的申请者开始被标记。2012年，来自牛津大学历史上就读率低的学校的申请者开始被标记。[①]2016年，牛津大学背景数据使用情况见表3-3。除表中标记类别外，牛津大学也会特别留意残疾学生的身份。残疾学生可在申请前和面试前与牛津大学“残疾学生咨询服务（Disability Advisory Service,DAS）”部门联系，DAS会对招生过程进行相应调整，比如出台专门针对残疾学生面试调整的指导手册，以确保这些学生能够在筛选阶段得到特别的、认真的考量。[②]

① University of Oxford. Agreement with the Office for Fair Access 2016–17[R/OL]. https://www.offa.org.uk/access–agreements, 2016: 25.

② University of Oxford. Agreement with the Office for Fair Access 2016–17[R/OL]. https://www.offa.org.uk/access–agreements, 2016: 25.

表3-3 牛津大学背景数据使用情况

标记维度	测量指标	指标解释	占申请总人数的比例(%)	占面试总人数的比例(%)	占录取总人数的比例(%)	占注册总人数的比例(%)
教育背景	Pre-16	标记就读学校GCSE表现(或同等证书)低于全国平均水平的申请者	6.53	6.42	6.22	6.05
	Post-16	标记就读学校A-level表现(或同等证书)低于全国平均水平的申请者	13.78	13.52	13.19	12.82
	目标学校	标记来自三年内A-level成绩达到AAA的学生不超过30人(比如说每年平均0—10个学生达到AAA)且历来很少为牛津大学输送生源的学校的申请者	18.18	17.97	16.89	16.56
住址邮编	ACORN	标记住址邮编属于ACORN第4组和第5组(即居民为“财政困难”或住在“城市贫民区”)的申请者	6.73	6.55	6.23	6.05
	POLA3	标记邮编属于POLAR3第1组和第2组(即高等教育参与率排名为倒数40%的地区)的申请者	8.57	8.75	8.67	8.49

续表

标记维度	测量指标	指标解释	占申请总人数的比例(%)	占面试总人数的比例(%)	占录取总人数的比例(%)	占注册总人数的比例(%)
养育状态	养　育	标记处于养育状态超过3个月的申请者	0.12	0.12	0.12	0.11

注：（1）GCSE表现指数学和英语（或威尔士语）科目的GCSE成绩；（2）Pre-16相当于初中，Post-16相当于高中；（3）POLAR3为POLAR数据集的最新版本；（4）养育状态记录在UCAS申请表中，后期的验证过程牛津大学也会再次核查该信息；（5）表格前3列的信息整理自University of Oxford.Contextual data[EB/OL].https://www.ox.ac.uk/admissions/undergraduate/applying-to-oxford/decisions/contextual-data?wssl=1.；（6）表格后4列的数据为2009—2015年牛津大学关于标记学生群体的申请、面试和录取情况，源自OxPolicy.Contextual admissions: a method of improving accessibility to Oxbridge? Examing current policy, national trends and attitudes to contextual data[R/OL]. http://www.oxpolicy.co.uk/portfolio/increasing-accessibility-to-oxbridge,2016: 29.

在个人背景考察的具体操作上，牛津大学招生办公室会集中核对所有英国申请者的背景数据，并对符合任一维度的学生进行标记后发送给各专业。当被标记的学生A-level预测成绩达到要求（某些专业还要求入学考试成绩达到一定要求），招办会强烈推荐专业学院给予额外的面试机会，不占用学院依据正常学术标准邀请面试人员的名额。如果被标记的弱势学生没有得到面试机会，学院必须提供一个解释，同时相关学生在录取决定公布后可以要求核查。[①]从表3-3中标记学生在申请、面试、录取和注册人数中的占比数据可以看出，各类弱势群体基本上都能获得额外面试的机会，录取概率也很高。然而，与普通学生相比，弱势学生未必拥有更多的入学机会。以2015

① University of Oxford. Contextual data[EB/OL]. https: //www.ox.ac.uk/admissions/undergraduate/applying-to-oxford/decisions/contextual-data?wssl=1.

年为例，所有被标记的学生的录取率为20.2%，[①]英国学生的整体录取率为22.2%，[②]二者相差两个百分点。

（2）剑桥大学

为了确保所有申请者得到公平、整体的评价，剑桥大学招生办公室也会将包含背景性数据在内的一系列申请信息以电子表格的形式发给各学院负责招生的导师。背景性数据涉及六个维度（见表3-4），如果申请者符合其中一个维度，相应的领域则会加入“旗帜”标记。在地理—人口学数据的使用上，剑桥大学意识到尽管OAC和POLAR3可以成功甄别出在当前剑桥申请者中未被充分代表的学生群体，但这些数据并非关于社会经济状态或社区高等教育参与率的完美指标，同时个人的境遇与所居住的区域不一定一致。因此，剑桥大学非常谨慎地使用背景性数据，并不将其从申请信息中分离出来。在就读学校数据的使用上，剑桥大学声明，“对被牛津大学、剑桥大学录取情况的审查不是用来测量学校的质量或申请者的相对表现，而在于使招生导师意识到学校在为学生申请剑桥提供的建议上和帮助学生准备面试上给予的帮助是有限的”[③]。

表3-4 剑桥大学背景数据使用情况

标记维度	测量指标	指标解释	占申请总人数的比例（%）	占录取总人数的比例（%）	成功率（%）
地理—人口学数据	OAC	标记来自相对弱势和剑桥大学申请率低的社区的申请者	7.1	6.4	23.9

① University of Oxford. Agreement with the Office for Fair Access 2016-17[R/OL]. https: //www.offa.org.uk/access-agreements, 2016: 39.

② 2015年入学的学生中，11729位申请者来自英国本土，其中2599人被录取。数据源自: https://public.tableau.com/views/UoO_UG_Admissions/Domicile?3Aembed=y&%3Adisplay_count=yes&%3AshowTabs=y&%3AshowVizHome=no.

③ University of Cambridge. Contextual data[EB/OL]. http: //www.undergraduate.study.cam.ac.uk/applying/decisions/contextual-data.

续表

标记维度	测量指标	指标解释	占申请总人数的比例（%）	占录取总人数的比例（%）	成功率（%）
地理—人口学数据	POLAR3	标记住址、邮编属于POLAR3第1组和第2组的申请者	8.4	8.1	25.6
就读学校数据	GCSE表现	标记来自限额GCSE成绩(capped GCSE performance score)低于40分的学校的申请者	13.1	13.4	27.2
	被牛津大学、剑桥大学录取情况	标记来自过去5年内被牛津大学或剑桥大学录取的学生少于5人的学校的申请者	18.4	12.7	18.6
个人境遇数据	养育情况	标记不论时间长短，在地方权威养育机构有生活经历的申请者	0.2	0.1	19.2
	《特殊情况声明表》	标记完成了该表的申请者，使得招生团队意识到特殊情况对申请造成的影响	/	/	/

注：（1）OAC即输出地区分类（Output Area Classification），为英国的国家统计局办公室（Office of National Statistics）使用人口普查数据对区域社会经济状况做出的分类；（2）限额GCSE成绩的计算是学校每位学生8门最好的GCSE成绩的平均值。GCSE成绩等级依次为A*、A至G，计算限额GCSE成绩时，A*计为8分、G计为1分；（3）就读学校数据由招生考试服务处（Admissions Testing Service）提供，仅包括英国的学校；（4）表格前3列的信息整理自：University of Cambridge.Contextual data[EB/OL]. http://www.undergraduate.study.cam.ac.uk/applying/decisions/contextual- data.；（5）表格后4列的数据为2014—2015年剑桥大学关于标记学生群体的申请和录取情况，源自OxPolicy.Contextual admissions: a method of improving accessibility to Oxbridge? Examing current policy, national trends and attitudes to contextual data[R/OL]. http://www.oxpolicy.co.uk/portfolio/increasing-accessibility-to-oxbridge,2016:30。

与牛津大学给被标记的申请者以额外的面试机会不同，剑桥大学对背景性数据的利用在于为招生导师提供关于申请者最全面的情况及其取得成就的背景，而非用于邀请申请者参加面试，或提供录取资格，或降低录取标准。剑桥大学也不要求招生导师就为何没有邀请被标记的申请者参加面试做出相应的解释。[①]剑桥大学认为这种方式可以使得所有申请者得到整体性评价，也会导致被标记的申请者得到特别仔细的考查，同时不会对普通学生造成影响，从而使得各学院可以做出与《公平入学协议》设定目标更契合的录取决定。[②]尽管剑桥大学声明采取整体性评价的方式，不会对标记申请者给予额外的照顾，但如果申请者有多个标记且AS-level的UMS分数很高，剑桥大学招生办公室也会提醒招生导师在录取决策时给予特别认真的考虑。剑桥大学基于UMS分数对所有申请者进行五分位制的排名，并期待各学院不会邀请排名为后20%的申请者来面试，除非他们得到多个标记或有特殊情况。对排名为前20%的申请者，剑桥大学希望各学院可以给予录取资格，特别是当他们被标记的情况下。[③]因此，学术成就是剑桥大学录取决策的核心标准，只有当标记申请者学业表现优异时，才能得到一定程度的倾斜。从表3-4各类标记学生在申请和录取总人数中的占比可以看出，与牛津大学类似，剑桥大学各类标记学生群体的录取概率也较高。但就成功率而言，不管是哪一类别的弱势学生，均低于普通学生28.5%的成功率（普通学生占申请总人数的67.3%，占录取总人数的71.7%）。[④]

3. 个人背景考察的争议及应对

虽然英国高校招生中对申请者的选拔已经转向基于背景的综合评价模式，扩大弱势学生群体在高等教育中的参与亦取得一定成效，比如牛津大

① University of Cambridge. Contextual data[EB/OL]. http: //www.undergraduate.study.cam.ac.uk/applying/decisions/contextual-data.

② University of Cambridge. Contextual data[EB/OL]. http: //www.undergraduate.study.cam.ac.uk/applying/decisions/contextual-data.

③ OxPolicy. Contextual admissions: a method of improving accessibility to Oxbridge? Examing current policy, national trends and attitudes to contextual data[R/OL]. http: //www.oxpolicy.co.uk/portfolio/increasing-accessibility-to-oxbridge, 2016: 29.

④ OxPolicy. Contextual admissions: a method of improving accessibility to Oxbridge? Examing current policy, national trends and attitudes to contextual data[R/OL]. http: //www.oxpolicy.co.uk/portfolio/increasing-accessibility-to-oxbridge, 2016: 30.

学2015年已经实现了2010—2011年《入学机会协议》中设定的扩大贫穷学生占比的5年目标。[①]然而，个人背景考察的实施方式还有许多待完善之处。就牛津大学而言，有招生导师非常反对依赖邮编作为评判标准，因为邮编掩盖的信息和揭示的信息一样多。[②]就剑桥大学而言，有人批判目前的政策并没有解决入学机会的不平等问题，高成就的弱势群体并没有得到明显的补偿，也许招生导师应该给予更多标记学生面试的机会或者要求招生导师提供为何没有录取标记学生的解释。[③]同时，牛津大学、剑桥大学两校录取决策中对背景数据的利用依赖于导师自身的行为和喜好，导师是否使用及如何使用背景数据并没有统一的标准。[④]

对于各校背景考察实践中存在的问题，SPA提出了实施背景考察的五条指导原则，期待各高校共同遵守：第一，背景考察须基于证据同时具备公平性，以确保对录取决策过程具有价值；第二，背景考察须与使用目的相关，比如为录取决策过程提供背景性信息；第三，背景考察须有效且可信（许多背景性信息，比如UCAS申请表提供的信息，都是申请者自我报告的）；第四，背景考察须能够提升包容性，选拔者应通过使用基于证据的专业判断，认识到申请者的潜能（由于选拔者考量不同因素，所以不会以完全相同的方式评审每一位申请者，所有的申请者都是具备不同背景的个体）；第五，相关信息须对申请者及其指导者保持透明，包括现在如何使用背景信息（如果有的话，将来会如何使用），什么时候使用，以及之前的招生季如何使用。[⑤]

---

① University of Oxford. Agreement with the Office for Fair Access 2016-17[R/OL]. https: //www.offa.org.uk/access-agreements, 2016: 10-11.

② Rebekah Nahai. ‘Decoupling’ meritocratic policy from ground-level practice in elite university admissions? The case of Oxford University[D]. Kellogg College Dissertation at University of Oxford,2011: 39.

③ Oxpolicy. Racial inequalities in UK higher education: qualitative research into the under-representation of BME students at Oxford[R/OL].http: //www.oxpolicy.co. uk/portfolio/increasing- accessibility- to- oxbridge, 2016: 31.

④ Oxpolicy. Racial inequalities in UK higher education: qualitative research into the under-representation of BME students at Oxford[R/OL]. http: //www.oxpolicy.co.uk/portfolio/increasing-accessibility-to-oxbridge, 2016: 22.

⑤ Lizzy Woodfield &Janet Graham.SPA's use of contextualized admissions survey report 2015 (with HEDIIP) [R/OL]. https: //www.spa.ac.uk/sites/default/files/Research-CA-survey-report-2015_0.pdf, 2015: 1.

另外，和美国高校招生中对少数族裔使用的《肯定性行动计划》遭遇逆向歧视的质疑一样，英国精英大学对个人背景的考虑和对弱势群体的倾斜，也被一些人视为使较好背景的优秀学生处于不利地位。一项关于牛津大学招生的研究指出，如果考虑到私立学校学生的高学术成就，他们实际上在选拔过程中被置于不利地位。[①]某罗素联盟大学的战略分析师表示，基于背景的综合评价可能是政治上最有争议、最难实施的录取决策方式，因为许多高校监管委员会成员的子女接受的都是私立教育。[②]对此，英国精英大学一方面坚信考察申请者背景不仅是促进入学机会公平和录取生源多样化的必要途径，也是选拔最具发展潜力学生和区分高成就申请者的公平方式；另一方面趋向于在录取决策中采取个体化审查的方式，即将每位申请者作为独立的案例来考察。

就考察申请者背景可揭示其发展潜力而言，就读于学业成就普遍较低的学校但自身学业表现突出的申请者，往往被选拔人员视为具备发展前景，因为他们在教育环境有限的情况下仍然可以跨越障碍，取得优异的成绩。剑桥大学的院校研究表明，就读学校的GCSE表现低于全国平均水平但自身GCSE成绩非常优秀的申请者在荣誉学位考试中表现甚佳。[③]同时，研究显示，在精英大学以相同成绩被录取的生源中，与来自私立收费学校的学生相比，来自公立免费学校的学生在大学学业考试中表现更好。因此，考察已有成就申请者所处的背景与选拔大学学术表现最佳生源的招生目的密切相关，因为它有助于找到那些具备在大学获得学业成功的最大潜力的生源。[④]

---

① Anna Mountford Zimdars. Challenges to Meritocracy: A study of the social mechanisms in student selection and attainment at the University of Oxford[D]. New College DPhil thesis at the University of Oxford.https://ora.ox.ac.uk/objects/uuid: 0e9cf555-a921-4134-baf4-ce7114795f36, 2007.

② Anna Mountford Zimdars. Meritocracy and the University: Selective Admission in England and the USA[M]. London, UK: Bloomsbury Academic, 2016: 181.

③ Richard Partington. Predictive effectiveness of metrics in admission to the University of Cambridge[R/OL]. http: //www.cao.cam.ac.uk/sites/www.cao.cam.ac.uk/files/ar_predictive_effectiveness_of_metrics_in_admission.pdf.

④ Anna Mountford Zimdars. Meritocracy and the University:Selective Admission in England and the USA[M]. London, UK: Bloomsbury Academic, 2016: 75.

就个体化考察而言，选拔者不会自动录取被标记的某位弱势学生或某类弱势群体，而是了解每位学生所处的生活和教育环境，以及在逆境中取得的成就，从而对其发展潜力和与专业学术要求之间的匹配性做出判断。一些选拔者还会使用更细微的方式来考察申请者的学术档案，比如注意就读学校是否提供高级数学课程，以便公正对待那些在面试中没有表现出相应数学知识的候选者。①可以预见，由于公众对精英教育资源的渴求，英国精英大学通过考察个人背景来提高弱势群体入学机会的实践会一直伴随争议，这也将督促英国精英大学的录取决策走向更加精细化和个体化。

（二）开展拓展工作

一般来说，高校开展拓展工作（项目）的意图在于吸引所有可能就读的申请者。在扩大高等教育参与的号召下，高校认识到许多高成就的弱势学生因缺乏自信、信息渠道不畅或相应指导不足，造成申请中的“自我筛选（self-selection）”和录取结果上的“低配（under-match）”现象。②如苏顿信托的一项调查显示，超过40%的公立中学的教师很少或者从不建议学术成绩优秀的学生申请牛津大学和剑桥大学，③英国高校，特别是精英大学的拓展工作主要面向来自弱势背景的高成就学生，并致力于使他们变成具有竞争力的申请者。

1. 拓展工作的形式与内容

英国精英大学开展的拓展工作包括通过信息指导、暑期学校、专门项目、区域会议、定点联络等方式，为来自非特权阶层的优秀学生提供申请大学的帮助和支持。一些特定学科，如医学和法律等，也有专门的计划支持弱势学生进入这些领域，比如伦敦国王学院（King’s College London）的医学专业允许弱势学生多花一年时间完成牙医项目的学科课程。④以牛津

① Anna Mountford Zimdars.Meritocracy and the University: Selective Admission in England and the USA[M]. London, UK: Bloomsbury Academic, 2016: 180.

② “自我筛选”指高成就的弱势学生自认为不可能被精英大学录取而选择申请较低层次的大学，“低配”指实际被录取的学校比按照录取标准来说本可被录取的学校档次更低。

③ Sutton Trust.Oxbridge Admissions[R/OL]. http: //www.suttontrust.com/researcharchive/oxbridge-admissions, 2016: 1.

④ Anna Mountford Zimdars.Meritocracy and the University:Selective Admission in England and the USA[M]. London, UK: Bloomsbury Academic, 2016: 177.

大学为例，该校绝大多数的拓展工作在于为弱势学生提供与专业、选拔过程、资助、各类学术和生活支持等相关的信息。[①]具体来说，牛津大学每年有超过3000个拓展活动，覆盖72%的英国中学，活动包括：出台为学生和咨询师提供信息的规定，建立提供个性化建议的招生信息中心；开展每年容纳近900位学生参加的UNIQ免费暑期学校、区域性教师会议和学生会议、“通向牛津（Oxford Pathway）”项目等活动；为每所中学提供对应的学院作为联系参观牛津大学或开展拓展工作的第一联络点；自2016年开始，牛津大学与苏顿信托合作举办教师暑期学校，专门为英国公立中学的教师提供深入了解面向高成就学生的高质量、聚焦学科的强化信息。[②]此外，牛津大学各学院也会自行组织一些拓展活动。

英国高校开展的拓展工作不仅具备广度，以多样化的形式为各类弱势学生提供进入高等教育所需要的各类信息和服务，而且有些项目颇具深度，例如为高中各年级的学生设计不同主题的针对性活动，牛津大学与苏顿信托合作实施的“通向牛津”项目便是一个典型。“通向牛津”项目由一组来自牛津大学各学院的拓展专家负责运作，旨在为甚少输送生源进入牛津大学的目标学校的优秀学生和教师、咨询师提供关于高等教育和牛津大学的信息、建议和辅导。该项目举办的活动从10年级贯穿至13年级：10年级的活动为“感受日（Taster Days）”，主要通过介绍牛津大学的情况和学生资助信息、与在校大学生的互动、学术活动等形式让学生感受牛津大学的教育风格；11年级的活动为“调查选择日（Investigating Options）”，主要解释GCSE成绩的重要性和16岁之后的选择，以及提供医学、人文学科和社会学科的探索活动；12年级的活动为“学习日（Study Days）”，提供体验申请专业学习风格和学院式大学生活的机会；13年级的活动为“申请信息日（Application Information Day）”，提供关于申请过程中个人陈述、考试和面试的相关信息和建议。“通向牛津”项目举办的所有活动均免费开放，并给予历史上几乎

---

① OxPolicy. Widening access to Oxbridge: An exploration of obstacles for underrepresented groups and efforts to overcome them[R/OL]. http://www.oxpolicy.co.uk/portfolio/increasing-accessibility-to-oxbridge, 2016: 20.

② Sutton Trust.Oxbridge Admissions[R/OL]. http://www.suttontrust.com/researcharchive/oxbridge-admissions, 2016: 6.

没有学生就读牛津大学的中学优先参与的权利，但每项活动有着自身的选拔标准：10年级和11年级的活动针对GCSE成绩主要为A*和A的学生；12年级和13年级的活动针对A2预测成绩最少达到AAA且考虑申请牛津大学或同类高校的学生，同时考虑学生的社会经济地位，如父母的高等教育参与情况和受益资格，或享受免费学校餐食的资格。①通过聚焦学科的强化信息，为目标学校的学生提供贯穿整个高中生涯的指导和服务，诸如"通向牛津"的拓展项目可保证申请者在增加入学机会上取得最大的成效。

2. 拓展项目在背景考察中的运用

上面提到，拓展项目参与也是实施背景考察的途径之一。在拓展项目特别是"协作计划（Compact Schemes）"项目中的参与，通常是揭示弱势背景学生的有效途径，因为协作计划获取的学生自我报告（Self-declared）的个人信息会经由学校职员证实，②可以定位真正处于弱势环境的学生。协作计划是英国高校与中学之间签订的协作教育协议，主要目的在于提高中学生对高等教育的兴趣和了解，通常要求学生参加相关的活动并完成一定的任务，帮助他们做好进入高校学习的准备。如果合作学校的学生达到项目要求的目标，大学会予以优先录取。③截至2008年，英国共有51所高校开展某种形式的协作计划（尽管许多高校没有使用这一名词），比如伯明翰大学（University of Birmingham）的"伯明翰大学升学（Access to Birmingham，A2B)"计划、德比大学(University of Derby)的协作计划、胡弗汉顿大学（Wolverhampton University）的"高等教育卡片（HE Card）"计划等，服务对象共涉及大约1700所学校的60000名学习者，并每年帮助了至少8000位学生进入高校就读。大部分协作计划是由单个高校自行实施的，也有一些为跨校合作。不同项目的安排较为多元，具体根据服务定位、高校使命以及与合作学校之间的协议而定，并不存在一个统一的模式。④不过，由于背

①University of Oxford. Oxford Pathways[EB/OL]. http://www.pathways.ox.ac.uk.

② Kath Bridger, Jenny Shaw & Joanne Moore.Research to describe the use of contextual data in admissions at a sample of universities and colleges in the UK[R/OL]. https://www.spa.ac.uk/sites/default/files/Research-CA-Report-2012-full.pdf.2012: 15.

③ 王立科.英国高校招生考试研制度研究[M].武汉：华中师范大学出版社，2008:216.

④ Higher Education Funding Council for England (HEFCE).Compact schemes in higher education institutions[EB/OL]. http://webarchive.nationalarchives.gov.uk/20100202100434/http://www.hefce.ac.uk/pubs/hefce/2008/08_32.

景性数据的广泛引入，英国许多高校不再单独使用协作计划来扩大弱势生源的占比，比如谢菲尔德大学（University of Sheffield）在2012级学生的招募中便不再实施协作计划。协作计划原有的许多资格、标准已经融入通过背景性数据支持对申请者的全面评价方式中。[①]

3. 拓展工作的财政投入及成效检验

鉴于拓展工作的重要性，英国许多高校都有相应的财政投入且呈增长态势。例如，牛津大学在2012—2013年用于扩大高等教育参与的预算为1135万英镑，其中用于拓展工作的预算为260万英镑。[②]到2016—2017年，牛津大学用于扩大高等教育参与的预算为1820万英镑，其中用于拓展工作的预算为615万英镑。[③]英国高校会定期评估在背景考察和拓展工作上的实施成效，比如牛津大学在2010—2011年便设定好2015—2016年要实现的扩大高等教育参与目标，包括：来自较少输送生源进入牛津大学的学校的学生在英国本科生中占比达到25%；属于ACORN第4组和第5组的贫穷学生占比达到9.5%；来自POLAR第1组和第2组高等教育参与率低的社区的学生占比达到13%；满足高等教育拨款委员会认定的残疾学生或具备学习障碍的学生占比不低于8.8%。尽管对于扩大高等教育参与工作实施成效的统计检验尚需一定的时间，但2015年牛津大学已经满足了在招收贫穷学生和残疾学生上设定的5年目标，另外两个目标与2010年的水平相比也取得了一定的进展。[④]为了最大限度地实现对促进入学机会公平的承诺，英国高校一直在努力提升拓展活动的质量和成效，但其主要的挑战仍在于如何鼓励更多的高成就弱势学生申请，并帮助他们被成功录取以及完成学业。

---

①University of Sheffield. The compact scheme[EB/OL]. http: //www.shef.ac.uk/schools/outreach-programmes/2.8458.

② University of Oxford. Agreement with the Office for Fair Access 2016-17[R/OL]. https://www.offa.org.uk/access-agreements, 2016: 26.

③ University of Oxford. Agreement with the Office for Fair Access 2016-17[R/OL]. https://www.offa.org.uk/access-agreements,2016: 13.

④ University of Oxford. Agreement with the Office for Fair Access 2016-17[R/OL]. https://www.offa.org.uk/access-agreements, 2016: 10-11.

第三节
英国高校招考制度的启示与借鉴

经过两百多年的发展，英国高校目前已形成了成熟的招考制度，而且与我国一样，英国的高等教育体系以公立学校为主。学习英国在招考管理和公平、有效地选拔高质量生源上的经验，有助于提升我国招考制度的科学性和公平性。

一、建立招考公共服务体系，下放录取自主权

英国的招考管理体制颇具特色，UCAS、综合考试认证机构、高校、政府、专业机构（QAA和SPA等）和公众之间分权合作、良性互动，共同服务于英国高校的招生录取。UCAS负责申请事务并提供与招生相关的广泛服务；综合考试认证机构实施公共考试；高校负责自主录取事宜；政府通过法律、政策和设立专门的办公室等手段对招考实践进行宏观调控；QAA和SPA机构以提供专业的建议和研究为主；公众参与高校录取决策的监督。在招生考试上，除公共的证书考试外，英国精英大学也依赖自身的专业入学考试来区分高成就的申请者。高校的录取机制包括由专业人员主导的集中式录取、由学术导师主导的分权式录取和混合录取三种模式，多数精英大学都使用分权式录取模式，但使用集中式录取的高校比例呈增长趋势。针对分权式录取导致的院系之间录取概率不均等的问题，牛津大学、剑桥大学在坚持学术导师的核心地位的同时，采用了生源库系统保证优秀学生不因对第一志愿学院的选择而处于劣势。两种模式在录取决策过程中也存在一些差异，主要体现在分权式录取模式往往增加了对面试表现和学术资格的额外审议，不过两种模式都会采取集中打分排名的方式来辅助学校做出录取决定。英国高校的录取决定包括有条件录取、无条件录取和开放录取三类，虽然考试认证后申请制度被热烈讨论，却仍未付诸实施。

英国的招考管理体制、招生考试体系以及高校自主录取的实践均可为我国高考改革提供有益的借鉴。在招考管理体制上，我国可学习英国不同组织分权合作式的伙伴关系，构建政府宏观调控下的专业机构主导的公共服务体系，具体可考虑如下方案：中央政府部门（教育部考试中心和教育部学生司）下放权力，以政策和相应的法律规定进行宏观调控、提供经费支持为主，不直接管理招生考试的具体事务；地方考试院应该走上专业化发展的道路，一方面学习UCAS集中处理区域内的学生报名和申请事宜，并提供与招生相关的多样化服务，比如提供报考建议、收集和发布相关招录数据、搭建高校与学生之间的沟通平台等，另一方面将录取工作交给各高校；国家教育考试指导委员会则发挥类似SPA机构的功能，开展关于招生考试的研究和评估工作，并向社会公布。

在我国的招生考试体系上，一方面应肯定统一高考存在的必要性。统一高考类似英国的A-level考试，不仅可以为普通高校提供关于学生学业成就的有效证据，也可以为选拔性高校提供区分高成就申请者的方式。有统一高考这道门槛，可以在很大程度上规避人情干扰等消极影响。另一方面，我国高水平大学也在自主招生项目中使用了专业入学考试。根据笔者对2015年90所高校的自主招生项目实施情况的分析，发现有64所高校依赖自身设置的专业笔试成绩作为初步筛选手段。入学考试固然有助于揭示入选者的学科特长和潜力，但其信效度和公平性值得研究。笔者认为可分析笔试与其他考核方式对大学学业表现的功效（包括笔试成绩是否具备预测度以及笔试成绩的预测度在其他考核方式上是否有所增值），同时分析笔试题目的功能差异，剔除其在性别和地域维度上存在明显偏差的试题。

在录取机制上，高校是否具备单独录取的自主权至关重要，可考虑先让自主招生试点高校探索单独录取的可能性和效果，突破集中录取的约束。如果试点效果良好，政府应该考虑放开对高校的录取管控权，让所有高校均有权实施自主招生。一旦高校有权自主招生，便很可能会自然而然地出现多元化的录取标准，因为高校出于自身的办学使命和教育理念会主动选拔适合的生源。而且，日益激烈的生源市场竞争以及高校谋求特色化发展的需求亦会规范高校合理、有效使用自主权，招收真正高质量的匹配生源。①

二、坚定综合评价方向，提升招生实践的科学性

牛津大学的综合评价坚持以学术标准为主导，涉及个人陈述、推荐信、A-level预测成绩、学业记录、入学考试、写作、面试等多个因素，每个因素揭示的信息既有差异、又有重合。个人陈述主要反映申请者在专业学习上的热情和已具备的成就；推荐信通过教师的视角评价学生的学术能力，并提供关于可能影响学业表现的经历的解释；A-level预测成绩体现申请者学习能力与应付牛津大学高难度的紧张的学业任务之间的匹配性，也是区分申请者的独立和标准化的工具；学业记录GCSE成绩揭示学生早期的学术成就以及就读学校的教学水平；入学考试测量候选者是否具有专业所需的基础知识和发展潜力，重在评价专业相关的才能而非已掌握的知识；写作证明学生的书面表达能力和逻辑思维能力，以及对专业问题的理解和思考能力；面试旨在评价学生的学术能力，特别是学术潜力，并测试申请者能否较好地与导师进行学术讨论。每一个因素都很重要，其中面试在录取决策中扮演着核心的角色。面试前对个人陈述、推荐信、A-level预测成绩和学业记录的UCAS申请表以及额外的入学考试成绩和写作质量的考查，都是为了辅助筛选形成面试名单。对各因素的综合评价使得牛津大学的招生导师可以选拔出具备优异学业成就和成功潜力的生源，正如该校官方所言："正是招生过程的高质量保证了牛津大学优秀的保留率（98%），因为招生过程有效地挑选了最能胜任牛津大学提供的高强度和高要求的专业课程的生源。"②

我国许多高水平大学近年来不断探索基于高考的综合评价方式，从2003年清华大学、北京大学等高校启动自主招生开始，到2006年中南大学率先试点综合评价方案，再到2011年南方科技大学实施"高考成绩、高中学业成绩和高校自主能力测试成绩"三位一体的综合评价体系，以及2015年上海交通大学、复旦大学在上海市实施"两依据一参考"（依据统一高考成

① 万圆,沈曲.论高校招生采取多元录取标准的必要性及可行路径[J].教育与考试, 2016(1): 14-18.

② University of Oxford. Agreement with the Office for Fair Access 2016-17[EB/OL]. https: //www.offa.org.uk/access-agreements, 2016: 24.

绩、高中学业水平考试成绩，参考高中学生综合素质评价信息）的综合评价，均突破了传统高考以分取才的局限性，纳入了个人自述、推荐信、高考成绩、高中学业水平考试、学业记录、入学考试、写作和面试等多因素的考查。但在使用各因素的具体细节上，与牛津大学相比，我国已有的实践仍有许多有待研究或完善之处，比如如何检测个人自述的真实性，高考成绩是否必须不低于一本或二本线以及占据60%的权重，入学考试是否不值得提倡，写作能力是否需要进一步被强调，面试机会是否可以考虑增多等。

另外，我国高水平大学的综合评价实践多停留在对学生已有学业成就的考查上，对大学成功潜力的考察关注度不够，需要更多地从大学学业成绩、毕业和就业质量的视角来审视生源的选拔，并通过对招生结果的追踪以及对考量因素与招生结果关联的实证研究，来提升招生实践的科学性。同时，我国未来的招生实践应坚定以学术标准为主导的综合评价方向，虽然有人担心和批评综合评价难以避免人为腐败和作弊的干扰，但综合评价本身并不是问题，问题在于高校明晰究竟想要通过招生达成何种目的。每所院校都必须制定自己的招生目标，然后将综合评价作为服务招生目标的手段。

三、开展背景考察和拓展工作，促进入学机会公平

英国高校构建公平招生体系的主要路径在于实施背景考察和开展拓展工作。一方面，英国高校意识到智力和学术能力不是决定学业表现的唯一因素，学业成就往往受到所处环境的影响，因此在招生中引入对个人背景的考察。高校通过不同的渠道搜集申请者的教育环境、地理—人口学信息以及社会经济背景，在背景考察的具体实施上没有统一的模式，牛津大学为被标记的弱势学生提供额外的面试机会，剑桥大学则将背景信息置于整体性评价中，只有当被标记的弱势学生学业成绩优异时才可能获得一定的倾斜。虽然背景考察的重要性已成共识，但公众对背景考察的实施方式仍存有争议，对此SPA提出了五条指导原则以提升背景考察的质量。另外，就背景考察遭遇的逆向歧视质疑，英国高校基于证据，坚信考察申请者背景是选拔最具发展潜力学生和区分高成就申请者的公平方式，同时认为对弱势学生进行个体化审查将成为趋势。另一方面，英国精英大学注重通过拓展工作（项目）吸引

来自弱势背景的高成就学生，并致力于使他们变成具有竞争力的申请者。拓展工作的内容包括提供专业、选拔过程、资助及各类资源的支持等。拓展工作开展的形式较为多样化，包括信息指导、暑期学校、专门项目、区域会议、定点联络等，而且有些项目（比如“通向牛津”项目）颇具深度，为高中各年级的学生设计不同主题的针对性活动。鉴于拓展工作的重要性，英国许多高校均有相应的财政投入，并定期检验其实施成效。

目前，英国高校招生中对个人背景的考察和开展面向弱势群体的拓展工作并未充分进入我国高水平大学的招生视野。就背景考察而言，我国自2012年起实施了面向边远、贫困、少数民族等区县的农村学生的高校专项计划（2016年有95所高校参与，其中72所为教育部直属高校），为学业成绩优异的农村学生提供了专门的升学渠道。但该类招生计划只占高校年度本科招生规模的2%左右，有限的名额导致激烈的竞争，而且我国不同地域、不同社区、不同学校的教育质量很不均衡，不同学生群体的社会经济地位和生活环境也有很大的差距，仅靠高校专项计划远没有覆盖我国社会存在的各类弱势群体。我国可以学习英国的经验，考察每位学生的教育环境、地理—人口学信息以及社会经济状况，并借助测量指标对弱势群体进行分类标记，分类维度可以包括农村生源、高等教育参与率低的学校生源、高等教育参与率低的地区生源、残疾人、孤儿等。当然，具体的分类维度还需结合我国人口分布的特征和教育、社会状况来制定，并给予高校实施的自主权。对弱势学生进行分类标记后，高校可为学术合格的弱势学生提供面试机会或予以一定的录取倾斜，以便更好地促进入学机会的公平。

就我国拓展工作而言，据笔者统计，在2015年90所高校的自主招生项目中，报名审核通过人数为110578人，东部十省占总数的42.5%，东北三省占10.0%，中部六省占31.6%，西部十二省占16.0%，由此可见边远省份的学生申请高水平大学的比例并不高。[①]由于缺乏数据，笔者未能分析农村和贫困生源的申请比例，但估计其参与情况亦不乐观。因此，我国高校应该实施多样化的拓展策略，让更多位于西部、农村和偏远地区的考生知晓高校的自主招生政策，使有意愿尝试的优秀弱势群体有机会参与其中，不因经济困难和信息闭塞而止步。

---

① 数据整理自教育部阳光高考信息公开平台（https://gaokao.chsi.com.cn/zsgs/mdgs.jsp）。

第四章

澳大利亚高校招考制度

国外高校招考制度研究
国外高校招考制度研究
国外高校招考制度研究

澳大利亚幅员广阔，人口数量较少，是一个由移民人口为主组成的多元文化国家。在联邦体制下，澳大利亚各州的教育体系有所不同。根据澳大利亚宪法规定，教育权属于州及领地政府，在不违背国家课程原则的前提下，各州可以自行制定该州的课程原则、评价标准以及监督办法。联邦政府虽无教育行政管辖权，但要承担经费补助之责任，因此，联邦政府通过拨款补助，可以调整对教育的管理权力，并对学校进行教育质量的监督，以及制定教育相关政策与教学评量标准。在高校招考制度方面，联邦政府仅仅提供有关政策指导，具体操作和运行完全由州政府和大学自行负责。本章将依序介绍澳大利亚高校招考制度的发展历程及现状，分析、归纳澳大利亚高校招考制度的特点，最后，在综合澳大利亚高校招考制度的现实基础上进行探讨，为我国高考改革提供启示与借鉴。

第一节
澳大利亚高校招考制度的发展历程

澳大利亚高等教育的历史并不长，从殖民地时期算起迄今不到两百年，作为英联邦国家，其教育体制和考试制度深受英国的影响。特别是从殖民地时期到20世纪50年代，不论是考试的名称，还是考试制度的调整变化，都明显受到了英国教育考试文化的影响。20世纪60年代以后，英、澳两国高校招生考试制度才出现了名称、方式、方法的分野。澳大利亚的高校招考制度经历了三个时期的发展与演变，分别是：殖民地时期(1788—1900年)，个校选拔和公共考试的出现；从澳大利亚独立到“二战”后重建时期(1901—1960年)，“离校证书考试”和“中学初级证书考试”的变迁；1960年之后，澳大利亚高等教育扩张与改革时期的综合评价制度的建立。总体来说，澳大利亚高校招考制度在不同历史发展阶段呈现出不同的特点，与社会历史背景、教育发展状况和民众需求息息相关。

一、殖民地时期(1788—1900年)：个校选拔和公共考试的出现

1788年，以流放人口为主的首批英国移民在悉尼的杰克逊港(Port Jackson)登陆，打破了澳大利亚土著时代与世隔绝的封闭状态，澳大利亚正式成为英国的殖民地。当时澳大利亚的人口以土著民族居多，而英国的流放人口和殖民区的行政官员、军官和家眷的总人数很少，人们普遍不重视教育，只关心生存或发财。殖民地初期的教育制度尚未健全，教育组织和管理处于松散的状态，教育事务由殖民区行政长官委托教会来办理，没有大学，有条件接受高等教育的人都回英国上大学。

1848年以后，殖民区的社会及经济发展渐趋稳定，澳大利亚人也意识到建立大学对正在形成中的自治政府具有至关重要的作用，各殖民区的有识之

士都认为在自己的地方应该拥有一所属于自己的大学。19世纪50年代开始，澳大利亚四个殖民区开始陆续立法成立大学，靠着殖民区政府拨款，分别建立了悉尼大学（1850年，新南威尔士州）、墨尔本大学（1853年，维多利亚州）、阿德莱德大学（1874年，南澳大利亚州）、塔斯马尼亚大学（1890年，塔斯马尼亚州）4所大学。虽然当时大学的设立也有私人捐赠，但私人捐赠带有偶然性，加之学杂费收入很少，所以主要是依靠各殖民区政府的财政拨款。

澳大利亚殖民地时期的大学共同特点为：地方性强，宗教意味浓，规模很小。澳大利亚早期的大学效仿了英国牛津与剑桥大学的学院模式，以神学、文学、法学、医学教育为主，旨在培养社会上的管理者和统治者。学校的教授们热衷于经典文学和哲学这类欧洲传统学科的研究和授课。但是殖民地人民更需要那些符合本地城市建设和社会发展所需要的课程。在此背景之下，澳大利亚的大学很快汲取了苏格兰式的全日制讲座及职业课程体系，创造了一种不同于英国牛津大学和剑桥大学的理念，即一方面强调大学的人文价值——提高社会的精神道德，另一方面强调大学的实用主义——提供最高层次的专业训练。

这个时期澳大利亚的大学招生入学考试，最初是由各大学自行举行，采取个校招生选拔制度。申请者只要完成中学教育(如文法学校)，具备一定文法和数学知识，能够负担起学费，即可向欲就读的大学申请入学。学校凭借面谈、口试和书面材料，有时也附加笔试，对申请者进行资格审核和水平考查。19世纪50年代，澳大利亚大学对学生入学的考查科目，以拉丁语、希腊语和数学三门科目为主，目的在于确保入学者具有进行更高阶学习的能力和知识水平。从1855年起，大学的入学考试科目中开始增设英语、历史、地理、法语和德语。最初澳大利亚的大学教育只招收男生。1881年，悉尼大学和墨尔本大学开始招收女生，和男生同等入学，成为世界上最早实现男女平等的大学，这对澳大利亚保守文化传统中的居民来说意义深远。

19世纪60年代以后，澳大利亚大学入学考试成为英国“公共考试（Public Examinations）”制度的组成部分。这是因为1850年左右的英国维多利亚时代，受中国科举制度的影响，英国人对利用考试来甄别选拔各种人才的兴趣空前高涨。[①]在英国本土及其海外殖民地，由政府委托大学开展的各种公共考试开始兴起。在教育部门，通过大学组织的公共考试来测评初等和中等学校的教学水平或办学效率，从中选拔进入更高一级学校学习的人才或选拔社会行业发展管理的人才，成为英国教育考试以及人才选拔制度重要的组成部分，也成为英国大学入学考试制度的发展方向。作为英属殖民地，澳大利亚的大学招考制度也受到影响。

从1852年到1885年，澳大利亚除了西澳之外的所有殖民区，都建立了教育管理部门，称为公共教育部（Departments of Public Instruction，DPI），履行包括大学在内的教育事务的管理、资助等诸项事务。随着澳大利亚各殖民区公共教育部的建立，由大学组织的公共考试开始出现，中等学校学生的公共考试成绩逐渐成为澳大利亚大学招生入学的主要依据。比如，1867年，在新南威尔士州，由悉尼大学负责组织实施，开展了“初级和高级公共考试（Junior and Senior Public Examinations）”，该公共考试成绩逐渐成为澳大利亚大学招生入学的主要依据。

由于殖民地时期澳大利亚的中等教育主要是社会中上层阶级子女享有的教育，在绝大部分人眼里，中等教育也是为了进入大学而做准备的教育，加之中等学校外的公共考试由大学来负责组织实施，所以澳大利亚的中等学校，不论是之前的文法中学，还是19世纪80年代建立的少量新式公办中学，其教学大纲、课程开设等都受到了大学入学考试的影响，中等教育的办学实践和教学评价权力，实际上是掌握在大学手里。由此形成了由大学来评价和规定中学课程、引导中等教育发展的现象。这种现象一直到20世纪60年代，随着各州教育改革和高校招考试制度进一步调整，才有所变化。

表4-1反映的是1880年左右澳大利亚仅有的三所大学组织中等学校公共考试时，学生参加不同科目考试的比例情况。由表中数据可知：第一，当时澳大利亚各地中学开设的课程已比较多样，不仅包括传统的拉丁语、希腊语、数学等科目，还开设了不少自然科学课程。第二，鉴于1880年强制性的《义务教育法》才公布实施，当时中等学校学生仍以社会中上阶层子女为主，并不存在很多学生中途离校退学的情况，所以，由学生参加不同科目考

① 邓嗣禹. 中国科举制度与西方[J]. 中国考试，2014(6)：58-64.

试比例的多寡，可以清楚反映出哪些科目是申请大学的重要科目，哪些科目对当时学生来说是难度较大的科目。尽管当时澳大利亚大学中已经开设了现代自然科学的教学科目，但这些科目并不是大学审核学生入学申请时必须要求的考试科目。

表4–1 澳大利亚殖民地时期各大学的公共考试科目[①]

参加统考百分比	1879年悉尼大学	1881年墨尔本大学	1882年阿德莱德大学
75%—100%考生参加的考试科目	算术 英语 历史 地理	算术 英语 代数 几何	
50%—75%考生参加的考试科目	地理 代数 拉丁语	地理 法语 拉丁语	数学 拉丁语
25%—50%考生参加的考试科目	法语	历史	化学 德语
25%考生参加的考试科目	物理 德语 希腊语 地质学 无机化学	希腊语 基础化学 基础物理 基础生理学 基础植物学	历史 物理 法语 植物学 希腊语 动物生理学

二、重建时期（1901—1960年）："离校证书考试"和"中学初级证书考试"的变迁

1901年，澳大利亚的六个殖民区改制为州，成立了澳大利亚联邦，并颁布了联邦宪法，澳大利亚成为一个英联邦国家，标志着澳大利亚新时期的开始。当时包括高等教育在内的所有教育问题都属于各州事务，各州政府根据自己的宪法进行管理。从澳大利亚联邦政府建立至"二战"前，由于社会对

① 王斌华.澳大利亚教育[M].上海：华东师范大学出版社，1996：18–19.

劳动力的需求主要还是体力劳动者，对高层次专门人才并无太大的需求，大学教育发展十分缓慢。这期间仅新增两所大学，即昆士兰州政府成立的昆士兰大学（1909年）和西澳州政府成立的西澳大学（1911年）。至第二次世界大战结束时，澳大利亚共有6所大学，保持着各州拥有一所大学的状态。

由于“二战”的影响，为满足战争相关的人力需求，大笔经费涌入大学以训练人力，使得联邦政府有了涉足大学事务的机会，这时期的高等教育变成由州政府和联邦政府共同掌管。在澳大利亚参加“二战”期间，国内人力资源变得十分短缺，为了加强军事力量，联邦政府根据《国家安全法》，恢复义务军训制，规定包括大学生在内的所有适龄青年都必须接受3个月的军训，严格控制大学在校人数。1939年，澳大利亚人口约700万，大学在校生总数约为14236人，[①]到1942年，大学在校生人数下降到10761人。[②]“二战”结束后，国家经济及产业快速发展，澳大利亚政府考虑到战后高等教育复苏和人才培养的需要，陆续成立了4所大学，分别为澳大利亚国立大学(1946年，澳大利亚首都领地)、新南威尔士大学(1949年，新南威尔士州)、新英格兰大学(1954年，新南威尔士州)、莫纳什大学(1958年，维多利亚州)。[③]到1960年，澳大利亚拥有10所大学。

从1901年到1960年，澳大利亚的高校招考制度以证书考试选拔制度为主，随着高等教育的不同需求而有不同的演进。正如麦考瑞大学(Macquarie University)教育学院的乔治·库尼教授所言：“对于绝大部分中学毕业生来说，从19世纪50年代到20世纪60年代，澳大利亚大学招生都是用学生在中学最后一年的学业成绩作为学生能否进入大学的判断标准，在这一百余年的时间里，这一做法几乎没有多少变化。”[④]的确，19世纪60年代以前，大学组织的公共考试还没产生，悉尼大学和墨尔本大学两所大学招收文法

① 钟宜兴.各国高等教育经营管理之比较[M].高雄：丽文文化, 2011：252.

② 王斌华.澳大利亚教育[M].上海: 华东师范大学出版社, 1996：57.

③ 澳大利亚国立大学初创时致力于研究生教育，承担和国家利益有重大关系的研究生阶段课程的研究和学习，不开展本科生教育，成立之初有物理、医学、社会科学和太平洋研究4个研究生院，是当时全国唯一的全日制研究型大学。新南威尔士大学的创办着重强调科学技术的重要性，符合工业化的发展趋势与当地经济发展的需求，是澳大利亚第一所实施技术教育的大学。

④ Cooney George. The Tertiary Entrance Rank: An Endangered Species[C]. ACACA Conference Sydney[A]. New Horizons in Education, 2001: 66-78.

学校的毕业生，主要看申请者在文法学校最后达到的学业水平。19世纪60年代公共考试产生以后，文法学校和中等学校的考试有了统一的名称，由悉尼大学组织办理，分别为“初级公共考试/高级公共考试（Junior Public Examination/Senior Public Examination）”。当时仅有的两所大学——悉尼大学和墨尔本大学就是把学生的“高级公共考试”成绩作为招生录取的重要依据。

20世纪第一个10年，由于本国教育改革发展的驱动，以及受到1905年英国教育考试制度改革的影响，大学对中学的初级和高级公共考试换了名称，分别称为“中学初级证书考试（Intermediate Certificate Examination）”和“离校证书考试（Leaving Certificate Examination）”。前者为针对读完中学2—3年课程的离校者的考试，相当于初中毕业证书考试；后者为针对读完4—5年全部中学课程的离校者的考试，相当于高中毕业证书考试。本质上，离校证书考试与先前的高级公共考试是一样的。当时全国仅有的4所大学所招收的学生，均是以学生在中学最后一年的学业成绩和离校证书考试成绩作为录取的判断依据。

1901—1950年，澳大利亚中学初级证书考试的形式、方法变更过多次，但是对于那些有意愿、付得起费用上大学的学生来说，在中学读完最后两年高中阶段的课程并参加离校证书考试，是能够申请大学的必经途径。大学一直都是以学生在高中阶段最后的考试成绩作为招生录取的主要依据。

“二战”结束前，澳大利亚的大学数目和学生人数少，大学入学考试的规模小，因此，大学的招生考试制度仍维持着各校独立招考的模式。由于各州大学在中学的公共考试（中学初级证书考试和离校证书考试）中，仍占有绝对的发言权和主导权，所以大学基本上负责了全州的中学考试事务，包括科目设置、招生、命题、阅卷、录取等。①由于大学招生考试对中等教育的牵制作用，中学对学生的评价一般都是以大学招生入学的科目和水平要求为导向，中学对课程大纲的制定与学生的评价基本上是跟着大学的指挥棒在转

① 20世纪三四十年代，澳大利亚各州开始设立“中学教学或学习委员会”，尽管委员会成员来自大学代表、州教育部代表以及部分中学代表，但在考试管理权限上，由于大学对社会的人才标准判定仍具有绝对的话语权，所以“中学初级证书考试”和“离校证书考试”的主导权主要还是掌握在大学手里。

动，如1943—1944年，墨尔本大学和悉尼大学取消了外语的入学要求，两市的中学随之降低了法语和拉丁语的教学要求。①

另外，以西澳州的高校招生考试为例，当时大学的公共考试委员会（Public Examinations Board）负责举办10年级的中学初级证书考试和12年级的离校证书考试，所有欲申请就读高校者都必须参加考试。大学的入学申请审核是以高中毕业证书考试——离校证书考试成绩为主，一般高校（如教师学院或技术学院）的入学申请审核则两种考试成绩均可以接受。这时期的中学证书考试具有两种功能：一是学生进入高校的基本条件；二是企业和雇主招聘员工的依据。

在20世纪50年代初期，大学的招生一般会要求学生的离校证书考试必须涵盖英语和其他4个学习科目。澳大利亚各州的中学对应实行的是学科分组（subject grouping）的学习方式，共有四大类：第一类为语言，包括英语和外语；第二类为地理、历史、经济；第三类为数学A、数学B、音乐；第四类为生物、化学、物理、地质。学生在中学阶段必须通过英语和其他至少4个学习科目的考试才可以申请大学，其他4个学习科目必须选自学科分组中的至少三组。同时，学校要求选修数学/自然科学的学生必须至少修一门人文学科，选修人文学科的学生则必须修一门音乐、数学或自然科学。②

"二战"后到20世纪50年代初期，澳大利亚的教育体系和高校招生入学考试表面上看起来似乎运行良好，但是一些导致变革的因素暗流涌动，正在汇聚。

首先，随着战后工业化和现代化进程的推进，澳大利亚需要更多接受过完整中等教育乃至高等教育的人才，但是当时各类中学的学生，存在很高的流失率，大部分学生在接受完初级中等水平的教育，甚至等不到参加初级证书考试的时间就离开了学校。据新南威尔士州教育部在1953年成立的温德汉姆委员会（Committee of Wyndham）的《温德汉姆报告》（*Wyndham Report*）可知，1952年由小学升入7年级（中学一年级）的学生，在升入8年级时流

① 王斌华.澳大利亚教育[M].上海:华东师范大学出版社,1996: 50.

② Western Australia & McGaw B. Assessment in the Upper Secondary School in Western Australia: Report on the Ministerial Working Party on School Certification and Tertiary Admissions Procedures[M]. Perth: Govt. Printer, 1984.

失了16.5%，升入9年级并参加中学初级证书考试的学生只剩下了55.5%，这批学生进一步升入10年级（高中一年级）的比例只剩下了19.2%，而升入11年级并参加最后离校证书考试的人数只剩下了16.1%，并且只有12.8%的学生获得了离校考试证书，7.5%的学生提交了高校入学申请，4.4%的学生获得了大学录取（详见表4-2）。这种人才的培养和人才储备的现实，对一个正处于工业化和现代化飞跃发展阶段的国家来说，是远远不能达到社会发展需求的。

表4-2 新南威尔士州1952年批次中学学生学校教育结果①

年　份	年　级	学生数	比例(%)
1952	7年级	50575	100.0
1953	8年级	42225	83.5
1954	9年级(中学初级证书考试)	28050	55.5
1955	10年级	9730	19.2
1956	11年级(离校证书考试)	8120	16.1
学校教育结果			
1956	获得离校考试证书	6455	12.8
1956	参加高校申请	3808	7.5
1957	继续读大学	2225	4.4

其次，在“二战”以后的全球教育民主化、平等化浪潮中，澳大利亚教育界掀起了一场关于中等教育目的的大讨论、大反思，其核心议题是：中等教育到底是为了所有人的中等教育，还是为了少数人上大学做准备的中等教育？在新的历史背景下，原来澳大利亚人认为的“中等教育就是为了考大学”的观念开始扭转，教育改革的呼声在20世纪50年代日益高涨，在扩大中等教育和高等教育规模上，人们逐渐达成了共识。另外，当时各州也开始成立“课程委员会”来管理中学的课程设置。多数州都开始想方设法要求中

① Barry McGaw. Their Future: Options for Reform of the Higher School Certificate[R]. New South Wales: Department of Training and Education Co-Ordination, 1996: 118.

学生延长在校年限，最好达到参加离校证书考试的年限。

针对中学生流失率较高的现象，教育界逐渐将问题的根源集中在了大学管理中学考试和中学课程设置的问题上。20世纪50年代末，西澳大学率先质疑中学毕业证书考试既作为中等教育评价又作为大学入学选拔的双重功能。在各界质疑下，各大学也开始考虑是否应该另外举办大学入学考试，以区别于中学毕业证书考试。20世纪60年代初，在南澳州和维多利亚州就进行了这样的尝试，即在中学11年级时组织高中毕业的离校证书考试，12年级再组织一次大学入学考试。这意味着想要就读大学的学生除了需要参加高中毕业考试外，还要参加大学入学考试。这种尝试很快又引起了争议。一方面，能够在中学学习到参加离校证书考试的学生，大部分都是为了上大学，一定会参加大学入学考试，对于他们来说，11年级的离校证书考试就失去了意义。另一方面，社会上的用人单位在招聘高中毕业生的时候，更看重大学对一个人才能的评价，也就是用人单位更看重学生参加大学入学考试的成绩，而不重视11年级离校证书考试的成绩。由此，对于那些读到高中毕业但又不想上大学的人来说，也会尽量参加大学入学考试，这也使得11年级的离校证书考试失去了存在的必要性。

在20世纪50年代末和20世纪60年代初的这种社会和教育发展背景下，如何改革教育考试制度体系，以促进中等教育和高等教育发展，是当时澳大利亚各州面对的普遍问题。为此，有的州，比如新南威尔士，专门成立了教育调查委员会，开始谋划教育发展和设计新的教育考试制度体系，并提出了专门的研究报告。

三、扩张与改革时期（1960年之后）：综合评价制度的建立

从20世纪60年代开始，澳大利亚经济发展进入了相对稳定和持续增长的时期，澳大利亚的高等教育也因此获得了很大发展。澳大利亚的社会舆论普遍认为，除了尽量延长中学生的在校年限、新建综合中学以保证中等教育规模扩大以外，高等教育也应更加普及，以提高全民素质和满足不断增长的高等教育入学需求。在此前提下，各州兴起了新建综合中学的浪潮，联邦政府则积极参与高等教育发展规划，包括促进大学与高等教育学院二元体系的

形成，实施远程教育与继续教育，扩大毕业证书和学位证书的授予范围。这一时期高等教育的扩张，使得大学数量迅速增加，而且从大学层次上来看，不再是仅有本科教育，也有了研究型大学和研究生教育等。数据显示，1961—1979年，澳大利亚的大学蓬勃发展，共有9所州立大学成立，[①]加上之前的10所大学，澳大利亚在此阶段共有19所大学。[②]

进入20世纪80年代之后，澳大利亚大学入学人数已经达到33万人。面对20世纪80年代经济下滑以及高等教育出现的种种问题，澳大利亚政府积极推动高等教育改革。在1988年道金森的一体化改革提出之后，澳大利亚高等教育学院被要求依据地区或专业性质归类的方法与大学合并，或者通过自身条件升格为大学。这个时期原有的24所大学和47所高等教育学院相继合并或升格认证成立，形成了目前澳大利亚大学分布的形态。[③]

综观之，这个时期的澳大利亚高校招考制度相比之前发生了较多变化，并且在联邦政府不断介入教育发展，以及国家课程标准逐渐统一的背景下，各州的高校招考制度也开始朝向统一的形式发展。这个阶段的澳大利亚高校招考制度以综合选拔制度为主。根据学生的高中在校学习成绩和高中毕业证书考试成绩，按比例混合计算以后得出的成绩指数，成为大学招生录取的主要依据。

澳大利亚自20世纪60年代开始进行大学招生考试制度改革，这是在中等教育观念转变、中等教育大发展、中等教育管理改革的背景下发生的。最为典型的是新南威尔士州的改革，在《温德汉姆报告》以及其他教育改革的建议下，该州在1957年宣布建立综合中学，1961年颁布教育法，设立中学

---

① 1961年至1979年期间，澳大利亚各州政府成立的9所大学分别是：麦考瑞大学和拉筹伯大学（1964年）、纽卡斯尔大学（1965年）、弗林德斯大学（1966年）、詹姆斯库克大学（1970年）、格里菲斯大学（1971年）、莫道克大学（1973年）、迪肯大学（1974年）、卧龙岗大学（1975年）。

② 蔡培瑜.澳大利亚高校招生考试制度[M].武汉：华中师范大学出版社，2016:91.

③ 20世纪80年代之后，澳大利亚各州新成立或升格的大学包括：科廷科技大学（1987年），悉尼科技大学和昆士兰科技大学（1988年），邦德大学、西悉尼大学和北领地大学（1989年），查尔斯特大学、堪培拉大学和澳大利亚圣母大学（1990年），澳大利亚天主教大学、埃迪斯科文大学和南澳大学（1991年），中央昆士兰大学、斯威本科技大学、南昆士兰大学、皇家墨尔本理工大学和维多利亚大学（1992年），南十字星大学和巴拉瑞特大学（1994年），阳光海岸大学（1999年），查尔斯达尔文大学（原北领地大学，2003年更名），澳大利亚联邦大学（2012年合并巴拉瑞特大学），MCD神学大学（原MCD神学院，2013年升格）。

委员会（Secondary Schools Board），负责中学第四年级的考试和相应的课程设置；第四年级末的考试相当于之前9年级的中学初级证书考试，只不过现在中学教育延长一年，变成了10年级的考试，并且将原来的考试名称变为了“学校证书考试（School Certificate Examination）”。同年，设立高中学习委员会（Board of Senior School Studies），负责中学第六年级末的考试和相应的课程设置；第六年级末的考试相当于原来的离校证书考试，只不过名称变为了“高中学校证书考试（Higher School Certificate Examination，HSC）”。

在大学与中学委员会、高中学习委员会的关系上，原来完全由大学主导的中学课程设置和中学考试管理的权力已经被两个委员会所取代，但大学派出的代表在委员会（特别是高中学习委员会）中，仍然具有相当大的话语权。新南威尔士州的改革很快成为典范，影响到其他各州的中等教育改革。

昆士兰州于1964年实施了同样的改革。该州政府1964年颁布的教育法指出：中学教育不仅是为了少数人进入大学做准备，更主要是为了适应全体学生的发展需要。该法案决定分别成立初中学习委员会（Board of Junior Secondary School Studies）与高中学习委员会（Board of Senior Secondary School Studies），负责课程大纲的制定、考试的实施与毕业证书的颁发。

昆士兰州教育法要求教育应满足学生的发展需要，主张由高中学习委员会负责昆士兰州的高中考试。然而，学习委员会中的大多数成员均来自昆士兰大学，高中教学和考试主要还是受到大学招生的影响，仍将甄别选拔优秀的人才作为学生评价的主要目的。随着大学选拔人才标准的不断提高，许多学生不能通过考试顺利进入大学，激发了学校师生对昆士兰大学的不满。比如1966年，由于昆士兰州高中考试的物理试题难度太大，由大学教授负责命制的某些试题超出了教学大纲，许多学生考试不及格，学校师生对此怨声载道。1967年，物理考题再次引起社会广泛的批评，昆士兰全州的物理统考竟有三分之二的学生不及格。大学与中学的矛盾愈加突出，要求改革统考的呼声十分强烈。[①]

西澳州在20世纪60年代的改革，类似于前面提到的南澳州和维多利亚州的情况。1966年，西澳州决定区别中学毕业考试和大学入学考试，试图以

① 刘燕.澳大利亚昆士兰州高中校本学生评价研究[D].华东师范大学硕士论文，2012: 16.

不同的考试来区分中学毕业考试和大学入学选拔。中学毕业考试适用于不准备读大学的学生，通过此项考试者即授予中学毕业证书；而对于欲申请就读大学者，则要参加大学入学考试。在此考试制度下，多数的考试科目都有两个程度的测验，同一科的大学入学考试相对于中学毕业考试难度更高。西澳州试图以中学毕业考试和大学入学考试来区分高中毕业资格认定和大学入学选拔的策略，与南澳州以及维多利亚州遇到的问题类似，改革并不成功。因为当时大众普遍认为大学入学考试具有较高的地位，参加大学入学考试的成绩更被社会认可，由此造成多数学生都会同时参加两类考试，结果是中学毕业考试反而失去了应有的意义。

鉴于大学主导的公共考试考查的知识面过于狭窄，不能适应学生多样化的中学学习需求，使得中学科目的设置拘泥于形式，越来越不适应社会发展需要，澳大利亚各州开始考虑其他的改善评量机制的途径。此外，由于当时许多学生已经完成高中规定的课程，却达不到大学规定的录取分数，既不能进入大学继续学习，又不能获得任何文凭，因此，许多校长建议实行高中毕业证书制度，即学生在参加完高中学校证书考试之后，由新南威尔士州高中学习委员会审核并向这些学生颁发高中毕业证书。1967年，新南威尔士州开始率先实行高中毕业证书考试制度。

1968年，昆士兰州的高中学习委员会请昆士兰大学的巴瑟特（Bassett）教授针对毕业证书制度引入的可能性展开调查。巴瑟特教授通过调查后发现两个问题：一是中学课程设置并没有顺应学生的发展需要，二是大学主导的考试并不符合大部分学生的学习能力要求。巴瑟特教授建议在高中毕业年级引入毕业证书制度。昆士兰州高中学习委员会采纳了巴瑟特的建议，决定在中学12年级引入毕业证书制度。

在进一步完善中学学生学业成绩评量机制方面，各州找到的办法是采取校外公共考试和校内考试评量相结合的方式。1968年，新南威尔士州在10年级的学校证书考试中首次尝试了50∶50的校内校外混合评量方式，即由中学委员会组织的校外公共学校证书考试成绩和学生的校内考核成绩各占50%。1973年，这一比例又调整为校外和校内考试成绩占比为25∶75。到1975年，10年级学校证书考试成绩完全由校内考试决定，只是用校外相关公共考试的成绩来进行调整和校准。经过在10年级考试进行校外、校内混合评价的尝试之后，1977年，新南威尔士州在高中学校证书授予时，首次采用校外公共考试评价和“调节校内评价（Moderated School Estimate）”各占50%的评价方法。此后，该评量方式又经过了20世纪80年代中期的定型、20世纪90年代初期在学校内部评价方面引入“课程绩效描述（Course Performance Descriptor）”等改革之后，日趋完善，最终形成了现行的新南威尔士州中学学业成绩综合评价方法。

除了新南威尔士的改革之外，在昆士兰州，以雷德福（Radford）教授为首的调查委员会对昆士兰州的考试体制展开调查。1970年5月，雷德福委员会向该州教育部提交了长达116页的研究报告，被称为“雷德福报告”。委员会在该报告中分析了全州统一外部公共考试的优、缺点及可能给学校、教师和学生带来的不利影响，建议将传统的外部公共考试改为“以校为本”的评价体系。1971年，昆士兰州教育法提出废除外部考试，采用校本学习评价（School-based Assessment）来考核学生学业成就的改革建议。但激进的改革总是会遇到很多问题。1978年，为了解决校本学习评价实行过程中的各种问题，昆士兰州委托斯科特（Scott）教授组成斯科特委员会研究昆士兰州考试问题。经过调查，该委员会提交了研究报告《昆士兰州校本学生评价评论》(*A Review of School-Based Assessment in Queensland Secondary Schools, ROSBA*)。1980年，昆士兰州开始采用新的学生评价方案。

经过20世纪70年代到20世纪80年代的改革，澳大利亚各州形成了新的学生学业成绩评量制度。各州评量制度相似的特点是：第一，组成中学委员会的各方成员的权力分配更加合理，削弱了大学在中学课程与考试管理中的绝对话语权；第二，在学生学习成绩评量方法上，校内、校外按比例综合评价，即所谓的配额（quotas），这是改革的最大亮点。从此，由校外公共考试和校内考试评价相结合形成的综合评价制度，成为各州中等教育学生学业成绩评量的基本方式。

第二节
澳大利亚高校招考制度的现状及改革

作为联邦制国家，澳大利亚没有全国统一的高校招生考试，现行的高校招生考试是由各州及领地政府自行负责的。澳大利亚各州高校招考制度存在差异，主要是因为各州的高中课程体系、学业成绩评量系统和成绩评量方法有所不同。随着近几十年来各州及领地之间的相互借鉴与学习，以及联邦政府介入高等教育管理以后实施全国统一的高等教育政策，使各州高校招生考试与录取的制度框架与运作机制也形成了很多类似的特点。

一、招考分离

在高校招考制度的宏观层面，澳大利亚各州普遍采取招考分离的运作方式，大学入学考试环节和招生环节分别由不同的社会机构来负责实施，其中，考试环节是由隶属州政府的法定机构（学习评量委员会）负责，招生环节则由大学委托专门的社会机构（大学招生中心）负责。各州及领地的考试机构和招生机构的名称虽然有所不同，但机构的性质和职能是相同的（详见表4–3）。

表4–3　澳大利亚各州及领地的考试机构与招生机构

州/领地	考试机构	招生机构
新南威尔士州（新州）	新州学习评量委员会 (Board of Studies, NSW)	大学招生中心 (Universities Admissions Centre，UAC)

续表

州/领地	考试机构	招生机构
澳大利亚首都领地	首都领地高中学习评量委员会(ACT Board of Senior Secondary Studies, ACT BSSS)	
维多利亚州(维州)	维州课程与评量管理局(Victorian Curriculum and Assessment Authority, VCAA)	维多利亚高校招生中心(Victorian Tertiary Admissions Centre, VTAC)
昆士兰州(昆州)	昆州课程与评量管理局(Queensland Curriculum and Assessment Authority, QCAA)	昆士兰高校招生中心(Queensland Tertiary Admissions Centre, QTAC)
西澳州	学校课程标准管理局(School Curriculum and Standards Authority, SCSA)	大学招生服务中心(Tertiary Institutions Service Centre, TISC)
南澳州	南澳学习评量委员会(SACE Board of South Australia)	南澳高校招生中心(South Australian Tertiary Admissions Centre, SATAC)
北领地	北领地学习评量委员会(NT Board of Studies, NTBOS)	
塔斯马尼亚州	塔斯马尼亚学历资格管理局(Tasmanian Qualifications Authority, TQA)	

注：澳大利亚首都领地和北领地的人口与高校数量较少，在招生录取上委托邻近州的招生中心负责，因此新南威尔士州与首都领地、南澳州与北领地均是共享一个招生中心。另外，塔斯马尼亚州是澳大利亚的岛省，仅有一所塔斯马尼亚大学，其招生录取由学校自行负责管理，没有设立第三方的大学招生中心。

受自主办学的历史传统影响，澳大利亚的高校在招生录取方面具有相当大的自主权，实行的是学生自由申请、高校自主审核录取的方式。各高校及其各院系会根据自身办学条件和办学水平确定学生的入学要求和选拔标准，并且制定相应的录取政策。澳大利亚各高校都设有招生办公室，负责招生宣传和制定招生政策。近些年来，随着高等教育规模的扩大，为减少某一学生向多所学校分别提出申请所导致的重复审核、招录成本浪费等问题，同时也为了协调各高校的招生录取工作并提高效率，多数高校已将学校的招生业务委托给了本州的大学招生中心。

澳大利亚各州的大学招生中心一般由州内各大学联合发起设立，作为非营利性的独立法人单位，是大学与学生之间第三方的招生服务机构，不具备选拔学生的权力，不能决定申请者是否被录取。大学招生中心的主要职责是替高校处理招生报名和录取发放等烦琐的事务性工作，比如发布各高校招生信息、提供招生咨询、接受并汇总整理入学申请、换算跨州成绩、向各高校提供申请者资料、向申请者发放录取通知等，还包括出版大学入学申请指南，定期为学生、家长举办招生信息讲座或联合招生博览会，不定期为中学辅导员和大学招生人员提供有关招生议题的工作坊和研讨会等。目前，各州的大学招生中心只接受本国人士(指具有澳大利亚公民、永久居民、新西兰公民身份的人或人道主义永久签证持有者)和在澳大利亚境内完成高中教育的应届国际学生的申请报名。

澳大利亚高校对高中应届毕业生的招生选拔主要是依据学生的高中在校成绩和毕业会考成绩，因此，澳大利亚每一个州及领地都设有学习评量委员会来管理中等教育的课程与评量，同时承担考试机构的职能。学习评量委员会是官方的法定机构，直接对本州或领地的教育部长负责。在高中学业评量方面，各州学习评量委员会承担的工作任务包括：①制定高中教育的课程标准、考试评量政策，监控高中课程教学和学业评量过程；②决定高中毕业证书考试科目范围，组织每年的高中毕业证书考试命题和阅卷工作；③提供高中成绩记录和发放高中毕业会考成绩；④授予高中毕业证书和相关学历证书；⑤管理其他相关的校外考试。

澳大利亚高校的申请录取程序非常公开透明，既科学又有效率，所有应届高中毕业生的入学申请都是通过各州大学招生中心的在线申请系统进行。对本国应届高中毕业生，高校招生审核的申请材料主要是学生的高中毕业证书和高中毕业成绩报告单，学生通过大学招生中心提交申请资料，经过一定的审核与选拔流程，最后由招生中心统一发放录取通知。对非应届高中毕业生、留学生、少数民族和边远地区学生等申请者，则提供了特殊入学考试、替代入学途径、特别招生计划等多元入学渠道。

一般而言，澳大利亚顶尖综合研究型大学的入学竞争非常激烈，学生在申请这类大学时，除了要有优秀的学业成绩外，还需要符合学校制定的入学先决条件。澳大利亚开放大学、职业技术教育学院（Technical and Further Education，TAFE），和私立高校实行开放式的招生政策，入学条件则宽松许多。

澳大利亚现行大学招生程序详见图4-1。各州的大学招生中心官网通常在每年的6月发布各高校招生信息，8、9月份向申请者开放网络注册与申请，从每年9月到次年7月，大学招生中心会分多个批次公布各类申请者的录取结果并发放录取通知。虽然各州及领地的评量机制有所不同，但高中毕

图4-1 澳大利业现行大学招生程序

业会考时间不会相差太远，一般是在每年10月至11月举行，12月发布证书与成绩。如果学生对自己的成绩表示怀疑，还可向该州的学习评量委员会提出复查申请。

二、选拔录取机制

澳大利亚的高校招考制度灵活多元，以人为本，强调学生平时学习的重要性，不以一次考试定乾坤，主要是根据综合高中毕业证书考试与校本学习评价。虽然各州及领地所颁发的高中毕业证书的名称和取得要求都不一样，但在澳大利亚学历资格框架（Australian Qualifications Framework，AQF）下，均为全国所承认。新南威尔士州、维多利亚州、西澳州、南澳州和北领地的高校招生考试采取依百分比结合学生高中的校内学业评价成绩和毕业证书会考成绩（HSC会考、VCE会考、WACE会考）的综合评价方式。昆士兰州和澳大利亚首都领地的高校招生考试则以校本学习评价为主，但为了确保校本学习评价的公平性，另外实施不同形式的成绩调整测验（如ACT课程成绩调整测验)。塔斯马尼亚州的高校招生考试兼有上述方式，大多数课程采取百分之百的内部评价（Internal Assessment），由学校和教师制定评价，但部分课程则实施综合评价方式，即依百分比结合学生高中的校内学业评价成绩和外部评价考试成绩进行评价（详见表4–4）。

表4–4　澳大利亚各州及领地高校招生考试制度

州/领地	高中毕业证书名称	评价方式
新南威尔士州	新州高中毕业证书（Higher School Certificate, HSC）	①校本学习评价（50%） ②HSC会考（50%）
维多利亚州	维多利亚教育证书（Victorian Certificate of Education, VCE）	①校本学习评价 ②VCE会考 ③综合学业成就测验
西澳州	西澳教育证书（Western Australian Certificate of Education, WACE）	①校本学习评价（50%） ②WACE会考（50%）

南澳州/北领地	南澳教育证书（South Australian Certificate of Education, SACE） 北领地教育与培训证书（Northern Territory Certificate of Education and Training, NTCET）	①校本学习评价（70%） ②外部评量考试（30%）
昆士兰州	昆士兰教育证书（Queensland Certificate of Education, QCE）	①校本学习评价（100%） ②高中校外考试 ③昆士兰核心技能测验
澳大利亚首都领地	首都领地12年级毕业证书（ACT Year 12 Certificate）	①校本学习评价（100%） ②ACT课程成绩调整测验
塔斯马尼亚州	塔斯马尼亚教育证书（Tasmanian Certificate of Education, TCE）	①校本学习评价 ②TCE会考

注：维多利亚州的校本学习评价和VCE会考的评价比例依课程而不同。

每年各大学录取学生时，都会按专业划出专业课程的最低分数线（即大学入学指标），达到最低分数线的学生就有机会被申请的大学录取。另外，各专业也会在最低分数线的基础上通过不同的方式，如问卷、面试等挑选考生。澳大利亚大学各院系专业招生录取的最低分数线每年都不一样，主要有三个起决定作用的影响因素，即专业的招生录取名额、专业的申请报名人数、申请者的质量，每年度实际的最低录取分数线只有在完成选拔且正式进行发放录取时才会知道。[①]各大学不同科系的最低录取分数线可能比往年高或低或相同于往年。

(一)大学入学指标的建立

20世纪90年代中期到2000年左右，澳大利亚各州的学生学业成绩评价制度发生了一次重大改革。改革的起因在于，中等教育学业成绩评价引入校本学习评价以后，由于中学开设的课程多样，加之每一所中学在每一门课程上的教学水平不同、评价标准不一，不同中学的高中毕业生缺乏可以横向比较的一致标准。各校校内评价标准不统一，使得学生高中毕业的校内、校外

① Universities Admissions Centre. Undergraduate Fact Sheet 2：Admission Requirements and Selection.pdf http: //www.uac.edu.au. 2013-10-20.

综合成绩评分体系比较混乱，对学生申请大学和大学的招生录取工作带来了很大的困惑和影响。

为解决这一问题，1995年，新南威尔士州委托布瑞·麦克高（Barry McGaw）教授进行研究。次年，麦克高教授提交《学生的未来：高中毕业证书改革举措》（*Their Future: Options for Reform of the Higher School Certificate*）和《塑造学生的未来：高中毕业证书改革建议》（*Shaping their Future: Recommendations for Reform of the Higher School Certificate*）两份研究报告，为解决上述问题提出了解决对策，也对2000年至今的澳大利亚高校招生考试制度改革产生了重要影响。

麦克高教授提出解决方案的原则是：首先，要给学生的分数以具体明确的含义；其次，为使全州各中学的毕业生成绩可以进行横向比较，需要有一个可以比较的标准参照系（standards-referenced）；第三，这个标准参照系，可以通过制定统一的课程教学大纲、明确的课程标准、详细的课程评价量表来予以建立。[①]如果各中学老师都按照统一明确的教学大纲来开展教学，按照细致明确的课程评价量表来对学生学业进行评价，那么会在很大程度上改变当时各校校内评分状况混乱的局面。

在麦克高教授建议的基础上，新南威尔士州教育部在1997年发布了《保障学生的未来》（*Securing Their Future*）的白皮书，并于2001年正式实行改革后的HSC考试。该白皮书对HSC考试评价方式和成绩报告制度进行了详细的规定，包括：①根据每门课程具体教学目标和内容，确定评价标准，建立每门课程的评价量表用以考核学生的学习；②评价量表的内容包括课程中的主要任务和评价学习目标及有关的问题；③评价量表对测量的范围由低到高进行具体描述；④评价量表通过样例来说明每一学习阶段的考试任务和问题，并详细解释评价量表每一学段的含义；⑤给学生和教师提供评价量表的样式；⑥让所有参加考试的学生都能得到HSC考试每一科目的成绩单；⑦分科课程的成绩单采用考试量表来测定学生所达到的成就等级，以百分制标明分数，并写明评分的标准以及学生在这门课程中已掌握的知识技能和

---

① Masters Geoffery. Fair and Meaningful Measures: A Review of Examination Procedures in the NSW Higher-School Certificate[R]. Camberwe, Vic: Australian Council for Education Research, 2002: 2.

能力；⑧给学生的高中文凭包含学生文凭课程的考试成绩及考试结果的总体评语。[①]

除了课程标准和课程评价量表的制定和统一，在如何赋予学生考试分数意义的问题上，新南威尔士州进一步将学生的实际考试分数转换为学生在全州学生中的排名等级（Ranking），即通过一套统一的换算方法，把某一学生参加校内、校外考试的综合评价成绩，换算成该学生在全州所有学生中的排名等级，称为“大学入学指数（University Admission Index，UAI）”。然后，把学生的排名等级和学生各门考试的具体成绩分数，一起提供给大学，作为大学选拔与录取的依据。也就是说，大学在审核学生的入学申请时，可以先看某学生在全州所有学生中的排名等级，再看学生各门功课的具体成绩，进而决定是否录取。或者说，大学在公布每年的招生简章和录取要求时，可以先规定某专业要招收什么程度的学生（即学生在该州所有学生中的排名等级），再在其他方面提出要求。由此对于大学招生录取来说，形成了以审核学生的排名等级为核心，以参考学生各门功课成绩和其他材料为辅的招生录取方式。2000年左右，澳大利亚各州都采取了这种以排名等级为核心的高校招生录取方式。

在2010年之前，澳大利亚各州的大学入学指标各不相同，但可以相互换算。该项指标成绩由各州的大学招生中心或学习评量委员会负责计算，主要以百分比等级呈现，数值表示的是学生的高中毕业证书考试成绩和其他评量成绩的综合成绩在全州的排名档次。当时，西澳州、南澳州、北领地和塔斯马尼亚州的大学入学指标称为“大学入学排名（Tertiary Entrance Rank，TER）”，新南威尔士州和澳大利亚首都领地的称为“大学入学指数”，维多利亚州的称为“等效全国大学入学排名（Equivalent National Tertiary Entrance Rank，ENTER）”，昆士兰州的称为“整体位置评定等级（Overall Position，OP）”。

2009年开始，为了让各州不同的招生考试制度的评价成绩能公平、公正地相互评比，联邦政府教育部长宣布全国大学入学指标应进行趋向一致的改革，推行全国统一的高中学业成绩评价方案，规定了各州大学入学指标的统

① The New South Wales Government. Securing Their Future. https: //www.det.nsw.edu.au/media/.

一换算方法和成绩换算机制，即“澳大利亚高校入学排名（Australian Tertiary Admission Rank，ATAR）”。截至2015年，除了昆士兰州以外，澳大利亚各州的大学在招生录取上都已采用ATAR为统一的大学入学指标。

ATAR是衡量一个学生在高中12年级的整体高中毕业学业成绩在该州所有高中毕业生中所处的等级排位，由各州的大学招生中心依据该州学习评价委员会提供的学生学业成绩计算转换而成，也是目前大学招生录取首先参考的一项重要的大学入学指标。ATAR成绩是以0.05分为间隔、从0.00到99.95的数值系列，也就是说，当学生的ATAR分数为98时，表示该学生的高中毕业总成绩处于所有12年级应届高中毕业生的前2%的等级水平。

同样，昆士兰州从1992年实施至今的“整体位置评定等级”（以下简称OP），是学生成绩在全昆士兰州学生中的等级排序状况，是学生在高中学习期间的各科学业成绩和“昆士兰核心技能测试（Queensland Core Skills Test）”成绩的基础上经过复杂计算得出的结果。每年昆士兰的州课程管理机构与评量管理局组织专家负责评定过程，从学生高中所学的各门课程的科目成绩中，选择若干项科目成绩作为评定的原始依据，按照各科目权重相等的原则，分别计算出“科目成就指数（Subject Achievement Indicators，SAIs）”和“总体成绩指数（Overall Achievement Indicator，OAI）”，两者都是计算OP的主要数据。[①]OP分为25个等级，从OP1到OP25，OP1最好，OP25最差。

虽然昆士兰州仍然坚持实施OP等级为大学入学指标，但与ATAR之间的成绩可以相互对照换算，不影响各地大学的评选和学生的录取。各州大学招生中心每年会发布ATAR与OP的对应换算表，以适应学生跨州申请大学的需要。大学以ATAR或OP做筛选时通常会有两个阶段：第一阶段是评选人员先审核申请者是否已符合学校规定的所有入学要求和先决条件，排除那些没有达到专业要求的申请者；第二阶段是确定哪些申请者一定能够被录取（ATAR/OP高分群），并且针对“中间地带”申请者进行选拔，评选人员会

① SAIs有着“顺序”和“区间”的作用，是由每所学校对每个学生的每门科目等级进行细化后所得的分数，代表了一个学生在本学校同一科目中相对其他同学的位置。OAI则是用来呈现具有OP资格的学生在学校的整体成绩排名，以选取最好的五门科目来计算。

考虑申请者的其他入学条件，如预备课程成绩、面试表现、个人作品、能力倾向测验和教育劣势程度等，确定是否录取。因此，ATAR或OP成绩的高低对于澳大利亚12年级应届高中毕业生具有相当重要的意义，尤其是申请顶尖大学和热门科系时。

(二)特别招生录取

澳大利亚大学为了招揽精英学生、照顾弱势学生和土著学生，一般都会提供特殊的招生录取计划，比如“前期录取计划”“加分奖励计划”“教育公平入学计划”“土著民族替代入学计划”等。

“前期录取计划”是针对12年级应届高中毕业生、非12年级申请者以及延期入学的申请者的特殊招生录取计划。该计划的录取名额占大学总录取名额的少数，以12年级应届毕业生为例，通常是精英学生在参加高中毕业证书会考之前，由其就读高中的校长推荐参加大学的面试。通过大学面试的学生将在“主要录取批次”（Main Round）之前获得录取通知。

“加分奖励计划”是大学为了吸引特长学生或促进偏远地区学生的入学所提供的选拔加分项目计划，各校的奖励加分多寡不一，依其招生政策和学生条件，加分在1—10分之间。该项计划的申请者必须是澳大利亚应届高中毕业生。评选条件依据学生在校的科目成绩或在运动、音乐、艺术等方面体现国家或国际级别的杰出成就而确定。此外，大学招生中心也会根据学生居住地的邮政编码或就学地的相关学校办学水平，来审核偏远地区学生的资格并进行加分。

“教育公平入学计划”是大学对长期处于教育劣势的学生提供的特殊入学计划，大部分的澳大利亚大学都有执行该计划，各州或各校的称谓不一，但性质类似。只要是处于无法控制的教育劣势条件或遭遇困难环境的澳大利亚学生，如有身心障碍、长期患病、经济困难、难民身份、英语语言困难、家人病重或去世、就读于乡村偏远地区等情况，都可以申请该计划。这类学生在申请入学时仍然需要符合各校的入学要求和选拔标准，但学校会在选拔过程中考虑学生所经历的教育劣势程度，予以补偿性的入学加分或在预备知识的要求上给予较宽松的条件。

“土著民族替代入学计划”是大学针对澳大利亚土著居民和托雷斯海峡

岛民所提供的高等教育替代入学方式。对于土著民族申请者，大学除了采用一般高中应届毕业生的ATAR或OP入学等级成绩作为选拔标准外，还采用申请审核的方式来评估土著民族申请者的专业学习能力，包括学术潜力、教育经历、工作经验、生活经历、自律能力、个人兴趣和家人的支持机制等。申请者除了向大学招生中心网络平台递交申请外，还需向大学的“土著居民与托雷斯海峡岛民中心”提交申请表和相关证明文件（自传、个人陈述、毕业证书、成绩单、土著民族身份证明），并且要参加学校的面谈。

(三)录取通知分发

澳大利亚大学对于应届高中毕业生的录取过程，是根据学校制定的选拔标准对应学生填报志愿的顺序，分批向学生发出录取通知的。也就是说，学校在选拔时，对满足入学要求并获得ATAR/OP高分的学生予以优先考虑，其他学生以此类推。大学招生中心根据各大学确定的录取分数线，按学生填报的志愿顺序加以考虑，如果第一志愿已满，就考虑第二志愿，直至被录取或被淘汰，并分批向考生发出大学录取通知。各州大学招生中心发放录取通知的批次和时间不完全一致，但整体而言都是配合澳大利亚大学的学期开学时间分批发放。对澳大利亚应届高中毕业生的大学录取发放主要集中在1月中旬的“主要录取”批次，第二学期入学者的录取通知发放时间一般是从3月到7月。

以新南威尔士州和首都领地大学的大学招生中心的录取通知发放情况为例，对于在第一学期入学的学生来说，其录取通知发放分为“前期录取”“主要录取”和“后期录取”三个阶段，第二学期入学的录取通知发放为“终期录取”，申请者可在规定时间内上网填报及更改志愿。“前期录取”是指大学对非12年级申请者、延期入学的申请者和非ATAR选拔入学途径的应届高中毕业生提供早期录取名额，该批录取名额数量通常相对较少。“主要录取”为每年最主要的录取，该批录取名额数量通常最多，“后期录取”是指大学针对仍有招生名额的专业提供录取名额（详见表4-5）。

表4–5 2013—2014年新南威尔士州/首都领地大学录取时间表

录取通知发放批次	录取通知发放日	志愿更改截止日
前期录取	第一批次:2013年9月5日	第一批次:2013年9月3日
	第二批次:2013年9月26日	第二批次:2013年9月24日
	第三批次:2013年10月24日	第三批次:2013年10月22日
	第四批次:2013年11月14日	第四批次:2013年11月12日
	第五批次:2013年12月5日	第五批次:2013年12月3日
	第六批次:2014年1月3日	第六批次:2014年1月1日
主要录取	2014年1月16日	2014年1月4日
后期录取	第一批次:2014年1月30日	第一批次:2014年1月23日
	第二批次:2014年2月6日	第二批次:2014年1月31日
	第三批次:2014年2月12日	第三批次:2014年2月10日
	第四批次:2014年2月19日	第四批次:2014年2月17日
	第五批次:2014年2月26日	第五批次:2014年2月24日
终期录取	第一批次:2014年3月12日	第一批次:2014年3月10日
	第二批次:2014年4月2日	第二批次:2014年3月31日
	第三批次:2014年5月7日	第三批次:2014年5月5日
	第四批次:2014年5月21日	第四批次:2014年5月19日
	第五批次:2014年6月11日	第五批次:2014年6月9日
	第六批次:2014年6月25日	第六批次:2014年6月23日
	第七批次:2014年7月2日	第七批次:2014年6月30日
	第八批次:2014年7月16日	第八批次:2014年7月14日
	第九批次:2014年7月30日	第九批次:2014年7月18日

资料来源：Universities Admissions Centre.Undergraduate Fact Sheet 3: Important Date for 2013-14 Admission pdf.http://www.uac.edu.aau.2016-06-25

大学录取通知由各州的大学招生中心统一发放，申请者会收到一份学校的录取通知和该校的入学信息手册（包括注册时间、地点和手续等内容）。一般来说，申请者会先收到大学招生中心的电子邮件通知，翌日，各大学的录取名单、专业的最低录取分数线和尚有余额的专业名单也会详细公布在澳大利亚各大报纸上，如《每日电讯报》（*The Daily Telegraph*）、《悉尼晨锋报》（*The Sydney Morning Herald*）、《纽卡斯尔先锋报》（*The Newcastle Herald*）和《堪培拉时报》（*The Canberra Times*）。申请者在收到录取通知书后的规定时间内，要通过大学招生中心的网络平台回复“接受”表示接受录取，否则将视为放弃。对于落选的学生，大学招生中心也会寄发通知书说明申请不成功的原因，学生也可以直接联系相关高校，就其未来的入学途径获得建议。

第三节
澳大利亚高校招考制度的启示与借鉴

高校招考制度改革一直是我国教育改革的重点与难点。改革开放以来，随着社会的发展，高校招考制度也在与时俱进，力图符合社会民众的期许与人才培养的需求。综观澳大利亚高校招考制度，尽管存在一些不尽如人意的问题，但相对于备受国民瞩目的我国高考制度改革而言，澳大利亚高校招考制度数十年来的改革历程以及实践中的一些具体做法，还是具有一定参考与借鉴价值的。

一、澳大利亚高校招考制度的特点

澳大利亚的高校招生考试制度是统一性与多样性并存的制度，强调校本学习评价方式，并非以一次性统考成绩作为高校入学考试的结果。这不仅避免了一次性考试带来的偶然因素的影响，还强调了平时学习成绩的重要性，有利于引导学生全面发展，让学生能发展其专长和潜能，促进高中课程的多元性。各州及领地的学习评量委员会依据全国统一的《澳大利亚课程大纲》设定课程，并且划定高中毕业和大学入学所需的基本修课要求和考试评量范围，学生可以根据个人兴趣和专长来选课和应考，无论选哪几门课程，分值都是平等的。这种将高校招生考试制度紧密联系高中教学的做法生动灵活，体现教师的教学以学生为本，不仅注重培养学生的自信心、主动性及思考分析能力，更注重提高学生素质，包括学术能力、人际交往能力和融入社会的能力等。

澳大利亚各州高校招生考试制度具有复杂的实践操作流程，除了上述提到的几个特点之外，还包括以下几个令人印象深刻的特点。

(一)澳大利亚高中毕业证书考试兼具个体发展功能与选拔功能

澳大利亚各州的高中毕业证书考试（包括校内、校外考试）被人们称为

"澳大利亚高校招生入学考试"。尽管它的确具有人才选拔的功能，但是它与我国的高校招生入学考试的内涵却有较大差异。

澳大利亚的高中毕业证书考试的功能比较多样。它既是澳大利亚公共考试的一种，也是澳大利亚学历文凭资格框架中的一项文凭性考试，还是为高校招生服务的一项区分学生学业水平等级的选拔性考试。学生取得的高中毕业证书具有多种功能，既可以作为申请高校入学资格水平的证明，也是学生应聘工作岗位的个人学历与知识水平证明。

澳大利亚的高中毕业证书考试是一种比较纯粹的中等教育学业水平评价方式，不论如何改革调整，其目的都是为了对学生整个高中阶段的学业成就水平做出客观、公平的评价，并在评价过程中区分学生的中学学业水平等级。它把高中期间的校内学习评价、高中毕业时的校外统一会考有机结合在一起，既着眼于对学生个体发展过程的总结评定，又兼顾未来高阶学习选拔，比较充分地发挥了教育考试应该具有的个体发展功能和选拔功能。而我国的高校招生入学考试首先被人们当成一种教育与社会资源公平分配的工具，其次才是一项教育学业水平考试，不论如何改革，现实中不少人关心的只是高校入学名额的选拔竞争，只是高等教育资源的公平分配问题，而忽略了教育考试对学生个体所应具有的发展性功能。东西方考试背景和考试文化心理上的差异，导致澳大利亚的高中毕业证书考试是一种侧重于"以人为本""发展性功能和选拔性功能兼具"的考试，而我国的高考从某种意义上来说，却更偏向于一种单纯为了选拔和争夺教育资源权利的考试。

当然，澳大利亚在20世纪60年代以前也经历过较长时间的"读高中就是为了考大学"的教育发展过程，当时的中学课程设置与中学公共考试主要掌握在大学手里，"高中离校考试"的选拔性功能比较突出。但随着20世纪60年代以来教育规模的扩大，经历教育民主化、教育平等化理念的洗礼以及各项教育与社会改革的推进，在最近几十年里，"读高中就是为了考大学"的观念在澳大利亚人眼里已经非常淡化了。在丰富多样、多达数十乃至近百门课程的高中教育环境中，很多学生是基于个人兴趣，选择适合自身学习的课程。学生取得高中毕业证书之后，既可以用它来申请大学、申请TAFE，也可以用它来应聘社会工作岗位。特别是澳大利亚经济发达，人口较少，自然与社会资源充裕，社会分配体系比较完善，不论是蓝领、白领阶层还是社会其他行业，人们的收入差距不大，读不读大学对于人们的未来生活来说，意义并非多么重大。因此，近几十年来，澳大利亚高中毕业证书考试的竞争性选拔功能已经相对弱化，而评定学生学习生涯中特定阶段学业水平的文凭性考试的功能渐渐凸显，为了学生个体发展的“发展性功能”以及“为了学习的评价”的意义日益增强。

(二)澳大利亚高中毕业证书考试有利于促进学生的个性发展、多样发展、平等发展

澳大利亚高中毕业证书考试的多元化特征和发展性功能，还表现在学生考试科目选择和学业成绩评量等方面。澳大利亚高中毕业生的毕业证书成绩，反映的是学生的中等教育学业水平等级，并且只是该学生在参加同样科目考试的那部分学生中的排名等级。高中课程丰富多样，为学生提供了按个人能力、兴趣多样发展的机会，在高中阶段个体可以充分自由地选择学习，高中毕业时的全州会考用长达一个月的考试时间，组织不同的学生参加多达数十门乃至近百门的课程科目考试。这种高中课程多样设置、学生自主选择学习以及根据自身学习内容参加“分类考试”的教育考试评量方式，给所有学生提供了多样化的学习选择，提供了个体发展的多条“跑道”，更有利于促进学生的个性发展、多样发展和平等发展。

(三)大学录取看的是学生的学业排名等级，而不是卷面考试分数

澳大利亚的高中毕业文凭和各科目成绩报告单上显示的学生学业水平成绩，并非学生的实际卷面考试分数。成绩报告单上给出的每一门科目成绩，是经过标准等级分数校对调整以后的数值，学生高中毕业证书上的总体学业成绩，不论是校内成绩、校外成绩还是总成绩，都与高中课程大纲所规定和描述的学业成就等级对应。澳大利亚的招生考试制度采用高中校内长期累积的校本评量成绩和校外统一会考成绩相结合，不以一考定终身，目的是尽量客观准确地反映出某学生在所有参加同样科目考试学生中的排名位置，形成学生在同类考生中的排名等级。大学招生选才主要依据学生的学业水平等级，而不是实际卷面考试分数。

相应地，澳大利亚各大学招生简章中列出的本校各专业历年招生录取成

绩，也是学业水平等级数值。比如，一所大学招生简章里列出该校医学专业招生要求，除了规定学生学习过哪些课程、参加哪些科目考试之外，给出本专业历年ATAR招生分数的数值是98.5，这个数值表达的含义是，在所有参加了规定科目考试的学生中，该专业上一年度录取的学生，其排名等级处于所有参加同样科目考试的考生成绩的前1.5%，该大学医学专业将从高中学业成就等级排名前1.5%的学生中择优录取。进一步说，大学录取新生，主要看的是学生的排名等级，而不是卷面分数，与我国的高考高招相比，这是很不相同的地方。

(四)高中毕业证书考试是整个教育体系运行过程中的一个环节，而不是单独存在的一项考试

从高中毕业证书考试到大学录取招生各环节来看，澳大利亚目前已经形成了一套比较完善的高校招生考试制度体系。之所以说它比较完善，是因为高中学业水平评量和大学招生的各种利益群体全部参与进来，各司其职，相互配合，运转顺畅。围绕高中毕业学业成绩评量，将高中课程设置、课程评价、高中学校教育质量评价、毕业生成绩评定、大学选才等诸多教育活动融合在了一起。

具体来说，制度体系是某项社会活动中各种利益相关群体的责、权、利关系的反映和载体。澳大利亚现行高校招生考试制度体系中的相关利益群体包括高中学校及其教师和毕业生、大学及其各院系专业、大学招生办公室、大学招生中心、政府教育行政部门、中学课程与学习委员会等不同性质不同层次的角色主体。各主体之间的责、权、利关系简单归纳如下。

1. 大学的角色

大学招生从本质上来说，是高中毕业生和大学里各院系专业之间的申请录取关系。澳大利亚高中毕业生的入学申请材料，最终是由大学各院系专业的相关人员审核，大学招生简章中公布的各院系专业的招生标准和录取要求，也是大学里各院系自主决定的。从学校层面来说，澳大利亚的大学以及大学招生办公室只是在申请者和院系专业之间起着组织、协调、服务的作用。

2. 大学招生中心与各州中学课程与学习评价委员会的角色

澳大利亚高校招生考试制度体系中另外两个关键性主体，即前面重点介绍的各州大学招生中心（或大学招生服务中心）以及各州中学课程与学习评价委员会（或课程与评价管理局）。其中，大学招生中心一般是由州内大学联合发起设立的非营利独立法人组织，受州内大学和高校的委托，开展招生宣传、统一接收和处理入学申请、统一发放录取通知、协调州内高校之间以及该州高校和跨州高校之间招生等事务性工作。通过大学招生中心提供的服务，大学招生工作的大量非核心业务实现了“社会化”或实现了“社会服务购买”，其核心业务——审核学生入学申请材料，仍然必须由各院系专业人员负责。大学招生中心的存在，在总体上极大地减轻了大学招生工作烦琐的压力，简化了学生的报名程序。

各州中学课程与学习评价委员会，是各州教育部组织举办的政府性部门机构，负责设置审核中学课程，制定课程标准与学习评价量表，组织全州高中毕业统一会考以及判卷评分，发放高中毕业文凭等事务。它实行专家委员会或董事会负责制，委员会或董事会成员包括来自州教育部、大学、中学、课程设置、教育评价等方面的专家和代表。由于中学课程与学习评价委员会是把中学课程管理、教学管理、教育评价等工作集成在一起的机构，其中既有教育行政部门代表也有大学和中学代表，既有课程专家也有评价专家，实现了中学课程教学管理和教育评价的“公共治理”“专业管理”与“一体化管理”。

3. 高中学校及其教师的角色

除了中学课程和学习评价委员会组织的全州统一的高中校外考试，学生的高中毕业证书成绩中，有一部分成绩评定权利交给了各高中学校。高中各科目教师在该州统一的课程标准和教学大纲框架内，结合本校特点开设课程、开展教学，严格按照课程标准和学习评价量表，长期跟踪评定学生校内成绩。高中学校的教育教学质量在全州统一考试中得到检验，并且高中学校教育质量的权重也体现在学生高中毕业证书的成绩中。

4. 各州教育行政管理部门的角色

各州的教育行政管理部门不直接插手教育考试评价以及大学录取招生的具体过程，只是通过参与中学课程标准、教学大纲、学习评价量表的制定和实施，从中学教育的过程标准和结果标准两个方面去对中学教育进行宏观管理。

通过这样一套高校招生制度体系，各方利益群体参与其中，各司其职，相互间责任、权利、义务又有所交叉。大学与中学在课程衔接上不失关联，中学开设大学先修课程，大学教师参与高中毕业考试出题和阅卷工作；中学课程教学与教育评价紧密联系，统一在细致、科学地制定出的课程标准和课程评价体系框架之下。由此使得澳大利亚的高中毕业证书考试成了教育体系整体运行过程中一个密不可分的环节，而不是一项单独设置的升学考试。

(五)“以人为本”“自主、公平、平等”“科学化、标准化”，是澳大利亚现行高校招生考试制度追求的制度理念

澳大利亚高校招考制度中“以人为本”的制度理念，既体现在大学多元入学渠道的设计上，也体现在高中课程的多样选择、“分类考试”的学习与评价制度设计上，还体现在“为了学习的评价”“为了个体发展的评价”以及不以一考定终身的理念贯彻上，甚至体现在为身心有障碍学生、临时有疾病或出事故学生出特殊试卷、延考、缓考等具体实践细节上。

澳大利亚“自主、公平、平等”的高校招生考试制度理念中，自主既是指学生自主选择课程、考科及自主申请高校，也是指大学自主招生以及各类利益相关主体各司其职、自觉负责，各类相关主体的权利、责任、义务关系一旦明晰，整个教育体系和教育评价过程就会进入一种半自动化的运行状态。公平与平等体现在澳大利亚现行高校招生考试制度对于弱势群体的关怀照顾，以及通过繁复的评价计算过程来尽量确保每一个学生获得公正评价等方面。

澳大利亚高校招考制度“科学化、标准化”的制度理念，体现在根据科学制定的课程标准和学习评价量表，对高中学业成绩进行“有标准、有依据”的管理，以及在校内、校外考试评价中，对学生的每一项考试分数进行“标准参照”的校正调整等方面。

二、借鉴与启示

澳大利亚现行高校招生考试制度“招考分离、分类考试、综合评价、多元录取”的特点，是我国高考改革不可忽视的参考样本。澳大利亚设置的多元高中课程、校本学习评价与高中毕业证书会考的综合评价方式等，激发了学生的积极性与创造性，也使学生能够按兴趣、专长自由地选择升学与就业。这些对我国建立既能体现入学机会公平又有利于优秀人才选拔的多元录取机制，都有很好的借鉴启示作用。

1. 对高考本质的认识

澳大利亚的高中毕业证书考试，既是中等教育毕业生的学业水平测试，也是区分学生学业水平等级并为大学招生提供参考信息的考试。结合澳大利亚高校招生考试制度改革历程和我国社会未来发展趋势看，在高等教育大众化乃至普及化的时代，高考将越来越回归其教育考试的本质，大学招生将越来越成为考生与大学招生院系专业之间的申请录取关系。由此，在未来我国高考制度改革的过程中，需要逐步降低对高考制度作为社会公平制度的重要性的强调。随着各种社会公平渠道的建立和完善，引导和扭转百姓上学选择观念，应该逐渐提上议事日程。

2. “招考分离”与“高考和高招社会化”

澳大利亚各州的招考分离体制，为我国高考改革提供了可资借鉴的范例。需要注意的是，从澳大利亚的经验观察，大学招生与高校招生入学考试相互分离的前提条件是：第一，在高等教育大众化和普及化时代，招生录取是大学院系专业的自主权利，但大学招生院系专业要有明确的、透明的、公诸社会的招生要求和录取标准，录取过程也须透明公开，接受社会监督；第二，高校招生入学考试主要由熟悉中等教育课程标准和教学大纲、具有中等教育评价专长和专业知识的机构或人员来组织实施，大学应该派代表参与中等教育考试评价，提供大学对中学毕业生的需求条件；第三，政府教育行政部门只做宏观管理，不插手考试和招生的具体过程，政府宏观管理的核心工作是通过参与制定或审核批准中等教育的课程标准、教学大纲、评价量表，依据既定的标准去监督考试设计是否合乎标准，用教育相关法律法规去约束或严惩大学招生与中等教育考试过程中的违规现象。符合上述三个前提条件，才能做到真正的招考分离。

近年来我国高考改革过程中，“高考和高招社会化”也是人们经常提及的一个话题。在我国强调高考和高招社会化，主要是针对政府权力在高考中的作用问题。从澳大利亚教育考试方面的经验来看，高中校内考试由学校和教师负责实施，校外考试仍然是由政府相关机构来负责组织实施，澳大利亚的高校招生入学考试并不像美国AST、ACT考试那样由社会专业机构组织实施，政府权力仍然存在于考试过程中，体现在制定明确细致的课程标准、评价量表、判分标准，以及政府教育行政部门对考试过程的监管。美国的高考社会化和澳大利亚的做法是两种不同的教育考试管理经验，我国高考改革是否要走完全社会化的道路，需要慎重考虑。结合国家教育文化背景和考试传统来看，建议我国高考还是由法定的课程管理和教育评价专家委员负责考试设计和具体实施，最好不要完全交由社会办理。

在高校招生工作社会化方面，澳大利亚的经验是招生录取标准由大学招生院系专业制定并向社会公布，录取审核工作也是由招生院系负责，除这两项核心业务外，招生录取工作的非核心业务或杂务都交给社会机构去办理，以减轻大学招生录取的工作压力。在我国，由于高校招生仍然实行计划管理模式，大学招生自主权尚未完全放开，高校招生工作社会化还是一个比较遥远的理想。

3. 分类考试

我国目前已经尝试的高考分类考试改革实践，比如2002年广西的本专科分类考试、2005年上海的高职高专单独招考，主要是一种按高校类型分类开展的分类考试。但澳大利亚关于分类考试的经验是，从高中课程的设置开始，就给学生提供多种学习选择、多条个人兴趣取向的“学习跑道”，进而实现“以人为本”并建立在学生多样发展需求基础上的分类考试，充分发挥了考试的育人功能和发展性功能。

基于高校类型划分的分类考试与基于学生课程多样化而形成的分类考试，是两种很不相同的分类考试模式，都可以实现考生参加考试的分流，但相比而言，后者更为先进。但是后者的实施，需要有丰富的高中教育与课程资源。澳大利亚从20世纪60年代开始大量开办综合中学，原有的技术中学、家政中学等逐渐萎缩或转型为综合中学。综合中学的课程既有普通教育课程，又有职业教育类课程，各个学校的课程门数普遍有数十门之多，为中学生提供了多样选择的学习机会。我国目前受限于学龄人口数量和高中阶段教育资源短缺，仍在为普及中等教育而努力，近几年来才开始在个别经济发达、高中教育资源丰富的省市尝试高中课程多样化的实践。从长远看，我国目前的职业教育和普通教育相互分离的“双轨制”中等教育发展思路，可能需要有所调整，随着社会经济日益发达，中等职业教育和普通教育走向融合是一种可以预见的发展趋势。在中学课程数量增多、学生选择机会增多的情况下，高校招生分类考试将会由目前按高校类型进行分类的形式，逐渐转变为“以学生个体的学习选择和以学生发展为本”的形式。

4. 学生多次选择

我国高考改革设计中提到的多次选择，主要是借鉴美国SAT考试一年举行多次，学生选择自己最高的一次考分作为申请大学的成绩的方式，目前我国主要在外语考试科目上实施。澳大利亚高校招生考试制度的做法与此有所不同，澳大利亚在这方面的经验是用相对精确的校内、校外考试成绩综合评价以及学生多样化的学习选择、多科目分类考试的办法来弥补多次选择的缺失。

多次考试、多次选择，是对教育考试成本的重复性消耗。美国SAT多次考试、多次选择的考试方法，是建立在几乎完全标准化考试的基础之上的，由于标准化考试的可重复性，在成本消耗方面具有低成本的优势。所以，只有在课程标准及其评价标准完全明确细化，并且标准化考试改革成熟以后，方可尝试实行标准化的、学生多次考试、多次选择的高考改革，目前我国高考外语考试科目之所以能够按多次考试、多次选择的方式实施，主要是其具备了成熟的标准化考试运作机制。

5. 综合评价

综合评价其实是一种比较烦琐复杂的学业成就评价方式，从澳大利亚在这方面的经验来看，综合评价主要是校内考试成绩与校外考试成绩结合在一起的学业成就评价方式，其中校内评价是对学生高中期间学习成绩定量和定性评价，校外评价则以统一考试为主要评价手段。综合评价所面临的难点问题在于，校内评价和校外评价的标准要达到相对一致，否则会造成学生学业水平判断的混乱。澳大利亚解决这一难题的办法是：首先，制定明确详细的课程标准和评价量表，校内评价和校外评价严格按照统一的标准执行；其次，为了进一步防止校内、校外评价出现差异，还要用另外的标准参照系对校内评价成绩和校外评价成绩进行校准和调整，当校内评价结果和校外评价结果达到相对一致以后，才会综合在一起对学生学业成绩进行总评。

对于我国高考改革设计方案中提出的“综合评价”，我们目前还没有成熟经验。早期经验主要是个别高校在自主招生实践探索中尝试使用中学校长推荐信等作为参考的招录方式。2015年以来，部分高校开展的综合评价招生试验，一般采取高考成绩占比60%、高校组织的面试或能力测试成绩占比30%、高中期间学业成绩占比10%的考试计分方式。这种综合评价方式相当于在普通高考之外，再给学生一次考试机会，由高校根据自身培养特色对学生进行面试或能力测试，给出面试成绩，并结合学生高考成绩和高中学业成绩得出综合评价结果。多次考试以及复杂的评价程序，对保证学生学业水平的真实性和全面性，的确有必要，但是由高校组织面试、能力测试及审核高中学业成绩，无疑增加了高校工作负担。从学生学业评价的成本和效率来说，“高中学业考 ＋ 高考＋ 高校测评”能带来的益处和其弊端相比，会不会得不偿失，这还有待观察。而对比澳大利亚的综合评价模式，我国高考综合评价的方式尚有较大改进空间。

6. 多元录取

高校招生多元录取，是高等教育公平的实现方式，也是高等教育大众化和普及化时代高校招生方式的必然趋势。从澳大利亚多元录取的经验来看，多元录取主要是针对应届高中毕业生、非应届高中毕业生、少数民族考生、国际学生、边远地区定向培养等学生类型，分别设计了高中毕业证书考试、特殊入学考试、替代入学途径、特别招生计划等多种入学方式，实现了学生的多元录取。

由于对教育公平的强调，我国高校招生多元录取的做法长期以来一直都是存在的，比如定向招生、委托培养招生、少数民族考生和特长生的特别招录政策等。笔者认为，在目前的高考制度改革方案中强调“多元录取”，除了进一步增加和扩大各种各样的入学渠道，还有改革录取评价方式这层含义，是与分类考试、综合评价改革结合在一起的、相辅相成的，目的是在高等教育大众化和普及化背景下提升高校招生的多样性和公平性程度，为更多人提供享受高等教育机会。

7. 现代教育和社会发展背景下，高考越来越成为教育活动的一个环节，而不是存在于教育活动之外的一项独立的社会活动

澳大利亚的高中毕业证书考试，是高中学校教师和毕业生、大学及其各院系专业、大学招生办公室、大学招生中心、政府教育行政部门、中学课程与学习委员会等不同性质、不同层次的角色主体共同参与的，将高中课程设置、课程评价、高中学校教育质量评价、毕业生成绩评定、大学选才等诸多教育活动融合在一起的一项考试活动，是澳大利亚中等教育和高等教育体系整体运行过程中一个密不可分的环节。

我国传统的高考更像独立于中学教育过程和大学教育过程之外的一项单独的社会活动。在学龄人口众多、高等教育资源相对短缺、社会公平分配机制尚不健全的时代，由于我国高考具有社会资源公平分配机制的意义，其超出了人才选拔的功能，对于这种现状的确情有可原。然而随着学龄人口的下降、高等教育资源的不断充裕以及高等教育的普及化，高考的社会资源公平分配意义一定会逐渐降低，未来的高考将逐渐回归教育考试和教育活动的本质，融入教育体系的总体运行过程之中，充分发挥其育人功能和学业成就评价功能，真正成为教育活动的一个环节。

澳大利亚的高校招生考试实践流程尽管比较烦琐，但是在招考分离、分类考试、综合评价、多元录取等方面，可以为我国高考改革提供可资借鉴的经验。从澳大利亚的高校招生考试制度演变历史可以看出，不同时代背景下，各国教育考试的观念以及技术方法都会发生某些变化。澳大利亚的经验也告诉我们，高考改革不仅仅是一个考试评价技术环节的改革，而是与高中课程设置、大学学科与专业建设、高中与大学之间的关系、学生学习权利和学习机会供给等密切关联的一项综合性改革，还受到社会经济发展水平、教育资源数量、学龄人口规模等各种因素的影响。高考改革是一项复杂的系统工程，不仅涉及教育体系的改革，还与社会人才评价和人才使用制度改革有关。从现代教育与社会发展的大趋势来判断，笔者相信高考回归教育活动和教育考试的本质是其必然发展方向，社会公平的实现不应该维系在高考这一独木桥上。如何帮助人们跳出传统考试文化心理的束缚，给人们提供未来人生道路的多样预期，可能是我国高考改革首先需要解决的问题。

第五章
俄罗斯高校招考制度

俄罗斯是一个教育发达、科技实力雄厚的国家，其高等教育体系是世界上最具实力的体系之一。在俄罗斯高等教育的发展历程中，高校招生考试制度发挥了重要作用，为国家选拔和培养了大批优秀的专业人才，为政治、经济、文化等各项事业的发展提供了智力支持和人才保障。高等学校的招生考试制度作为一项重要的社会制度和教育制度，集中反映和体现了每个历史时期的政治特征和社会状态。纵观俄罗斯高校招生考试制度的发展历程，其中既有激进式的变革，也有渐进式的改革，就其规模、形式和方法的多样性以及情况的复杂性而言，在世界各国中是独树一帜的。

21世纪初，俄罗斯的高校招考制度发生了根本性变革，由传统的高校自主招生考试转变为国家统一考试。这是在自愿基础上逐步推行的渐进式改革，历经了长达8年的试行后才正式实行。改革虽备受争议、褒贬不一，但经过充分的论证和试行，广泛听取社会各界的意见和建议，在尊重传统文化的基础上吸收外来经验，并根据每年的具体情况不断改进和完善，使国家统一考试制度逐步趋向科学化、合理化和多元化。

第一节
俄罗斯高校招考制度的发展历程

在俄罗斯高等教育发展的历史长河中，先后经历了沙皇俄国（简称俄国或沙俄）、苏维埃社会主义共和国联盟（简称苏联）、俄罗斯联邦（简称俄罗斯或俄联邦）三个历史时期。在各个历史时期里，政府通过高校招考制度的改革来调整大学生源的数量和质量，满足国家政治、经济、文化发展的需要。高校招考制度得以不断调整、修改和完善，其中有些条例在某一时期失去效力，在另一时期又被重新采用，从中可以看出国家政策的导向和传统文化的影响，而最根本的变化发生在国家政治、经济体制巨大变革的时期。

一、沙皇俄国时期的高校招考制度（1632—1917年）

俄罗斯高等教育的历史最早可以追溯到17世纪。17世纪的沙皇俄国，疆域辽阔、民族众多、手工业发展迅速，但在政治、经济、军事、文化、教育等领域还远远落后于西欧各国。1632年创建的基辅－莫吉拉学院、1687年创建的斯拉夫－希腊－拉丁文学院是俄罗斯历史上最早期的高等学校。

（一）高校成立早期的招生特点

高等学校诞生初期，愿意接受高等教育的青年很少。政府尽管采取了一些措施，允许各个阶层（除农奴外）的青年接受教育，之前被派往国外学习的大学生也被召回，但由于中等教育发展落后，与科学、工程相关的工作地位低下，上等阶层更愿意把自己的孩子送进军队去建功立业，因此大学生的数量非常少。[①]

彼得一世继位后，力图改变这种落后状况。他采取有力措施发展工商业和军事工业，开展与西欧各国的贸易往来，创建了彼得堡科学院，以及数学

① А.И.Аврус. История российских университетов[М]. Саратов.1998.С.128.

与航海学校、炮兵学校、外国语学校、工程学校等实科（理工科）性质的学校。数学及航海学校（后改名为彼得堡海军学院）的学生主要来自社会下层，如教会秘书、法院书记、商人和士兵的子弟，贵族子弟在学生中只占很小的比例（因其顽固守旧、怠惰成性而不愿学习所致）。后受地主贵族的影响，彼得堡海军学院只招收贵族子弟入学。炮兵学校向炮手和贵族、官员子弟教授相应的技术知识。外国语学校向俄国所有官员的孩子，用拉丁语、德语、瑞典语教授斯拉夫语的句子和书信文章。①俄国政府还设立了贵族等级寄宿学校，实际上是专为贵族子弟服务的一种特殊的高等教育机构。彼得一世去世后，俄国贵族势力大大加强，彼得一世原先作为无等级教育机构而创办的许多学校，到18世纪中期都有了鲜明的等级色彩。

1755年，M.B.罗蒙诺索夫（M.B.Ломоносов）创建了莫斯科大学。他明确主张莫斯科大学要废除等级制，招收学员应不分阶级，不问出身，甚至过去的农奴亦可入大学，但条件是必须得到地主发给的解放证书。②1755年的大学章程提出招生不分阶级，需要通过入学考试才能进入大学。1835年的大学章程规定，除了优异的中学毕业成绩外，所有希望进入大学的人都必须通过考试。③虽然从形式上没有限制社会底层人士进入大学的条款，但实际上，在封建农奴制的俄国，底层人士获得高等教育的机会微乎其微。1850年，高校提高了学费，并且限制非贵族阶层子弟入学，倾向于招收按照当时的法律有资格获得文职的人员（主要指贵族、一等商人等）。C.M.萨洛维耶夫（C.M.Соловьева）认为，这些措施导致中学、大学退步了，教育也随之退步。④1856年制定了新的大学章程，取消了对大学入学的限制。在莫斯科、基辅、彼得堡的高校，免交学费的贫困学生占30%—50%，而1861年则规定，免费大学生每省不超过2人，原因之一是部分贫困学生成为民主思想的代表，政府将其视为与之“敌对”的关系。

---

① 贺国庆，王保星，朱文富，等.外国高等教育史[M].北京：人民教育出版社，2003：151，153.

② 麦丁斯基.世界教育史（下）[M].天枢，子诚，译.北京：五十年代出版社，1953：58.

③ Е.Н.Геворкян,И.А.Правкина,Д.А.Усанов.Приём в вузы России.Как это было и что будет[М].Саратовский университет.2008.С.5.

④ Е.Н.Геворкян,И.А.Правкина,Д.А.Усанов.Приём в вузы России.Как это было и что будет[М].Саратов: Саратовский университет.2008.С.6.

（二）资本主义发展时期的高校招生特点

俄国资本主义的快速发展给高等学校带来了新的挑战，特别是资本主义经济发展要求培养大量的专业人才和改变现有的人才培养模式，而高等学校招生规则已不符合面临的任务和要求，因此，政府于1863年进行了具有重要意义的高等学校改革。改革恢复了高等学校的部分自治权，发挥了招生规则的调节功能。但1863年的大学章程不承认女性享有接受高等教育的权利。[①]直到19世纪70年代，莫斯科、彼得堡、喀山、基辅等地才开设了女子专修班，这是女性接受高等教育的开始。尽管如此，1885年8月颁布的《招生委员会考试要求和录取规则》中，依然不承认女性有接受高等教育的权利。19世纪末，女生数量约占大学生总数的4%。[②]直到1916年，俄国政府才允许高校招收女生。

随着俄国资本主义的发展，国家对工程师、律师、教育官员、陆军和海军军官、知识分子、神职人员的需求增加。为了把这些人培养成为效忠国家的人，1884年的《高校招生规则》规定：申请者需出示当地警察局出具的无犯罪行为证明，未参加学生运动者可免费上大学。这一时期每所高校免费学生数限制在学生总数的15%，大学生来自社会各个阶层，反映出资本主义的蓬勃发展和等级隔阂的打破。Г.И.谢基尼娜（Г.И.Щетинина）指出，在俄国资本主义管理制度下，不排除高等教育等级性的特点，当时的高校招生简章和变化动态可以证明这一点。例如，1879年前主要为内政部官员设立的享有特权的法学院——安德烈贵族学校，只招收最高贵族阶层的青年、官衔不低于上校和五级官员的子弟，1879年以后开始招收所有的世袭贵族。[③]

高昂的学费是高等教育等级性的特征。在一批有特权的大学里，只有那些有权利的人和能缴得起极高学费的人才能在里面学习，如部分莫斯科企业家捐款建立的纪念皇太子尼古拉的贵族学校，这个学校得到大量来自工商业界的资助，实际上是为企业家的子弟服务。还有莫斯科农业学院，学费很高，主要为地主的孩子服务。大资产阶级代表和特权阶层确保了自己的孩子

---

① Эймонтова Р.Г.Университетская реформа 1863 г.[J].Исторические записки.1961.№70.С.163–196.

② Г.И.Щетинина. Университеты в России и устав 1884 г.[M].1976.С.331.

③ Г.И.Щетинина. Университеты в России и устав 1884 г.[M].1976.С.331.

接受高等教育的权利。

1917年以前，俄国在很大程度上保留了双轨制的教育体系：一种是为贵族和官员服务的古典中学和大学，一种是为资产阶级服务的实科中学和专门学院。20世纪初，古典中学的毕业生使用特权无须考试就能进入大学，绝大多数是贵族和官员的子弟。而实科中学毕业生要在竞试基础上才能进入专门学院。神学院和实科学校、商业学校的毕业生分别于1905年12月14日和1906年3月18日获准在附加考试的基础上进入大学，但1913年关于授予一些中等教育机构毕业生进入高等院校的权利法案被否决了。1917年以前，申请高等学校必须出示地方警察局出具的政治可靠性证明，甚至要品行记录，不好的评论意见将剥夺申请者进入高等学校的可能性。①

19世纪后期，俄国由于经济和传统的限制而发展落后，政府的力量不足以扩大高等教育规模，无法满足民众接受高等教育的渴望和资本主义经济发展的需求。于是，出现了由资产阶级知识分子发起、以部分非国有资金和高额学费为经费来源的非政府性质的高等学校。非政府高校填补了国家教育体系的空白，各种类型的大学生人数从1897年到1917年持续增长（在第一次世界大战期间，只能依靠非国立高校学生人数的增长，因为这时国家不得不将所有经济资源用于战争），但是广大民众接受高等教育的机会依然非常有限。

（三）沙皇俄国时期高校招生制度特点

俄国资本主义具有封建军事性的特征，这种性质自然决定了高等学校的等级性、结构的畸形性以及发展速度的有限性。②俄国的高等教育发展缓慢，高等学校不仅数量少，而且布局极不合理，少数民族教育的比例则更低。拥有1.6亿人口的大国在1914年仅有高等学校105所，学生12.74万人，③其中分布在俄罗斯的高等学校72所，学生8.65万人，居民每万人中的大学生数量仅为10人。④绝大多数高等学校集中在莫斯科和彼得堡，而白俄罗斯、立陶宛、摩尔多瓦、亚美尼亚、阿塞拜疆、哈萨克斯坦、乌兹别克斯

① Иванов А.Е.Высшая школа России в конце XIX —начале XX века[M].M., 1991.C.392.

② 王义高.世界教育大系——苏俄教育[M].长春：吉林教育出版社，2000：134.

③ 吴式颖.俄国教育史——从教育现代化视角所做的考察[M].北京:人民教育出版社，2006:369.

④ Российский статистический ежегодник.2014: Стат.сб.Госкомстат России.[M].M.,2014.C.197.

坦、土库曼斯坦、塔吉克斯坦、吉尔吉斯斯坦没有一所高等学校。到十月革命前的1917年，俄国有高等学校150所，学生14.9万人，居民每万人中的大学生数量为16人。[①]

高等学校的招生原则和方法是高等学校同整个社会经济机体相互作用的重要内容，而在学生来源方面的具体政策，则集中反映了各种阶级力量的客观分布情况和社会政治纲领。[②]沙皇俄国的高校招生制度带有鲜明的阶级性和等级性色彩。工农子弟被剥夺了受高等教育的权利，男性和女性在受高等教育的权利方面也极不平等。1914年，在俄国仅有的8所综合大学的学生中，贵族和官吏的子女占38.3%，僧侣和资产阶级的子女占43.2%，上层富农的子女占14%，而广大工人、农民和劳动知识分子的子女仅占4.5%。[③]高等教育基本上属于特权阶层和富有阶层，广大民众接受高等教育的机会非常有限。

二、苏联时期的高校招考制度（1918—1991年）

1917年十月革命胜利以后，建立了苏维埃社会主义共和国联盟（简称“苏联”），走上了社会主义道路，消除了等级制度和特权统治。新建的社会主义国家百废待兴，急需各方面的建设人才，高等教育的主要目标是培养大量忠诚为国家服务的无产阶级专家，其核心任务是实现高等学校的无产阶级化。高校招考制度根据国家需要和教育发展做出了相应的调整和变革。从招生对象、入学考试和录取规则的变化来看，苏联时期的高校招考制度共经历了五个发展阶段。

（一）以工农为主，免试推荐入学（1918—1925年）

为巩固新生的社会主义政权，1918年8月2日，苏联政府颁布了由人民委员会主席列宁签署的《高等学校招生章程》，对高校的招生制度进行根本性变革。规定凡年满16周岁的公民，不分性别和民族，不限学历，不需入

---

① Российский статистический ежегодник.2014: Стат.сб.Госкомстат России.[M].M.,2014.C.197.

② B.П.叶留金，著.苏联高等学校[M].张天恩，曲程，吴福生，译.北京：教育科学出版社，1983：298，299.

③ E.H.Геворкян,И.A.Правкина,Д.A Усанов Приём в вузы России.Как это было и что будет[M].Саратов:Саратовский университет.2008.C.9.

学考试，经相关组织推荐，均可以进入高等学校免费学习。[①]这部法令废除了所有阻碍民众获得高等教育的限制，包括入读大学前必要的知识储备，受到广大民众的热烈欢迎。但在当时的社会经济条件下，全面普及高等教育是不可能实现的。由于国家取消招生限制，1918年苏联的大学生数量达到15.78万人，但卫国战争的爆发，导致1919年大学生数量又急剧减少到5.54万人。[②]

工人和农民受教育程度低，没有必要的知识储备，尤其是数学、物理、化学等学科的知识欠缺。为确保入学新生具备足够的科学基础和必要的文化水平，教育人民委员部颁布指令，在高校开设辅助培训机构——预科，也称作工人系或工农速成中学。第一批工人系于1919年1月31日在莫斯科商学院设立并取得成功。[③]1920年9月17日的人民委员会决议规定各高校都要开设工人系，经过培养的工人系毕业生可以直接升入大学。1924年《工人系条例》颁布，工人系接收有3年以上学徒经历的年满18岁的工人和农民。各加盟共和国也广泛设立工人系，为当地民族青年入读大学做好必要的前期培养。教育人民委员部规定，工人系是一种特殊的阶级类型学校，在招收新生时，党支部要严格按照阶级原则执行，只有工人和农民才能享有受教育权，剥削他人劳动的人无法享有。工人系的开设对高校学生成分的无产阶级化起到显著作用。[④]

由于苏联当时的经济条件无法为所有想上大学的人提供学习机会，导致1924年大学生数量减少。国家采取一系列改善学生经济状况的措施，将享受国家助学金的大学生数量从6.77万人缩减到4.7万人，但助学金额度增长了2

① О правилах приема в высшие учебные заведения РСФСР; Декрет СНК РСФСР от 2 августа 1918 г. // Основные узаконения и распоряжения по народному просвещению[М].М.; Л., 1929.С.403.

② Е.Н.Геворкян,И.А.Правкина,Д.А.Усанов.Приём в вузы России:Как это было и что будет[М]. Саратов:Саратовский университет.2008.С.10.

③ Об организации рабочих факультетов при университетах: Постановление НКП от 11 сентября 1919 г.// Основные узаконения и распоряжения по народному просвещению[М].М.; Л., 1929.С.404-405.

④ О перестройке рабфаков: Постановление ЦКВКП(б) от 16 мая 1930 г.//Основные узаконения и распоряжения по народному просвещению[М].М.; Л., 1929.С.419.

倍。[①]免费教育面向最贫穷的无产阶级，而私营企业主、小资产阶级和部分职员则要缴纳学费。1918年法令宣布的免费教育原则因此被部分取消。

（二）部分取消配额，公民竞试入学（1926—1931年）

1925年，苏联提出实现社会主义工业化的目标，现有的专家在数量和质量上都无法满足国家建设的需要。为提高高校生源质量，1926年国家规定除工人系毕业生之外，所有年龄在18—35岁的申请者都必须参加招生考试，并首次采用自由招生体制，取代之前按计划分配所有名额的方式，即60%的计划名额主要分配给工人系毕业生、少数民族和加盟共和国代表、劳动知识分子、陆军和海军军人等，40%的竞试名额供学校自由招生。要求申请者普通教育水平成为高校录取的特征。

1927年，苏联取消招生名额分配制，但遵循区域划分原则和阶级原则，保留一定名额给工人系毕业生、知识分子、加盟共和国以及极北和远东地区的少数民族代表。同等条件下，工人、农民及其子女享有招生优先权。每个社会组织里，工会会员和拥有某行业工龄的人享有优先权。所有申请者均需参加俄语、数学、物理和社会学科目的考试。中等技术学校毕业生有3年实际工龄，可以免试进入大学。[②]从这项政策可以看出苏联高等教育趋向加强大学和技校的联系，使教育更符合国民经济各领域需求这一原则发展。[③]

1930—1931年，苏联确立了如下招生规则：高校招收所有年满17岁的公民，非劳动者子女和被剥夺选举权者子女除外。工程技术学院应招收不少于75%的工人，农业学院应招收75%的工人、长工和集体农庄农员，社会经济学院招收的工人应占65%，医学院占60%，艺术学院占50%，师范学院占40%，其中师范学院的长工和贫农数量应不少于25%。[④]可见，招生规则是按照不同专业提前划分学生的阶级成分。师范学院录取工农的比例较低与国家计划需要密切相关，为了将来有更高专业水平的教师，需要招收最优秀的

---

① Е.Н.Геворкян,И.А.Правкина,Д.А.Усанов.Приём в вузы России:Как это было и что будет[M].Саратов:Саратовский университет.2008.С.12.

② Жизнь высшей школы[J].Научный работник.1929.№4.С.115-118.

③ Янау В.К вопросу о проведении в жизнь решений правительства о реформе втузов[J].Красное студенчество.1928—1929.№3-4.С.2-4.

④ Новые правила Наркомпроса о приеме в вузы РСФСР в 1930/31 учебном году[J].Красное студенчество.1929—1930.№20.С.17.

学生。1930年，中等和高等学校的工人、贫农、长工和集体农民的比例达到了80%—85%。[①]

（三）全体公民自由报考，平等竞试入学（1932—1957年）

随着高校无产阶级化任务的完成，以及工农业社会主义改造的进一步加强，斯大林提出“技术决定一切”的口号，要求加速培养高水平专家，赶超先进资本主义国家。1932年9月25日，苏联中央执行委员会通过《关于高等学校和中等技术学校的教学大纲和教学制度的决定》，规定不论是否毕业于工人系和中等技术学校，所有申请者均须参加高校入学考试，考试科目包括数学、物理、民族语和社会学。1935年取消高校和中等技术学校不得招收非劳动者子女和被剥夺选举权者子女的规定，高校面向全体公民招生。1936年7月23日，该招生原则被正式载入苏联人民委员会和联共（布）中央委员会的决议中，从而保证苏联全体公民完全平等享有接受高等教育的权利。不论性别、种族、民族、信仰、社会出身和财产状况，只要年龄在17—35岁，中等教育毕业并且通过入学考试的公民都可以上大学。[②]同时确定入学考试科目为：俄语（书面作文）、语法、文学、外语、政治常识、数学、物理和化学。农业和经济学院还增加地理考试，侧重人文专业（如历史、语文、法律）的高校增加历史和地理考试，建筑和艺术学院增加绘画和制图考试。在中学期间主要科目成绩优秀，同时其他科目都不低于“良”（五分制中的四分）的中学毕业生可以免试上大学。

由于高等教育开支的不断增加以及人民物质生活水平的提高，1940年苏联政府决定，大学生要承担部分学习费用，领取补助金的残疾人和领取抚恤金的人员及其子女可以免交学费。[③]收取的学费作为对教育的投入，可以减轻国家财政负担，提高专家培养质量，促进教育事业的发展。同时，针对国民经济对专业人才的需求，高校扩大专业人才的培养范围，摒弃单一专业的教学方针，使大学生能够接受两个相关专业的培养。1945年规定获得金质和

---

① Реформа высшей школы[J].Научный работник.1930.№10.С.87–94.

② Постановление СНК СССР и ЦКВКП(б) от 23 июля 1936 г.//Народное образование в СССР: Сб. документов 1917—1973[G].М., 1974.С.427– 433.

③ Постановление СНК СССР от 2 октября 1940 г.//Народное образование в СССР: Сб.документов 1917—1973[G].М., 1974.С.176.

银质奖章的中学毕业生可免试升入大学。1955年开始对获得银质奖章的中学毕业生和中等技术学校的优等生举行入学考试，这不仅有助于选拔最优秀的学生，也有利于实现奖章获得者在各高校的平均分配。

（四）以招收有工龄青年为主，加强与生产的联系（1958—1963年）

20世纪50年代，高等教育与国民生产的联系更加密切，高校招生规模进一步扩大。1955 —1956学年的大学生总数达到186.7万人，相比1914 —1915学年增长14倍，相比1927—1928学年增长10倍。发展生产需要更多有实践经验的专门人才，高等教育与生产挂钩成为高校的主要任务。随着中等教育的逐渐普及，还出现中学毕业生升学与就业的矛盾。赫鲁晓夫上台后，1958年苏联进行大规模“教育走向生活”的改革，加强学校与生活的联系，促进普通教育与职业训练的结合，号召中学生毕业后先就业，同时改变高校招生规则，高校以招收具有2年以上实际工龄的青年为主，应届毕业生的招收比例不超过20%。[①]

根据1958年12月24日《关于加强中学生与生活联系以及进一步发展苏联教育体系》的法令，高校招生必须提交由党派、工会及其他社会组织、工业企业领导人、集体农庄管理委员会出具的鉴定书，这是为了保证参加竞试选拔的是最优秀的、在生产方面最有能力的人。1959年9月18日苏联部长会议通过《关于工业企业、国营农场和集体农庄参加高等学校和中等技术学校的招生以及为本企业培养专家工作的决议》，规定：相同分数时，首先录取企业和团体选派的所需专业的先进生产者，这类人员可享受助学金，毕业后回原单位工作；优先录取来自农村，报考农林、医学、师范等专业的考生。[②]1960年高校招收的学生中，57.2%都是在生产领域工作过2年以上的人。[③]

加强高校与国民经济的联系，还有一项重要的改革成果，就是夜校和函授教育的发展。夜校和函授教育不仅是高等教育的两种形式，而且是提高劳

---

① Чшикин М.Г.Современной промышленности — инженера новатора[J].Вестн.высш.шк.1958 №9. С.5 11.

② В.П.叶留金，著.苏联高等学校[M].张天恩，曲程，吴福生，译.北京：教育科学出版社，1983：307.

③ Готовиться к приему в вузы[J].Вестн.высш.шк.1960.№3.С.3-8.

动者业务水平的有力手段。工人和集体农民可以在不脱产的情况下，在工作以外的时间里获得提升职业技能的机会。1955—1956学年的不脱产学生总数为72万人，到1959—1960学年已增长到112万人。[①]

（五）以招收应届毕业生为主，注重中学成绩和表现（1964—1991年）

招收生产者的优惠政策保证大学生理论与实践相结合，但由于生产者的知识水平低、基础差，导致大量学生中途辍学而使专家培养计划无法完成，高校教学质量严重下降，引起社会的强烈不满。1964年的高校招生政策做出重大调整，规定以招收中学应届毕业生为主，不仅注重考查学生专业课程的知识水平，还要考虑他在中学所有课程的总体水平，即不仅依据考生入学考试的得分，还要将其中学毕业证书上的各科平均分也计入总分，按照总分排序择优录取。新的招生制度注重考生在中学长期学习过程中的品质和表现，提高中学生学习的积极性，同时淡化专业与非专业的区别，因为未来的专家应该是文化水平高、知识面广、学识渊博的知识分子。[②]

1965年招生制度改革的重点放在考查学生对知识的掌握程度上。考试委员会的主要任务是考查考生是否做好了充足准备，能否在大学学习期间掌握所有必需的知识而成为专家。高校校长有权决定招收多少中学毕业生、招收多少生产者。[③]大部分院系的入学考试科目是4门，其中2门是专业科目。获得金质和银质奖章的中学毕业生以及中等技术学校的优秀毕业生，只需参加1门专业科目的考试，如果取得优秀成绩5分，可以免试其他科目直接被高校录取，如果只取得良好4分或合格3分成绩，则仍需参加其余所有科目的考试和选拔，这样就把对优秀毕业生的优惠条件与测试其实际知识水平有机结合在一起。生产者和复员军人的选拔考试与中学生的选拔考试分开进行。

1969年，苏共中央和苏联部长会议通过《关于高等学校设立预科的决议》。预科招收具有中等教育程度的先进工人、集体农民和退役军人，由组织推荐，高校择优录取。学员享有与大学生同样的权利。学制分为两种：脱产学习8个月和不脱产学习10个月。教学形式采取日课、夜课和函授等三种

① К новому подъему высшей школы[J]. Вестн.высш.шк. 1961.№5.С.3-8.

② Немцов В.Ф.Вузам — новое, хорошее пополнение[J]. Вестн.высш.шк. 1963.№4.С.15-17.

③ Прокофьев М.А.Вузам — хорошее пополнение[J]. Вестн.высш.шк. 1965.№4.С.16-17.

形式，以日课形式居多。给学员开设的课程基本是该高校规定的入学考试科目，预科结束时要按教学计划的规定组织毕业考试。1970年的招生制度规定，对预科毕业考试的要求应同该高校入学考试一样高，预科毕业生可免试升入高校进行脱产学习。1970年有191所高校为工人和农民开设了预科。这一时期预科共招收了2.05万人，其中采取日课形式上课的人有1.59万人。①

20世纪70年代，苏联高校招生工作的重点是进行各类招生试验，培养高技能的对口专家，满足国民经济和科学文化领域的需求。1974年开始试行新的优惠办法，中学阶段成绩优良、毕业考试成绩平均分为4.5—5分者，只需参加两个科目的考试，如果考试总分不低于9分，便由高校直接录取；如果低于9分，就按规定继续参加其他科目的考试。②20世纪80年代，几乎所有高校对中学应届毕业生都采取双重考查方式：一是借助计算机，使用招生考试自动化系统考查；二是以传统的方式由教师考查。1986年，部分高校尝试使用统一的考试题目来组织入学考试，出现了集中测试的倾向。

（六）苏联时期高校招生制度特点

苏联作为世界上第一个社会主义国家，在政治、经济、文化、教育等领域都形成了独特的苏联模式。在社会主义政治和计划经济体制下，高校招生考试制度体现出明显的计划性和阶级性。高校招生由政府主导，自上而下，根据国家需要制定招生政策，并在实施过程中不断调整、改进和完善，既取得了丰硕的成果，也经历过一些失败。从以上五个发展阶段可以看出，苏联政府努力推进高校的社会主义改造，加强高等教育与国民生产的联系，解决生源数量与质量、个人利益与社会需要之间的矛盾，重视青年的职业导向和对特殊人群的优惠照顾，通过高校招生工作来促进社会主义国家建设和科学文化的发展。苏联在国家统一管理与高校自主招生相结合，注重考生的中学成绩、实践经验和综合能力，制定各类特殊政策和优惠政策，重视青年的职业定向，设置大学前准备教育，以及社会各界广泛参与高校招生等方面积累了相当丰富的经验，形成自己鲜明的特色和风格。

---

① Краснов Н.Ф.Важный этап в жизни вуза[J]. Вестн.высш.шк. 1970.№6.С.3-7.

② Готовить специалистов, достойных нашей эпохи[J]. Вестн.высш.шк. 1978.№3.С.7-11.

1. 国家统一管理与高校自主招生相结合

苏联虽然不实行全国统一考试，但是实行全国统一的招生方针。高等教育部每年发布《高等学校招生章程》，对全国高校的招生事宜做出统一规定，全国高校都必须遵照执行。与此同时，高校拥有很大的自主权，享有独立自主的招生、考试和录取的权利。各高校都设立招生委员会，招生委员会成员由校长、分管教学的副校长、系主任、教研室主任、教师代表以及党、团、工会组织的代表等人组成，每两年必须更换一次。招生委员会下设考试委员会和选拔委员会，根据教学大纲自行命题、组织考试、录取，并负责处理与招生有关的一切事项。这种统一管理与高校自主招生相结合的方式不仅有利于加强国家的统一领导，还能有效发挥高校的积极性和主动性，有利于形成高校各自的办学特色。

2. 注重考生的中学成绩、实践经验和综合能力

苏联高校录取新生的总原则是竞试选拔。大多数考生除了要参加入学考试以外，还要参加竞试（通常在入学考试合格者中进行），即主要依据入学考试成绩和中学学习成绩，同时参考德育、体育及实践等因素综合选拔，择优录取。高校招生十分重视考生中学阶段的学习成绩，中学成绩与入学考试成绩同等重要，各占50%的比重。①为了能够客观地选拔最优秀的学生，招生章程规定在同等条件下，优先录取以下人员：有相关专业两年以上实际工龄者、军队退役人员和中小学教师、中学毕业获得金质（银质）奖章者、在相关知识领域表现出众者、参加奥林匹克学科竞赛和各类比赛的获奖者、先进生产者、发明创造者等。这种不仅仅依据一次性的入学考试成绩，还非常注重考生中学阶段成绩及考生实践经验和综合能力的做法，不仅有利于对考生做出客观公正的评价，还可以激发中学生勤奋学习的热情，促进对技术创造感兴趣和有实践经验的人员进入高校学习，不断提升自己的专业能力和业务素养。

3. 制定各类特殊政策和优惠政策

国家通过制定特殊政策和优惠政策，以及扩大招生来源和招生名额等办法，来计划、统筹和调剂大学生的培养，支持边远地区、少数民族地区和农

① 王秀卿.高等学校招生考试理论研究[M].北京：航空工业出版社，1994：425.

村地区的发展，满足社会经济和文化建设的需要。高校免试录取全国各地区的少数民族代表进行培养，以促进各民族文化的相互交流和统一的科学文化的传播发展。扩大农村青年招生名额，优先录取农业、林业、师范等专业的考生，并把招生来源和毕业分配结合起来，实行定向招生、定向分配，以解决农村地区和边远地区缺乏专业人才的问题。对于国家急需的复杂、稀缺的新专业，实行免于竞试的录取制度。对于工作条件艰苦、报考人数少的专业，如石油、天然气、冶金、采矿等专业，采取免试入学或免试部分科目的办法吸引有志青年报考。

4. 设置大学前准备教育

苏联有预科和升学预备班两类进入高校前的准备教育，它们相互补充，适应考生进入高校学习的需要，保持“普通学校—生产单位—预科—高等学校”的连续性。为生产者设置的预科，在大学前准备教育中具有特殊意义。预科的价值、主要优点和作用在于这种大学前教育形式所具有的选择性和明确目的性。[①]预科对于促进工人和集体农民的社会流动，发挥了重要的社会职能作用。升学预备班是一种灵活的大学前教育形式。凡志愿者都可以入学，没有人数限制，遍布于全国各地。预备班充分考虑到学员的兴趣和需要，学习期限可长可短（1—10个月），教学多采用夜间、假日授课形式和函授形式，但预备班的毕业生在考学时不享有任何特权和优待。

同时，苏联注重高等教育与中学教育的衔接，许多高校与中学建立了经常性的密切联系，目的是培养和挑选更好的生源。除了开设预科和升学预备班以外，一些高校还设立附属中学，被称为“青少年学校”，对高年级中学生进行职业定向，对他们要报考的院系和专业进行针对性培训。高校还在中学组织“少年数学家”“少年化学家”“少年物理学家”等课外小组，组织教师和大学生到中学进行就业和升学指导。

5. 重视青年的职业定向

苏联非常重视中学生的就业和升学指导工作，对中学生的职业指导是

① В.П.叶留金，著.苏联高等学校[M].张天恩，曲程，吴福生，译.北京：教育科学出版社，1983：319.

苏联高校招生工作的一大特色。高等学校的招生是全部社会关系再生产过程的一个阶段性环节。这是因为这种社会关系的基础是社会劳动分工制度，而高等学校则是形成一定的社会劳动分工的主要渠道。[①]高校的招生工作正是从入学考试前的职业定向活动开始的，这是一种积极的、有明确目的性的系统活动，已经发展成为选择职业和进入高等学校前的准备活动，包括向中学毕业生介绍职业信息，组织职业预选，做好进入高等学校学习的各种准备，培养学生的劳动态度和创造精神，等等。高校在招生时不仅把关注点放在挑选新生上，而且帮助青年了解所选择的职业内容和本人能力，并竭力帮助他们实现自己的理想。招生委员会成员必须亲自同每个考生谈话，了解其来该校求学的意向并对其未来专业的选择提出建议。师范学院的招生委员会必须在中学生中开展职业定向工作，以便吸引更多的优秀青年报考高等师范学院。

高校对青年的职业指导是采用长期的方式，一般会同教育部门、职业技术部门、企业和事业单位一起举办职业指导讲习班、学习小组等，以便使学生参加到职业活动或与之相近的活动中来。这些活动为学生提供了显示和发展兴趣、志向和才能的机会，帮助他们做好进入高校学习的各种准备，对学生产生了一定的教育作用，如阐明各种社会劳动的价值，指出这种劳动的复杂性，消除对职业的片面、错误认识，使中学生了解所选择职业的内容和本人能力，明确未来的职业方向和奋斗目标。

6. 社会各界广泛参与高校招生

苏联高校招生工作还有一个突出特点，就是在招生工作的各阶段广泛吸收社会各界参与。在报考时，考生需向高校提交一份由社会组织和有关领导出具的鉴定，帮助考生客观评价自己的才能，正确选择未来的专业。社会各界代表（不仅包括党、团、工会的代表，还有地方党组织、机关、社会团体的代表）还广泛参与高校招生委员会的工作。录取工作采取逐个研究、集体讨论做出决定的方式，其中，社会各界代表发挥了很大的作用。[②]

---

① 邱洪昌, 林启泗, 主编. 十国高等学校招生制度[M]. 北京: 航空工业出版社, 1994: 93.

② B.П.叶留金，著. 苏联高等学校[M]. 张天恩，曲程，吴福生，译. 北京：教育科学出版社，1983: 311.

三、俄罗斯联邦初期的高校招考制度（1992—2000年）

1991年12月25日，苏联解体，俄罗斯联邦成为一个独立的主权国家，并且继承了苏联的大部分教育遗产。俄罗斯在政治、经济体制上进行了实质性变革，这对高等教育产生了深远影响。在社会动荡、经济滑坡、教育质量下滑的大背景下，为适应新的政治体制改革和市场经济的要求，俄罗斯进行了一系列的教育改革和探索。1992年颁布的《俄罗斯联邦教育法》、1996年颁布的《俄罗斯联邦高等及大学后职业教育法》以及其他相关法规，从法律上保障了教育改革的顺利进行。同时，非国立高等教育的复苏、兴起以及法律地位的确立，对俄罗斯高等教育的发展和社会经济建设都具有重要意义。俄罗斯公民可以通过两种方式获得高等教育：一种是在国立和市立高校享受免费高等教育，一种是在国立、市立和非国立高校接受付费高等教育。俄罗斯联邦的高校招生考试制度按照入学考试的组织形式和招生特点，可以分为高校自主招生考试和国家统一考试两个发展阶段。本章第二节将对国家统一考试予以详细介绍。本部分主要讲述1992—2000年高校自主招生考试阶段的招考制度。

（一）高校自主招生考试

俄罗斯联邦独立初期，基本上承袭了苏联的招生考试制度。教育部每年发布全国统一的《高等学校招生章程》，规定国家政策、考试要求、录取条件等，并和其他部门共同确定公费生人数。各高校根据章程单独举行入学考试，自主录取。各校制定本校的年度招生计划和考试安排，公布本校的招生简章，明确招生专业、每个专业的公费生人数、定向培养人数、自费生人数，每个专业的考试科目、考试类型、申诉条件、宿舍情况等，还必须向考生展示学校的教育许可证、国家认证、颁发学历证书的资质等。

高校成立招生委员会，招生委员会主席由校长担任，下设考试委员会和选拔委员会。委员会的职责由高校自主决定，招生委员会主要负责总体领导和决策监督，考试委员会主要负责组织入学考试，选拔委员会主要负责选拔录取。

为举行入学考试，高校每年都要成立各相关科目的考试委员会。委员会由本校经验丰富的教师组成，在特殊情况下也可聘请外校教师参加，长期从事补习工作的教师不得参加考试委员会的工作。委员会成员由校长任命，成员每年应更新50%以上。考试委员会负责人应承担下列职责：①挑选造诣较高的主考人员；②指派成员对考生进行辅导；③为每一批考生编写一定数量的口试答题签和拟定笔试考题；④拟定考试程序，根据考试大纲对考试结果的评定提出统一要求，并使所有主考人员熟悉这些要求；⑤指导和监督考试进程；⑥向招生委员会作总结报告，说明考生知识水平的优缺点。[①]

招生委员会主席批准考试大纲和专业考试目录，考试科目和形式要能够甄别出考生的优劣，可以多种考试形式兼用，以区分考生的知识水平。入学考试的科目、科目数量和考试形式，因专业和学习方式的不同而不同。考试科目主要有：俄语、文学、数学、物理、化学、生物、地理、俄罗斯历史、社会学、外语等。俄语为每个专业必考科目，考生还要根据专业要求参加2—4门专业科目考试。所有科目（不包括艺术和体育专业）的考试范围不得超过国家规定的教学大纲。考试可以采用笔试、口试、面试、测试、观摩等形式，通常采用口试、笔试或同一科目口试加笔试的形式。考生有权使用俄语或俄罗斯联邦主体的语言答题。

各科目考试多以口试为主。口试时，由考生抽签决定要回答的问题，除此之外，还要回答考官现场提出的问题。这不仅要求考生具备扎实的基础知识，还要有良好的临场反应能力，这是对考生表达能力、思维能力等综合素质的考核。考试成绩使用五分制：5分为最优，4分为良好，3分为及格，2分以下为不及格。[②]部分考试科目必要时可采用“及格”与“不及格”二级评分制。为保证评分的公平公正，考试委员会负责人对评有5分和2分的全部考卷进行检查，其他考卷则抽查5%。入学考试口试或笔试的评分只有根据招生委员会的决定，并经考试委员会同意后才能更改，更改口试评分时须有考生在场。

在继承苏联招生考试制度的基础上，由于政治、经济体制的深刻转型带来了新情况、新问题，俄罗斯的一些招生考试政策也相应发生了变化。

① 邱洪昌, 林启泗, 主编. 十国高等学校招生制度[M]. 北京: 航空工业出版社, 1994: 106.

② 丁昌利. 俄罗斯高校招生考试制度发展及趋势研究[D]. 厦门大学硕士学位论文, 2007: 15.

1. 对招生对象的内涵进行延展

《1995年俄罗斯联邦高校招生章程》中明确规定“高等学校可以用计划内名额在竞试基础上招收居住在苏联各共和国境内的公民”。也就是说，苏联各共和国境内的公民如被俄罗斯国立高等学校录取，则享受与俄罗斯公民同等的免费高等教育的权利。

2. 入学考试发生变化

变化主要体现在以下几个方面。

（1）突出重点、简化手续。入学考试的科目通常为2—5门，高校招生委员会可以将部分考试科目列为重点考试科目，只根据这些科目考试（通常为笔试）的总分录取，其他考试科目采用“及格”和“不及格”的二级评分制。

（2）考试对象范围扩大，招生要求更加严格。以前凡是与机关、企业、组织签订合同的定向生和自费生，无须参加入学考试，只要顺利通过面谈就可被录取，或者虽未通过入学考试，但只要愿意交更多的学费也可被录取。从1995年起，包括自费生、免于竞试者和享受优惠者在内的各类考生，均须参加入学考试。

（3）入学考试的形式更加多样。以前入学考试的形式主要是笔试和口试，现在入学考试还包括谈话、测试、听、看（观察）等各种形式，可以综合考查考生的知识水平和思维能力。

（4）考试时间错开。重点大学的入学考试时间从6月开始，而普通高校的入学考试时间从7月开始，这样方便考生做出选择和安排。①

3. 招生类别放宽

根据规定，公立高校可以在预算拨款的计划名额内划分公费生和定向生，并在计划外招收一定数量的自费生，自费生的招生数由各高校根据本校的接收能力而定。随着高校中自费生数量的迅速增加，高校在招生中的自主权进一步扩大。

（二）录取方式多样化

在俄罗斯，进入大学一年级学习，必须具有中等（完全）普通教育或者

① 何锋. 俄罗斯高校招生考试制度:承袭与改革[J]. 国际观察, 1999(2): 55-56.

中等职业教育毕业证书。大学一年级和之后的年级还接收具有高等或者非全日制高等职业教育毕业证书的人员，以及具有未完成高等职业教育的高等学校证明的人员。高等学校采用多种录取方式，如普通竞试录取、面试录取、通过入学考试而免于竞争选拔的录取、免试录取、单独竞试录取、缩短学习期限录取、集中测试录取以及其他招考方式录取等。

1. 普通竞试录取

按照国立和市立高等学校的招生规则，报考者必须具有中等（完全）普通教育或者中等职业教育毕业证书。高校根据报考申请，在竞试选拔的基础上录取新生。选拔的条件应当是：保证遵守公民的教育权，保证录取按照相应等级大纲准备更充分、更有能力的公民。国立高校的公费生比例占54%—67%。在竞试选拔的基础上，军队退役人员享有录取优先权。[①]

2. 面试录取

中学和初等、中等职业学校的奖章获得者有专门的高校入学考试程序。他们根据面试成绩升入大学（除高校规定的职业方向的入学测试外）。通常，面试按照一次通过的方式进行。如果没有通过面试（没有得到优秀评价），有权参加普通竞试录取。奖章获得者占国立高校公费生名额的10%。

为了保证奖章授予环节的公平、公正，教育管理机关规定，对申请奖章者进行单独的中学毕业考试，需和同班同学分开，有时要到其他城市参加考试。在毕业考试的过程中，对申请奖章者进行特别监督。这样既能证明奖章获得者的实力、享有录取优先权的说服力，还可以提高奖章获得者的地位，包括在高校中的地位。但随着奖章获得者数量的不断增加，其知识水平也不断下降，在教学过程中有大约80%的学生被归为“奖章获得者”，但只有30% —50%的奖章获得者被证实名副其实，这说明奖章授予机制产生了腐败。

3. 通过入学考试，免于竞争选拔的录取

在顺利通过国立和市立高校入学考试的条件下，以下人员可以免于竞争

① А.С.Заборовская, Т.Л.Клячко,И.Б.Королев,В.А.Чернец, А.Е.Чирикова,Л.С.Шилова, С.В.Шишкин. Высшее образование в России:правила и реальность[M]. М.: Независимый институт социальной политики, 2004: 38.

选拔而被直接录取，享受相应的国家财政教育拨款。

（1）年龄在23岁以下的孤儿和没有父母照顾的留守孩子。

（2）根据国家医学鉴定机构的鉴定，不影响在相应教育机构接受教育的I类和II类残疾人。

（3）父母中有一方是I类残疾，家庭平均收入低于其所在联邦主体规定的最低生活保障的、未满20周岁的公民。

（4）经部队领导推荐，参加过军事行动和在军事行动中伤残的部队退役人员。

此外，法律还赋予一些受到辐射伤害的公民免于竞争选拔而进入大学学习的权利，主要指参加切尔诺贝利核电站事故清理工作的人员、在“灯塔”联合企业工作的人员及其他一些类型的人员。

免于竞争选拔享受国家财政拨款的人员约占5%，其中残疾人约占0.8%。在一些专门化培养的学校里，例如培养残疾人或居住在受辐射污染地区的公民，其免于竞争选拔的录取比例还要高出几倍。这些人员常常进入最好的专业，导致有时没有公费名额提供给通过普通竞试的申请者。[①]

4. 免试录取

某些规定类型的军职人员和中学生奥林匹克学科竞赛（简称“奥赛”）的获胜者享有免试录取的权利。

《俄罗斯联邦军职人员地位法》规定，按合同服完兵役的退役军职人员、总服役期达到15年及以上的军职人员、在车臣共和国及周边属于武装冲突区域的北高加索地区完成任务的军职人员等，有权免试进入大学，享受预算内的公费教育。

全俄中学生奥赛获胜者和获奖者、参加国际奥赛的俄罗斯国家队成员可以免试直接进入国立和市立高校，按照与奥赛科目一致的专业接受培养。这样的人员数量不多，约占1%。教育管理机关和地区校长联合会共同建议举办市级、地区级、区域级和联邦级的中学生奥赛和专业竞赛，扩大免试直接

① А.С.Заборовская, Т.Л.Клячко, И.Б.Королев, В.А.Чернец, А.Е.Чирикова, Л.С.Шилова, С.В. Шишкин. Высшее образование в России: правила и реальность[М]. М.: Независимый институт социальной политики, 2004: 41.

进入国立和市立高校的范围。

一段时间，俄罗斯曾广泛开展了每所高校单独举办本地区内的奥赛活动，获胜者有权进入该高校学习。很显然，这对于那些居住在奥赛地区以外的中学生不公平，破坏了公民上大学的平等权利。因此，只有与联邦主体教育管理机关签署协议的、由校长联合会主办的地区中学生奥赛的成绩（针对获胜者）方可作为高校入学考试成绩。由于高校用于奥赛的经费有限，并不是所有地区都举办这种奥赛。

另外，作为对规定招生计划的补充，以下两种情况的招生录取工作在整个教学年度都可以进行：① 具有不完全高等教育或者高等军事教育的人员，进入国立高校的一年级和之后的年级学习；② 具有中等（完全）普通教育或中等职业教育的人员，进入国立高校的预科部学习。

5. 单独竞试录取

俄罗斯的单独竞试录取主要有定向招生和定向委托培养两种方式。

（1）定向招生

定向招生指的是根据单独的考试和专门划分的名额来录取学生。高校可以在预算拨款的范围内，划分出定向招生的名额，并且为此组织专门的考试。高校同国家权力机关、地方自治机关签署在定向招生框架下的人员培养协议，由这些机关确定定向招生的名单。定向招生用以满足地方政府的人才需求，以及平衡农村和城市中学毕业生培养水平的差异，保证培养某些领域内的专业人才，首先是教师、医务人员等。

2001年定向招生名额大约占计划内名额的9.13%。通常，定向培养的支出由联邦财政预算拨款。在有些情况下，定向培养的支出全部或部分依靠联邦主体的财政预算和地方财政预算。[①]每个专业的定向招生名额是预先确定的，确定时间不迟于录取前一个月，定向名额不能在考试或录取过程中增加。定向招生是在申请定向培养的人员中进行竞试选拔。如果不能保证选拔的范围和人数，招生委员会必须减少划分出来的定向名额，并且将减少的名

① А.С.Заборовская, Т.Л.Клячко, И.Б.Королев, В.А.Чернец, А.Е.Чирикова, Л.С.Шилова, С.В. Шишкин. Высшее образование в России:правила и реальность[M]. Независимый институт социальной политики, 2004: 45.

额和录取的人员告知相应的国家和市政权力机关。没有通过定向选拔的人员，可以参加任何类型的普通竞试选拔，而空余的定向名额，可以提供给通过普通竞试选拔的人员。

在高校里接受定向培养的大学生，通常在入学后须同派遣其接受定向培养的权力机关签署协议，并且按照该协议工作一定年限，通常为3年左右。但是，20世纪90年代这项规定成了一种形式，表现在定向生即使拒绝所分配的就业，也不会受到任何制裁，定向生有了自由就业的权利。

（2）定向委托培养

定向委托培养的主要任务是满足企业、单位和机构对高技能人才的需求，其财政拨款首先是依靠指定的预算资金。接受定向委托培养的人员是来自联邦预算和联邦主体预算的公费生。定向委托培养协议在考生录取到预算内名额之后签署。因此，定向委托培养的人员不像定向招生那样单独选拔，而是在普通竞试基础上录取。进入大学以后，定向委托培养人员同高校和未来的用人单位签署协议，按照该协议在符合其教育水平和专业的岗位上工作一定年限。在大学学习期间，高校和用人单位按照协议提供津贴、住宿优惠、支付补充奖学金等。对于毕业后未履行协议的人员，要向高校和用人单位赔偿其按协议获得的各项有关费用和开支，但是有相当多的人被免于赔偿上述费用。

对于各单位需求的专业人才，法律上有相关规定：用人单位根据协议向高校输送人员，这些人员在毕业后到该单位指定的企业工作，完成协议规定的工作年限（一般不少于3年）。经与劳动集体委员会和社会组织协商，由企业领导完成人员的选拔和派遣。企业可以同高校大学生、高校预科生签署单独的定向培养协议。

由于各种原因，定向招生和定向委托培养机制并不能解决用人单位的人才保障问题和各地区的社会经济问题。定向委托培养机制已逐步取消，因为考入预算内名额的大学生，通常不愿意同高校和用人单位签署协议。为了解决专业人才的保障问题，俄罗斯教育部采用改良后的定向招生机制。根据该机制，定向生应当同高校和拟录用他的权力机关签署三方协议。为此，俄罗斯政府通过了《关于采用定向奖学金和组织高校定向招生的决议》，一方面，可以建立为有需求的大学生提供财政支持的补充机制；另一方面，可以在“需要的时间获得需要岗位的专业人才”。如果定向生违反协议，应将自己在大学学习的费用全额返还给国家。

6. 缩短学习期限录取

在国立和非国立高校还可以缩短学习期限，按照简化大纲和速成大纲培养学生。简化大纲针对的是具有相关专业中等或高等职业教育程度的人员，速成大纲是针对能够在较短期限内完全掌握高等职业教育基础教学大纲的大学生。在某些情况下，简化大纲和速成大纲也称作简化速成大纲。

1996年的《俄罗斯联邦教育法》没有对简化大纲、速成大纲或简化速成大纲做出明确的区分，只是在第24条第34款中强调“具备对口专业的初等和中等职业教育程度者，可按简化速成大纲接受高等职业教育”。

在高校的招生录取中，划分出按照简化大纲培养的具有相关专业中等或高等职业教育程度的人员，并对他们进行单独的选拔，录取后分到专门成立的按照简化大纲培养的班级。这类人员占预算名额的12%—20%。同完整学习期限的录取相比，高校有权改变这种缩短期限录取的人数、名单和入学考试的形式，这常常导致入学考试被简化。许多高校有意识地支持这种情况，促使许多出身低收入家庭、想要获得高等教育的青年首先会选择中等职业教育。

7. 集中测试录取

集中测试录取是由俄联邦集中测试中心负责研发测试题库、学生自愿参加、客观评价知识的方式。考试题型分为基础题和提高题，考试形式分为笔试和机试两种。集中测试成绩可以作为中学的毕业成绩，也可以作为高校招生录取的依据。从1995年开始，集中测试实行商业运作，以学生付费为原则。1996年12月，教育部颁布《俄罗斯普通与职业教育第537号条例》，建议高校采用集中测试成绩作为录取依据之一。2003年颁布的《俄罗斯联邦国立高等职业教育机构（高等教育）招生条例》中，明确规定高校可以依据集中测试成绩录取新生。1997年有1万人，1998年有2.44万人，1999年有4万人根据集中测试成绩被高校录取。但因使用面较窄，参加集中测试的人数连年下降。不过，集中测试实行了10余年，在考试方法、考试技术和社会对标准化测试的接受程度等方面为国家统一考试的实施奠定了一定基础。①

8. 其他招考方式录取

除上面介绍的录取方式外，俄罗斯的部分高校还存在着以下几种招生考试办法。②

（1）单独招生。一些著名高校，特别是一些热门系科（如金融、经济、外交、外语、艺术等）向社会单独招生。高校自定考试科目、范围和要求，自主命题，考试形式为笔试和口试，考试内容要求较高。这些学校和系科的升学竞争激烈，入学考试要求高、难度大。

（2）部分高校联合招生。一些生源不足的高校或系科，在与地区教育管理机关商定后于每年4月提前联合招生。因各高校或系科要求的科目不同，所以联合招生设置的考试科目较多。考生可报考一所高校，也可同时报考多所高校。联合招生考试内容以中学教学大纲的要求为准，考题相对容易。参加联合招生的高校多属工科院校或综合大学的非热门系科（如数学、物理等）。联合招生的办法对高校来说比较简便。

（3）高校与中学协议招生。部分高校或系科根据自己对生源的要求，与一些重点中学或普通中学的重点班协议招生。这些高校与中学联系密切，参与中学的教学，与中学共同商定教学计划，派高校教师到中学讲授有关课程。这类中学或班级的学生，其毕业考试与升学考试合二为一，通过考试可对口升入协议合作的高校。考试科目、内容和考题由中学与高校联合确定，考试内容要高于中学教育大纲的要求，以适应这些高校或系科的需要。

（4）自主招收自费生。除了公立高校可以招收一定数量的自费生外，《俄罗斯联邦教育法》允许利用社会力量办学，一批非国立高校应运而生并迅速发展壮大。非国立高校所设专业多为热门专业，对中学毕业生具有一定的吸引力。这些学校均具有独立自主招收自费学生的权利，一般情况下，只要向高校提供中学毕业证书和各科学习成绩，经该校审查合格后便可被录取。有些高校根据专业要求还需对考生进行简单的笔试或口试，再进行录取。2000年，国立和市立高校录取的学士、文凭专家和硕士人数为114.03万

① 杨广云，高燕．俄罗斯国立高校三种入学考试制度之博弈[J]. 教育与考试, 2009(2): 51.

② 张男星．俄罗斯高等教育体制变革[M]. 沈阳: 吉林教育出版社, 2002: 57-59.

人，其中自费生55.35万人，自费生比例占到48.5%，非国立高校的录取人数为15.22万人。[①]

① Российский статистический ежегодник.2014: Стат.сб.Госкомстат России[M].2014：200.

第二节
俄罗斯高校招考制度的现状及改革

在苏联解体后的十余年间，俄罗斯一直处于社会动荡、经济不稳定的状态之中。高等教育受政治、经济、社会因素的影响，出现了教育质量下滑、教育不公平问题凸显、国际竞争力下降等情况。俄政府积极寻求高等教育领域的改革，在办学体制、管理体制、人才培养体制、招生和就业体制等方面进行了一系列的调整和变革，旨在推动高等教育的现代化、国际化。21世纪初，俄罗斯的高校招生考试制度发生了根本性变革，由高校自主招生考试向国家统一考试转变。

一、国家统一考试产生的背景

作为高校选拔合格新生的有效手段和公平尺度，高考不仅是一种大规模教育考试制度，而且是一项具有广泛影响的社会制度。高考从其诞生之日起就与社会政治、经济制度有着千丝万缕的联系，它既受政治、经济、教育、文化等方方面面的制约，又能动地促进和推动社会的发展。[①]俄罗斯在新世纪初的高校招生考试制度变革，就是受到当时的政治、经济环境、教育自身因素以及国际趋势的影响，换言之，是由俄罗斯的政治、经济体制改革和教育市场化等因素决定的。

（一）政治因素

俄罗斯地跨欧洲、亚洲两大洲，疆域辽阔，国土面积为1700余万平方千米，是世界上面积最大的国家。俄罗斯总人口约为1.44亿，是以俄罗斯人为主体，由193个民族组成的统一的多民族国家。俄罗斯独立初期，政治经济动荡，社会不稳定，民族矛盾激化。总统普京实行的“铁腕民主”和一系

① 刘海峰, 李立峰. 高考改革与政治经济的关系[J]. 教育发展研究, 2002(6): 34.

列改革措施使国家走出混乱局面，政治生活和经济发展逐步走上正轨。车臣叛乱平定后，进一步维护了国家的统一。

加强中央领导权力、振兴俄罗斯民族精神以恢复其大国地位是俄罗斯总统普京的治国理念和方略。在教育领域，则表现为突出国家宏观调控，强调全俄教育的统一。《俄罗斯联邦教育法》将“国家教育标准”和“国家教育大纲”列为“教育体系”的首要成分。1999年出台的《俄罗斯联邦民族教育方针》强调国家对教育应负有的责任和义务，以及优先发展教育的重大战略意义。2000年10月经俄罗斯政府批准生效的《俄罗斯联邦国民教育要义》，被认为是普京政府在新世纪初关于国家教育政策的权威阐释。该要义强调了实现教育的战略目标对俄罗斯国家发展的重要性：首先，教育要为俄罗斯社会经济的平稳发展奠定基础，要有助于保证人民的高质量生活和国家的安全；其次，对巩固民主法治国家和发展公民社会起促进作用；再次，为与全球经济接轨的市场经济提供人才保障；最后，为俄罗斯在国际交往中成为教育、文化、艺术、科学、高新技术和经济诸领域的强国而服务。①2002年，俄罗斯政府通过了《2010年前俄罗斯实现教育现代化的构想》，这一构想批评和摒弃了两种极端的教育发展思想，即自我满足、封闭保守、拒绝改革的思想和全面市场化、学校自治化、禁止政府干涉学校事务的思想。②这基本反映了普京的治国理念。在这一理念的引领下，实行国家统一考试被认为有利于加强国家对教育系统的领导和控制。

俄罗斯的少数民族多分布在山区、林区、牧区和边远地区，经济不发达，文化教育落后。实行统一的国家教育标准和国家考试制度，有利于促进少数民族地区的文化发展，缓和民族矛盾，加强民族团结，维护国家统一。

（二）经济因素

苏联解体后，俄罗斯经济一度严重衰退、持续下滑，教育经费短缺，高校教师的工资水平一直低于全国平均水平。2001年，大学教授的月工资还不足200美元。在国立高校工作的教师，几乎没有不兼职或另辟渠道挣钱

① 刘省非. 教育市场化——转型期俄罗斯高等教育改革研究[M]. 北京: 人民出版社, 2013: 92-93.

② 丁昌利. 俄罗斯高校招生考试制度发展及趋势研究[D]. 厦门大学硕士学位论文, 2007: 27.

的，因为仅靠工资根本无法养家糊口。[①]这客观上促进了高校招生考试辅导行业的繁荣，并为招生腐败、作弊、贿赂提供了土壤。从表5-1的高考补习价格可以看出，对薪金微薄的大学教师来说，从事高考辅导工作可以获得一笔固定而可观的收入，具有相当的吸引力。

表5-1 莫斯科2002年高考补习价格一览表

（单位：美元/课时）

科　目	大学生、研究生价格	有经验的教师价格	考试委员会成员价格
数　学	7.5—12	15—30	25—50
英　语	10—15	20—40	30—100
语　文	15	25—30	30—100
历　史	8—10	20	30—50
物　理	10	20—30	20—50
信息学	5—10	10—15	
化　学	10	10—20	20—30
生　物	8—12	15—25	25—30

资料来源：肖甦.俄罗斯高考辅导业消费透视[J].教育与经济，2003(3):62.

传统的高校自主命题、单独招考在多个环节上容易滋生腐败。由于中学毕业考试的结果由中学教师决定，而考大学的知识要求由大学决定，中学知识水平与大学入学考试要求之间存在明显差距。为了能顺利考上大学，一大批中学毕业生涌进了大学预科和各类辅导班，家教行业盛行，所谓的“知识影子交易”便产生并繁荣起来。这大大加重了考生家庭的经济成本，除了大学的学习费用，还要有一笔可观的支出用于上辅导班、请家教，以及托关系、走后门。高校招生腐败现象层出不穷，甚至某些高校或专业出现明码标价的情况。根据社会学研究和专家评估，为此花费的相关费用一年近45亿卢布。一些考生家庭原本为高等教育需要定期支付约25%的家庭费用，现在已经被迫支付超过40%。打击腐败、促进教育公平是实行国家统一考试的一个主要原因。

① 肖甦.俄罗斯高考辅导业消费透视[J].教育与经济，2003(3): 61.

此外，俄罗斯各联邦区的经济状况和教育水平严重不平衡，经济比较富裕的地区，如中央区，以及莫斯科、圣彼得堡等经济发达的城市，高校林立，名牌大学集中，高等教育资源相当丰富；而经济贫困的地区，如远东区和一些偏远地区、少数民族地区，往往缺乏高等教育资源，教育水平和教育质量较低。一些优秀学生无力支付到大城市参加高考补习班、报名考试的费用以及考上大学后的学习生活费用，从而失去了接受高等教育和改变命运的机会。很多中学生，特别是那些远离大城市和文化发达地区的毕业生，处于与高等教育绝缘的境况。而国家统一考试可以将中学毕业考试和高校招生考试的知识评估标准统一起来，减少招生腐败现象，使全国各地的考生，特别是偏远、贫困地区的考生都有机会报考理想的大学，促进了高等教育入学机会的公平。同时，统一考试将原先各校单独考试中共性的东西集中起来，在经济方面，可节约大量的人力、财力和物力，具有一定的规模效应。①2000年普京执政以后，国力和经济处于稳中有升的恢复发展时期。2004年俄罗斯人均月收入6296卢布（约218美元），教师收入也明显提高。1999—2007年俄罗斯GDP年均增长6.9%，2000—2007年居民实际收入增长1.5倍。②1994—2003年高等职业教育预算支出占联邦预算支出的2.0%—2.4%，政府用于教育的财政拨款规模持续增加，教育改革拥有了经济增长的物质基础。

（三）教育因素

俄罗斯高等教育本身存在竞争乏力、招生缺乏统一标准以及自主招考存在诸多弊端等问题，这些共同促使俄罗斯实行国家统一考试。

1. 高等教育亟待改革

苏联时期追求经济的快速发展和工业化的发展目标，高等教育强调培养与工业部门技术岗位对口的专家，这种单一知识结构的高等教育曾满足了工业化时期对专门人才的迫切需求。然而，随着市场经济的发展，这种单一知识结构的高等教育已经不能满足国家对多种规格人才的需求。在高科技领域、新领域人才严重缺乏的情况下，将竞争机制引入高等学校，尽快为国家

---

① 刘海峰，李立峰.高考改革与政治经济的关系[J].教育发展研究，2002(6)：38.

② 李莉.大学与政府——俄罗斯高等教育与国家崛起[M].北京：社会科学文献出版社，2012：160.

培养转型时期急需的人才，是俄罗斯教育改革首先要解决的问题。

2. 缺少统一的教育质量评价标准

俄罗斯传统上由中学和大学自行组织毕业和招生考试，因为没有统一的标准，差异性和随意性很大，难以保证教育质量。各联邦区由于地理条件、经济状况和发展水平不同，中等学校的教学质量参差不齐，即使在同一区域，中心城市和农村中学的教育水平也有高有低。这就需要一个工具，它既不属于中学，也不属于大学，可以独立地进行中学毕业生的知识水平鉴定，并对各地区和各学校的教育质量进行有效评估。另外，教育领域的一系列改革使教育模式不再单一，在贯彻发展教学、职业定向、个性化培养理念，运用多种教学大纲、教科书和参考书，以及学习工具、方法和内容日益多样化的情况下，迫切需要保证中等普通教育的核心内容和知识水平的同一性。

3. 传统自主考试的弊端凸显

传统的高校自主招生考试一般以口试为主，抽签答题。这样一方面可能会产生个别学生由于运气差抽到一个“不幸的签”而导致考试失败；另一方面由于口试过程评价较为主观，容易滋生腐败和评价不公正现象。[①]另外，传统考试原有的五分制难以对学生的知识水平进行细致区分，区分度不够。而统一考试采用笔试形式和百分制，可以在试题内容和评价标准方面保证客观性和统一性，考题难度和区分度更加科学，成绩在全国范围内具有可比性。统一考试的成绩评定采用计算机和独立专家评定相结合的方式，尽可能地减少人为干扰，降低了招生考试过程中的贿赂行为。

（四）国际趋势

在经济全球化的大背景下，各国和各民族之间的关系日益密切，教育领域的交流与合作愈加频繁。有超过80%的国家实行统一考试或集中测试，中国、美国、英国、日本等国家都采用了不同形式的统一测试。这一体系与信息网络的使用相联系，未来将得到广泛发展。[②]苏联解体后，随着俄罗斯政治、经济体制的转型，俄罗斯政府积极追求高等教育的全球化和国际化。1995年，俄罗斯时任教育部长弗·金涅列夫指出，在向21世纪的过渡中，

① 李莉.大学与政府——俄罗斯高等教育与国家崛起[M].北京：社会科学文献出版社，2012：162.

② В.Молодцова.В инсгитут без блата[N].Рос.газ.2001.№77 (2689).19апр.С.2.

俄罗斯高等教育面临着三项任务：一是满足当前俄罗斯政治、经济和社会状况的需要；二是提供高质量的教育；三是达到国际化。①

为了加快高等教育国际化的步伐，提升其在世界教育市场的地位和竞争力，俄罗斯在1996年的《俄罗斯联邦高等和大学后职业教育法》中，承认外国高等教育和大学后职业教育学历和学位证书在俄罗斯的法律效力，持有者与本土同一级别证书具有同样的学习和就业权利。为与国际高等教育体系接轨，俄罗斯积极调整本国的教育政策，改革高等教育的学制和学位制度，构建多层次高等教育结构体系。2003年9月，俄罗斯签署了《博洛尼亚宣言》，正式加入到创建欧洲统一高等教育区的进程。加入博洛尼亚进程，融入欧洲教育一体化空间，是俄罗斯高等教育国际化的客观需要和提高高等教育国际竞争力的现实需要。"到2010年，俄罗斯国内高校的毕业证书将会得到欧洲的承认，并将按照全欧洲的等级标准实施评价体系，这样，教育质量也会在欧洲范围内得以评估。"②这一系列举措提高了俄罗斯高等教育的吸引力，拓宽了俄罗斯大学生的就业市场，提升了俄罗斯国际教育服务市场的竞争力。由于整个欧洲实行统一的教育标准，作为全面参与博洛尼亚进程的成员国，俄罗斯必须使其教育立法依据与欧洲教育改革要求相适应，制定统一的国家教育标准、实行国家统一考试制度、建立客观评价教育质量系统等。为俄罗斯与欧洲国家的高等教育一体化奠定坚实基础，是实行国家统一考试的重要外因。

二、国家统一考试的试行（2001—2008年）

1998—2004年期间担任俄罗斯教育部长的弗拉基米尔·菲利波夫（B.M. Филиппов）在政府的支持下针对国内教育领域的腐败现象、与国际教育体系的脱轨问题以及教育质量评估难题等展开了大刀阔斧的教育改革。他积极推动俄罗斯加入博洛尼亚进程，并制定了新的国家教育标准，提出建立国家统一考试制度的构想并付诸实现。1999年教育部设立了联邦测试中心，中心的任务是在国内发展测试系统，对俄罗斯教育机构学生的知识水平实施监

① 周岳峰.俄罗斯联邦发展高等教育和信息技术的国家政策[J].世界教育信息，2000(3)：20.

② 刘省非.教育市场化——转型期俄罗斯高等教育改革研究[M].北京：人民出版社，2013：70.

控。在该中心负责人弗拉基米尔·赫列布尼科夫的领导下，制定进行国家统一考试的理念、原则、技术和方法，以及编写标准化试题依据、成绩评定标准等，解决考试信息技术设备的调配问题。联邦测试中心成为国家统一考试的技术保证机构。

“国家统一考试”一词最早出现在2000年7月26日俄罗斯政府第1072号令《2000—2001年社会政策和经济现代化的行动纲要》中，在关于教育现代化的基本方针中提出“实施国家统一考试”的构想。2000年10月23—24日全俄第二届科技实践大会“俄罗斯考试制度的发展”在莫斯科举行，与会人员集中讨论了编制测试材料的依据、制定测试结果的评分标准、建立新考试体系等相关问题。

作为俄罗斯教育现代化改革的一项重要举措，国家统一考试的主要任务是：①通过实行统一类型、统一标准的考试，为所有的中等普通教育毕业生提供更多接受高等教育的机会，同时为他们提供参加多所高校函授学习的机会；②在高等学校为招收优质生源而展开竞争的条件下，完善高等学校的财务系统及其实际应用；③把普通教育的国家总结性评价与高校、中等专业学校的入学考试结合起来，取消各高校招生考试的办法减轻了中学毕业生的负担和压力；④保证普通教育与职业教育的承接性，减少毕业考试与入学考试要求之间的差异，对普通教育的培养要求客观、统一；⑤通过客观和独立地对比鉴定中学毕业生的培养结果，鼓励普通中学的教师集体改善教学质量。

制度的变革是一项系统工程，需要一系列的配套政策和支持措施。在国家统一考试试行前，政府开展了大规模的宣传支持活动。通过大众媒体向民众宣传试行统考的信息，组织教师开会并进行相关的培训，中学还为此开设了专门课程。同时，在整个教育系统开展了大力度的反腐运动。

（一）国家统一考试的范围与规模

2001年2月16日，俄罗斯政府采纳了教育部关于试行国家统一考试的建议，时任俄罗斯总理的卡西亚诺夫（М.М.Касьянов）签署了第119号令《关于试行国家统一考试的决定》。2月27日，教育部第645号令发布了《国家统一考试实施条例》，规定国家统一考试的试行期为5—7年，以便更好地积累经验，完善方案。

国家统一考试（Единый Государственный Экзамен，ЕГЭ，简称“统考”）是运用标准化试题（Контрольно-измерительные материалы，КИМ），客观评定掌握中等（完全）普通教育大纲的学生的培养质量。通过国家统一考试能够确定学生对中等（完全）普通教育国家教育标准的掌握程度。国家统一考试取代了中学毕业考试和高校入学考试，即国家统一考试取代中学11（12）年级毕业生的国家总结性评价和高等学校、中等专业学校的入学考试。中学采用国家统一考试成绩作为国家总结性评价的结果，高等学校和中等专业学校采用国家统一考试成绩作为入学考试的结果。

2001年，国家统一考试首次在楚瓦什共和国、马里埃尔共和国、萨哈（雅库特）共和国、罗斯托夫州和萨马拉州5个试验区进行试点，以8个科目进行试验，共有3.3万人参加，16所高校依据统考成绩招生。试验结果表明，每个科目的优秀比例在6%—8%，学生以良好或及格的成绩就能够成为普通高校的公费生。名牌大学有权提高录取分数线，有权挑选最出色的学生。[①]

俄罗斯政府成立了具有联邦主体性质的国家考试委员会。国家统一考试的组织工作由俄罗斯联邦教育科学督察署、各联邦主体的教育管理机关以及相应设立的国家考试委员会、学科委员会和冲突调解委员会共同实施。[②]俄罗斯政府大力推行国家统一考试，各联邦主体自愿参与，一些地区是国家统一考试与传统的自主招生考试同时进行。参加统考的具体科目清单，由各地区自行确定。试行的范围和规模逐年扩大，2002年4月，中等专业学校也被列入统考的试行范围，详见表5-2。

表5-2 2001—2008年参加国家统一考试的情况

参加数量	2001年	2002年	2003年	2004年	2005年	2006年	2007年	2008年
联邦主体(个)	5	16	47	64	78	79	83	83

① К.Василенко.Опыты на детях[N].Саратовские вести.2001.№115(2691).8 авг.С.3.

② См.п.1.4Положения «О проведении единого государственного экзамена», утвержденного Приказом Министерства образования России от 9 апреля 2002 г.№ 1306.

续表

参加数量	2001年	2002年	2003年	2004年	2005年	2006年	2007年	2008年
高等学校(所)	16	123	464	946	1543	1650	1800	1850
中等专业学校(所)	#	79	928	1525	1765	1889	2000	2010
参加统考的毕业生数(万人)	3.3	29.9	65.4	82	85.3	83	97.9	109
占当年毕业生的比例(%)	2.3	22.8	49.5	60.3	61.6	63.5	85.5	90
考试科目(门)	8	9	12	13	13	13	13	13

资料来源：根据俄罗斯国家统一考试网站数据整理。http://www.ege.edu.ru.

（二）国家统一考试的科目与分数

国家统一考试科目中，俄语和数学是必考科目，必考科目的成绩达到最低分数线可以获得中学毕业证书。选考科目有文学、物理、化学、生物、历史、地理、社会学、信息学、外语（英语、德语、法语、西班牙语）等，考生根据报考的院校和专业要求选择相应的考试科目。俄语对于所有专业的招生都是必考科目。

国家统一考试的标准化试题被称为测试材料（КИМ），由联邦教育测试研究院研制。大多数科目的考题都分为A、B、C三个部分：A部分是选择题，每道题里必须从四个选项中选择一个正确答案；B部分是填空题，每道题都是由一个或数个单词、字母或数字组成的简短答案，A和B部分的答案写在专门的表格里，并由电脑进行评定；C部分是拓展题，由一个或数个拓展性的问题（如论述题、作文题或规定题目）组成，主要考查考生运用原理、定义来解决实际问题的能力，要获得高分必须完成C部分。C部分由地区考试委员会的两个独立专家进行评定，必要时由三个独立专家评定，这些工作都是严格保密的，排除了评分时的舞弊现象和被篡改的可能性。测试材料包括为专家提供的C部分的评定标准。

国家统一考试成绩采用百分制，有效期为2年，截止到第二年的12月31日。联邦教育科学督察署把百分制转换为传统的五分制，各科目百分制与五分制的转换关系详见表5-3，并写入国家总结性评价。因此，通过统考的毕业生将获得传统五分制的中等（完全）普通教育毕业证书和百分制的国家统一考试证书。毕业证书由所在学校发放，统考证书由各联邦主体的教育管理机关发放。

表5-3 2006年各科目百分制与五分制转换表

科 目	二 分	三 分	四 分	五 分
俄 语	0—30分	31—49分	50—66分	67—100分
数 学	0—37分	38—53分	54—71分	72分以上
文 学	0—36分	37—51分	52—-66分	67分以上
物 理	0—34分	35—51分	52—69分	70分以上
化 学	0—30分	31—49分	50—66分	67分以上
生 物	0—31分	32—49分	50—66分	67分以上
历 史	0—32分	33—49分	50—65分	66分以上
地 理	0—35分	36—51分	52—67分	68分以上
社会学	0—33分	34—47分	48—60分	61分以上
外 语	0—30分	31—58分	59—83分	84—100分

资料来源：http://www.ege.edu.ru.

（三）国家统一考试的问题与阻碍

尽管国家统一考试成就显著，但不满的声音一直没有停止，围绕国家统一考试制度在全国范围内展开了激烈的争论。的确，在试行过程中，由于缺乏经验，在考试的组织程序、考试成绩的送达和处理、递交诉求、高校招生方面出现了很多问题，但出现最多的是关于统考测试材料的科学性与考试过程监管的问题。

俄罗斯教育科学部公布了一些违反现行高校录取法规的行为，包括：违反报考材料的递交期限，拒收报考材料的复印件，提早进行招生录取工作，要求递交附加材料（体检表、劳动手册上的评价、户籍信息或注册时间），拒绝接收法律规定的享有优惠政策的考生，破坏宪法规定的俄罗斯公民以及在俄境内居住者的受教育权，征收录取费，录取的新生数量以及国家公费名额和自费名额的数量模糊，录取第二及以下等级的高校附属中学的学生和自费预科生等。[①]政府要求大力完善和规范相应的法律基础，其中一项重要的措施是让毕业生可以同时报考多个高校的函授部，可以不限数量地向不同高校发送报考材料。俄罗斯教育科学部确立高校录取章程及法律细则来提高录取的客观性、排除其他冲突因素的做法等颇有现实意义。[②]同时，随着政府拨款的增多，也极大地完善了统考实施过程的各个环节。

在阿斯特拉罕国立技术大学和乌里扬诺夫斯克国立技术大学的试点结果表明，实施统考以后，高校招生录取的工作量实质性减少，对考题不符合普通教育大纲要求的抱怨减少了，对分数主观性和教师个人喜恶的抱怨也减少了。[③]俄联邦主体中只有下诺夫哥罗德州坚决拒绝参加统考试验。下诺夫哥罗德州相关人员解释说，统考实质上是不正确的，只有国家正式下达相关法律后，统考才合法，那时才可以依法进行考试。[④]

国家统一考试在某些重点大学里受到批评。莫斯科国立大学校长维克多·萨多夫尼奇（В.А.Садовничий）是统考的主要反对者，2003年他在俄罗斯教育开放论坛上公开质疑统考的必要性和合理性。他认为“不能采取一刀切的方式，每所高校都应有自己的选才标准和对学生的不同要求”“高校必须考虑学生其他方面的能力，国家统一考试只是片面强调学生的学习而

① Письмо Минобразования России от 21.12.2000 №14-51-751 ин/12[J].Вестник образования, 2001(6):53.

② Петров В.Л., Петров И.В., Правкина И.А.и др.Сборник нормативнометодических документов по вопросам приема в вузы[G].М., 2001:104.

③ Справка к рассмотрению на коллегии Минобразования России вопроса «Об итогах приема молодежи в 2000 году и задачах по организации приема в учебные заведения профессионального образования Российской Федерации в 2001 году»: Письмо Минобразования России от 5.01.2001 №14-51-11 ин/12[J].Вестник образования, 2001(6):53.

④ Единый государственный экзамен в системе образования Российской Федерации[EB/OL].http://www.bibliofond.ru/detail.aspx?id=521306.

已”。部分高校校长对他的观点表示赞同。因此，莫斯科国立大学、圣彼得堡国立大学等部分俄罗斯著名高校没有参加统考试验。

国家统一考试在艺术和创造类高校里也遇到了障碍，几所著名高校的校长坚决反对实行统考。于是，大多数艺术和创造类高校的考生仍然按照原来的规定进行艺术和创造类科目的考试，而基础科目（俄语、文学、数学）则按统考成绩计算分数。莫斯科教育局命令与艺术相关的所有学校拨出50%的专业名额给按统考成绩入学的考生，只有几所大学可以例外。

（四）国家统一考试的法律与规定

为保障国家统一考试的顺利试行，俄罗斯政府发布了一系列决定和通知，详细规定了国家统一考试的组织程序和规范。如2002年4月发布《关于国家统一考试试行情况的决定》，成立国家统一考试的管理机构——俄罗斯联邦主体国家考试委员会，以领导和协调国家统一考试实施过程中的各项事务。[①]2003年3月，时任俄罗斯教育部长的B.M. 菲利波夫(В.М.Филиппов)签署第1287号命令，规定了国家统一考试证书的格式和内容。[②]2007年2月9日，俄罗斯国家杜马通过了第17－Ф3号法案《对〈俄罗斯联邦教育法〉和〈俄罗斯联邦高等和大学后职业教育法〉的修正法案》（以下简称《修正法案》）。

《修正法案》规定到2009年在俄罗斯全国范围内实行国家统一考试，国立、市立高校和中等专业学校依据统考成绩择优录取新生，这为国家统一考试提供了相应的法律依据。高校依据统考成绩设定自己的录取分数线，但不能低于俄罗斯联邦教育科学督查署所规定的各科目统考成绩的最低分数线。[③]同时赋予高校的文化、体育、艺术等专业在统考基础上举行创造力附加考试的权利，以及每年批准部分高校享有在某些专业举行附加考试的权利。

《修正法案》还规定，中学生奖章失效，奖章获得者失去了原来的优惠待遇，须参加正常统考。但是，统考受惠总人数却大大增加：23岁以下的孤

---

① Положение о проведении единого государственного экзамена[N].Рос.газ.2002.№86 (2954).17 мая. C.10.

② 齐丽娜.俄罗斯高招制度公平性研究[D].首都师范大学硕士学位论文，2008:54.

③ Проект федерального закона «Об образовании в Российской Федерации» [EB/OL]. http:// www.lexed.ru/obr/?proekt.html.

儿和无父母监管的孩子、在执行军事任务中或者反恐战役中牺牲的军人后代只要通过考试，不论排名先后，都可以进入大学学习。此外，奥运会、残奥会冠军免试进入大学相关专业学习。《修正法案》扩大了中学生奥赛的科目清单，增加了奥赛的受惠人数。奥赛获胜者可以免试升入大学，奥赛获奖者只要超过统考的最低分数线即可升入大学，他们的名单每年由俄罗斯教育科学部确认。这些措施在很大程度上消除了人们对于统考不能选拔出有特长的学生，不能评估考生的创作、思维及表达能力的担心，使统考的反对者大大减少。

三、国家统一考试的正式实行（2009年至今）

2009年2月，俄罗斯教育科学部颁布《国家统一考试实施办法》，标志着国家统一考试在全俄范围内正式实行。该办法规定所有中等教育机构毕业生，无论其是否准备进入高等学校和中等专业学校学习，都必须参加国家统一考试，包括在俄罗斯中学就读的外国公民、无国籍人士和被迫迁居人员。统考覆盖俄罗斯所有地区，涉及所有学科。要求各高校招生委员会按照统考成绩录取新生，高校有权规定招生专业的最低分数线和其他所有科目的最低分数线，但不能低于俄罗斯联邦教育科学督察署所规定的各科目统考成绩的最低分数。2009年和2010年分别有24所和11所高校经政府批准获得了在统考基础上举行某些专业附加考试的权利。2010年规定考生最多只能申请5所高校及该校的3个专业（共15个专业）。

2013年9月1日新《俄罗斯联邦教育法》正式生效以来，有关国家统一考试方面的相应规定以新法为准。规定俄罗斯实行国家统一考试制度，统考成绩的有效期为4年。统考成绩是高校录取新生的基本依据，同时还保留了多元化的招生方式，即给予特殊人群的优惠政策和赋予部分高校举行入学附加考试的权利。国家统一考试在长期的实践过程中，根据各方意见、建议和每年的具体情况，对统考内容和组织工作不断调整、修改和完善，力求达到制度的合理化和最优化。

（一）丰富考试类别和考题类型

统考的试题类型有所调整，逐步取消容易猜出答案的选择题，保留创新性和发挥性题型。数学和文学科目的试卷已不包括选择题，其他科目也将逐步取消选择题型。

外语考试增加了口语部分，口语考试占20分（满分100分），考生可自愿选择是否参加。如果考生选择不参加口语考试，那么外语成绩最高只能达到80分。从2014年起，数学考试根据难易程度分为两种水平：基础水平和专业水平，考生根据报考专业的要求选择相应的水平考试。基础水平应用于中学毕业考试，如果教育科学部和高校规定数学为入学必考科目，则考生必须参加专业水平的考试。

2013年新《俄罗斯联邦教育法》规定，附加考试分为以下三种。①部分高校自主进行的特定专业的附加考试。政府每年公布有资格在统考基础上举行专业附加考试的高校名单，莫斯科国立大学和圣彼得堡国立大学无须政府批准，每年均有在任一专业举行附加考试的权利。②体现专业创造能力和（或）职业方向的附加考试。设有体育、艺术、建筑、电视广播等60个专业的所有高校均可举行体现专业创造能力的附加考试。③国立高校在招收进入国家公务机关、国家机密机关的专业附加考试。

（二）适当调整统考日程安排

俄罗斯每年的统考日程和针对的考生群体都有所不同，如2014年的统考分为三个阶段：提前批、正常期和补考期，每个阶段针对特定的考生群体，并且每个阶段都安排备用的考试时间，以免考生因报考科目集中在一天而未能参加考试，或因考生突发疾病以及其他正当理由不能参加或未能完成考试。2015年的统考分为提前批和正常期两个阶段，毕业作文成绩合格的考生可以参加这两个阶段的考试，另外还针对往届毕业生在2月份提前安排了俄语和地理考试。2016年的统考分为提前批和正常期两个阶段，对于没有通过俄语或数学科目考试，或者考试成绩不理想的考生，还可以在9月份参加这两门科目的补考。考试从当地时间10:00开始。由于俄罗斯地跨11个时区，为避免考题泄露，每个时区使用内容不同但难度标准相同的考题。

（三）加强统考的监督和测评

加强统考的组织和监督表现在以下几个方面。①由法律部门、教育部门、大众媒体、学生家长及其他社会团体组成的社会监督系统对统考全程进行监督。②设立统考社会监督员。监督员必须参加专门培训。监督员有权监督统考各个阶段的工作，重点监督统考的公正、诚信和透明。③成立社会独立考试机构。为保证统考的透明和公正、为考生提供多次补考的机会和减轻其心理压力，部分地区成立了常年工作的社会独立考试机构。从2015年起，考生可以在考试机构参加不限次数的统考补考，直到获得理想的考试分数。

（四）录取参考多种评价要素

中学毕业生须完成中等教育11年级的学习，而且必考科目——俄语和数学的统考成绩必须及格才能获得中等教育毕业证书。统考成绩不影响毕业鉴定内容，但如果毕业生的两门必考科目没有及格，就只能发给中学学习证明，待一年以后再补考。不过，从2014年起，考生在所有科目上均有一次补考机会。此外，中学生在完成中等教育阶段某科目的学习任务后，即可参加该科目的统考，例如，如果中学生在10年级已全部完成地理知识的学习，便获得了参加地理科目统考的权利。

联邦教育科学督察署每年均会划定统考各科目的最低分数，详见表5-4，并解答关于统考考题的基准难度、统考考题对评估考生基本水平的要求、考生能够升入大学学习的能力要求等问题。高校有权自主划定不低于联邦教育科学督察署规定的招生分数线，考生要达到高校要求的最低分数线，才具备报考该高校的基本资格。统考成绩按百分制评定，从2010年起不再将统考成绩转换为传统五分制。

表5-4 2009—2016年联邦教育科学督察署规定的招生最低分数线（各科满分均为100分）

年份	俄语	数学	物理	化学	信息学	生物	历史	地理	社会学	文学	外语
2009	37	21	32	33	36	35	30	34	39	30	20
2010	36	21	34	33	41	36	31	35	39	29	20
2011	36	24	33	32	40	36	30	35	39	32	20
2012	36	24	36	36	40	36	32	37	39	32	20
2013	36	24	36	36	40	36	32	37	39	32	20

续表

年份	俄语	数学	物理	化学	信息学	生物	历史	地理	社会学	文学	外语
2014	36	27	36	36	40	36	32	37	42	32	22
2015	36	27	36	36	40	36	32	37	42	32	22
2016	36	27	36	36	40	36	32	37	42	32	22

资料来源：根据俄联邦教育科学督察署网站（http://www.obrnadzor.gov.ru.）公布材料整理得出。

在俄罗斯总统普京的建议下，从2014年起全国开始实行中学生毕业作文制度，每年12月份，中学应届毕业生根据联邦教育科学督察署批准的题目撰写毕业作文，毕业作文成绩被评为“不合格”的学生可以在第二年的2月和5月重新撰写。因此，中学应届毕业生除完成中等教育阶段学业要求且没有挂科外，毕业作文也要“合格”。此外，俄罗斯教育科学部赋予各高校自主决定在新生录取过程中是否参考毕业作文成绩的权利。如高校采纳毕业作文成绩，或者给考生指定作文考试，作文计分不超过10分，与统考成绩一并计入考生总分。

从2015年起，高校招生时可以将考生获得的各级各类奖项（如在“劳动与卫国体育制度”中获得奖章、中学鉴定获得优秀）等个人成就以及从事志愿者工作情况等换算成分值，计分不超过10分，与统考成绩一并计入考生总分，由高校自主决定是否计分及计分比重。①

因此，俄罗斯现行的招生考试政策为：在统考初步筛选的基础上，全国每年有20所左右的高校经政府批准可以再举行一次专业附加考试；有60个专业可以举行体现专业创造能力和职业方向的附加考试；对于体现考生中学学业水平和综合素质的个人成就，由教育科学部规定个人成就的范围、内容和分值上限，各高校自主决定每项成就的具体分值。最后将统考成绩、加试成绩、个人成就得分相加得出总成绩，根据总成绩的高低择优录取新生。

① Порядок приёма на обучение по образовательным программам высшего образования–программам бакалавриата, программам специалиста, программам магистратуры на 2015/16 учебный год.Утвержден приказом Министерства образования и науки Российской Федерации от 28 июля 2014г.№839[EB/OL].http://mon.gov.ru.

（五）规范录取优惠政策

2013年《俄罗斯联邦教育法》规范了录取优惠政策，确定了具有优先权的公民类别和详细标准。①

（1）免试报考相关专业的人员有：全国中学生奥赛决赛阶段的获胜者和获奖者，参加国际奥赛的俄罗斯国家队成员，奥运会、残奥会的冠军和获奖者。

（2）涉及国防和国家安全、国家机密信息专业的国立高校，招收无须参加统考，只需通过高校自主入学考试的考生，包括：从部队退役、由部队推荐报考的人员；按合同服完3年以上兵役的军人（军官除外）；按面授—函授或函授学习形式掌握相应水平教育大纲的人员；战争伤残军人、战役参加者，以及1995年《关于“老兵”的联邦法》中规定的参加战役的老兵。②

（3）孤儿、残疾孩子、父母中有一方是I类残疾的未满20周岁的公民，以及其他类别人员享有依靠联邦预算资金公费报考国立高校预科的权利。③

（4）无须参加统考，只需参加高校自主入学考试的人员还有：接受第二次高等教育的人员、健康状况异常的人员、外国公民和其他人员等。④非国立高校招收公费生、国立和市立高校招收自费生时，为这些考生提供以下优先权：①为了提高普通教育培养水平，依靠相应预算资金，招收到国立高校预科学习；②招收无须参加统考，只需通过高校入学考试的考生；③招收免试入学的考生；④在其他平等条件下提供优先权。⑤

四、对国家统一考试的评价和争论

在国家统一考试试行之初，就出现了很多反对的声音。统考正式实施后，虽然成就显著，但不满的声音一直没有停止。围绕国家统一考试在全国范围内展开了激烈的争论，支持派和反对派都阐明了各自的观点。

---

① Концепция проекта федерального закона«Об образовании в Российской Федерации»[EB/OL].http://standart.edu.ru/catalog.aspx?CatalogId=2851.

② Проект Федерального закона «Об образовании в Российской Федерации», гл.15 ст.137(п.7–8).

③ Проект Федерального закона «Об образовании в Российской Федерации», гл.15 ст.137(п.9).

④ Концепция проекта федерального закона«Об образовании в Российской Федерации».

⑤ Проект Федерального закона «Об образовании в Российской Федерации», ч.5 ст.58, гл.15ст.137 (п.6).

（一）统考支持派的观点

国家统一考试支持派的基本观点为：统考对考生知识水平进行独立客观的评价，推进了高考制度的公平与民主；统考使考生摆脱各种付费培训班和辅导教师，减轻学生和家长的负担；统考防止招生过程中的贿赂与腐败；统考扩大了弱势群体和偏远地区学生的入学机会；统考加强了教育的统一性和标准化；统考客观评估了中等教育机构的教育质量；统考符合国际教育标准，推动了教育的国际化；统考有利于加强中央权力、强化民族统一和振奋民族精神；等等。

时任教育部长的B.M.菲利波夫（B.M.Филиппов）认为，实行国家统一考试以后，毕业生可以与多所高校联系，高校也可以选择更适合该校的学生，统考比传统方式要透明和民主得多。他列举了莫斯科地区的大学生数据：现在25%的学生是莫斯科人，75%的学生来自其他地区，而在以前则刚好相反。[①]M.科罗廖夫（M.Королев）表示，各个地区，尤其是莫斯科地区的一些高校有自己的招生要求，而如果没有收费昂贵的辅导教师的指导，要达到这些要求是很难的，“高要求”背后隐藏着学生家长的“高付费”。与此相反，国家统一考试体系为全国各地区制定了统一的标准和要求。[②]A.科列斯尼科夫（A.Колесников）将国家统一考试的实行与为所有学生提供平等的教育机会，与解决教育腐败问题，与探索人才培养的教育改革结合起来。他认为国家和人民都应当为改革作出努力。

Л.格列布涅夫(Л.Гребнев)则认为，统考集下面几个功能于一身：检验学生知识、决定高校录取、评估中学乃至整个地区工作质量，也就是说统考成为教育质量监测评估的一个主要指标。同时，他也强调，统考只能更准确地确定那些明显的差等生和绝对的优等生，而难以区分其他类型的学生。[③]C.列斯科夫(C.Лесков)总结统考的优缺点认为，根本不存在完美的体制，统考制度也不例外，统考的缺点比以前的体制要少。他强调了统考最突出的优

① Долотов В.Экзамен на коррупцию[J].Деньги.2009.№9,

② Королев М.Дверь в вузы открывается для лучших[N].Саратов.Столииа Поволжья.2001. №155 (338).21 авг.С.2.

③ Е.Н.Геворкян,И.А.Правкина,Д.А.Усанов.Приём в вузы России.Как это было и что будет[М]. Саратов：Саратовский университет.2008.С.68.

点：提高了社会的公平与公正性。[①]

梅德韦杰夫指出，统考系统虽然不太理想，但完全是有作用的。“这本就应该是一个活的工具，不能使用一次就成功。需要完善这个制度，思考如何使测试本身变得丰富。”他认为“与人文科学相比，统考制度更适合精密科学。但整体上，这是一个国际系统，我们将沿着这条路前行”。[②]俄罗斯总统普京支持国家统一考试，他不止一次在年度国情咨文中强调，国家统一考试将会极大地减少高校招生考试中的腐败行为，促进教育公平，给那些天才学生和边远地区、低收入家庭的孩子提供了上全国最好大学的机会。

（二）统考反对派的观点

国家统一考试反对派的基本观点则为：统考的一次性考试结果不能完全反映出考生的知识水平；统考没有考虑到考生的个体差异和学习条件的差异；统考并不能有效防止腐败，而且会滋生出新的腐败；统考把教学过程变成了应试过程，不利于学生的全面发展；统考使考生的心理压力过大；统考的操作技术层面存在很多漏洞；等等。

莫斯科国立大学校长B.A.萨多夫尼奇（B.A.Садовничий）是统考的主要反对者，早在2003年他就在俄罗斯教育开放论坛上公开质疑国家统一考试的必要性和合理性。他认为，在当今复杂的教育形势下，选拔有才华的学生无疑是一件关系到国家民族未来的大事，不能只是采取“一刀切”的方式。每一所大学都应当有自己的选才标准及对未来学生的不同要求，实施国家统一考试将使基础教育丧失特色，让所有的学生都在同一教育标准上苦苦挣扎，“它会使孩子的想象力完全泯灭，扼杀掉那些天才的学生，断送俄罗斯教育的未来”[③]。

萨多夫尼奇还指出：“国家统一考试不能作为衡量中学毕业生知识水平的唯一标准，师生面对面交谈的考试，其优点在于老师在考试过程中不仅能够检测学生的知识水平，还能够看出学生的可塑性及逻辑思维能力。”他称国家统一考试是“庸才的锻造厂”“高校必须考虑学生其他方面的能力，统

① С.Лесков.Жирная двойка[J].Известия.2008.№132 (132127657).22 июня, С.6.

② Медведев: ЕГЭ не идеален, но работоспособен.Электронный ресурс: http://www.gazeta.ru/news/lenta/2010/05/18/n_1496121.shtml

③ 付耕南.俄罗斯国家统一考试透析[D]. 东北师范大学硕士学位论文，2006：17-18.

一考试只是片面强调学生的学习而已”①。俄罗斯一些有实力的高校校长对他的观点表示赞同。俄罗斯著名几何学家、国际数学教育委员会执行委员、数学教育家И.Ф.沙雷金（И.Ф.Шарыгин）也不赞成实施国家统一考试，他认为把中学毕业考试与高校招生考试合二为一，让不打算进入高校进一步学习深造的人也参加这种考试，而且是“一考定终身”，违背了教育原则中容许学生有犯错误的权利这一条。②他还指出，俄罗斯传统的教育制度不仅是苏联教育体系的产物，也是沙皇俄国以来历史进程中国民教育的产物，实行国家统一考试的损失远比收获要大。③

莫斯科国立法学院院长О.库塔芬恩（О.Кутафинн）则指出，实施国家统一考试无法根除腐败现象。如果之前行贿发生在高校录取时，那么实行新的考试体系，行贿还会发生在颁发中学毕业证书时。因此，反腐不应该从实施国家统一考试开始，而是从改善社会道德状况及法制文化开始。“营私舞弊、受贿行为是一种环境，现在和未来一直存在，国家统一考试也无法避免。在中学还有可乘之机，这是不可避免的，也做不了防护。”④俄罗斯著作权协会院士、1990—1992年担任教育部长的Э.德涅普罗夫(Э.Днепров)指出，尽管目前社会上热烈讨论国家统一考试，但20年后它依然是值得讨论的问题。就考试本身而言，他认为应该把考试的意义和考试的程序区分开来，国家统一考试只能在考试程序制定完善后实施，在俄罗斯得到彻底实施还要20年。⑤

---

① Л.Мутмебьярова.Когда нет злой училки[J].Общая газ.2001.№24 (410) 14–20 апр.С.2.

② 倪明，张莫宙.俄罗斯高考改革及其启示[J]. 中国考试，2005 (4)：55–57.

③ Шарыгин И.Ф.Образование для России 21 века //О математическом образовании России[C].М., 2002.С.113–130.

④ Е.Н.Геворкян,И.А.Правкина,Д.А.Усанов.Приём в вузы России.Как это было и что будет[M]. Саратов：Саратовский университет.2008.С.68.

⑤ Днепров Э.Минобразование не дает реализовать задуманное[N].Известия.2001. №157 (25995).29 авг.С.3.

第三节
俄罗斯高校招考制度的启示与借鉴

俄罗斯的国家统一考试从试行到现在不过十几年时间，俄罗斯社会各界对国家统一考试的评价褒贬不一，统考在实行过程中也遇到重重阻力，受到各种因素的干扰，有些并非政策本身的问题。俄罗斯的高考改革在不断地博弈、调整和修正中前行，现在对它的是非功过下结论还为时过早，还需要时间和事实的检验和证明，但俄罗斯改革中一些特殊的经验和做法可以为我国的高考改革提供借鉴和参考。

一、俄罗斯高校招考制度改革的特点

为保持高等教育的衔接与过渡，自俄罗斯联邦独立伊始，高校招生考试制度即沿用苏联时期的自主招生考试。为顺应政治、经济体制改革和教育国情、国际合作的需要，21世纪初，俄罗斯经历了从高校自主招生考试到全国统一考试的变革，并逐步发展为以国家统一考试为基础的多样化的招生形式。综观俄罗斯的高校招生考试制度改革，既有民族性、本土化的特点，又有开放性、国际化的一面。

（一）改革由政府主导、自上而下推行

俄罗斯的国家统一考试制度是以提高教育公平、惩治招生腐败、维护社会稳定、开拓国际教育市场为目的，由政府主导，自上而下推行，体现国家意志和利益的高校招生考试制度改革。这种教育领域的国家行为与俄罗斯的文化传统、教育传统是分不开的，俄罗斯传统的村社思想、集体主义精神、统一国家观念、强国思想是改革的文化根源。普京上台后，为了重塑俄罗斯的大国形象，在政治、经济、外交、社会、教育等领域都进行了相应的改革，实行国家统一考试是教育现代化改革的一个方面。面对俄罗斯的社会

转型需要来自社会各方面的同心协力，因此加强统一意识、协调各种矛盾、解决社会公平等问题尤为重要，俄罗斯期望通过实行国家统一考试解决原有教育领域中的问题，同时希望借此可以加强中央对教育的控制与管理。[①]确实，转型期的俄罗斯缺乏成熟的公民社会基础，社会监督和相应机构也不完善，实行国家统一考试有其合法性和合理性，是国家加强监督与控制教育质量的有力保障。

（二）改革经过充分论证、循序渐进

俄罗斯国家统一考试制度从2001—2008年经历了长达8年的试行，从个别地区和高校先行试点，到全国各联邦主体和高校、中等专业学校全面铺开。试行期间国家统一考试和高校自主考试两种制度并行，这不仅有利于比较两者的优劣，总结试点的经验教训，修改完善改革方案，还充分考虑到广大民众的接受程度，给社会、学校、家长、考生充分的心理调适时间。试行期间，政府大力推行，各联邦主体和学校自愿参与。改革草案公布在教育科学部的官方网站上，民众可以对草案提出意见和建议，再经过充分的论证和试验，逐步过渡推进。这种渐进式的、非强制性的改革不仅可以减少改革的盲目与激进，而且更有利于社会的接受和认可，维护社会的长治久安。

考试制度只有与时俱进、适应社会的发展，发挥积极的作用，才能具有长久的生命力。随着国家统一考试的正式实施，教育科学部根据各方的意见建议和每年的具体情况，依然在调整改进国家统一考试的形式和内容，完善考题的设计和评价标准，提高测试的技术和信息安全，增强考试的科学性和合理性，力求实现公平选才和科学选才的目标。

（三）统一性与多样性相结合

从20世纪世界各国高校招生的宏观情况看，从分散走向统一是一个大趋势，其间存在一定的规律性。从分散走向统一，将各高校自身发展中具有共性的部分统一起来，以达到高效、公平和具有可比性，是考试制度发展的内在要求。[②]随着社会的进步和发展，人才需求呈现多元化特点，这就

---

① 孙春梅，赵亮.俄罗斯国家统一考试及其对我国的启示[J].煤炭高等教育，2007(1)：61-63.

② 刘海峰.高考改革论[M].杭州：浙江教育出版社，2013：237.

要求建立既能测试出考生的共性部分，又能区分出特殊人才的个性部分的考试制度。大众高等教育的多样化，也要求不同类型的高校根据培养目标确定差别化的招生标准。

俄罗斯的高校招考制度在统一性的基础上又具有多样化的特点，即国家统一考试成绩是高校录取新生的基本依据，同时给予特定群体一定的优惠政策，赋予部分高校举行入学加试的权利，赋予部分专业举行创造能力加试的权利，考生的个人成就量化为分值计入总分。这样既能发挥统一高考的规模效应，也能兼顾各高校的办学自主权和办学特色，以及考生个体的能力和优势。

（四）培养天才儿童，照顾弱势群体

俄罗斯历来重视对天才儿童和特殊人才的发掘培养，通过举办奥林匹克学科竞赛和各类知识技能竞赛等办法和渠道，积极发掘特殊人才并采取有效措施支持培养。2008年俄罗斯政府颁布的《2020年前俄罗斯联邦社会经济长期发展构想》明确提出，建立保障儿童早期发展的教育服务体系，发现和支持天才儿童和特殊人才成长，是俄罗斯教育系统需要优先完成的任务。2010年，时任俄罗斯总统梅德韦杰夫批准的国家教育倡议书《我们的新学校》同样要求更新教育标准，支持天才儿童的发展。[①] 2013年新《俄罗斯联邦教育法》第77条“对有杰出才能的人员的教育组织”的规定，体现了俄罗斯对智力超常儿童和特殊人才教育的关注和支持。

在俄罗斯的招生政策中，还体现了以人为本的原则和人性化关怀的特点。根据考生的生活状况、对国家的贡献以及社会的需要，规定一些优先的录取办法，如对国家有贡献的人员享有免试或优先录取权，对残疾人、孤儿等弱势群体拨出专门的公费录取名额，不与正常考生产生竞争，这也是俄罗斯的一项社会福利政策。另外，国家统一考试安排有备用时间，如果考生由于身体原因或其他被允许的情况，不能在规定时间内参加考试，还可以在特定时间参加考试。对盲人、聋哑人等残疾考生和健康状况异常的考生，根据他们的个体特点，提供专门的设备和仪器来保障入学考试的顺利进行。

① 王森.《俄罗斯联邦教育法》中教育法律规范的新变化[J].外国中小学教育，2013(12)：5.

（五）社会各界监督高校招生考试

俄罗斯的国家统一考试由法律部门、教育部门、大众媒体、学生家长及其他社会团体组成的社会监督系统进行全程监督。自2011年起，教育科学部正式实施国家统一考试社会监督员制度，监督员在不影响、不干扰国家统一考试工作的前提下，有执行监督考场秩序、监督国家统一考试的申述及处理、举报考试违纪情况等权利，重点监督国家统一考试各阶段工作的公正和透明。社会监督员由地方教育管理机关选拔，教育科学部进行资格审核，并赋予其“联邦社会事务监督员”的身份和称号。监督员必须参加专业培训，培训内容由教育科学部与劳动和社会保障部共同确定。各行各业的社会人士都有机会成为监督员。[①]在俄罗斯的国家统一考试制度还不成熟、不完善的情况下，成立社会监督系统，号召社会各界的广泛参与是十分必要的。同时，招生信息公开透明是贯穿俄罗斯招生各阶段的基本原则。教育科学部要求各高校在招生过程中要通过学校门户网站、热线电话、信息宣传栏或“学校开放日”活动等方式公布本校章程、国家教育许可证书、国家认证证书和本校招生简章等信息文件，并在网站和信息宣传栏里及时公布和更新以下信息：招生专业和名额、各科目最低分数线、申请公费入学（包括免试、特殊权利、定向、普通竞试等）的学生名单、申请自费入学的学生名单、考生的国家统一考试成绩及录取名单等。[②]若高校要举行入学加试，还应公布入学加试的科目、方式、时间和地点，以及参加入学加试的学生名单、加试成绩和总成绩及录取名单等。

二、俄罗斯高校招考制度对我国高考改革的启示

我国近年来一直在进行高考制度的改革探索，从原来单一的国家考试录取，到部分省市自主命题考试招生、部分高校联合考试招生，再到部分高校自主选拔录取，改革的趋势是逐步由国家统考向各高校自主招生考试的多样化形式发展。可见，中、俄两国高校招考制度改革的方向和趋势正好相反，或者说是相向而行、殊途同归，目标都是实现高考制度的公平性、科学性和

① 赵春露.俄罗斯高考社会监督员须参加专业培训[J].世界教育信息，2014(2)：73.

② 邵海昆，柴亚红.俄罗斯2014年高校招生政策内容及分析[J].考试研究，2015(3)：54.

多样性。新世纪以来，俄罗斯的统一高考制度在争议中坚持不断前行，这对我国正在进行的新一轮高考改革提供了有益的参照和启示。

（一）高校招生考试制度应首重公平

俄罗斯由传统的高校自主招生考试转向标准化的国家统一考试，主要原因是高等教育面临严峻的公平问题。教育公平是社会公平的重要基础，而入学机会公平是教育公平的重心，是民众评价高校招生考试制度合理与否的最重要指标。俄罗斯传统自主招生考试的积弊带来不同阶层、不同地域及城乡之间学生入学机会的差异，受人为因素干扰滋生腐败造成不公平现象，引发社会各界的不满，不得不转向相对更公平的统考制度。这对我国目前正在进行的高考改革具有警示作用。高考制度承担着巨大的社会责任，它不仅是人才选拔的方式，而且具有维护社会公正的功能，它既是确保高等学校新生质量的关键，也直接对基础教育起着导向作用。高考的竞争实质上是人们政治和经济地位等社会竞争在教育领域的高度“浓缩”，涉及众多的利益相关者，是一个敏感而复杂的问题。由于历史与文化的影响，国情与现实的需要，高考的公平性问题在我国备受关注。①统一高考在维护教育公平、社会公正方面发挥了重要作用，具有强大的生命力。探索建立分类考试、综合评价、多元录取的具有中国特色的现代教育招生考试制度，必须在确保高等教育机会公平和社会公正的前提下进行。

（二）建立招考分离、二次考试模式

在统考的组织方面，为保证统考的公正透明,并为考生提供多次补考机会和减轻其心理压力，俄罗斯成立常年工作的社会独立考试机构。截止到2014年7月16日，俄罗斯共批准建立了四个社会独立考试中心，联邦教育科学督察署计划每个联邦区至少建立一个。②从2015年起，考生可以在独立考试中心参加不限次数的统考和补考，实现了一年多次考试，直到获得理想的考试分数。高校录取新生采取“统考成绩＋部分高校、部分专业的入学加试成绩＋考生的个人成就”的二次考试模式。随着高等教育的发展和考试规律的内在要求，预计今后俄罗斯举行入学加试的高校和专业范围将逐步扩

① 郑若玲，等.苦旅何以得纾解——高考改革困境与突破[M].南京：江苏教育出版社，2011：238

② 邵海昆，柴亚红.俄罗斯2014年高校招生政策内容及分析[J].考试研究，2015(3)：54.

大，个人成就的内容也将逐渐增多，二次考试选拔录取将成为俄罗斯高校招生考试制度的主要特色。二次考试选拔模式既能发挥统一高考的规模效应，又能结合各高校的办学特色、扩大高校的招生自主权，并兼顾考生个体的综合素质和能力，从而实现高考兼顾公平选才与科学选才的目标。

建立社会独立考试机构、实行社会化考试、探索某些科目一年多考的办法，也是我国高考改革的讨论热点。我国高考改革在部分省市已逐步向招考分离、一年多考迈进，外语考试先行先试，建设外语标准化考试题库和标准化考场，为今后其他科目逐步推行标准化考试积累经验。部分高校在统一考试基础上进行自主考核、设立面试（或技能测试）环节，向二次考试发展，这也符合国际上高校招生考试改革的趋势：统一考试的范围逐步扩大，并向二次考试方向发展。二次考试中的第一次为全国性或大范围的统一考试，由专门的教育考试服务机构承办；第二次为高校自行举办的入学考试。

（三）改革应通盘考虑、稳中求进

鉴于高校招生考试制度的复杂性和敏感性，高考改革应充分考虑国情，包括教育制度、社会制度、社会发展阶段以及民众的认可程度等，应避免改革中的畏难心理和急躁情绪。公平性与科学性往往存在矛盾，高考改革如果不通盘考虑，极容易出现顾此失彼的局面。高考改革“万变不离其宗”，无论考试形式和内容如何变化，都应始终坚持公平与科学选才的原则，尽量在两者之间求得基本的平衡。[①]改革要平稳地推进，使改革带来的社会震荡降到最低，宜采用渐进式改革，稳中求变、变中求稳。俄罗斯的高考改革目标明确，多方位论证，规定较长时间的试行期。在试行期内采用两种考试制度并存的方式，并及时总结经验教训，扬长避短，循序渐进，逐步完善，这种改革的过程和推行方式值得我们学习和借鉴。

（四）加强中学生职业指导

对青年的职业指导是俄罗斯高校招生工作的一大特色，对考生的未来职业定向产生了积极影响，不仅满足了国家各项事业发展的需要，而且使考生能够按照自己的个性特点，合理选择高校和职业，获得适合而长远的发展。职业定向是对个人的职业发展方向给予一种明确目的的引导。对职业的社会

---

① 刘海峰.高考改革论[M].杭州：浙江教育出版社，2013: 243.

意义和熟练掌握该职业的途径了解得越清楚，选择职业的可靠程度也就越大。职业定向活动能培养学生的劳动态度和参加创造性活动的可贵精神，而这些不仅是在高校学习过程中，也是在今后的工作过程中所不可缺少的。[①]高等学校在招生时不应当只局限于挑选考生，而应当积极影响学生选择自己的生活道路，并竭力帮助他们实现自己的理想。

我国高校每年转专业的大学生数量众多，大学毕业后转行的人员也不在少数，造成了国家人才资源的浪费。这说明对中学生的职业指导还未引起政府和教育界的足够重视，这方面的工作严重缺失。我国应当认识到对中学生的职业指导无论是对考生个人、考生家庭，还是对社会、国家建设都具有重要的意义。我国应认真学习和借鉴俄罗斯的做法，通过制定相关政策，加大经费投入，采用各种措施和渠道加强对中学生的职业指导。可以通过出版物以及网络、电视、广播等各种大众媒体向中学生传播职业信息，例如每年出版《高等学校招生指南》，详细介绍全国高等院校的专业设置、教学大纲、毕业去向等情况；高等学校在全国各地举办“对外开放日”，通过报告、座谈、书面材料和实地参观等形式帮助中学毕业生多渠道、全方位、深入实际地了解自己所要报考的高校和专业；企业家、大学教师、大学生到中学做有关职业选择的专题报告；设立专门的信息咨询机构为中学毕业生提供职业咨询，使中学生明确未来的职业方向和奋斗目标、切实深刻地了解所选择的职业内容和本人能力，努力学习与实践，实现个人职业选择和社会发展需要的双赢。

（五）提升教育质量是根本

统考在实现国民教育机会均等、为高校选拔合格新生、平衡各地高等教育水平、改善高等教育布局、提高高等教育整体质量等方面发挥了重要作用，然而统考制度不是“万能钥匙”，亦有其局限性，无法解决教育公平和社会公正的所有问题。只有加大国家财政教育投入，逐步消除区域、城乡和学校之间的差异，提高教育质量才是根本。

普通教育资源和教育水平的差异，易使农村贫困地区和边远山区的孩子

① В.П.叶留金，著.苏联高等学校[M].张天恩，曲程，吴福生，译.北京：教育科学出版社，1983: 314.

从一开始就输在起跑线上，处于不利的竞争位置。而那些生活在大城市和教育发达地区的孩子，社会资源和教育资源丰富，甚至得到一对一的专门辅导和训练，视野开阔、知识面广、兼顾才艺，而这些都是农村孩子可望而不可即的。所以，教育机会平等的解决办法是改进公共教育，并降低财富和收入的不平等，使孩子们能够获得更高质量的教育。

同时，高等学校不仅要把好考试招生这一入口关，还要把好毕业出口关。不少学生和家长认为考上大学就万事大吉了，只要在大学四年不犯违反校纪校规的“大错误”都能顺利毕业，教师对学生也是采取“能放过就放过”的态度，这导致一部分大学生学习懈怠、不思进取。因此，必须提升高等学校的教学质量和学生学习质量，严格落实高校毕业生的考核评价制度，树立终身学习的理念，只有这样，才能切实为国家和社会培养优秀的专门人才，促进学生的终身发展。

俄罗斯从高校自主招生考试向国家统一考试的变革，充分证明了统一考试制度具有强大的生命力。虽然统一考试制度并不完美，存在着缺陷和负面作用，但统一考试制度是顺应大规模考试自身发展规律的产物。作为一种大规模考试，追求效益是最为现实的考虑。由国家主持的统一考试，无论在经济效益抑或在保证考试的科学性、权威性和公平性上，都强于各校单独招考。统一考试在为国家节省大量人力、物力、财力和为考生提供经济便利的报考条件的同时，也保证了新生的质量，使新生水平良莠不齐的现象得到改观。统一考试正是从制度上排除了考试以外人为因素的干扰，以考试成绩而不是以金钱、权力为录取标准，才有效保证了考试的公平与健康发展，从而使全体国民有了平等参与竞争并接受高等教育的机会。[①]因此，今后我国的高考改革应充分考虑现实国情和文化传统，适应国家政治、经济体制发展要求，遵循考试制度内在规律，坚持以统一考试为基础的多元化的高校招生考试制度，走循序渐进的改革创新之路。

---

① 郑若玲，等.苦旅何以得纾解——高考改革困境与突破[M].南京：江苏教育出版社，2011：4-5.

第六章

日本高校招考制度

国外高校招考制度研究

国外高校招考制度研究

国外高校招考制度研究

国外高校招考制度研究

日本高校招考制度改革与我国类似，都高度关注统考制度，都面临统考与多样化考试的均衡等课题。日本政府推动高等教育大众化依赖的主要是两个法宝——统考与多样化考试，以统考保质量，以多样化考试保规模。高校招考制度对日本高等教育大众化所起的作用是双重的：一方面快速推动了高等教育大众化进程，另一方面也遗留了诸多问题。日本高等教育进入普及化阶段后，日本政府开始酝酿实施新的高校招考制度。本章将聚焦三个核心主题：其一，从统分结合制度的构建历程、理想与现实的差距这两个角度进行，阐释日本高校招考制度改革与日本高等教育大众化之间的进退起伏关系；其二，阐述日本高校招生考试公平内涵的变化——从重视分数面前人人平等的公平，转向为每一位有入学意愿的个体提供接受高等教育机会的实质公平；其三，阐述日本从2013年着手推动的高校招考制度改革新案——“大学入学希望者学力评价考试”，在深入分析考试新案内容与形式等方面改革的同时，关注其隐藏的不安因素。通过总结日本高校招考制度发展与改革的经验，为我国高校招考制度的规范化与多样化改革提供参考。

第一节
日本高校招考制度的发展历程

观照历史是形成客观、理性的现实认知的基本态度，我们观察日本统考、多样化考试制度是如何开始的，方可为其后发生的诸多问题与纠葛找到根源。通过检视日本高校招考制度发展历程，对日本从江户时代竞争性考试的发轫到明治时代考试与学校体系的构建，到大正时代与昭和时代统考与分考的交替更迭，再到“二战”后逐步确立两次考试、综合评价的制度模式，进行层层深入的剖析，可以知晓日本确立高校招生考试制度统分结合模式的历史根源，从而在日本的利弊得失中明确自我如何扬弃。

一、江户时代日本竞争性考试的发轫（1603—1867年）

日本自古有重视教育、重视考试的传统，江户时代虽然执行封建锁国体制，经济发展受阻，但是，200多年的和平环境孕育了民众温和的文化追求，民众对新知识的渴望愈来愈强烈，这种探求心推动着教育的普及和考试机制的萌芽。著名私塾林家弘文馆为东京大学的前身，1660年，首次提出考试改革的“五科十等制”，五科即五个教科，各教科再细分为十等。教科分类意味着专业领域划分意识的萌芽，现在日本高校招生考试制度中的教科即源于此。十个等级的划分依据是成绩，这意味着竞争意识的萌生。该考试制度创新此后在众多藩校中得到推行。

1787年，江户幕府实施“宽政改革”，为了扩大当时官办最高学府——昌平坂学问所的规模，江户幕府第8代将军德川吉宗的孙子松平定信提出要设立定期考试制度，并将考试分为两个阶段：第一阶段为考查基本学力的“素读吟味”，第二阶段为具有竞争性的“学问吟味”。第一阶段以7—14岁的幕府所属的大名、旗本和御家人子弟为对象，[①]一年举办一次口语考试。第二阶段为笔试，以旗本和御家人子弟（已接受昌平坂学问所或者朱子官学教育的子弟）为对象，该考试三年举办一次，考试分为“初场”和“本试”。初场考一天，是预备考试；本试考四天，分为经义、历史、作文三科，合格者根据成绩高低评定甲、乙、丙三等。第二阶段的考试即“学问吟味”，1792年开始推行，终于1865年，前后共实行17次，总计有66人获得甲等、415人获得乙等。1794年共237人参加“学问吟味”笔试，考试结果为5人甲等、14人乙等、28人丙等，合格率不足20%，竞争非常激烈。[②]不过，由于日本的官僚选拔制度有着严格的世袭制与等级制特质，能否走上仕途更多地取决于出身和家世条件，因此，该考试和仕途并没有根本上的相关性，考试目的在于提高统治阶层的素质。就本质而言，该考试也并非竞争性考试，只是一种鼓励求学治学的奖励制度。但是，此次改革为以后日本坚定不移地走上构建两次考试综合评价的考试制度、关注多样化基准的考试评价等打下了基础。

概言之，江户时代浓郁的教育文化氛围的形成，为明治时代日本主动汇入世界历史发展潮流，自主引进、消化与吸收先进教育经验，以及以独特的方式迈出考试制度近代化的第一步创造了条件。基于自身的个性化历史发展需求，日本在明治时代推动了具有划时代意义的教育与考试变革。

二、明治时代考试制度与学校体系的构建（1868—1911年）

教育近代化是日本明治时代以来经济急速发展并为世界瞩目的关键动因，具有强烈学习意识的明治新政府始终将教育放置于凸显的位置，强调“邑无不学之户，家无不学之人”的普教方针。“维新三杰”之一的木户孝允在考察美、英、法、德等欧美12国后提出“一般民众知识之进步，文明各国规则之取舍，全国范围内逐步振兴学校，广布教育，乃今日之一大急

---

① 大名：江户幕府时代，在地方拥有实权、独立于幕府体制之外的大封建主。旗本：江户幕府时期石高未满1万石的武士，他们为德川军的直属家臣，拥有自己的军队。御家人：江户幕府时代，与将军直接保持主从关系的武士。

② 天野郁夫．試験の社会史[M]．東京：東京大学出版社，1992：32-33．

务”[①]。著名思想家、教育家福泽谕吉强调要“让人人享受知识之光辉”。这种导向在日本的教育和考试制度改革中至关重要，对政府决定兴办学校并以考试助益学校体系构建产生较大影响。

1871年7月，明治新政府设立文部省（文部科学省的前身）作为管理全国教育事业的领导机构。1872年，文部省颁布《学制》，时任文部卿大木乔任提出学生选拔应首重学力，以等级制和考试决定学生教育层次的上移。《学制》提出学问乃“立身之本”，标志着学问、能力取代了传统的血缘、身份，成为人才选拔的重要标准，这是具有划时代意义的宣言。虽然这个宣言释放了民众的受教育权，让普通民众也有了接受教育的可能，但是，在教育机构极其有限的现实下，民众如何享受平等的受教育权？借鉴世界上先进国家的教育、考试模式成为政府教育改革的当务之急，政府将考试制度的确立作为构建学校教育体系的核心。《学制》对考试做出规定：“学生学业结束时有大考试（如小学升中学、中学升大学等考试），大考试之际，考试相关人员当然应该参与，如有必要还应派相关官员参与考试事宜。”[②]

但是，此时的日本尚未构建起考试体系。日本考试体系的建立与健全，与美国教育行政官戴维·莫雷（David Murray）有着莫大的关系。莫雷应时任文部大臣森有礼的邀请，于1873—1878年担任日本文部省高级顾问，致力于指导日本教育改革。1877年，莫雷在东京大学法、理、文三个学部的毕业典礼上发表演讲，明确了日本考试制度改革的基本方向。莫雷提出有必要设立奖励法、升学法，并形成制度以鼓励全民向学、向上之心，为此，要汇聚中国科举制和欧洲的考试制度之精华，创建适合日本的理想的考试制度，[③]主要内容是学生分级就学，分级必须以考试为基准，大学毕业要取得学位需通过政府主办的考试，政府享有学位授予权。莫雷的本意是通过考试建立人人得以接受教育的教育体制，并在大学学位考试和官僚、专业人才之间建立联系。莫雷在东京大学的演讲清晰地传递了政府力图以考试制度带动整个教育体系构建与运转的意愿。以此为契机，日本考试制度化建设逐渐步

① 山住正己．日本教育小史[M]．東京：岩波書店，1989:22．

② 鈴木義里．大学入試の「国語」[M]．東京：三元社，2011:42．

③ 東京大学法理文三学部編纂．学芸志林（第3卷）[M]．東京：文部省，1978：25．

入正轨。依循莫雷“考试建学”的理念，日本政府把考试作为国家选才的核心机制，考试被赋予举足轻重的功能，无论出身如何，都必须通过考试才能获得相应资格。学校教育因此成为竞争合理化、考试制度化的根本载体，在迅速推进教育机会公平化的同时，考试的竞争选拔性功能也日益被强化。

明治新政府融东西方教育文化为一体，力图依据“考试建学”理念，通过竞争升级的办学模式，为学校教育体系的创建提供有力保证。这是在教育资源有限条件下推动办学的有力策略，促使日本在经济相对贫弱的情况下基本构建起近代化的学校体系。

三、大正时代与昭和时代统分互补模式的交替更迭（1912—1944年）

1912年，日本开启大正时代，1925年进入昭和时代，这是弥漫着战争硝烟的两个时代。在这样的时代背景下，考试制度改革也呈现断断续续、反反复复的特点。日本的考试制度近代化改革虽然举步维艰，却成为战后统分模式肇始的时代。

“一战”前后，日本国民生产总值剧增，中等教育得到迅速普及。中等教育的发展促进了高等教育需求的上升，民众希望增加高等教育的入学机会。然而，这一时期的高等教育机构数量有限，仅凭官立的几十所高校远远无法满足社会需求，高校招生考试的竞争开始出现，统一性的高校招生考试制度有了萌芽的可能。1908年开始，部分官立高校推行“统一考试・单独选拔”模式，即入学考试统一举办，各校自行决定合格者，高校拥有完全的录取权。《1913年诸官立学校入学考试问题集》中登载了25所官立高校和5所军事学校的考卷，其中8所为统一命题、统一考试。1917年，考试模式转变为“统一考试・综合选拔”模式，即举办统一考试后在招录中按照成绩排名，结合考生报考志愿，由文部省统一分配至各校。1928年以后，日本高校招生考试又采用了10余年的“单独考试・单独选拔”模式，虽然各高校的入学考试日期一致，但命题工作由各校负责，招录工作也完全自主。1941年又回到“统一考试・单独选拔”模式。小范围的官立高校的统考模式为战后进行的统考制度改革奠定了基础。

然而，统考制度的数次尝试，也造成了应试之风。昭和时代，“应试考生”“考试地狱”“考试战争”等词风行。当时的《文部时报》指出，“近几年的入学考试带来学生忙于应试准备，漠视教科书，埋头苦做考试习题的弊端”[①]。考生埋头苦读就是为了应试，无论是数学还是物理科目，都是只求最后的答案，不问其所以然，学生成了解题机器，成了应对考试的工具。为帮助考生了解各高校考试资讯，从容应对考试，民间各教育考试机构潜心研究各校考试特点与规律，特别是具有同一性质的考试，导致成册发行的应考习题与应考技巧等书籍在市场上泛滥。此后，各类考试杂志也粉墨登场。1917年《考试与学生》创刊，1931年《考试旬报》创刊，该刊于1941年更名为《萤雪时代》，其创办者旺文社至今依然是考试产业的龙头出版社。在内、外部因素的共同作用下，高校招生考试的应试意味逐渐浓厚，竞争选拔性功能逐渐提高，排序排位功能逐渐增强，特别是民间教育考试机构围绕各项自定指标核算出的偏差值排名，使得考试产业化的言论甚嚣尘上，也成为推动战后考试竞争与应试教育的“加速器”。

由上可知，江户时代庶民文化与教育的兴盛为日本考试制度的发展播下了种子，这颗种子在明治时代萌芽，并在大正与昭和时代的发展中基本确立了日本高校招生考试制度的发展方向，即东西合璧、统分互补。

四、战后统分结合综合评价考试制度的确立与巩固（1945年至今）

“二战”后，日本百废待兴，处于何去何从的十字路口。美国成为日本战后初期兴建教育体系的主导者。在美国教育使团的影响下，自上而下推动的统考制度改革成为日本政府扩大民众受教育机会的根本举措。日本高等教育融入世界近代化进程与保持日本式改革特色，早已成为日本政府与社会的主导性认知，并投射到各种改革中。日本政府快马加鞭推动教育考试改革，一方面是强烈的自我主义在起作用，另一方面是不可遏止的融入国际化的渴望所致。在美国模式与日本模式中，日本选择尊重自身文化土壤，将先进发达国家的理念、制度与文化融于日本模式之中，实现高校招生考试制度的

① 中島直忠．日本・中国高等教育と入試——21世紀への課題と展望[M]．東京：玉川大学出版部，2000:65 .

自我塑造。

（一）统考制度的初步尝试

1947年3月《教育基本法》颁布后，日本文部省相继出台一系列教育法律法规，基本确立了日本的教育思想与教育体制发展方向。针对“二战”前日本高校招生考试选拔缺乏民主性的缺陷，1948年，美国教育使团的艾美斯顿(Edmiston)博士效仿美国的SAT考试，提出了集升学适性考核、学力考试与高中调查书于一体的综合评价招考模式。该模式集过去、现在与未来于一体：高中调查书面向过去，学力考试面向现在，升学适性考核面向未来。这种具有连续性的考核机制，是一种理想的选拔模式。文部省设立专业命题委员会，按照一般性、文科、理科三个方向命题。为评卷方便只采用客观选择题型。升学适性考核旨在测试学生是否具备升入大学的资格以及究竟适合文科还是理科学习。该成绩是大学录取考生的核心依据，所占比重由各大学自主决定。有研究指出，当时“大学招录中利用升学适性考试成绩的比重最高为50%，最低为6%”[①]。遗憾的是，由于水土不服，这一作为理想选拔模式的制度终究还是被抛弃。毕竟，升学适性考核的本质依然是学力考试，与各校单独举办的学力考试大同小异，利用该考核的大学数量有限，导致依赖考生报考费维持运营的命题委员会难以为继。1952年，全国高中校长协会、国立大学协会、日本学术会议机构先后提交了要求政府废止升学适性考试的提案。1954年，文部省废止了升学适性考试，各校再次恢复单独招生考试。

1955年开始，日本经济进入黄金发展期，工业化进程提供了大量高级职业岗位，各经济实体希望政府大量增设理工科高校，为工业发展提供人才支撑。伴随城市中产阶级的迅速膨胀，对高级技术人才的需求冲击着高等教育的办学方向，高等教育事业的扩展与政府财政不足的矛盾日益凸显，高等教育从封闭走向开放已成必然，私立大学、私立短期大学、私立专门学校等大众型高等教育机构应运而生，成为高等教育大众化的载体。1950年，四年制大学共201所，到了1972年增至398所，其中增幅最大的是私立大学，从105所增至290所，短期大学也从1950年的149所增至1972年的491所，其

① 中島直忠．日本・中国高等教育と入試——21世紀への課題と展望[M]．東京：玉川大学出版部，2000：69．

中私立短期大学增幅最大，从132所增至423所。[①]

1963年，日本经济审议会提交咨询报告《关于经济发展中人的能力考量的课题与对策》，认为在世界技术革新时代，人才评价基准应该有所改变，要在“能力主义”主导下，基于科学、客观、弹性的原则，评判个人的能力与适应性。1963年，中央教育审议会在咨询报告中指出，“依赖于各校一次性的考试必然导致高中调查书、面试、学生的学术性向测试等综合考察难以推行，由此也导致了对学生评价的单一性，没能做到综合性评价，这是一种‘制度方法的缺陷’”[②]。由此，提出建立一种共通的、客观的考试，通过获取值得信赖的结果，考查考生的学习达成度与升学适应性，这就是始于1963年的“能研考试”。其基本原则包括：①最大限度地活用高中教育对于考生的能力、学力的判断；②限制学力考试的次数；③提供学力考试以外的选拔方法。[③]但是，能研考试的两次考试考测内容与方法界限模糊，其实就是两次学力考试，严重增加了考生负担。另外，能研考试还有一个宏愿就是缩小高中教育的校际差距，引导高中教育健康发展。但是，高中教育的校际差距毕竟是多方因素综合作用的结果，仅凭能研考试的调节难以奏效。再加上各大学利用能研考试的积极性也逐年降低，明确规定将能研考试结果纳入招生考核参考指标的大学屈指可数，1967年有3所，1968年只有2所。最终，依赖考生报考费而生存的能研考试不得不于1968年宣布取消，各校再次回归单独招生考试模式。

虽然由政府大范围推动的两次统考尝试都未能持久发展，但是，政府因此也意识到两次考试之间如何实现错位评价、避免重复的学力评价给大学与考生带来不必要的心理负担，是创建统考制度要解决的核心问题之一。

（二）统考制度的确立

日本“二战”前的高等教育以国立、公立为主要载体，虽然以国立、公立为对象的统考尝试以失败告终，但是，这种先行先试的方法在一定意义上促进了民众一心向学的意识。再加上民间无处不在的专门学校的贡献，1963

---

① 天野郁夫．高等教育的日本模式[M]．陈武元，译．北京：教育科学出版社，2006：138．

② 佐佐木隆生．大学入試の終焉[M]．北海道：北海道大学出版会，2012:173．

③ 文部科学省．教育内容的充实与能力的开发．大学入学者选拔方法[EB/OL]．http://www.mext.go.jp/b_menu/hakusho/html/hpad196401/hpad196401_2_046.html．

年，日本高等教育的毛入学率超过15%，进入高等教育大众化阶段。此后十几年，日本经济实现了惊人的增长，庞大的新生中产阶级对高等教育入学机会的渴望更趋强烈。由于20世纪70年代政府强化了大学设置限制，大学增量有限，大学数量与社会需求之间依然是僧多粥少的紧张关系。如何在满足社会新生阶层教育需求的前提下确保教育质量，成为摆在政府面前的新课题。在本国考试文化与教育传统潜流的影响下，政府选择了构建具有国家权威性与科学性的统考制度这一根本政策。

1977年，文部省创立大学入学考试中心，作为统管全国高校招生考试的组织、管理、实施与研究的总枢纽。1979年，大学入学考试中心启动"共通第1次考试"改革，希望通过整齐划一的考试检测高中教育质量，换言之，是希望高校招生考试改革能够尊重学习指导要领中的高中教育理念。[①]共通第1次考试以国立、公立大学为对象，私立大学自行决定是否参与。报考国立、公立大学的考生必须参加共通第1次考试，考试教科、科目硬性规定为5教科（国语、社会、数学、理科、外语）和7科目（国语、社会2科目、数学、理科2科目、外语）。命题涵盖高中5教科、7科目，旨在引导高中教育健康发展，走出应试教育的误区。同时，文部省希望实施了共通第1次考试的国立大学，可以适当减少大学单独招生考试中的教科、科目数量，并在考试内容与形式上与统考错开，另外增加面试、小论文、集体讨论、推荐入学、社会人员入学、编入学等多样化的选拔模式。推荐入学是日本多样化高校招生考试的代表性形态。以高中调查书的成绩为主要依据，高中调查书中成绩记录分为A、B、C、D、E共5段，如果成绩在A段且特别优秀的学生可以获得高中校长的推荐，免试入学，但需在文部省备案。社会人员入学是各高校为了吸纳社会人员继续入校学习而设置的弹性考试制度。编入学旨在为在高校学习了一年或两年并修满一定学分的学生提供转学机会，分为二年级编入与三年级编入两类。这些多样评价结果在最后评价录取中占据一定比例，当然，统考成绩和大学单独考试成绩的权重，由各大学自行决定。就此而言，共通第1次考试是文部省正式推动统

---

① 東北大学高等教育開発推進センター．高等学校学習指導要領VS大学入試[M]．東京：東京大学出版会，2012:57.

分结合的高校招生考试制度改革的关键举措，标志着日本统考制度的基本确立，也为未来的多样化考试改革奠定了良好基础。

共通考试虽然为国立、公立大学提供了一个权威且客观的比较平台，但是，占高校总数近80%的私立大学对该考试并不热衷。那么，如何扩大私立大学的统考参与度，将游离于政府管控之外的私立大学纳入统考体系，实现真正意义上的“统一”考试，以便为政府宏观统管教育事业提供科学依据呢？鉴于此，考试中心又开始了改革的步伐。1990年，考试中心为克服共通考试的局限性，以具有较大弹性的“中心考试”取代了共通考试。

中心考试沿袭了共通考试的优点并加以完善，尊重各校差异，扩大了高校招生考试自主权与考生的自主选择权，体现在以下两个原则中。①高校自主选择原则。柔化所有国立、公立大学统一考5教科、7科目的硬性规定，丰富了科目组合，共设5教科、18科目供国立、公立、私立大学各取所需。大学不仅可以根据自身的办学优势、学科特点等自主决定考生应该参加的统考教科、科目数与具体科目、得分比例，也可以自行决定统考成绩在招录中所占权重。②考生自主选择原则。虽然各大学对于考生利用中心考试的教科、科目有一定的规定性，但是，由于中心考试同一教科下的科目设置非常丰富，考生在同一教科下依然有较大的选择空间。1990年首次实施中心考试时，只设了5教科、18科目，到1997年增至6教科、32科目，2006年调整为6教科、29科目，2017年为6教科、30科目。

实施中心考试的大学数量从2004年640所上升到2013年840所。其中，国立、公立大学数量稳定，全都实施中心考试。私立大学实施中心考试的数量也逐渐上升，从2004年的475所上升到2013年的662所，实施中心考试的大学数占私立大学总数的比例从75.4%升至78.8%。中心考试得以普及主要得益于私立大学的积极参与。1990年，参加中心考试的考生仅占总数的35.2%，但到2013年增至73.4%。2009—2015年报考中心考试的考生数分别是54.4万人、55.3万人、55.9万人、55.6万人、57.3万人，56万人、53.7万人。[①]私立大学的积极参与，使中心考试成为名副其实的全国性统考，该成绩也自然成为各大学招录人才的核心参考材料。2016年，报考中心考试的考生数为536828人；2017年，考生数略有上升，增加了10763人，达到547591人。[②]

（三）统分结合考试模式的形成

统考以其相对公平性成为日本选拔、培养优秀人才的有效机制。但是，单一选拔模式影响了人才培养的多元性，产业界对高校人才培养脱离实际需求提出批评，社会与学界对高等教育个性化、柔性化、自由化改革的呼声也日益高涨，人才选拔多样化评价体系构建的重要性与必要性因此凸显。1984年，中曾根康弘首相建立临时教育审议会，揭开了日本近代以来第三次教育改革的序幕。“多样化”成为日本教育改革的又一个关键词。新的高校招生考试制度强调高校招考不应当沦为引导学生死记硬背的工具，而应当通过挖掘学生个人潜能，谋求统一性前提下的多样化发展。作为对政府政策导向的策应，各高校在大学自主决定的第二次考试中围绕多样化选拔目标，结合自身特色设定入学标准，使录取标准可以反映高校的专业性向，促进各级各类高校选拔方式的个性化，成为保障各校生源数量和质量的必要手段。AO入学、推荐入学、编入学、社会人员入学等多种多样的考试制度相继诞生，丰富着日本多样化考试改革。以下主要聚焦最具代表性的AO入学考试和推荐入学考试展开分析。

1. AO入学考试

AO是admission office的缩略语，一般译为“招生办公室”，1990年由庆应大学从美国引入。采用该入学方式的高校一般都会设立专门负责招考的机构，并设置专职人员，为大学内部的考试机构和国家考试中心之间搭建沟通

---

① 文部科学省.平成25年度入学者選抜実施状況の概要[EB/OL]. http://search.yahoo.co.jp/search;_ylt=A2RA0DwU07hUk38AEh.JBtF7?p=%EF%BC%92%EF%BC%94%E5%B9%B4%E5%BA%A6%E5%85%A5%E5%AD%A6%E8%80%85%E9%81%B8%E6%8A%9C%E5%AE%9F%E6%96%BD%E7%8A%B6%E6%B3%81%E3%81%AE%E6%A6%82%E8%A6%81&search.x=1&fr=top_ga1_sa&tid=top_ga1_sa&ei=UTF-8&aq=&oq=&afs=.

② 文部科学省.平成29年度大学入試センター試験実施結果の概要[EB/OL]. http://www.dnc.ac.jp/albums/abm.php?f=abm00009105.pdf&n=別添 2：【修正・試験情報】平成29年度大学入試センター試験実施結果の概要%2B%2B-%2Bコピー.pdf.

的桥梁。2009年，共有21所国立大学加入了“国立大学AO考试中心联络会议”，登记在册的专任职员和教员达到42位。庆应大学引入AO入学考试的初衷是：克服偏差值排序和偏重学力的风气，重视个性人才的吸收，通过对书面材料的详细审查，考查和评价考生的个性特征、专业性向、独创性、实践能力、学习欲望、学习目的和意识等，以在一定程度上促进考生与大学之间的双向选择。AO入学方式的基本特征表现在：不太注重分数，基本是自我推荐，可以不要校长推荐信；很多大学都不参考高中调查书；提交申请一般在7—8月，大学先进行资料审查，然后举办面试，最后综合评价录取，因此招生历时较长，往往长达三四个月。AO入学方式的优势体现在：注重全面考查，侧重面试成绩，有利于高校选择学习意愿强烈、目标明确、适合本校的考生，通过多样化考试形式招收个性化优质生源，有利于孕育大学校园的多元文化氛围。

2001年共有5所国立大学的23个学部、3所公立大学的6个学部实行这种考试。2006年采用的大学达到了425所，其中国立和公立大学45所，私立大学380所。2012年，增至530所，其中，国立、公立、私立分别为47、23、460所。①现在，每年约有10%的新生通过该制度入学。2015年，有534所四年制大学、263所短期大学利用了AO入学考试，占同类大学的比重分别为71.6%、79.5%；四年制大学、短期大学通过AO入学考试实际招收的学生数分别为53485人、12690人，占各自招生数的比重分别为8.8%、21%。②

2. 推荐入学考试

在AO入学引入日本之前，推荐入学就已经在日本生根并成为日本高校多样化招生考试选拔最重要的形式。推荐入学高度关注高中学习过程，因此，需要考生提供记录了高中学习与活动基本情况的高中调查书。调查书中每学年的成绩记录优劣是能否获得推荐资格的重要依据，如果成绩不理想就

① 文科省.平成24年度入学者選抜実施状況の概要[EB/OL]. http://search.yahoo.co.jp/search;_ylt=A2RA0DwU07hUk38AEh.JBtF7?p=%EF%BC%92%EF%BC%94%E5%B9%B4%E5%BA%A6%E5%85%A5%E5%AD%A6%E8%80%85%E9%81%B8%E6%8A%9C%E5%AE%9F%E6%96%BD%E7%8A%B6%E6%B3%81%E3%81%AE%E6%A6%82%E8%A6%81&search.x=1&fr=top_ga1_sa&tid=top_ga1_sa&ei=UTF-8&aq=&oq=&afs=.

② 文部科学省.平成27年度国公私立大学・短期大学入学者選抜実施状況の概要[EB/OL]. http://www.mext.go.jp/b_menu/houdou/27/10/1362966.htm.

会被大学拒之门外。该制度不单纯以学业成绩而是结合高中阶段的各种课外活动与志愿者活动等实施综合评价，通过将高中调查书中记录的内容，如学分获得情况、各科目成绩记录、出勤、参加课外活动与志愿者活动、所获资格证书、检定证书等情况，转化为对应的分数即“内申分”，纳入招收评定参考中。推荐名额、加试办法等均由各高校自行决定。

推荐入学的选拔方式分为三种：一般推荐、特别推荐和指定校推荐。采用“一般推荐”的大部分高校都设定了高中成绩的平均值，要求考生成绩达到平均值以上才有机会参与后面的面试或者小论文的考查；采用“特别推荐”的高校基本不设定成绩平均值，而重视考生参与学校社团活动、志愿者活动的情况，重视个人专长，艺术和体育类考生要现场演示；采用“指定校推荐”的高校都设定了成绩平均值，同时也重视课外活动的参与度、学习的态度等。考核一般由学院或者学科的5—7位教授组成考试委员会，面试有个人面试、集体面试、集体讨论三种形式，提问内容分为一般性提问、常识性提问、专业知识提问三部分。评分规则有两种：一种为百分制，取所有评委的平均分；另一种为等级制，分优、良、及格、不及格四等。

1997年文部省公布的资料显示，82%的国立、公立大学，95%的私立大学都建立了推荐入学制度。2015年，日本全国1000多所大学中，利用推荐入学的四年制大学、短期大学分别为735所、331所，分别占总比的98.5%、100%。利用该考试的实际招生数分别为211005人、36967人，占比分别为34.7%、61.1%。[①]日本最著名的东京大学、京都大学在2016年开始通过独具特色的推荐入学考试改革招收潜质学生。东京大学推荐入学考试的基本方针特别提到：重视高中学习与大学教育的衔接，关注学生潜质的挖掘。2016年、2017年分别有77名、71名优秀学生通过该考试进入东京大学。京都大学也于2016年试行“高中与大学衔接型京都大学式的特色入学考试”。第一阶段为资格审查，核心在于对高中学习表现与成果的综合评定，考生需要提交的审查资料包括高中校长签名的高中调查书、学业活动报告书、推荐书、考生自己撰写的学习计划书等，综合评定该考生在考试科目之外还开展了哪

① 文部科学省.平成27年度国公私立大学・短期大学入学者選抜実施状況の概要[EB/OL]. http://www.mext.go.jp/b_menu/houdou/27/10/1362966.htm.

些拓展性的学习与实践，考查学生的高中学习基础和对大学学习的规划与期待等。无论是东京大学的推荐入学考试还是京都大学的特色入学考试，都高度重视考生的高中学业基础，如对考生统考科目的基本要求都高达7—8科目，而且基本要求考生的统考得分需占所考科目总分的80%以上，因此统考成绩依然是招录最为倚重的指标。

无论是AO入学还是推荐入学，都已经融入日本高校招生考试制度中并成为其不可分割的部分，有效补充着以学力评价为主的统考，为各大学遴选适合本校的优质人才、潜质人才提供了多元途径。特别是20世纪90年代以来，日本深陷“少子化”危机，高校招生在数量与质量的权衡中，质量不得不成为退让的一方，显著标志就是上述两种选拔制度以其迥异于统考的考试内容与形式特点迅速膨胀，赢得了广阔的施展空间，成为日本大部分大学采用的制度。2016年，文部科学省公布了《2017年国立、公立大学招生简章》，在82所国立大学、86所公立大学中，采用AO入学考试的共有79所，比前一年增加4所；采用推荐入学的共160所，比2016年增加1所，两种考试模式采用大学数均为历年最高。①2016年东京大学开始采用推荐入学考试，京都大学开始采用“高中与大学衔接型京都大学式的特色入学考试”，大阪大学开始采用“世界适塾考试”。各大学面临“少子化”危机，都在竭尽全力思考并践行能在更大范围内吸引优质生源的招生机制。

综上所述，可以看到统考前提下多样化考试制度的调整与实施，本质是高校招生考试相关利益主体格局的调适，政府、高校、考生及其家长、高中学校四个核心主体的利益均衡是稳定该结构的有益装置。从利益主体的权利和利益分配来看，首先，多样化选拔制度基本是基于考生和家长的立场，缓解考试带给考生和家长的精神压力；其次，由于各利用多样化考试的大学都设立专门的机构加强与大学入学考试中心的联系并进行共同研究，有利于政府及时了解国立、公立大学，特别是私立大学的招考情况，实施宏观调控；最后，由于多样化考试都较重视对考生的高中调查书、个性特征、综合素质等因素的考察，加强了高中教育和大学教育的衔接，有利于引导高中教育走

① 東京新聞.教育ニュース来年度入試の概要を発表[EB/OL]. http://www.tokyo-np.co.jp/article/education/edu_national/CK2016100502000238.html.

出分数主义的局限，接近以人为本的教育本质。伴随多样化考试制度的确立，日本两次考试、综合评价、多样选拔的统分结合模式得到彻底巩固。

第二节
日本高校招考制度的现状及改革

在第一节，我们梳理了日本高校招考制度从产生并带着深深的传统痕迹向现代延伸的历程。“二战”后，在美国教育使团的指导下，教育民主化成为日本教育发展的关键词。社会急需政府扩大高等教育容量，提供更丰富的入学机会。高校招考制度在这股洪流中应时而动，借助高等教育大众化，快速启动改革。通过自上而下创建统考制度、自下而上推动多样化改革，高效完成了政府扩大高校招生规模、充实高等教育入学机会的目标，使高等教育轻轻松松进入大众化阶段，并在随后水到渠成地进入普及化阶段。但是，在市场导向影响下，日本高校招考制度改革弊端渐显，统考科目过于细化影响学生知识体系的完整性，多样化考试评价基准降低影响大学教育的有效性，这些都在无形中侵蚀着考试的公平性。“二战”后，日本的考试改革带有明显的牺牲生源质量以确保招生数量的倾向，是偏重数量忽视质量的“跛足”改革，这也是近10年日本大学入学率一直逡巡不前、未见显著提升的重要原因。以四年制大学入学率为例，2007年入学率为53.7%，2010年增至56.8%，2013年略降为55.1%，2016年恢复到56.8%。[①]因此，要维持高等教育可持续发展的潜力，助推全社会形成终身教育氛围，高校招考制度也需要基于教育考试规律特质，适应经济、科技、社会、文化等的变迁，跟进考试理念的更新、考试内容及形式等方面的改革。政府考试改革构思启动于2013年，以文部科学省为核心，大学入学考试中心为总策划，日本开始全局性的考试制度改革，即“大学入学希望者学力评价考试”制度的构建，力图通过规范高等教育普及化背景下发展失序的多样化考试，以协调统考与多样化考试之间的平衡，回归有序的统分互补的考试制度模式。在分析新考试之前，

① 大学進学率をグラフ化してみる(2016年)(最新)[EB/OL]. http://www.garbagenews.net/archives/2014387.html.

我们不妨先梳理一下日本高校招考制度改革面临的众多两难问题。

一、日本高校招考制度改革的现实困境

“二战”后，教育民主化与实用性的增强迫使政府扩大高等教育入学机会，为社会所需的多样化人才提供智力支持，作为东亚文化圈中第一个实现近代化的亚洲国家，日本周边没有现成的模板可供借鉴，因此，折中性成为政府决断的特点。一方面，日本政府坚持统考分数公平原则；另一方面通过多样化考试改革，借助民间力量扩大高校数量，扩容的高等教育为民众提供了数量可观的就学名额。不得不说，政府的策略具有一石二鸟的功效。但这种依托民间力量办学的模式也藏匿着较深的教育危机。

（一）统考引导基础教育的功能与基础教育日渐式微的矛盾

统考创设之初，其功能之一就是引导基础教育健康发展。但是，伴随私立大学以各种方式将统考成绩纳入招生评价中，统考学力考查的全面性、完整性也备受威胁。以学力考试著称的统考也陷入学力性质逐渐衰微的危机中。这种弱化的主要原因是一般性私立大学在招考中降低对统考教科、科目数量的要求。虽然庆应大学、早稻田大学等私立名校没有受到少子化危机太大的冲击，依然坚持5教科、5—7科目模式，但是，大量一般性大学基本都滑入了降低入学考核门槛的轨道，几乎都限定在1—3教科，科目也根据考生需求划分为3科目型、2科目型、1科目型。为直观说明，我们考察了“二战”后新制大学——1964年创建的冈山理科大学的统考科目设置情况。作为一所在校生人数近6000的私立大学，冈山理科大学对统考科目的要求具有较大伸缩性，其中应用数学学科对考生统考教科、科目的要求如表6-1所示。

表6-1 冈山理科大学应用数学学科对考生统考教科、科目要求

<table>
<tr><td rowspan="5">4科目型</td><td>教科</td><td>科目</td><td>选考方式</td><td>招生数(人)</td></tr>
<tr><td>数学</td><td>数学Ⅰ·数学A、数学Ⅱ·数学B</td><td>2科目均必考</td><td rowspan="4">4</td></tr>
<tr><td>理科</td><td>物理基础、化学基础、生物基础、地学基础、物理、化学、生物、地学</td><td rowspan="3">基础类选2科目或其他选1科目；
理科、外语、国语教科中任选2科目，考3科目以上选高分入评</td></tr>
<tr><td>外语</td><td>英语(笔试)</td></tr>
<tr><td>国语</td><td>近代以后的文章</td></tr>
<tr><td rowspan="6">3科目型</td><td>教科</td><td>科目</td><td>选考方式</td><td>招生数(人)</td></tr>
<tr><td>数学</td><td>数学Ⅰ·数学A</td><td>必考</td><td rowspan="5">4</td></tr>
<tr><td>数学</td><td>数学Ⅱ·数学B</td><td>选考</td></tr>
<tr><td>理科</td><td>物理基础、化学基础、生物基础、地学基础、物理、化学、生物、地学</td><td rowspan="3">基础类选2科目或其他选1科目；
理科、外语、国语教科中任选2教科2科目，考3科目以上选高分入评</td></tr>
<tr><td>外语</td><td>英语(笔试)</td></tr>
<tr><td>国语</td><td>近代以后的文章</td></tr>
<tr><td rowspan="5">2科目型</td><td>教科</td><td>科目</td><td>选考方式</td><td>招生数(人)</td></tr>
<tr><td>数学</td><td>数学Ⅰ·数学A、数学Ⅱ·数学B</td><td rowspan="4">基础类选2科目或其他选1科目；
数学、理科、外语、国语教科中任选2科目，考3科目以上选高分入评</td><td rowspan="4">30</td></tr>
<tr><td>理科</td><td>物理基础、化学基础、生物基础、地学基础、物理、化学、生物、地学</td></tr>
<tr><td>外语</td><td>英语(笔试)</td></tr>
<tr><td>国语</td><td>近代以后的文章</td></tr>
</table>

资料来源：根据“岡山理科大学．入試情報[EB/OL]．http://www.ous.ac.jp/page.php?sec-ctg_6http://shingakunet.com/gakko/SC000371/nyushi/bairitsu/#00000000000137945”提供的资料整理而成。

从表6-1可以清晰地看出，冈山理科大学招生考试对统考的基本要求是比较宽松的，此处虽然只列举了一个学科，但是，其他学科的要求基本相同。在应用数学学科招收的38名学生中，2科目型是30名学生，3科目型与4科目型分别是4人。以2科目型为例，考生可以从基础类中选2科，那就意味着考生如果在高中学习期间就认定要报考该大学的该学科，完全就可能只为了应对这两科而学，基础类不包括数学、英语、国语三门主科，足见其学科覆盖面积之小，这样的选考方式丧失了对学生基础知识与基本技能考查的意义，对于高中学业质量的冲击无疑是巨大的。当下日本高中与大学的教育境况已经让这种担忧不证自明。金泽大学附属高中教师无奈地感慨："现在的学生最关注的是如何确保考试分数，如何通过大学入学考试，如何进入自己心仪的大学。决定授课内容的不是学习指导要领而是中心考试的出题方针，换言之，基于中心考试的出题方针而编订的问题集决定着高中授课内容。"[①]这种境况持续导致的结果将是高中毕业生带着残缺不全的知识碎片离校，而知识体系残缺、基础薄弱的高中毕业生纵使上了大学，又如何能够应对需要高度自主探究性的学习？在社会剧变的时代，按照既有模式吸收的知识技能时刻面临被抛弃的危险，这种危机意识已经渐次渗透到日本高中与大学。要立足社会、立足世界，迫切要求学校培养适应多样化社会变化的人才，通过扎实、弹性的教育，增强学生适应外界变化的学习能力，提高学生与人协作的能力，从这个角度看，日本日渐式微的基础教育预示着日本大学人才培养的危机。

（二）统考采取纯粹客观选择题型与考查学生素质的矛盾

高考研究专家刘海峰认为，"考测知识主要采用标准化的客观试题，考查能力偏重使用主观试题"[②]。日本统考制度构建以来，采用统考成绩的大学数量逐渐增多，考生数量也急剧增加，近几年基本稳定在每年50万—55万考生。在应考人数剧增的状况下，共通第1次考试采用客观选择题型，无疑带有节约改卷时间、追求分数公平的意愿。客观选择题型意味着评卷模式

① 東北大学高等教育開発推進センター．高等学校学習指導要領VS大学入試[M]．東京：東北大学出版会，2012:41-42．

② 刘海峰．高考改革论[M]．杭州:浙江教育出版社，2013:4．

的革命——学生在固定的答题卡上填写答案，计算机评卷、统计、储存。计算机评卷不仅错误率极低，而且统计高效，不需要人工再录入成绩，评卷过程高效。共通考试改变了原来惯用的记述题型，而采用纯粹的客观选择题型，其优点是答案具有唯一性、确定性，而记述题则带有较强的主观性，答案相对灵活，评卷者理解有差距，因此，不仅评卷费时，还因为评卷者个人的主观感情的影响容易衍生不公平现象。此外，因为追求答案的唯一性和正确性而漠视推理过程的逻辑性及分析过程的合理性，这对于大学考核学生的个性特征、大学性向、综合素质等都极为不利。

（三）统考科目的弹性设置与统考简便性的矛盾

刘海峰曾提到高校招生考试改革的八对矛盾，其一便是“灵活多样与简便易行的矛盾”。大规模统考最为现实的考虑是追求经济效益，但是日本过于弹性的科目设置却让统考陷入与之背道而驰的情状。日本统考科目从最初的7科目拓展到30科目，多元的组合模式确实大大拓宽了学生自主选择的范畴，体现了尊重考生个性、富有弹性的特点，但是，也平添了许多繁杂的额外工作，如考场与监考教师设置、同一考场中不同考卷区分等。繁复的工作导致考试事故的发生。

2012年，是中心考试启动以来发生考试事故最严重的一年。该考试事故的发生离不开中心考试地理历史、公民、理科三个教科的考试时间与科目组合的调整。2012年之前，各教科所选单个科目的考试时间为60分钟，但是2012年推行弹性科目组合后，地理历史、公民两教科的考试时间延长到130分钟。这就意味着考生可以在地理历史教科的6科目与公民教科的4科目中实现更多的弹性组合，组合数的丰富带来了考场分配的复杂性。共有七种考场设置，分别如下：①混合型：地理历史1科＋公民1科，地理历史2科，公民2科，占总数的9%。该考场的答题卡据此有三种；②地理历史1科＋公民1科，地理历史2科，占总数的14%，答题卡有两种；③地理历史1科＋公民1科，公民2科，占总数的11%，答题卡有两种；④地理历史1科＋公民1科，占总数的52%，答题卡只有一种；⑤地理历史2科，公民2科，占总数的10%,答题卡有两种；⑥地理历史2科，占总数的8%,答题卡只有一种；⑦公民2科，占总数的6%，答题卡只有一种。从以上考场的答题卡种类可以看到，既有只有一种答题卡的考场，也有同时要分发三种答题卡的考场。这种现状加剧了监考教师的工作难度：一是考试注意事项说明的解释难度，二是答题卡分发与回收的难度。当年发生了严重的答题卡工作失误。在69所大学81个考点的98间考场，3452名考生因为监考教师答题卡分发与回收失误受到了不同程度的影响，受影响的考场占全国9843间考场的1%。[①]此次事件的发生让各界质疑考试中心的工作是否存在疏漏。考试中心围绕统考工作始终保持与各大学的紧密联系。针对2012年的中心考试，考试中心分别举办了两次大型说明会。8月份在全国7个会场向来自全国各大学的2442名招考工作代表做了专场说明，各大学代表一般为招考办公室负责人与2—3名相关专任职员。12月份再次举办说明会，共有2个会场，与会者共2065名。说明会就中心考试的实施、运送、监考、成绩提交等要领做详尽说明。除此之外，针对地理历史、公民、理科三个教科考试变更事宜，文部科学省于2011年6月也召开了专门说明会，在全国的4个会场向各大学与会代表做了解释说明。各大学的招考事宜都由大学专设的招生考试办公室统筹管理，招生考试由校长牵头，招考办负责人具体负责，各职员配合。各考点负责人也都是分院长、系主任等级别的管理者。因此，从制度设计的角度而言，这种环环相扣的传递模式相对完备，但是，过于繁复的考试设计还是会难免失误，这次事件便凸显了所谓弹性化组合与统考便捷性之间的深刻矛盾。为重审考试中心的运营机制，避免再发生同类事件，文部科学省在2012年专门成立了大学入学考试检查委员会，除了检视此次考试事故的全程外，更多的是深思未来如何应对各种可能出现的失误，提前做好预警。

（四）统考科目的弹性选择与统考成绩可比性的矛盾

统考多样化的科目设计确实拓宽了学生自主选择的范畴，体现了尊重个性、富有弹性的特点，多样化的科目设置确实削弱了考试成绩的可比性，我们以表6-2所列2013年的统考情况为例展开分析。

① 大学入試制度改革の論理に関する一考察[EB/OL]. http://www.adrec.ihe.tohoku.ac.jp/wp/wp-content/uploads/2017/04/5217e90679ed674fcec72a0831220a12.pdf#search=% 27% EF% BC% 99% EF% BC% 98% EF%BC%94%EF%BC%93+++%EF%BC%91%EF%BC%85++%E5%85%A5%E8%A9%A6++%E3%83%9F%E3%82%B9%27.

表6-2 2013年中心考试考生报考教科、科目分布情况与平均分

<table>
<tr><th colspan="2">教 科</th><th>科 目</th><th>实际考生数</th><th>平均分(百分制)</th></tr>
<tr><td colspan="2">国语200分</td><td>国 语</td><td>516153</td><td>50.52</td></tr>
<tr><td colspan="2" rowspan="6">地理历史100分</td><td>世界史A</td><td>1491</td><td>46.67</td></tr>
<tr><td>世界史B</td><td>90071</td><td>62.43</td></tr>
<tr><td>日本史A</td><td>2651</td><td>41.64</td></tr>
<tr><td>日本史B</td><td>159582</td><td>62.13</td></tr>
<tr><td>地理A</td><td>2253</td><td>50.09</td></tr>
<tr><td>地理B</td><td>143233</td><td>61.88</td></tr>
<tr><td colspan="2" rowspan="4">公民
100分</td><td>现代社会</td><td>83471</td><td>60.45</td></tr>
<tr><td>伦 理</td><td>36151</td><td>58.83</td></tr>
<tr><td>政治·经济</td><td>51888</td><td>55.46</td></tr>
<tr><td>伦理·政治·经济</td><td>43295</td><td>60.68</td></tr>
<tr><td rowspan="7">数 学</td><td rowspan="2">数学①
100分</td><td>数学Ⅰ</td><td>8135</td><td>40.83</td></tr>
<tr><td>数学Ⅰ·数学A</td><td>398447</td><td>51.2</td></tr>
<tr><td rowspan="5">数学②
100分</td><td>数学Ⅱ</td><td>6970</td><td>26.19</td></tr>
<tr><td>数学Ⅱ·数学B</td><td>359486</td><td>55.64</td></tr>
<tr><td>工业数理基础</td><td>25</td><td>33.40</td></tr>
<tr><td>簿记·会计</td><td>1208</td><td>38.39</td></tr>
<tr><td>信息关系基础</td><td>608</td><td>57.32</td></tr>
<tr><td colspan="2" rowspan="5">理科
100分</td><td>理科综合A</td><td>12805</td><td>44.75</td></tr>
<tr><td>理科综合B</td><td>17310</td><td>54.41</td></tr>
<tr><td>物理Ⅰ</td><td>159644</td><td>62.7</td></tr>
<tr><td>化学Ⅰ</td><td>231945</td><td>63.67</td></tr>
<tr><td>生物Ⅰ</td><td>195815</td><td>61.31</td></tr>
</table>

续表

<table>
<tr><th colspan="2">教　科</th><th>地学 I</th><th>17 853</th><th>68.68</th></tr>
<tr><td rowspan="6">外　语</td><td rowspan="5">笔试
200分</td><td>英语</td><td>535835</td><td>59.57</td></tr>
<tr><td>德语</td><td>123</td><td>75.77</td></tr>
<tr><td>法语</td><td>151</td><td>75.29</td></tr>
<tr><td>中国语</td><td>445</td><td>79.63</td></tr>
<tr><td>韩语</td><td>180</td><td>70.14</td></tr>
<tr><td>听力50分</td><td>英语</td><td>529440</td><td>62.9</td></tr>
</table>

数据来源：文部科学省.平成25年度入学者選抜実施状況の概要［EB/OL］. http://search.yahoo.co.jp/search;_ylt=A2RA0DwU07hUk38AEh.JBtF7?p=%EF%BC%92%EF%BC%94%E5%B9%B4%E5%BA%A6%E5%85%A5%E5%AD%A6%E8%80%85%E9%81%B8%E6%8A%9C%E5%AE%9F%E6%96%BD%E7%8A%B6%E6%B3%81%E3%81%AE%E6%A6% 82% E8% A6% 81&search.x=1&fr=top_ga1_sa&tid=top_ga1_sa&ei=UTF- 8&aq=&oq=&afs=.

从表6-2可知，中心考试科目高达30门，难以确保每个科目考卷的出题质量和难易程度的均衡。实际上，考试中心命题人员一直致力于使各个科目的平均分基本在60分上下浮动，但事实是各个科目之间的平均分差距依然在所难免。2013年，中心考试共有543038名考生参加考试，以同一教科内不同科目的平均分为基准进行比较，最高平均分与最低平均分差距最大的三教科按照从高往低排列，分别是数学31.13分、理科23.93分、地理历史20.79分。这就不可避免带来考生以考试难易度、历年考试成绩的高低倾向决定所选科目，违背了考生根据个性特征自主选择考试科目的初衷。我们清晰地看到，考生数多的科目其对应的平均分也较高。如“数学I・数学A”科目考生数为398447人，平均分51.2，数学I考生数为8135人，平均分只有40.83，比前者低了近10分。总之，中心考试科目设计得过细导致不同科目之间的等值转换出现较大问题，落差明显的平均分差距损害了考试的公平性，也在一定程度上降低了统考成绩的可比性，损害了统考最初的考试分数的公平性。

（五）教育评价的表与里的矛盾

统考教科、科目的设计巧妙地将自主组合权赋予了高校，但是，在考试文化传统与教育政策的左右下，以统考为核心的学力考试形成了自然的分水岭：国立、公立大学都利用统考，且所要求报考的教科、科目都较多，私立大学除了私立名校外，对统考的利用率远远低于国立、公立大学。而且从教科、科目数量看，国立大学坚守考核5教科、7科目以上，公立大学略次之，在5教科、5—7科目之间，私立大学则呈现明显的简化倾向，虽然也有庆应大学、早稻田大学为代表的数所旧制私立大学名校秉持几乎与国立大学同样的考试标准，但大部分私立高校都设置了2—3教科、2—3科目的低门槛，更有个别私立学校只需要1教科、1科目考试即可入学。因此，与中心考试息息相关的大学偏差值排名[①] 也沾染了这样的分层气息。有学者研究表明，从历年考试的经验看，统考教科、科目的利用率与大学偏差值排名有着近乎相同的曲线，两者呈现显著的正相关。偏差值排名越前的大学考查力度与难度越高，反之则低，而国立、公立大学与私立大学之间的差异也比较显著。社会对大学好坏的价值判断集中在学力考核，即考试教科、科目的多寡与分数的高低上；对高中好坏的评价集中在有多少人考取了名牌大学；对初中好坏的价值判断集中在有多少人考取了高中名校；甚至可以向下延伸到幼儿园，以该幼儿园向小学名校输送了多少学生为好坏的价值判断。这种弥漫全社会的价值判断已经偏离了教育本质，漠视了对学校的师资、设施、科研等方面的本质评价，而转向以分数、排名为核心的外在评价，是造成教育脱离正确轨道的错误认知。

（六）入学机会的表面公平与实质不公平的矛盾

多样化考试几乎成为扩大高等教育入学机会的“神器”，以私立高校为主导力量的多样化考试推动政府进行教育民主化改革，也让入学欲望强烈的考生如愿以偿。这种方式看似公平，其实是以表面公平遮蔽了社会阶层固化以至于难以流动的本质不公平。私立高校为何如此青睐多样化考试，对之一呼百应？除了其自身扩大发展的内在需求，更多的是受迫于外部客观环境的

---

① 大学偏差值排名是日本各民间大型教育机构根据历年统考与本机构模拟考试的相关数据，基于各类基准，综合计算出来的大学排名，是解读日本教育与研究日本高校招考制度的关键词汇。

变化。20世纪90年代末以来，日本少子化倾向日益凸显，高校生源危机日益严峻。倚赖收费求生存的私立高校不得不以争夺生源为首要任务，追求招生规模的最大化，往往忽视本校师资、设备设施等的实际承载力。如居神浩所言："教育市场化的大学，主要以私立大学为主，无论规模如何，大学都毫无例外地在扩大经营，削减入学考试科目，大范围地引入推荐入学考试，这对初、高中学生的学习欲望产生了极大的消极作用。"[①]私立高校明知非学力考查入学的学生学力都比较低下，也希望基于长远教育目标招收高学力学生，但是，还是睁一只眼闭一只眼默许并采用这种方式，其背后的原因就在于高校招收学生的压力。另外，私立高校也希望让学力低下者通过非学力考查入学以提高学力考试的合格率，从而间接提高大学的偏差值排名。高中学校方面也深谙学力考测与非学力考查之轻重关系，但是，引导学生通过非学力考查入学无疑可以极大地减轻高中学校相应指导教师的压力，无论是老师的指导业绩，还是学生的未来规划，都可以提早确定。因此，这种以录取为目标的入学方式自然成为高中与大学都乐于采用的"香饽饽"，当这一现象蔓延开来，占高校总数近八成的私立高校招生考试的失范、失序已经在所难免，考测学力功能的弱化也不可阻遏。

这种风气削弱了高校招考制度代表公正、正义，促进社会阶层流动的功能，看似代表了差异公平的统分二元并举模式形成了隐性的本质不公平。按照制度设计的初衷，多样化招生考试是作为与统考平行的方式提出的，与统考各有不同指标的评价体系，但是两者无孰优孰劣之分，是平等的关系。但是，多样化考试的执行主体以私立大学，特别是大量沉于底层的私立大学为主，国立、公立大学则坚守中心考试的学力标准。对于具有浓厚"国立情结"的日本民众而言，自然形成了一种共识：以非学力考试为核心的多样化考试远远不如学力考测为核心的统考，统考才是考验学生真实水平的最佳方式，不利用统考招生的高校就是差学校等。这种社会共识成为国立、公立大学坚持采用学力考测不变的推手，甚至在扩展多样化考试之际，国立大学也始终重视学力考试。对国立大学而言，所谓的多样化考试本质依然是以学力为核心标准的考测。虽然两次考试的形式、内容与评价机制各有偏重且相辅

① 居神浩．ノンエリート大学生に伝えるべきこと．日本労働研究雑誌NO.602[J]，2010：31．

相成，但是，非学力考试未能反映该制度多元评价的设计初衷，以私立大学为主导的多样化考试一开始就呈现出与统考不平等的地位。

这种实质的不公平最终集中体现在考生身上，表现为以下两方面。第一，高校生源家庭背景的分层。2005年与2006年，东京大学经营・政策研究中心连续两年以高三和高中刚毕业学生为对象实施问卷调查，结果显示：考生对高校及复读的选择比例与双亲收入有着紧密关系。双亲年收入400万日元以下家庭子弟选择四年制大学的比例为31.4%，选择专门学校的比例为23.0%，选择短期大学的比例为10.3%，选择复读的只有5.2%；而双亲年收入1000万日元以上的家庭子弟选择四年制大学的比例高达62.4%，近乎前者的2倍，选择专门学校的比例仅占11.0%，选择短期大学的比例只有6.8%，选择复读的高达14.1%。[①]第二，高校生源文化背景的分层。一般认为，先天因素与后天因素会带来公平性的高低起伏。当先天因素的作用大于个人努力时，公平性降低；当个人努力的后天因素所起作用大于家庭、户籍等先天因素时，公平性上升。日本社会有很多教育补习机构，其中不乏大量以考取名校为目标的补习机构。能否进入补习机构接受专门的应试教育训练取决于家庭出身，昂贵的补习费用已经相当于一种群体直接屏蔽机制，将很多的社会下层家庭的子弟排斥在外。享有阶层优势的社会群体总能通过这些机构将文化、经济、教育等优势传递给子女，而社会弱势群体则会自然做出只要习得一技之长以维持生计的基本需求。一个人所处的社会阶层往往限制了其意识的发展，学生所处的高校在很大程度上也会对其意识与素质产生影响。有研究表明，国立大学学生的学习自主性、自信心、交往沟通能力等均高于私立大学。私立大学中普遍存在的“边缘学生”问题，预示着这些学生以群体方式游离于大学与社会主流价值观之外，纵使能大学毕业也极有可能依然偏离社会主流价值观，成为边缘性的群体存在。概而言之，当“不进补习机构就不可能考取名校”成为一种深入的社会潜意识的时候，先天的家庭出身成为决定个人考试选择的重要因素，这无疑大大减弱了日本高校招生考试的公

---

① 高校生の進路と親の年収の関連について[EB/OL]. http://ump.p.u-tokyo.ac.jp/crump/resource/crump090731.pdf#search='%E6%9D%B1%E4%BA%AC%E5%A4%A7%E5%AD%A6++%E8%AA%BF%E6%9F%BB++%E5%B0%82%E9%96%80%E5%AD%A6%E6%A0%A1'.

平性，也降低了社会阶层的流动性。

在种种纷繁芜杂的矛盾中，一个核心问题逐渐清晰，那就是高中教育如何为大学教育的有效推进奠定扎实的学力基石？一些大学特别是著名学府开始关注考生的高中学业水平的高低，着手为高中与大学教育的有效衔接搭建沟通、交流合作的平台。东京大学在“二战”后教养教育弱化的主流中依然坚守大学第一、二学年的教养教育，以培养学生无论在哪个专业领域都必须具备的基本知识与学术性方法，引导学生以大视野看待专业教育，避免井底之蛙的狭隘学习。在招生考试中，东京大学坚守“卓越性与多样性相互补充”的招生宗旨，命题方针为考查高中基础知识与技能的系统性、扎实性：①命题内容旨在检测高中教育的达成度；②为推动入学后的教养教育，文科命题兼顾理科基础，理科命题兼顾文科基础，要求考生兼备扎实的文、理科知识体系，并具有基本的外语能力；③相较于知识的灌输与复制，更关注于考查学生运用所学知识解决问题的能力。

从东京大学招生考试政策，我们可以看出其招生所秉持的基本理念——选拔考试不超越高中学习指导要领，体现一种综合性的能力考查。挖掘高中毕业生的潜在多样性并为其提供深入思考、探索与实践的平台，是东京大学推动多样化考试改革的动机。因此希望考生在高中阶段尽量主动深入、广泛地学习，避免应试性的被动学习。不仅如此，2016年10月，东京大学还宣布成立专门的“东京大学高中与大学衔接研究开发中心”，该机构在原有学部招生部、追踪调查部的基础上，增加了高中与大学衔接推进部。追踪调查部致力于对入学新生的高中成绩、高考成绩与大学成绩之间的关联性的追踪分析。高中与大学衔接推进部致力于通过开发和普及高质量的对话型授课，扩大高中与大学衔接网络平台，开发、实践能够引领高中与大学衔接体系改革的学力评价方式，整理本校高中与大学衔接事业的相关资料并提供给相关部门，以推动高中与大学衔接事业的稳步实施。三部合力致力于通过协同研究为缓解、消弭高中与大学衔接中的诸多问题提供数据支持。

二、日本高校招考制度改革新案探析

上面所述日本高校招考制度改革面临的种种矛盾，凸显了考试改革与基础教育之间的紧密关系，统考依然是不得不存在的最为公平的社会维稳机制。统考排除了金钱腐蚀、权力渗透等外部的人为干扰因素，为高等教育入学机会公平、教育质量提供了最佳的制度保障，因此，统考制度在日本的诞生有其历史必然，是考试发展的选择。统考制度被认为是日本高等教育事业的功臣，也必然被坚守，但现实又决定了统考需要实现一定的转向。日本统考具有显著的学力考试性质，以科目为中心的考试组织模式很难适应高等教育大众化进程。在日本“少子化”危机的旋涡中，除了部分精英型高等教育机构，大部分实施大众高等教育的机构都要使招生考试由选择性转为适应性，以满足终身教育的需求。同样，多样化考试也需要正视自身过度依赖市场、过度关注生源等问题，要让教育逻辑、考试规律居于市场逻辑、经济逻辑之上。对此，日本大学入学考试中心专业研究员荒井克弘尖锐地指出，“日本的高校招生考试选拔非常混乱，倘若依然处于多样化考试环境中，也许可以说，日本的学校制度自身马上就要到保质期了，非常接近其制度极限了”[①]。种种迹象表明：突破日本高校招考制度的局限性，回归高校招生考试的理性，重塑真正有益于多元评价、多样选择的考试制度，成为政府改革考试制度的紧迫课题。

2013年，文部科学省启动新考试改革议案，拟定于2020年正式推行共通性的“大学入学希望者学力评价考试”，取消原来的中心考试。新考试分为两类，一类为“大学入学希望者学力评价考试”[②]，一类为“高中基础学力考试”。就考试对象而言，前者面向高三学生，后者面向高二学生，即高二开始就可以参加数次考试，取最高分用于招录评价；就出题范围而言，前者为高中三年所学知识，后者为初中与高一所学知识；从考查焦点而言，前

① 荒井克弘．入学者選抜の課題——多様化の中での質的保証．入学者選抜研究機構報告書2．大学入学者選抜———進学、機会の平等、そして質保証[R]．独立行政法人大学入試センター入学者選抜研究機構．2011:38.

② “大学入学希望者学力评价考试”是日本高考改革新案的称谓，“希望者”是“自己希望进入大学者”的意思。

者通过论述方式考测学生的思考能力、判断能力与表现能力，后者偏向考查学生所学的初中与高一基础知识体系的基本内容。具体内容如表6–3所示。

表6–3 日本2020年新高校招生考试方案基本概要(暂定)

<table>
<tr><th>名　目</th><th>新考试之一：
高中基础学力考试</th><th colspan="2">新考试之二：
大学入学希望者学力评价考试</th></tr>
<tr><td>实施年度</td><td>2019年开始</td><td>2020年开始</td><td>2024年开始</td></tr>
<tr><td>题　型</td><td>客观选择的填图卡(选择题从单选题转向单选与多选结合模式)</td><td>客观选择的填图卡与短文阅读记述题模式(国语与数学科目,记述字数为数十字)</td><td>导入计算机考试答题模式,长篇阅读记述题限定字数约为300字,评卷采用分段评价模式;英语考查“听说读写”能力,考虑在考测“说”的能力时使用录音设备</td></tr>
<tr><td>命题材料特点</td><td></td><td colspan="2">组合多个阅读材料考查考生记述能力;融合多教科、学科知识出阅读材料;融合日常生活与社会知识于阅读材料中</td></tr>
<tr><td>考试内容</td><td>英语:在读、听基础上增加听、说考测;
国语:根据给出的多个材料自我阐述,撰写论述文;
数学与理科:善于从大量现象中总结出关键信息,偏重思考能力、判断能力与表现能力考测;
地理、历史、公民:突破偏重知识记忆的考测,转向综合分析解决问题的能力的考测</td><td colspan="2">偏重思考能力、判断能力与表现能力考测</td></tr>
<tr><td>考试时间</td><td></td><td colspan="2">阅读记述题考虑提前考试</td></tr>
</table>

注：高中基础学力考试从2019年开始启动是因为该考试面向高二学生，而大学入学希望者学力评价考试则面向高三学生。

此次新考试制度改革在考试理念、考试题型、考试组织、考试社会化四个方面有所变革。首先是考试理念从原来考查知识为主转向考查能力为主，充分考查学生的“三种能力”，即思考能力、判断能力与表现能力，培养能够自主探索答案而不局限于唯一答案、富有实践能力的人才。这不仅是高校招生考试所需考查的关键，也是社会对人才培养的根本要求。对此，文部科学省提出大学各自举办的单独考试要与统考相区别，避免考查过于琐碎的知识点，应通过长篇阅读记述题、小论文、小组讨论等多样化模式综合考查考生能力。此次考试新案以“三种能力”为考查核心就是根本的转变。从图6-1中，我们可以明晰推导出新考试理念的转变。

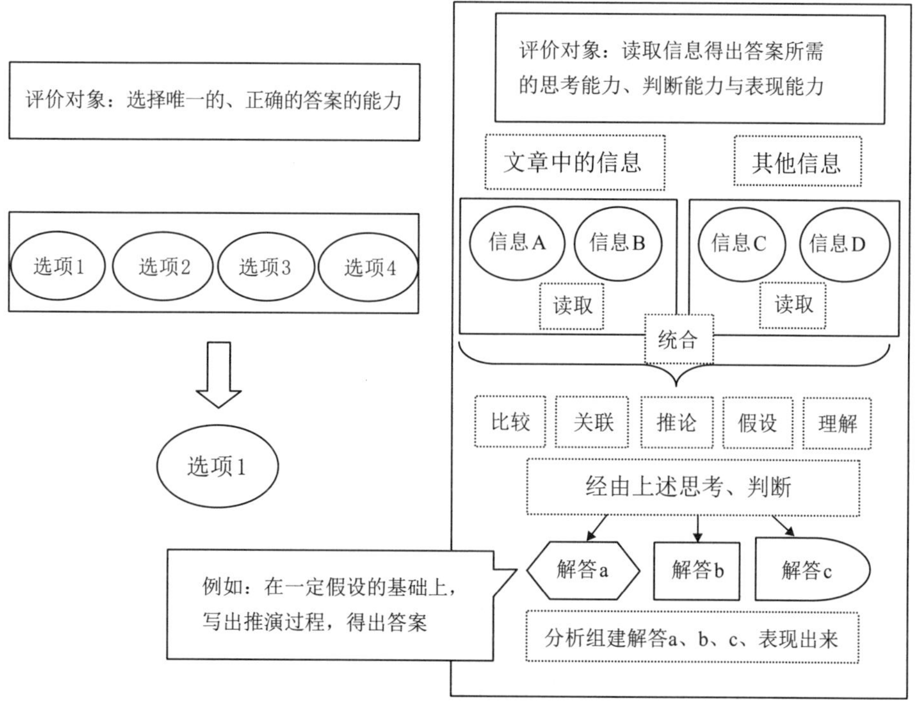

图6-1　日本新高校招生考试与中心考试理念之差异

（中心考试：选择题式；大学入学希望者学力评价考试：记述题式）

注：该图根据文部科学省提供的资料制作而成。

其次是考试题型从纯粹客观题转向主、客观题相结合。传统的填图卡模式的客观选择题虽然评判便捷，采用机改模式不易出错，但是，其知识容量有限，题目更倾向于凭记忆答题，不利于培养学生自主发现问题、自主思考并解决问题的能力。因此，新考试制度改革不仅增加记述题题型，也会在客观选择题的材料选定方面有所完善，如阅读材料的选择，不再只偏向文学性、文化性，增加了与日常生活、社会问题等息息相关的材料，同时，也考虑采用多个阅读材料组合答题模式。这样，考试题型就从原来的单一客观选择题转变为客观选择题与阅读记述题结合的模式。

该模式首先将引入到国语与数学科目，然后再慢慢延伸到其他各科目。以国语为例，阅读记述题分为短篇阅读记述题与长篇阅读记述题两类，其根本目标在于考查学生的思考能力、表现能力。短篇阅读记述题的答题字数限定在80字以内，侧重考查学生基础能力，要求所有报考国立大学的考生都必须答该题；长篇阅读记述题侧重考查考生深入思考与判断的能力，是否要求考生答题，决定权在大学。两类记述题，第一类题是硬性规定国立大学必须用来考查考生的，第二类题则由各大学弹性利用。第一类题重在对考生基本能力的考查，第二类题重在为各大学的单独考试提供支持，考试中心提供的第二类题不仅具有权威性、科学性，而且可以为部分不堪命题重负的大学减轻负担，这也是文部科学省应对大学命题困境的一项举措。数学科目也改变以往只求正确答案模式，需要考生写出推理和运算过程，以考核其是否具备逻辑思考与运算能力。

再次，考试组织从科目型转向融合型。伴随日本“少子化”危机的加剧，以科目为中心的考试组织模式很难适应多样化高校招考制度改革趋势，除了部分精英型高等教育机构，大部分大众型的高等教育机构的招考都要从选拔性招考转向适应性与教育性招考，适应更广泛人群接受高等教育的需求，让高等教育成为终身教育的一环，而非终结性的教育。因此，新考试开始转变以科目为核心的考试设计，通过融合多教科、多学科的相关知识，融会贯通地推出阅读材料，实现更为综合、深入的能力考核机制，推动考试组织从科目型逐渐向融合型的考试设计转移。

最后，考试社会化倾向显著。推动新考试制度的社会背景之一是日益增多的社会考生，这意味着日本教育已经突破了学校围墙，沿终身教育的轨道深入发展，传统的学校教育与社会教育之间的界限渐次模糊，考试制度因此也具有了社会化倾向。首先是考试内容的更新，阅读记述题更关注日常生活、社会等方面的内容，引导学生对此进行深入思考。其次是考试次数的增多与考试对象的扩大，所有社会人员都可以参加新考试。

英语科目评价也正充分利用社会教育机构及其举办的社会考试结果。日本每年的考生数为50万—55万人，在考试题型增加记述题、英语增加"说、写"等能力测试的多样化背景下，仅仅依赖于考试中心显然无法有力推动考试制度改革进程，有效利用民间教育考试机构、灵活利用该机构举办的考试、依托该机构实施评卷等成为改革的一个主流趋势。以英语考试改革为例，考生首先在应考当年的12月份之前参加民间教育考试机构举办的"说、写"能力考试，然后参加1月前后国家举办的"读、听"能力考试，通过综合评定两次考试成绩得出该考生的最终英语考试成绩。这是推动英语科目考试社会化的过渡模式，一旦正式进入社会化模式，将不再举办国家层面的英语考试，而全权委托民间教育考试机构。日本三大报纸之一的《每日新闻》报指出：高校招生考试中，英语考试科目灵活利用民间考试的程度越来越强，2015年，利用英语检定考试、TOEFL等民间考试成绩的国立大学、公立大学、私立大学的比例分别为43%、26%、46%。[①]因此，当下日本英语考试科目的社会化发展已经有了非常坚实的基础。

当然，新考试制度的推行也备受争议，提出议案以来，各种质疑之声就此起彼伏，从未间断。各界的担忧集中表现在以下几个方面。

（1）考试评价成本的提高。新考试意味着考试次数和报考费用的增加，评卷时间从原来的7天增加为20—60天，同时考生也无法在考试结束当日就评估自己的考试成绩，这些都与原来单一客观选择题型的中心考试有所不同。根据日本《朝日新闻》与《和合塾》2016年共同举办的问卷调查结果，全国六成大学对于2020年将阅读记述题活用到国语与数学科目中心存担忧与疑虑，只有三成大学认为有推行的可能性。另外，只有三成大学表明将积

① 每日新聞．大学新テスト英語、民間併用将来は一本化[EB/OL]．http://mainichi.jp/articles/20160901/k00/00m/040/132000c．

极利用新考试，六成认为视实际情况可能会利用。[①]关于记述题的评阅，一共有三种方案，前两种方案由文部科学省提出。第一种是新考试依然由考试中心统一评卷。第二种是客观选择题考试依然在1月中旬举办，记述题比客观选择题提前一个月考试，然后由考试中心评卷。第三种方案由国立大学协会提出，记述题考试也在1月份中旬举行，但是，评卷由各大学执行。评卷需要大量时间，倘若要在2月上旬之前结束评卷，意味着评卷时间只有15—25天，评卷时间的限定意味着记述题量的限定，因此，要达到深入考查考生思考能力、表现能力的目标，效果令人质疑。但是，倘若增加记述题量，将评卷时间提高到30—40天，又遭到高中的强烈反对，因为这将严重影响高中的课余活动，导致学生都埋头应试，无心参加课余活动。倘若允许评卷时间延长到3月份的高考放榜之前，即延长到60天，那么记述题量就可以大大充实，有利于深入考查考生的思考能力与表现能力，但是，从命题到评卷所带来的人力、物力、财力的投入将大大增加。如原来纯粹客观选择题的中心考试一般需要10000个考场，一旦增加了单独的记述题考试，从监考教师到考场都要翻一番，包括每年可以数次报考，最终这些费用大部分都要转嫁给考生与家长。

（2）考试评价客观公平性的日渐式微。记述题模式如何确保相对客观的评价，避免受人为的主观性情绪与喜好的影响也是一个需审慎对待的课题。为此，有学者提出是否应该将客观填图卡的考试与记述题考试分开，以便为评卷赢得一些时间。否则，考完数天后就要出记述题评价结果，必然导致记述题的评价不够细致、客观而带来更大的不公平。另外，记述题根据阅读材料的长短采用分段评价模式，不仅容易导致考场上的混乱，也会给大学增加新负担。针对此，有学者建议，记述题由考试中心命题与制定评卷基准，采用画像化的评价基准模式，即将答题基准制作成计算机可以读取的画像，由大学教师评卷，或者委托外部人员，如民间相关机构执行评卷，评卷结束后将试卷提交大学由大学教师确认答案。问题在于，这种命题与评卷分开执行的模式一旦衔接不畅可能带来诸多漏洞。当然，文部科学省会制定统一的评

① 大学6割「記述式厳しい」新共通テスト、事務負担懸念[EB/OL]. http://www.asahi.com/articles/photo/AS20161025005535.html.

卷基准，但是，评卷权力下放大学或者相关民间机构，必然对其客观性造成潜在威胁，长远而言，必然不利于命题的保密性与试卷评价审核的科学合理性。其中，评卷机制的衔接与设定是关键问题。记述题命题与评卷都带有较大主观性，命题必然要耗费相当的人力，为避免答案刻板，也需要多人阅卷评定后再用相对一致的答案进行统一，因此，在确保具有较强主观性的题型的评价结果的客观公正性方面，所费人力、时间不可低估。记述题由大学评卷，但考试结果是否用于招录评价则由各大学自行决定，无疑淡化了记述题的考查力度，弱化了其考查效果。另外，也有大学教师明言，自己忙于科研难以抽出时间命题，更不用说花费大量时间在阅卷上了。没有负责任的大学主体的支持，只能依赖外部机构，谁可以保证改革不脱离轨道进而损害考试的公平和公正性？

（3）对基础教育的冲击。基础教育是围绕高校招生考试进行的，考试改革往往引导着基础教育前行的方向，因此，招生考试改革不是单向性的改革，必然要结合基础教育改革循序推动。如何促进基础教育与考试改革相携而动，需要相关机构周全考量。新考试方案中，学生从高二开始就可以重复数次参与考试，这将对高中课外活动与课程产生影响。另外，倘若在1月中旬的客观题考试之前考记述题，则高中课程并未结束就要学生参加考试，高中教师会极力反对，必然对课堂授课产生重大影响。学生在考试成绩的引导下，不自觉地让自己的高中生活陷入到应考氛围中，可能强化应试教育，弱化课余校内活动参与的积极性与主动性。再如，国语考试以带有图表等材料的阅读为核心，还包含论述性问题，意味着高中教育模式有改革的必要性，需要高中调整知识传输模式，增加文章与报告的撰写，增加聚焦主题做个人发表的机会等。另外，取消国家层面的英语考试，转而委托民间教育考试机构，意味着高中学习指导要领需作相应调整。这些都将对基础教育产生不小的冲击波。

（4）考试新案的代表性不够。此次提出的新案是2013年教育再生会议的提案，并非大学团体自主关注的课题，因此，碍于政府层面的压力不得不配合推动新考试的国立大学协会无疑也有无奈之处。另外，国立大学协会提出的方案仅仅代表了部分精英大学的意见，不能说代表了所有国立大学的意见，更遑论代表全体大学的意见了。因此，方案的提出无疑会遭到其他未能参与讨论的大学的诸多质疑。倘若改革目的真的有助于大学吸收适合的优质人才，那么更应该是大学团体作为主体，共同推动考试改革进程，而且应该由国立、公立与私立大学共同协商定夺。况且，提出改革新案的教育再生会议自身对于要考测的“三种能力”也依然未见明确的概念界定，所谓的“三种能力”考测本身就是存在不同理解的模糊概念。这些因素无疑都加剧了考试改革的难度。倘若只是为了应对政府制订的改革日程表，在尚未充分调研探讨的前提下就匆忙给出改革方案，改革的深入程度与效果将令人担忧。

以上所述新考试面临的严峻质疑，暴露了新考试在具体操作可行性中的困境。破除这个障碍需要日本政府与相关职能部门睿智应对。考试制度不得不改，但是，具体的改革实践确实盘根错节、纷繁芜杂、任重道远。面对众多疑虑，文部科学省在2020年正式推动新考试之前拟进行小范围试点考试。

第三节
日本高校招考制度的启示与借鉴

日本是一个富有学习与创新精神、善于汲取他人精华的国家，其文化的封闭性与包容性巧妙地融合构成当下的日本教育生态。日本高校招考制度一直在国际化与本土化的纠葛中积极探寻前行，在跌宕起伏中独自摸索，寻找一条既能融入世界体系又能保持其自身个性化发展的道路，这种探索模式成为日本政府进行教育考试改革的基本方针延续至今。高校招生考试涉及面的广泛性与复杂性决定了相关改革不能“头痛医头”，在单一的考试制度架构范围内解决，而需要统筹教育、文化、社会、经济等多个方面。在世界高等教育国际化潮流中，我国高校招考制度改革要破除传统的自我封闭的惰性因素，以一种高度包容的态度汲取日本高等教育海纳百川的经验，基于考试的应用性偏向与特征，既关注理论阐析，也关注实践性研究，既客观审度理性认知，也慎重借鉴、创造。结合我国国情与客观现实，日本高校招考制度改革历程中的利弊得失，对我国高校招考制度改革的现实价值，值得我们批判性地消化、吸收。

一、统考与多样化考试互补渗透

创建统考制度是日本战后扩大高等教育入学机会、推动高等教育民主化进程的必然选择。统考制度对于推动日本高等教育大众化、提升高等教育质量发挥了重大作用。伴随高等教育大众化进程，统考制度的地位日益巩固，最终稳居日本高校招生考试制度的首要环节。统考侧重学力考试，考测学生的高中教育达成度，以引导基础教育正向发展。权威科学的统考作为第一次考试，为深入探索以各高校为主体的多样化考试营造了良好氛围，有利于各高校节约命题成本，在多样化考试内容与形式的丰富上多下功夫。换言之，日本统考是真正意义上的全国统一命题的考试，政府集结大量专业命题者，确保统考命题质量，使统考成绩作为高校入学的基本资格审查，为各高校节约了单独招考的财力、物力、人力投入，让各高校可以集中精力推动面试、小论文、报告等多样化考试改革，为日本形成稳定的两次考试、统分结合、综合评价的考试制度创造了有利条件。从表6-4可看出日本多样化考试改革的深入与彻底。

表6-4　2015年利用AO入学、推荐入学考试的日本大学情况

<table>
<tr><th>大学种类</th><th colspan="3">AO入学</th><th colspan="3">推荐入学</th></tr>
<tr><th>四年制大学</th><th>大学数量</th><th>实际招生人数</th><th>总　计</th><th>大学数量</th><th>实际招生人数量</th><th>总　计</th></tr>
<tr><td>国　立</td><td>47所（57.3%）</td><td>2679人（2.7%）</td><td rowspan="3">大学数量534所(71.6%)实际招生人数53485人（8.8%）</td><td>75所（91.5%）</td><td>12096人（12.1%）</td><td rowspan="3">大学数量73所(98.5%)实际招生人数21100人（34.7%）</td></tr>
<tr><td>公　立</td><td>23所（27.4%）</td><td>663人（22%）</td><td>82所（97.6%）</td><td>7361人（24%）</td></tr>
<tr><td>私　立</td><td>464所（80%）</td><td>50143人（10.5%）</td><td>578所（99.7%）</td><td>191548人（40.1%）</td></tr>
<tr><th>短期大学</th><th>大学数量</th><th>实际招生人数</th><th>总　计</th><th>大学数量</th><th>实际招生人数量</th><th>总　计</th></tr>
<tr><td>公　立</td><td>5所（31.3%）</td><td>97人（3.1%）</td><td rowspan="2">大学数量263所(79.5%)实际招生人数12690人（21%）</td><td>16所（100%）</td><td>1306人（42.3%）</td><td rowspan="2">大学数量331所(100%)实际招生人数36967人（61.1%）</td></tr>
<tr><td>私　立</td><td>258所（81.9%）</td><td>12593人（21.9%）</td><td>315所（100%）</td><td>35661人（62.1%）</td></tr>
</table>

资料来源：根据“文部科学省.平成27年度国公私立大学・短期大学入学者選抜実施状況の概要 [EB/OL]. http://www.mext.go.jp/b_menu/houdou/27/10/1362966.htm.”中提供的数据整理而成。

注：括号中为该数据所占总数的比例。

根据表6-4我们可以得出以下结论：①无论国立、公立还是私立大学，都积极主动利用AO入学与推荐入学考试，这两种最具代表性的多样化考试形式已经成为各大学招生考试制度不可或缺的部分，也成了日本高校招考制度的重要一环，与统考形成了互补关系，共同承担人才选拔的重要职能。②私立大学几乎百分之百地利用这两类考试，每年实际招生总数中依据这两类考试入学的学生占总数的近50%，国立大学对AO入学模式的利用有限，在招生总数中仅有2.7%的学生通过这一模式招录，但有12.1%的学生是依托推荐入学招收的。公立大学中AO入学与推荐入学的招生数量占比分别约为20%、30%。总体而言，私立大学对多样化考试的利用率远远高于国立、公立大学，在多样化考试改革中，私立大学所起的作用不可忽视。

我国高考始终奉行单一的分数录取标准，这固然是对考试分数公平的恪守，但是，单一分数录取往往导向人才培养的单一化，这样的人才培养与社会多元需求脱钩，不利于大学的可持续发展。创建一种多元的、综合的评价体系需要多样化考试改革做支撑。诚然，我国的多样化考试改革无法像日本一样实行大学自主选择模式，依然要立基统考、以统考为前提，并以多样化考试改革来弥补统考的不足。从另一角度看，也要弹性理解统考与多样化考试，意识到两者之间有交叉的可能性，即统考带有一定的多样化特征，多样化考试又追求一定的相对统一的基准。这种相互渗透既可以保持两者的独立性，又使两者呈现弹性的进退起伏，从而找到两者之间适切的关联点，走出一主一辅的窠臼，转向两者各执其能、各尽其所，这也许是一种意义更深远、更开放、更包容的发展性选择，适合我国建立发展性评价体系这一选择。

二、发挥国家级高校招生考试专业机构的引领作用

探讨大众化背景下的高校招生考试制度改革，不是仅针对精英大学，同时也要将数量更为庞大的大众型高校纳入考虑范畴，要将改革置于全局视野中。伴随我国高等教育大众化进程的深入以及高等教育入学率的攀升，高校招生考试将成为一项日益庞大繁杂的系统工程，需要政府、考试机构、高校、高中学校等相关利益主体各司其职、共同协作，仅依赖于政府的一元管

控，不仅难以完善统考制度改革，也难以推动多元评价的深入。政府统一管理考试事业，往往会因为政府的过于统一与过多介入而导致多样化考试改革寸步难行。推进高考改革需要有视野广博、精通教育规律的专业研究者，以专业研究者为核心组成的组织，在实施长期性、客观性调研的基础上进行科学、理性的分析，以此为依据改进和完善考试制度改革，才是一种面向未来，以社会利益为中心的推进模式改革。

日本大学入学考试中心是一个受命于政府而创办的专业考试机构，是具有独立行政法人性质的组织，也是连接高中学校、高校、政府与考生的协调机构。政府委托考试中心统筹管理，关键是组织一批专业的人做专业的事，让这些专业人员管理、组织、研究日本全国的考试事业，特别是研究承上启下的高校招生考试改革。中心创建以来，每年都对全国的高校招生考试情况做全面细致的数据收集、统计与分析，力图使命题在内容、题型、难易度等方面都更趋科学与合理。我国在高等教育由大众化阶段向普及化阶段深入的过程中，急需一个服务大众化高校招生考试的国家级教育考试专业机构，通过该专业机构权威、科学的引领，在政府、高校、高中学校之间架设桥梁。2012年，我国成立国家教育考试指导委员会，旨在对国家教育考试制度改革进行顶层设计并提供考试专业咨询与指导考试决策，是未来我国教育考试改革的领头羊。我国的国家教育考试指导委员会不同于日本大学入学考试中心，具有独立于政府之外的身份。因此，能否保持理性、独立的身份，关系到高校招生考试众多利益主体的问题，如能否有效回应社会多元利益主体对高校招生考试制度改革的关切、接地气地表达多元利益主体的意愿与诉求，能否成为有效衔接上下的媒介等。这些都需要委员会在原有职能的基础上，探索扩展其新职能，除了顶层设计之外，也引领全国教育考试改革研究，让更多元的人才进入研究团队，形成以该委员会为核心的教育考试事业的同心圆，并会聚各行各界专家定期沟通交流，成为多方利益主体参与对话的名副其实的媒介。

三、扩大统考中大学与考生的自主选择权

日本高校招生考试制度看似是具有绝对权威的统考制度，却因教科、科

目的弹性设置而赋予了高校与考生灵活的自主选择权，让大学与考生在相对统一的规定性下还保持了一定的自我选择空间。不同类型与层次的高校可以在中心考试6教科、31科目的丰富设计中自行决定选择何种教科和科目组合，虽然国立、公立大学一般都采用5教科、7科目模式，但是，也有选择6教科、9科目的。私立大学的组合更为多样，从5教科、7科目到1教科、1科目，不一而足。“1956年私立大学的教科和科目组合模式还只有36种，2009年增至159种。”①

各大学统考利用教科、科目的规定可谓百花齐放。从考生利益的角度看，因为每一教科下都有多个科目供选择，科目不仅有单科性的，也有综合类的，因此考生可以根据报考大学的规定，结合自身的兴趣，选定适合的科目。不少大学虽然对统一教科下的具体科目有数量规定，但是，都允许学生多报考科目，从中挑选得分最高科目作为招录依据。另外，中心考试成绩在招录中所占比例的决定权在各高校甚至在学部，如有些大学完全凭中心考试成绩决定招录结果，不再单独举办考试。因此，权力下移是日本统考的最大特点，这是一种名副其实的招考分离的招考模式。

我们可以从日本考试制度统分结合的弹性设计中得到一些有益启示。我国高中学业水平考试已经是非常稳定的考查高中基础学力的载体，因此，统一高考可以更倾向于考查考生的大学适应性，推动有利于尊重考生主体特质的科目选择制改革，突破单一选材标准，改变以往考全考细的倾向。可以在考试科目设置中适当细化难易度，由大学主体根据各学科人才培养需求规定考生要参加的考试科目，如英语可以细化为英语Ⅰ与英语Ⅱ，数学也可以划分为数学Ⅰ与数学Ⅱ，这样既照顾了考生的学习能力与天赋差异，有利于考生基于自身特点、能力、特长扬长避短地选择适合自身的科目，也适当尊重了大学人才遴选的自主选择权，有助于充实考试公平的内涵。2010年7月颁布的《国家中长期教育改革和发展规划纲要（2010—2020）》明确提出“学校依法自主招生，学生多次选择”的改革方向，科目细分供大学与考生自主选择也许是一种救偏补弊、扩大公平的可行尝试。另外，从命题组织的角度

① 日本私立大学連盟．高等学校段階の学力を客観的に把握活用できる新たな仕組みに関する調査研究[R]. 教育研究，2010:12.

而言，日本新考试很好地顺应了跨学科学习研究的热潮，正视了学科交叉与融合越来越成为常态的现实，正尝试走出壁垒森严的以学科为核心的组织形式，探索融合型的命题组织，以消解学科界限，这些也是值得我们深思的一种趋势。

四、充实考试研究中的定量研究

正如高等教育学更多归属于应用性学科一样，考试研究也更多面临实际问题的解决，日本高校招生考试研究很好地因应了这一特质，其研究具有偏爱社会学、心理学、经济学领域定量方法的倾向，多采用结合实际、深入收集案例数据，通过因子分析、项目反应方法、重回归分析、问卷调查等展开科学分析。而且研究内容较少宏观层面的理论阐释，更喜好中观与微观层面的探析。这种研究取向的关键原因之一在于历任所长或理事长都是理工科出身，而且基本上都曾任大学校长，如表6–5所示。

表6–5　大学入学考试中心历任所长/理事长一览表

历任所长/理事长	任职年度	姓　名	专　业	原任职
首任所长	1977	加藤陆奥雄	昆虫生态学	东北大学校长
第2任	1982	小坂淳夫	医　学	冈山大学校长
第3任	1985	尧天义久	工　学	神户大学校长
第4任	1988	有江干男	机械工学、流体力学	北海道大学校长
第5任	1992	高桥良平	地质学	九州大学校长
第6任	1996	广重力	医　学	北海道大学校长
第7任	1999	丸山工作	生化学	千叶大学校长
首任理事长	2001	丸山工作	生化学	考试中心所长
第2任	2004	荒川正昭	医　学	新潟大学校长
第3任	2007	吉本高志	医　学	东北大学校长
第4任	2013	山本广基	生物资源科学	岛根大学校长

注：2001年独立行政法人化以来，首要责任人从所长变成理事长。

当然，考试研究并非纯粹实践性的问题，也需要系统理论的预测与引导。与日本高校招生考试制度的研究倾向相比，我国考试研究更关注宏观层面，注重研究考试与社会、政治、经济、文化、科技等要素的关系，相关研究丰富且深入，但是，在中观层面对考试的组织与管理以及在微观层面对考生心理等研究尚显不足。这是因为我们的研究队伍具有浓重的人文社会科学气息，人文社科出身的研究者在研究方法上自然也偏重文本、政策的解读，比较依赖于历史文献分析等传统方法。要增强考试研究的科学性、客观性、合理性，有必要吸收不同学科出身者加盟高校招生考试研究队伍，加强定量研究方法的运用，以防止过度依赖定性研究方法带来的缺乏中立价值判断的研究偏好。当然，理论研究可以避免研究走入盲人摸象误区，关注全局视野中的制度设计。因此，理论研究倘若能够结合实证地接地气地深层挖掘，既关注宏观层面的理论探讨，又投入微观层面的实践关怀，对考试规律与本质的揭示就会具有更强的合理性、科学性。

五、法律规约下进行多样化考试试点改革

尊重世界历史发展的多样化，是考察真实的历史世界不可或缺的条件。随着我国高等教育完成大众化向普及化的快速发展，基于多元视角考察高校招生考试制度成为基本趋势。生源多样化、招生考试模式多样化已然成为我国高校招生的一道风景线。当今和未来我国的高等教育在招生考试方面，单一且僵硬的考试制度已难以适应与承载时代、现实需求，更富有弹性、多样性的考试制度设计迫在眉睫。日本的多样化考试改革因为大量私立大学的存在而得到有效的改革载体，那么，我们可以照搬日本模式吗？答案是否定的。日本高校总量中近八成为私立大学，为了与具备天然优势的国立大学竞争，私立大学绞尽脑汁，竭力伸出触角探知市场，以绝高的敏感度指导招生策略的制定。私立名校在与国立、公立大学的并驾齐驱中深刻影响着日本考试改革的进程。日本考试制度改革中，无论是统考制度还是多样化考试制度，都离不开私立高校的参与，私立高校促进了其改革速度的提升、改革创意的丰富。

较之日本，我国私立高等教育依然发展不够，暂时无法依靠私立高校的

力量推动多样化考试改革。依据日本的经验教训，高等教育大众化与普及化阶段，招生考试的选拔功能渐次淡化，对多样化生源的基础学力把控的重要性得以凸显。如何在提高“量”的同时避免“质”的减损？如何把控多样化的“度”？如何规范多样化发展？这些都是需要我们认真思考的问题。多样化考试制度的多元评价虽然尊重了个性差异，有利于提高差异公平性，但是，缺乏法律规约的多样化评价又可能弱化考试的实质公平，造成社会对多样化招生考试的误解。

鉴于此，首先可以赋予更多大学参与多样化考试内容与形式改革的自主权，以试点方式允许大学在统考之外适当加入面试、小报告、实技操作等多元考试方式，综合考查考生在静态学习之外的实力与素质。在分类高考改革方针下，可以引导一批办学资质较深厚的技术技能型大学逐步将多元评价基准纳入招生考试评价体系，探索统考成绩结合多项目评价的综合录取模式。多元考查评价方式有利于大学综合考量考生潜质，避免一些确实优秀的考生与大学擦肩而过，让更大范围的高校参与多样化考试改革，这也许对消除自主招生考试的顶尖大学掐尖竞赛、生源“非权即贵”的社会负面印象有一定作用。其次，为避免面试、小报告等多样化考试形式再度陷入人情、权力的泥潭，吞噬考试制度的公平性，宜以法律、法规的形式对多样化考试相关程序加以规范完善，避免实践过程中的操作漏洞。日本多样化考试改革的弊端不在于考试形式的多元化，而在于一些高校在生源压力下扭曲招生考试的本质，不仅不利用统考，还降低多样化考试基准，让多样化考试畸形发展，最终导致社会对多样化考试口诛笔伐。我国社会诚信制度仍有待完善，以面试等灵活的评价基准为支撑的多样化考试极有可能遭遇更多外部人为因素的影响，因此，我国高考形式的多样化改革必须是一种“有限的多样”。①

六、循序渐进推动多样化考试改革

美国社会学家T. 帕森斯（Talcott Parsons）认为，社会系统为了保证维持自身的存在，必须满足的功能条件之一是需要一种维持社会共同价值观的基本潜在模式，并使其在系统内保持制度化，这是一个维持社会稳定的安全

---

① 郑若玲，等．苦旅何以得纾解——高考改革困境与突破[M]．南京：江苏教育出版社，2011：19．

阀。日本浸润在东方的教育文化氛围中，形成了众人认可并默许的重视教育的价值观，而高校招生考试制度就是维系社会共同价值观的安全阀之一。20世纪70年代，人口总数约1亿的日本衍生了一个新词“一亿总中流”，即大部分日本人都认为自己属于中产阶层，日本固有的教育观念对新兴中流阶层产生形塑作用，实现了价值的内化，成为社会绝大多数人群的基本价值规范，他们成为推动日本考试改革进程的原动力。“二战”后的日本政府契合社会结构变迁带来的教育考试理念的更新，从集体公平转向差异公平。这种差异公平的实现主要有以下几条途径。

（一）细化统考科目设置

私立大学无法以与国立、公立大学一样的标准招收学生，不仅因为私立大学收费为后者的近两倍，也因为大部分私立大学的师资、教学设施等配备无法与后者相提并论。因此，统考制度要吸引私立大学采用就得放宽标准。为了吸引私立大学利用统考，考试中心特别细化了考试科目，通过不同难易度的划分，将同一个科目细划为两个，甚至三个、四个科目，供不同水平的大学与考生自主选择。如“国语”分为2学分的“国语Ⅰ”和4学分的“国语Ⅰ・国语Ⅱ”两科；“数学”划分为“数学Ⅰ、数学Ⅰ・数学A、数学Ⅱ、数学Ⅱ・数学B”四科。这样弹性灵活的设置为大学与考生提供了更多样的选项，此举既是对这两大主体考试选择权的尊重，也是根据考生需求做出适当调适的实质公平。

（二）包容私立大学的多样化考试

政府以一种有意无意的包容态度放任私立大学主导的多样化考试的普及。2016年的基本调查显示：专修学校的专门课程是高中毕业生的主要选择之一。2006年，高中毕业生中有18.2%进入专修学校进行专门课程的继续学习，2011年至2016年，这一比例依次为16.2%、16.8%、17.0%、17.0%、16.7%、16.4%。专门课程以职业教育为特色，侧重培养学生立身于世的基本技能。学术型的学力统考阻碍了这些考生的入学机会，而多样化考试则以非学力考试性质克服了统考的缺陷。多样化考试跳出了传统“分数公平”的窠臼，是对近代以来以统考的学力考试为评价核心标准的考试制度的反思与革新，面试、小论文、报告、实际操作等多元形式填补了学力考试过于刚性、缺乏灵活应对性的缺陷。多样化考试旨在谋求解构单一绝对的以分数定高下的观念，构筑起具有远见的多元文化视角的评价理念，并不拘一格地选拔人才，从而建立了一种新的考试公平——差异公平。它在本质上承载了“以人为本”的考试理念，避免了一次考试定终身的不合理性，体现了尊重考生个性特点的考试公正性，在一定程度上弥补了统考的不足，这是日本高等教育大众化背景下差异公平的表征。在此机制下，日本大学入学率在经历了一段时间的徘徊后，渐渐趋稳发展。2006年，大学入学率为49.3%，2011年，达到53.9%，2016年略增至54.7%，这意味着日本高等教育大众化让约五成高中毕业生都进入了四年制大学。[①]近年来，在私立大学每年的招生总数中，近50%都是依托多样化考试入学的，国立、公立大学对多样化考试的利用率也达到近20%。

日本高校招考制度改革的经验告诉我们，多样化的高校招生考试制度在少子化危机尚未显露之际是维持日本社会稳定运转的一个重要砝码，不仅带有教育性，也带有政治性与社会性的特点，其本质上是社会整合的黏合剂。多样化选拔与评价尊重个性差异，切合社会多元的用人需求，富含社会成员易于接受和遵守的共同价值观，因此，得以将社会中流阶层紧密凝聚。数量与比例巨大的社会中产阶级是有效的社会平衡器，避免了社会分层的加剧和社会矛盾的深化。“一亿总中流”意味着社会阶层实现了两头尖中间大，流入中间阶层的庞大力量稳固着社会结构，经济相对富裕的中产阶级成为推动日本多样化考试制度快速普及的强动力。但是，“今日中国，无论怎样计算，中产阶级加上其家庭成员，在中国人口中所占比例至多不过13%，也就是说中国人87%以上都不是中产阶级”[②]。这就决定了我们的多样化考试改革依然要坚守透明、公开、客观的统考制度，多样化考试承载的差异公平理念的践行，需要尊重社会结构，循序推进。倘若在社会结构并未成熟之际就盲目推动多样化考试进程，社会稳定无疑将面临挑战甚至产生种种危机。

① 文部科学省.学校基本調査[EB/OL]. http://www.mext.go.jp/component/b_menu/other/__icsFiles/afieldfile/2016/12/22/1375035_2.pdf.

② 李强. 社会分层十讲[M]. 北京：社会科学文献出版社，2013：147.

七、考试改革社会化倾向的强化

在日本，“社会性”不仅是日本政府主导中心考试改革的关注点，也是各大学自主改革的核心关注点。各大学希冀通过关键性的大学入学考试引导学生体悟到：要在与社会、生活的实际联系中确立自己的坐标，意识到自己适合做什么，喜欢做什么，想要在怎样的大学学习什么等。例如，大阪市立大学从2010年开始，在商、经济、法、文学部推行“夜间特别履修制度”，其对象为家庭经济较为困难的学生。如果在减免学费与提供相应奖学金的基础上仍然无法正常维持其学业，不得不通过白天打工来维系学业所需费用者，可以利用该制度，申请晚上听课，完成学业。该制度只适用于通过一般考试（前期日程/后期日程）的入学者，不适用于通过推荐入学、归国学生入学、专门高中/综合高中毕业生入学、编入学等制度入学者。申请资格为以下三类学生：①仅凭家庭收入确实难以维系学业，不得不白天打工，晚上学习者；②有正规工作，希望通过该制度完成学业者；③一周工作30小时以上者。以东京大学、京都大学、大阪大学等为主导的多样化考试改革也都面向社会招生，体现了日本大学考试改革的自主性与灵活性，如有让考生当场听课并答题的模式，也有集体探讨某一主题的模式。各大学基于自身的人才遴选与培养理念，通过灵活多样的形式考查学生是否具备入学资格、是否适合在大学学习。

总体而言，各大学对“学力”的要求，已经从单一学科转向综合教科，从个体性学习转向团队学习，从静态的吸收能力转向动态的创新、解决问题的能力，考生也从传统学生转向社会人员。“大学入学希望者学力评价考试”的宗旨在于通过考试中心与民间考试机构的相互结合、相辅相成，实现高校招生考试的社会化。无独有偶，我国高校招生考试制度改革也正从英语科目开始探索社会化考试的可行性，相比日本，我们对社会化考试的认识还有局限性，更多的只是某一科目考试形式的社会化，而日本已经在考试资格、内容与考试组织等方面都迈出了社会化的步伐，这无疑为我们推动考试社会化改革提供了有益经验和启示。

综上，无论在中国还是日本，高校招生考试都已经成了一项结构与功能高度稳固的制度。伴随高等教育大众化进程的进退起伏，统分结合的考试制度设计也有所调整，建立适应多样化生源需求的多样化考试体系是现实所亟需的。但是，我们也要意识到，高等教育市场化逻辑主导的多样化考试，虽然可以快速推动高等教育从大众化阶段进入普及化阶段，但是其遗留的诸多课题已经让实践者开始自省，因此，在统考与多样化考试之间如何把控好各自的“度”是一个严峻的课题。推动我国高校招生考试制度改革需要全局的视野、稳健的态度、创新的意识和包容的胸怀。结合日本经验，基于我国的文化土壤与现实国情，稳步构建一种面向未来、接地气、可行性强的制度方为上策。

第七章

韩国高校招考制度

和世界上大多数国家一样，韩国的大学招考制度也经历了曲折的发展过程。在“弘益人间”教育理念的指引下，以教育均衡为发展方向，以教育公平为根本目的，以满足学生个体发展需要为行动目标，韩国政府根据当时的经济和社会环境，不断改革优化大学招考制度。我国与韩国有着相似的文化背景，都把高考看作通往美好生活的桥梁，对韩国招考制度进行全面、系统、深入的介绍和总结，有助于引发大家思考，为我国新高考改革提供启示和借鉴。

第一节 韩国高校招考制度的发展历程

1910年8月，韩国被迫与日本签订《日韩合并条约》，完全沦为日本的殖民地。[①]第二次世界大战日本战败投降后，朝鲜半岛得到光复，韩国才逐步恢复和重建起自己的高等教育制度。起初，韩国的高校招考制度完全照搬当时美国的各大学单独招生考试模式。为适应经济社会的不断发展，韩国高校招考制度不断进行调整和改革，主要经历了各大学单独招生考试时期、大学入学预备考试时期、大学入学学力考试时期和大学修学能力考试时期等四个阶段，高校招考制度逐步趋于科学化、公平化。

一、韩国高校招生考试制度概况

第二次世界大战结束之前，朝鲜半岛作为日本的殖民地，主要向日本提供粮食、原材料，同时也是日本商品销售、资本投资以及强制文化输出的重地。日本在战败后，撤走了大量的科技人员，使得整个朝鲜半岛都处于停产、停工状态，加上南北分裂以及内部战争等因素的影响，让韩国经济处于崩溃的边缘，到20世纪50年代末也未有好转。

这样一个领土面积狭小、自然资源匮乏、长期遭受殖民统治的半岛国家，从1962年开始，由于政府倡导大力发展经济，制订了以出口为增长动力的外向型经济发展规划，并提出“教育立国”和“科技立国”的国家发展战略，从而极大地促进了韩国经济发展。[②]经济迅速发展离不开人才的支撑，在“教育立国”口号和相应的教育改革措施的配合下，韩国的教育水平迅速处于同等经济发展水平国家的前列。韩国对“教育立国”战略的认识越来越清楚，1985年成立了直属于总统的专门教育政策审议机构——教育改革

① 姜万吉,著.韩国近代史[M].贺剑成,等,译.北京：东方出版社，1993：211.

② 孙启林,安玉祥.韩国科技与教育发展[M].北京：教育科学出版社，2004:165-166.

审议会，这是一个由专家组成的教育改革与政策制定咨询机构。[①]高等教育在国家的政治、经济、文化以及社会发展等方面扮演着至关重要的角色，韩国在实现综合国力快速发展的过程中，不断调整和改革高等教育方针、政策：20世纪60年代末期，韩国政府利用两年的时间研究制订了《长期综合教育计划（1972—1986）》，明确了高等教育的发展方向；为了加强高等教育在招生制度、学校管理等方面的研究，制定了《教育发展的课题与展望（1978—1991）》；1985年，韩国政府对外发布教育部门报告书《面向2000年国家长期发展构想》，2000年又制订了《面向21世纪韩国BK21计划》。这些举措极大地促进了韩国高等教育向更加合理的方向发展。[②]

和世界大多数其他国家一样，韩国的大学招生考试制度也经历了曲折的发展过程。在"弘益人间"教育理念的指引下，韩国的大学招考制度以教育均衡为发展方向，以教育公平为根本目的，以满足学生个体发展需要为行动目标。韩国政府根据当时的经济和社会环境，不断改革、优化大学招生考试制度。

朝鲜半岛光复以后，韩国的大学招生考试制度几乎每年都有变化和调整。伴随着政权交替，大学招生考试制度也会因为执政党的政策不同而随之发生变化。大学招生考试制度是国家选拔适应社会发展要求的人才所必需的方式，从宏观层面来说，大学招生考试制度影响着韩国经济，更受到教育公平、社会公平等多重因素的影响和制约，常常成为社会关注的热点。从微观层面来说，大学招考制度关系到个体是否能健康可持续发展、在社会占有一席之地、进入理想大学学习和深造等切身利益。这些因素促使韩国执政党不停地改革、优化和发展大学招生考试制度。随着经济飞速的发展，韩国认识到了高等教育在实现国家奋斗目标的过程中，其重要作用渗透在政治、经济、文化等各个领域。从原来的农业化国家到劳动密集型工业国家，再向知识、技术和资本密集型工业国家转变的过程中，高等教育作为"智库"，为韩国经济快速发展打下了坚实的基础。高等院校的招生考试制度因涉及教育公平而备受关注，并随着国情和经济发展发生变化。总体上看，韩国高校招

① 孙启林,安玉祥.韩国科技与教育发展[M].北京：教育科学出版社，2004:262.
② 孙启林,安玉祥.韩国科技与教育发展[M].北京：教育科学出版社，2004:165-169.

生考试制度发生了四次根本性改变，可分为各大学单独招生考试时期、大学入学预备考试时期、大学入学学力考试时期和大学入学修学能力考试时期。①

二、各大学单独招生考试时期（1945—1968年）

1910年，韩国与日本签订《日韩合并条约》，韩国正式成为日本的殖民地，到1945年8月15日朝鲜半岛光复，才彻底摆脱日本长达35年之久的统治。朝鲜半岛独立后，日本从朝鲜半岛撤回了大量的人力和物力资源，使得朝鲜半岛的经济一度陷入困境。加之1950年爆发的朝鲜战争，使得整个朝鲜半岛的经济处于崩溃的边缘，在战争时期，整个朝鲜的工业生产几乎处于停滞状态。然而，在当时动荡的社会背景下，为了贯彻“无新增文盲”的教育宗旨，执着于“教育立国”的朝鲜民族并没有放弃本国人才的选拔与培养，大学招生考试工作仍照常进行。1945年日本投降后，美国军政厅召集包括美国、韩国在内的百余名教育界人士共同商讨新的教育政策和制度。因经历了日本长时间的殖民统治，韩国各级教育发展相对滞后。随后爆发的朝鲜战争，对当时的高等教育影响较大。在这一时期，位于朝鲜半岛南部的韩国主要还是由各大学根据自身实际发展情况，以单独招生考试的方式选拔人才。

（一）建国初期的各大学单独考试

1945年到1953年，韩国实行的是各大学单独考试，大学在招生方针政策的制定、大学的运营和管理等方面有足够的自主权。当时大学入学考试资格为学习了中学6年全部课程，并且各科考试合格毕业。除此之外，为了让自学者也同样有进入大学学习的机会，韩国文化教育部（以下简称文教部）还特别设立了公费的“大学入学资格认定考试”，该考试每年举办两次，资格认定考试合格者可参加大学的招生考试。由于战争对基础教育的破坏，高中毕业人数和资格认定考试人数远远满足不了当时大学招生计划人数的要求，所以当时政府决定让没有授予入学资格的五年制中学毕业生也都进入大学学习。当时的学生分为前期和后期两期入学，入学选拔考试以笔试为主，

① 金昌东.韩国大学入学考试制度的社会变迁和特征的相关研究[J].教育问题研究，2007(28)：83.

考试时间和考试内容由各大学举行校长会议商议后，报请文教部再审，考试内容分为必考科目和自选科目，并规定必考科目数量应在4科以上，自选科目至少为1科，总考试科目数量要在5科以上。

这一时期，韩国建立了“六三三四”学制，大学建设也如火如荼地进行，从入学机会均等、教育公平等角度确定了新的入学考试制度。然而，当时高中毕业生人数较少，不能满足大学的招生计划要求，由于入学资格考试松散，不合格者也进入大学学习，而且部分学生因为服兵役需要休学并保留学籍，再加上大学数量增加、教授数量不足和教学辅助设备落后等因素，导致大学教育的供应需求和现实情况不符。这一系列的问题导致大学教育质量下降，韩国政府为了应对这些问题，在国家最高监督机关——监察院的监督下，对国家最高学府入学者的相关资格加大查证力度，决定在1954年开始实施大学入学国家联合考试和各大学单独考试并行的大学招生考试制度。

1954年的大学入学选拔纲要指出，联合考试由大学入学者选拔考试委员会主管和实施，联合考试合格者才能参加各大学的单独考试，只有女性和军人才可以免除联合考试。联合考试和各大学单独考试都为必考项目，之后还有面试和体检，体检合格后方可入学。因此，这一时期的大学招生考试分为前、后两期，前期考试为联合考试，联合考试在1953年的12月28日和29日举行，考试地点在各道厅所在地，联合考试的成绩为机密，仅向考试合格者颁发合格证书，在填报志愿时向报考院校提交，证书的有效期通常截止在招生当年的4月。不过，联合考试仅在1953年举行过一次，在考试实施过程中引发了作弊等一系列影响考试公平的现象，导致这次招生考试制度改革的失败。改革的失败与当时动乱的社会环境和文教部当局不成熟的行政管理体系有关。联合考试的根本目的是提高入学学生的质量，防止不正当入学现象出现。然而结果与当初的设想相反。由于文教部的过分干涉，实施联合考试使得学生的学习负担过重，致使部分学生主动放弃考试，在一定程度上剥夺了学生们接受高等教育的机会，侵害了教育均等权和受教育权。女性和在职军人可免除联合考试也影响了教育公平。

1955年，韩国文教部颁布了《大学设置基准令》，[①]此法令的目的是控制

① 大学的现状和对策[N].东亚日报，1955.08.06.

新大学频繁设立，防止新大学在数量上无限制地增长，提高大学教育水平。与此同时，大学招生考试方式也发生了变化：文教部发布《国立、公立大学入学选拔纲要》，规定这一时期的考试主要分为笔试、专项计划考试和免试入学三种方式；招生计划总数的10%用于免试入学；笔试内容和科目都进行了调整，要求笔试内容要与将来所接受的大学教育相关，确定4个以上的考试科目，其中2个科目每年变更；题目设置难度要适中，并且贴近生活，主要选择能够测试学生智力、情感、分析等能力的题目。对在职军人等特殊身份的考生设立了专项计划，招生计划单列，考试方式也由各招生院校自主确定。选择免试的学校逐年增加。

5.16军事政变①后，韩国的大学入学考试制度迎来了划时代的历史转变。1961年8月12日公布的《初级中学、高级中学和大学入学相关临时措施法案》（法律第618号）规定，为了让教育发展正常化，提高教学质量，初级中学、高级中学和大学入学考试由国家组织命题、实施，变更为国家统一考试，各大学单独考试就此废止。②为了避免国家统一考试的选拔作用对职业技术教育造成不良影响，特别规定职业技术高中学生进入大学同专业学习，可免于国家统一考试。

这一时期，大学招收学生入学要参考国家考试成绩和各大学单独实施的“才能考查”分数，根据学生分数和大学专业的特点进行招生，男、女生可同校。国家统一考试合格分数线为150分（含150分），150分以下判定为不合格。合格者按照分数高低顺序选择科系。科系内再按照各专业的特殊性（如艺术、体育和两年制师范专业等专业的特殊性）确定合格者名单。对公示合格者寄送合格通知书。③

这一制度解决了当时因免试制度造成的不正当手段入学问题，学校招生计划和实际人数基本吻合，提高了考试的可信度。但对于所有考生来说，按照分数安排专业、自主选择专业的余地较小，在一定程度上侵害了他们的教

---

① 韩国“5.16军事政变”是指1961年5月16日陆军将军朴正熙发动的旨在推翻民主党执政的军事行动。

② 李振大,等.韩国入学考试制度的变迁史——入学制度改善研究之三[M].中央教育评价院, 1986:211.

③ 金洪花.韩中日教育制度比较研究——以大学入学考试制度为中心[D].全南大学硕士学位论文，2015:15.

育自主权；对于学科来说，招录了大量不喜欢该专业的学生，而对专业感兴趣的学生却可能无法进入该专业，无法保障教学质量；对于大学来说，以成绩为唯一的录取标准使得大学丧失了招生自主权。由于以上三方面原因，国家统一考试仅举行了两年就宣告废止。统一考试实施过程中，因考试合格人数过少，大学的实际招生人数通常达不到计划人数，高校没有自主选择生源的权利，侵害了大学的招生自主权，一定程度上违背了教育机会均等原则。从1964年开始，重新实施各大学单独招生考试制度。

1964年颁布的《大学入学考试政策纲要》指出，大学校长负责大学入学考试管理，在确定考核方式和招生计划后，报文教部备案。具体实施办法为：考试分为笔试和“才能考查”。大学校长确定必考科目和选考科目，职业技术大学的选考科目必须包含实科性质的科目。“才能考查”按照文教部发布的考查方法和标准实施，所占分数为总分数的67%；艺术和体育方面有特长的学生，在不增加招生计划的情况下，可免除笔试，与普通考生一起参加“才能考查”。职业技术大学对招生计划的20%以内的名额，可提供免试入学。[①]考试实行校长裁量制，分为前、后两次进行，从1月下旬开始，2月中旬结束，具体考试日期需报文教部备案审查。

（二）存在的主要问题

受战争影响，韩国在建国初期存在着教育基础薄弱与经济发展需大量高级人才之间的矛盾。第一，朝鲜半岛光复后，日本从朝鲜半岛撤走了大量技术人才和熟练工人，导致韩国经济发展处于停滞状态，此时虽有美国方面的经济援助，但韩国迫切需要大量培养自己的专业技术人才，高等教育是仅有的培养途径之一。然而基础教育的落后，高中毕业生的知识水平有限，无法达到大学招生统一考试的基本要求，为了解决这一难题，韩国取消了统一考试，采取各大学单独考试的招生方式，大量招收应届高中毕业生和具有五年制中学学习经历的社会人员。第二，韩国政府盲目移植欧美高校招生考试制度宣告失败。1945年朝鲜半岛光复后，韩国兴起了一股求学和办学热潮，数据显示，截止到1950年6月，韩国已有42所高校，其中综合大学4所，

① 金洪花.韩中日教育制度比较研究——以大学入学考试制度为中心[D].全南大学硕士学位论文，2015:16.

单科大学30所，其他大学8所，教职员工总数为2052人，平均每所大学拥有教职员工50人左右。短短4年后的1954年，共有66所高校，其中，综合大学13所，单科大学31所，两年制专科院校7所，其他专科院校15所。1959年大学数量达到80所。[①]由于在美国军政的控制之下盲目引进欧美大学制度和迅速扩大大学的规模，结果导致大学教授、基础设施、办学资金严重不足等问题，出现了轻视教学质量、忽视科学研究等现象。当时的韩国政府无力从根源上解决上述问题，只有通过调整招生考试制度的方式，实施统一招生考试，严格控制招生人数来提高生源质量。

三、大学入学预备考试时期（1969—1981年）

受20世纪50年代末60年代初苏联人造卫星升空的影响，美国等西方国家意识到自己的人才和知识危机，相继出台了《国防教育法》等一系列旨在提高公民知识和教育水平的法案。这种做法也影响到了正处于经济快速发展的韩国。韩国政府认识到人力资源开发和人才培养是国家发展的动力，于是，韩国文教部提出了要加强国民伦理和国民精神等方面的教育，[②]并从1969年开始对基础教育实行改革，这其中包括高校招考制度改革，自1969年起实施全国性的统一考试，即大学入学预备考试。

（一）大学入学预备考试的兴起

经历了各大学单独考试时期后，部分私立大学为了学校的经营，在既定的招生计划外又招收了大量学生，在一定程度上造成教学质量下降，导致大部分学生毕业后无法就业，大学毕业生的失业率上升。仅1967年一年，高校毕业生中国立、公立大学失业者就占失业人口的21%，私立大学这一比例为35.4%，首都首尔地区大学毕业生失业人数和地方大学毕业生的失业人数差异比较大，前者要明显少于后者。[③]

20世纪下半叶，韩国进入了制订振兴科学技术长期计划的关键时期，要想实现《第二个经济发展五年规划》中所设定的目标，重要的环节便是提高

① 金钟喆.韩国教育政策研究[M].首尔：韩国教育科学社，1989:176.

② 中央大学附属韩国教育问题研究编.文教史[M].首尔：韩国中央大学出版社，1974 :233.

③ 金洪花.韩中日教育制度比较研究——以大学入学考试制度为中心[D].全南大学硕士学位论文，2015:17.

人才培养质量，最大限度地开发人的知识和技能，通过开展多种多样的研究活动以及引入先进科学技术来提高产业发展和科学技术能力。随后政府公布了《长期人力资源供需计划》，明确提出高等教育要随着人力供求计划尽心调整，扩充实验、实习设施，改革高等教育内容和教育方法，力图达到提高高等教育质量的目的。在实行各大学单独招生考试的过程中，由于不受任何控制，导致实际招生人数远远超过教育行政部门制定的招生计划，招生腐败之风盛行。虽然政府在1965年颁布了《大学学生定员令》，以法律形式限定各大学的招生计划，但效果并不显著。

1968年10月14日，韩国政府宣布实施大学入学预备考试，在文教部下设“大学预备考试委员会”，即在大学进行自主招生选拔之前，进行国家统一标准的高中毕业生基础学习能力评价，主要目的是为了选拔有潜力接受高等教育的人才。大学预备考试合格后，才有资格参加各大学进行的单独招生考试。考试具体的组织和实施机构分别是文教部下设的大学预备考试中央委员会和各市、道教育委员会下设的大学入学预备考试地方委员会。大学预备考试涵盖了高中教育的所有科目。1980年，韩国实行“7.30教育改革”，即公布《教育规范化及消除过热课外辅导方案》，旨在营造良好的教育氛围，减轻过热的课外辅导带给学生的负担。与此同时，高校招生考试制度也有了一些变化，开始实施大学入学预备考试和高中在校成绩呈报相结合的高校招生考试制度。到了1981年，新生录取只依据大学入学预备考试和高中在校成绩，取消了各大学单独考试。大学入学预备考试成绩占总成绩的50%以上。

（二）过热的课外辅导

大学入学预备考试加剧考生间的竞争，与之相适应的入学考试准备教育（即课外考试辅导）开始蔓延。为了提高考试成绩，学生和家长热衷于参加课外考试辅导而不重视学校教育，并且重读生的人数也较之前有大幅增加，这些都成了当时韩国的社会热点问题。学生们忽视学校教育的理由之一是为了顺利升入大学，只要大学预备考试和各大学单独招生考试成绩高即可，学生的在校成绩和学校生活表现对能否升入大学没有任何影响。韩国文教部为了解决这一弊端，提出了“高等教育内部审查制度”，即审查学生的在校平时考试成绩和生活表现，主要以“学生在校生活综合记录簿”的形式呈现。

到1981年，大学预备考试成绩占总成绩的50%，高等教育内部审查成绩占20%。此外，规定公务员子女禁止参加课外考试辅导，在职教师禁止在课外考试辅导机构任职，并且提高课外考试辅导老师的赋税。高等教育内部审核制度的出现，削弱了各大学单独考试的影响。

四、大学入学学力考试时期（1982—1993年）

经历了20世纪70年代的发展，韩国成功完成了第三、第四个“经济发展五年计划”，经济增长迅速，实现了第一次经济腾飞。高等教育也随之平稳发展起来，在兴办新式大学、改变招生考试制度方面进行了多种改革和尝试。

（一）从统一考试走向综合考试

正如前面所提到的，大学入学预备考试和高等教育内部审核制度并不成熟，各大学单独考试的命题方式也主要以笔试和论述考试为主，对于学生的创造性思维有所限制。所以韩国文教部从1981年2月开始，进行了为期三个月针对社会各阶层的意见征集，此次意见征集共提出了四套考试方案供大家选择。同年5月，由新成立的“大学教育咨询委员会”牵头主办多场讨论会，广泛征集各方意见。高校招生考试制度涉及教育公平，受到民众的高度重视，稍有不慎可能会酿成社会矛盾。因此，韩国政府在招生考试制度改革方面显得十分谨慎。1985 —1987年，韩国组织的“教育改革审议会”利用三年的时间调研，最终拟定了“韩国十大教育改革”，并确定了42个主要研究课题，高校招生考试制度便是其改革方案的课题之一。[①]韩国文教部委托韩国大学教育协会来研究该课题，聘请三名专家组成课题研究组，拟订改革方案，再邀请20多名专家进行政策的公开讨论，探讨方案的科学性和可行性。1989年8—12月，韩国文教部又组织了两次大型听证会，听取教育行政部门、高等院校、高级中学等方面的意见和建议，并且通过电视、广播、报纸、杂志等媒体向社会公开征求意见，通过民意调查等多种方式最终确定了具体的大学考试制度实施方案。

这一时期改革的主要内容是：以大学入学学力考试取代大学入学预备考

① 孙启林.战后韩国教育研究[M].南昌：江西教育出版社，1995:312.

试，废止统一的合格分数线制度；学生志愿填报不受地域限制，扩大到全国范围，先填报志愿后考试，并采用平行志愿的方式；高等教育内部审核成绩占总成绩的30%，如果超过30%则总成绩视为无效；扩大了高中在校成绩的比例，高等教育内部审核成绩是由高中三年全部科目考试成绩和上课出席率共同核算的，由上一时期的15个分数等级减少为9个分数等级；学力考试成绩占50%，剩余成绩占20%，这20%的成绩主要由招生学校根据生源情况自主裁量，主要包括以主观试题为主的笔试；面试所占比例不高，仅为总成绩的10%左右，考试成绩采用加权方式对外公布。国立教育评价研究院负责学力考试的出题和组织实施考试，阅卷评分和结果处理由各大学自己负责。各大学还改革培养模式，按照一级学科（即大学科）招生，学生在学习1—2年后再根据自己的志愿和成绩来选择适合自己的专业。大学入学学历考试应考科目为14科，1984年起增加一科，变为15科，1985年起文科考试科目为16科，理工科为15科。[①]在大学入学学历考试、高中在校成绩内部审制之外，又增加了以评价学生综合思考能力为主的论述考试，论述考试由各大学自主命题。考试科目在1987年再次进行了调整，调整后为9科，其中必考科目为5科，选考科目为4科。与此同时，由原来的文科、理工科系列又增加了体育艺术系列。

（二）存在的主要问题

这一时期的大学入学考试制度与此前相比得到了很大改善，采用平行志愿的填报方式一定程度上遏制了学生填报志愿时投机取巧的情况出现。但采用先填报志愿后考试的方式，造成部分学生低估或者高估了自己的考试成绩而不能进入理想大学或专业学习，存在着较大风险。大学入学学力考试也没有解决考生考试负担过重的问题，应试科目过多造成学生学习负担较重。由于学力考试试题基本上以客观题为主，造成学生死记硬背，对学生理解分析以及应用的能力无从考查。考试成绩只是由学力考试成绩和高中在校成绩的简单相加，考题的命题和组织全部由政府负责，削弱了大学在选拔学生时的自主权，站在大学的立场来看，大学选拔优秀学生的职能没有得到充分发挥。

---

① 孙启林.战后韩国教育研究[M].南昌：江西教育出版社，1995:304.

各大学单独考试的难易程度不容易控制，没有统一的标准衡量其科学性。各大学的单独考试主要以给定主题、学生笔答论述为主，主要考查学生的分析、理解和应用能力，这样就给各大学在命题中提高区分度和制定科学的评分标准带来了一定的困难。

五、大学入学修学能力考试时期（1994年至今）

1992年3月，韩国132所大学共同发布了《1994年入学考试要纲主要框架》。韩国文教部于1992年5月至1993年2月，研究制定了新的高校招生考试制度的具体实施方案，经过大学教育审议会的审议，并于1993年2月12日正式向社会公布新的大学招生制度实施计划，宣布新制度从1994年新生招生时开始实施。①韩国总统政策咨询机构——教育改革委员会在1995年5月对外发布《树立面向信息化、全球化时代的新教育体制教育改革方案》。②这次推出的新教育体制改革方案要实现的目标，是建设一个让国民能够随时随地接受所需要和期望的教育的、开放的、多样化的、持久的、能够终身学习的学习型社会。与此同时，提出了人才培养的基本方向，即培养主导21世纪全球化、信息化时代自律并富有创造性的韩国人。为了适应政策的总体规划，包括高校招生考试制度在内的整个教育系统运作时要符合如下“三个转变”的要求：把以教师为中心转变为以学生为中心；把整齐划一的均等主义教育转变为平等、协调、个性化、多样化的教育；把低质量的高等教育转化为依托教育评估体系而有所提高的高质量高等教育。

1988—1993年的五年间，为了改善大学入学考试制度，文教部决定废止大学单独考试中的论述考试，开始实施面试的考试方式，并由原来的“先考试后填报志愿”调整为“先填报志愿后考试”的形式，但是以大学入学学力考试为主的大学入学考试制度的根本性问题并没有得到彻底解决。以大学入学学力考试和高等教育内部审核成绩为依据选拔学生的可行性和公正性受到社会的广泛质疑。为了解决上述问题，1994年起，韩国政府决定开始实施

① 孙启林.战后韩国教育研究[M].南昌：江西教育出版社，1995:312-313.

② 孙启林,杨金成.面向21世纪的韩国基础教育课程改革——韩国第七次教育课程改革评析[J].外国教育研究，2001(04):5-9.

新的入学考试制度。

（一）主要实施内容

这一时期大学入学考试制度的基本框架主要由大学入学修学能力考试、高等教育内部审核和大学单独考试三部分组成。大学入学修学能力考试是全国性统一考试，必考科目包括语文、数学、外语，选考科目分为两大类别，分别为文科类和理科类。文科类包括历史、地理、国民教育、家政学等科目，理科类包括物理、化学、生物、应用技术等科目，考试成绩作为大学入学的重要参考依据。高等教育内部审核成绩由原来的10个等级再次调整为15个等级，各等级之间的分数差异在2.0—2.5之间，并且由原来占入学考试总成绩的30%提高至40%以上；内部审核成绩分数中，科目考试成绩占80%，学生上课出席率占10%，拓展活动、特别活动和义务劳动分数占10%。高等教育内部审核成绩将学生按照分数进行等级划分，导致学生之间过度竞争；而以大学入学修学能力考试成绩为主的选拔方式来选拔所谓的精英，也损害了一般民众进入大学学习的平等机会。因此，高等教育内部审核成绩被学生在校生活综合记录簿成绩所取代，并增加了入学材料申请、面试、论述考试等多种形式的各大学单独考试方式。2004年的韩国大学入学考试主要由学生在校生活综合记录簿、大学入学修学能力考试和各大学单独考试组成。关于韩国大学入学考试申请材料的规定包括如下方面：所有大学选拔学生时要参考学生多样化的材料；按照法律规定的相应条款，参考学生在校生活综合记录簿成绩和大学入学修学能力考试成绩。通过多样化的考试考查方式选拔学生，推进了学校教育正常化，促进了社会公平。

（二）结果与存在的问题

2002年开始实行的大学入学考试制度明确规定了多样化选拔方式，并取得了一定的成效，但依然以修学能力考试成绩为主。由于学生既要准备修学能力考试，又要准备各大学单独的论述考试和面试，而且这两种考试的侧重点和命题方式各不相同，因而进一步加重了学生的学习负担。[①]

大学入学考试制度不但没能从制度上甄别高中学校之间的差异，反而导致高级中学不断扩大内部审核力度，由此出现学生对在校生活综合记录簿成

① 孙启林.战后韩国教育研究[M].南昌：江西教育出版社，1995:321.

绩等级的不信任，而且内部审核成绩由各高中负责填报容易出现作弊、腐败等问题，1994年3月所查出的尚文中学作弊案就是其中一例。[①]另外，内部审核即使在同一城市中各高中之间评定的标准也不相同，有的学生在一所中学评定为一等，到另外一所中学很有可能不是一等，这样各个中学之间存在着差异，造成“负向流动”，即很多优秀中学的学生在报考前转学到质量相对较差的中学就读。还有个问题是招生考试制度有些复杂。比如，采用高中在校成绩、修学能力考试成绩、大学单独考试成绩等方式综合选拔学生，每个学校在单独考试时的考查方式不尽相同，这使得招生考试制度体系过于繁杂，要投入大量的人力、物力和财力，使得大学、高中和学生的负担都相对较重。

① 孙启林.战后韩国教育研究[M].南昌：江西教育出版社，1995:321.

第二节 韩国高校招考制度的现状及改革

韩国高等教育经历过多次演变与调整，形成了层次、结构、类型的多样化。从结构上看，有专科大学、本科大学、大学院（研究生院）及平生教育体系（成人教育）的广播电视大学、开放大学等；从管理层面看，有国立、公立和私立大学。[①]20世纪90年代以来，韩国的国家目标是扩大国际影响、提高其世界竞争力。根据这一国家目标，韩国高等教育进行了改革，韩国高校招考制度也相应地呈现出自律化、特色化和多样化的特点。

从韩国高校招生考试制度改革的历程中，我们可以看出其改革十分频繁。这说明韩国政府重视民意和社会各界对考试的综合评价，希望通过改革的方式，在一定程度上改善韩国优秀大学"门难进"的现状。韩国高校招生考试制度经历了几十年的不断发展和完善，已形成了特色鲜明的招生考试方式：在招生考试制度改革取向上以能力立意，以学生为本；在改革策略上稳步推进，理性改革，随时调整；在改革举措上重视国情，兼顾考试公平，择善吸收。

一、招生标准

韩国大学入学不仅仅参考修学能力考试的成绩，而且要参考学生在校生活综合记录簿成绩、各大学单独考试成绩，真正做到了大学入学考试的"三位一体"，高级中学和大学都实质性地参与到了招生考试当中，确保了大学招生自主权不受侵害，使大学的招生部门没有沦为考分主导的"接生"部门。

在新的招生管理体制下，韩国高校招生的录取标准呈现多样化的特征。

① 孙启林.战后韩国教育研究[M].南昌：江西教育出版社，1995:304.

各大学在拟定录取标准时，主要分为以下四种形式：①只根据学生的在校生活综合记录簿成绩；②在校生活综合记录簿成绩加上大学修学能力考试成绩；③在校生活综合记录簿成绩加各大学单独考试成绩；④在校生活综合记录簿成绩、大学单独考试成绩和大学修学能力考试成绩三项成绩之和。招生时主要参考学业表现，同时也考虑考生报考专业的志愿顺序，当总分相同时，便以考生的年龄、高中毕业时间等作为录取与否的参考标准。为了给予高校充分的招生自主权，韩国文教部规定，大学可以对学生在校生活综合记录簿成绩、大学修学能力考试和各大学单独考试、面试、论述考试等成绩进行自由选择与组合，据此选拔学生，但选拔标准需要通过文教部备案审核和批准。对于这些成绩的产生方式和参考原则，韩国政府也做了明确规定：学生在校生活综合记录簿成绩应尽可能覆盖学生在校学习生活的全部活动记录，包括各科成绩、毕业证号码、学年、班级、姓名、个人情况、学籍情况、出勤情况、身体发育情况、获奖情况、资格证书情况、特别活动情况、服务活动情况、义务劳动情况等。至于各大学是否参考及如何参考这些成绩，则由学校自行决定。同时韩国政府明令要求各大学不能只看重学业成绩，要重点考查学生的特长、各种活动记录；对于学业成绩，根据各大学专业特点，只参考与专业相关的科目成绩，以最大限度地减少学生的学业负担。

韩国的专科大学作为短期的职业教育平台，为韩国培养了大量技术劳动者。韩国专科大学的办学目标基本可归纳为：为高度发达的工业和产业社会培养具备一定职业知识和技术的骨干力量。韩国的教育法对专科大学的报考资格和条件做出了明确规定：主要招收高中毕业生以及具有同等学力者。

专科大学招生考试分为普通考试、特别考查和夜间特别考查三种方式。[①]普通考试是与毕业学校无关、均需参加的考试；特别考查是针对在艺术、体育方面有特殊技能者，具有技能师二级以上资格证者以及实业系列、体育系列高中的毕业生报考本系列学科时的考查；夜间特别考查是指对产业实体中的劳动者（即各大公司工厂一线员工）进行考查之后，再进行考试，根据修学能力考试成绩、实际操作能力考试成绩和面试成绩的总分，

① 孙启林,安玉祥.韩国科技与教育发展[M].北京：教育科学出版社，2004:265.

由高到低依次进行录取。从20世纪90年代起，由于产业技术工人的需求量迅速增加，工资福利待遇明显提高，专科大学的就业率持续走高，吸引了大量的学生报考，报名人数增多导致竞争愈加激烈。

韩国十分重视大学在招生中的作用。在决定招生名额和招生方式上给予大学充分的自主权，这使得各大学在招生录取上表现出多样化、特色化、自主化和灵活性的特点。例如，推荐面试制度的开展，使得考试成绩在录取中的比例下降，促使高校针对自己的办学特色、专业培养目标选择多样的录取方式，强调采用展示特长、报告社会服务情况、面试等多种考核资料的合理使用。同时改变了以往单纯按照考试成绩、报考志愿、年龄和高中毕业时间等排队录取的方式，为照顾具有特殊才能的考生，拿出10%的招生名额依据高中在校成绩和社会服务活动表现来录取，20%的名额依据大学修学能力考试和面试成绩来录取，10%的名额用于具有特长及获奖学生的特别考核。下面以韩国庆熙大学口腔医学专业入学标准为例来具体分析韩国大学入学标准的多样化（见表7-1）。

表7-1 庆熙大学口腔医学专业入学标准表①

途　径	招收人数（人）	申请材料分数(分)	面试分数(分)	学生在校生活综合记录簿平均等级(等)	论述考试分数(分)
专项计划申请入学	11	88.5	85.3	2.41	○
论述考试	17	○	○	3.19	62.8

注：○代表不采用该门考试成绩。

从表7-1可以看出，同样一个专业有两种不同的招生方式，分别为专项计划申请入学和论述考试入学。专项计划申请入学不参考修学考试成绩，主要参考学生的申请材料分数、面试分数和学生在校生活综合记录簿的等级分数，三者成绩加权后，确定最终的录取结果。论述考试入学主要是学生在完

① 2014韩国庆熙大学口腔医学专业招生标准.庆熙大学口腔医学专业[EB/OL].http://dental.khu.ac.kr/index2.asp.

成修学能力考试后，参加由招生学校统一组织的论述考试（笔试），再综合修学能力考试成绩、论述考试分数和学生在校生活综合记录簿等级分数，三者加权后得出学生的最终成绩并确定录取结果。通过两种方式选拔学生，既考虑了学校的自主招生权，不仅有自主招生考试而且有统一考试，也兼顾了学校自主发展与教育公平。

二、选拔方法

韩国文教部为了避免“唯分数论”和“一考定终身”等不良现象发生，考虑到国民强烈的求学欲望和现实需求，也为了实现教育公平这一根本目标，特别设置了“定时招生”“随时招生”“特别考核选拔”“推荐入学制”等招生选拔方式，确保考生一年中有多次入学考试机会。

韩国文教部为了避免大学修学能力考试成绩比重过大，充分吸收和借鉴了其他国家，特别是美国的大学入学考试的成功经验，建立了适合本国国情的选拔方法。韩国的招生选拔主要有“定时招生”“随时招生”“特别考核选拔”“推荐入学”等方式。定时招生是指每年在固定时间，一般在本年度学期开始前完成该年度招生录取工作。在每年固定时间，全国分为五大考区举行大学修学能力考试，由韩国大学教育协会负责实施。随后各大学自行组织单独考试，并根据各自录取标准完成招生录取。在定时招生过程中，如果大学的考试时间集中于某一特定时间内，可根据国立、公立、私立大学及地区的申报，由文教部分散、调整各大学的考试时间，尽量满足学生平行志愿填报，避免考试时间聚集在某一天内的情况发生。随时招生制度是为了保证一年之中能够随时或者追加选拔学生，规定入学时间从每学年初改为每学期初。实施多学期制的大学按照学期随时招生时，报考多所学校的考生的应试机会最多可达11次。随时招生的对象主要以高三在校学生和高中毕业生为主，一般每年11月1日到12月10日实施招生考试，在次年的3月入学。尽管大学可随时招收新生，但招生总人数必须控制在年初向文教部申报的招生计划之内。韩国现行的“特别考核选拔”中还允许大学通过一般考查选拔招收对父母特别孝顺者和单科成绩特别优秀者。当录取分数线内有两名以上获得相同分数时，允许全部录取，但超出招生计划的人数必须在下一年度的招生计划中予以等额扣除。为了规避招生考试选拔方式、录取评价机制的单一化倾向，避免大学只参考高考成绩不注重平时表现，韩国积极探索并建立有助于反映学生综合素质、个性特征和创新能力的多元考试选拔方式，给每位考生最大的入学选择机会，不会因为一次考试的失利就丧失继续接受高等教育的机会。与此同时，除应届高中毕业生外的社会人员也可同样参加修学能力考试，提高了社会人员进入大学深造的机会。

三、科目设立

韩国修学能力考试科目的设立，充分考虑了学生未来进入大学学习所必备的基础知识和基本技能。在设置必考科目的同时也设立了多样化的选考科目，保障了学生根据报考专业的相关要求选择考试科目的权利。

在考试科目的设置上，2001年韩国文教部向总统汇报的《教育改革和改善教育条件的推进计划》中提出，从2005年开始，韩国修学能力考试体系将发生根本转变，建立以国语、英语、数学为必考科目，以选修课为中心的选考科目二元化的考试体系。根据这一计划，韩国现行的大学修学能力考试分为选考科目和必考科目，共计5科24门。[①]2014年对考试科目进行调整后，文科生和理科生都需要参加国语、数学和外语的考试，国语、数学、外语均有A、B卷之分，A卷的难度较B卷来说较高。其中，国语科目文科生主要采用A卷、理科生采用B卷，数学科目文科生采用B卷、理科生采用A卷，外语科目文科生和理科生可随意选择A或者B卷，但要求任意两科不能同时选择难度较低的B卷。文科生还要从公民、经济、社会、历史和地理中选择2科参加考试，理科生则从化学、物理、生物、地球科学等科目中选取2科考试。

韩国的大学修学能力考试既分文、理科，又设置文、理科的必考和选考科目，其考试的主要目的是考查学生的一般学习能力和大学入学后继续学习的潜在能力，强调学科之间的相互知识渗透，具有学科测验与升学指导相统一的功能。

① 金洪花.韩中日教育制度比较研究——以大学入学考试制度为中心[D].全南大学硕士学位论文，2015:53.

四、考试时间

大学入学考试时间的长短体现着不同科目在考试中所占的分量以及考试成绩的重要性。但是，过长的考试时间会对考生造成一定的压力和负担，不利于考生正常水平的发挥，不能体现学习效果评价的真实性和准确性。韩国大学因其招生方式的多样性和大学招生的自主化程度较高，所以大学修学能力考试成绩不起决定性作用，只是作为一个方面的考量，故其大学修学能力考试各科的考试时间相对较短，所有考试在一天内可以完成，在一定程度上减轻了学生的学习和考试负担。现行韩国大学修学能力考试时间如表7–2所示。

表7–2 韩国大学修学能力考试时间表①

序 号	考试科目	考试时间	耗时(分钟)
1	国语	08:40 —10:00	80
2	数学	10:30 —12:10	100
3	英语	13:10 —14:20	70
4	社会 / 科学	14:50 —15:52	62
5	第二外语	16:30 —17:00	30

之前的大学入学考试时间较长，最长历时7天，共计13个科目，每天上午、下午各一科，每科考试时间大约为100分钟，这让考生、教师以及家长身心俱疲。实施大学修学能力考试之后，考试集中在一天进行，上午和下午各进行两科考试，各科的考试时间分别是：国语80分钟、数学100分钟、社会62分钟、科学62分钟、英语70分钟，报考外语专业的加试第二外语30分钟。这一措施极大地减轻了考生的心理负担。在考试次数上，为了减少一次考试带来的偶然性，韩国文教部决定由原来的每年11月份进行的1次考试，增加为每年2—3次考试。

① 大学修学能力考试时间安排.韩国教育课程评价委员会[EB/OL].http://suneung.re.kr/index.do.

五、招生计划

柏拉图曾在他的《理想国》中论述过“教育公平”的含义，他认为：公平教育应该使得每个人特有的能力得到发展，而为了能使每个人都能通过教育获得发展，必须提供相同的教育机会，这种机会不应该受种族、地域、家庭背景、经济状况等外在因素的影响；个人能力应该以有益于整个国家的方式去发展，也就是说，个人的发展不能以妨碍他人或整个社会的发展为代价。①社会的发展离不开人才，而人才的培养又离不开社会系统的有效支持。高校招生计划的制订，不但要考虑当前社会发展对人才需求的类型，更要考虑招生计划的制订对个体受教育机会公平的影响。所以，高校招生计划的制订要有充分的法律保障，要有相关的政策和制度来支撑。韩国大学招生计划的制订有着严格的程序，甚至细化到了具体的实施步骤和时间节点。

受人力资源市场对人才需求数量的变化影响，根据当前就业形势和毕业生数量，每年初韩国教育科学技术部都会制定并发布下一年度的《大学以及产业大学学生定员调整计划》，②也就是指导各大学制订本学校招生计划的指导性文件。我们以《2014年度大学以及产业大学学生定员调整计划》为蓝本，介绍韩国在招生计划制定时在法律、政策上的考量、规则及处罚措施。《2014年度大学以及产业大学学生定员调整计划》主要内容涉及六个方面，分别是大学学生定员政策的基本方向、年度入学定员调整步骤改善事项、年度大学学生定员调整标准、保健医疗类专业定员分配、其他募集范围定员调整和行政事项。③

为了维持一贯的招生定员政策的自律性和强化各大学的责任意识，各大学要遵守《大学设立运营规则》，根据自律性的相关规则制定本学校在招生计划方面的实施规程，并在校规中有所反映。依据当前韩国人力需求和学龄

---

① 杨德广，张兴.关于高等教育公平与效率的思考[J].北京大学教育评论，2003(1)：63-69.

② 2014年度大学以及产业大学学生定员调整计划[EB/OL].http://www.moe.go.kr/boardCnts/view.do?boardID=337&lev=0&statusYN=W&s=moe&m=0303&opType=N&boardSeq=40942.

③ 韩国教育科学技术部.2014年度大学及产业大学定员调整计划[R].教育科学技术部，2013(1)：1-14.

人口锐减等实际情况，教育科学部鼓励各大学减少未完成招生计划的专业在下一年度的招生计划人数。大学学生定员政策的基本方向中还规定了各学校上报招生计划人数的基本流程：教育科学部每年1月份下发《年度定员调整计划的通知》，各大学接到通知后，在3月份之前制订自己的招生计划人数并报送教育科学部；在下一年度的5月份，教育科学部会按照调整的范围到各学校进行检查并根据招生计划执行的情况提出改进要求，6月份会对没有履行改进要求的学校给予行政处分并进行相关的讨论，7月份对外公布处分决定。根据韩国《高等教育法实施令》第72条第2项（2012年3月2日最新设立）中的规定，详细的行政处罚措施如表7-3所示。

表7-3 招生考试制度违反行为行政处分规则[①]

<table>
<tr><th rowspan="2">违反行为</th><th rowspan="2">2012年3月2日前的处分措施</th><th colspan="2">新设条款后的处分措施</th></tr>
<tr><th>第一轮违反</th><th>第二轮违反</th></tr>
<tr><td>招生计划增加部分完成</td><td>(第一轮)招生计划冻结,停止招生预警
(第二轮)增加计划部分停止招生,招生计划减少预警
(第三轮)减少增加计划人数</td><td rowspan="2">停止招生</td><td rowspan="2">减少
招生计划</td></tr>
<tr><td>全日制和夜校间转换计划未完成</td><td>(第一轮)招生计划冻结,停止招生预警
(第二轮)转化计划总数的四分之一停止招生</td></tr>
<tr><td>总招生计划人数内自由调整部分未完成</td><td>(第一轮)招生计划冻结,停止招生预警
(第二轮)</td><td>招生计划
冻结</td><td>停止招生</td></tr>
</table>

为了提高行政效率，韩国文教部修改了《高等教育法实施令》，把之前相对繁复的行政处罚手段简化为停止招生、减少招生计划和冻结招生计划。

① 韩国文教部.高等教育法实施令[EB/OL].http://www.law.go.kr/lsInfoP.do?lsiSeq=177642&efYd=20160623#0000.

处罚目的明确、手段强硬，很好地控制了多数学校在招生计划调整和改变时所产生的教育腐败和不公平现象的频繁出现。此外，还规定了国立、公立和首都圈内大学在制订保健医学类专业、师范类专业方向招生计划时，要充分考虑国家当前政策导向、国内外形势和社会需要，具体招生人数由教育科学部决定并下发给各个学校，学校不得自主制订招生计划。保健医学类专业和师范类专业的培养周期较长，培养成本相对较高，严格控制这两类专业的招生人数，避免了稀缺教育资源的浪费，也遏制了结构性失业发生的可能性，对于维系社会稳定发挥了一定作用。在招生计划制订时也充分考虑到地方特色和地方产业发展急需专业人才的需求问题，教育科学部规定了要推进地方产业、社会、文化相关的核心学科建设，合并重复或类似专业，以提高人才培养效率和质量。

大学招生制度是一个完善的流程体系，各个环节衔接紧密、协调一致才能够保证招生工作公平、顺利地进行。所以与大学招生考试相关联政策的发布都是按照一定的时间顺序和间隔进行。在《大学入学定员调整步骤改善事项》中，对上述政策的发布时间都做出了规定：修学能力考试改善方案要提前三年发布，即新一届高一开始执行；大学入学专项录取制度基本事项要提前一年六个月发布，即在高二年级8月开学时发布；大学入学专行计划要提前一年三个月发布，即在高二年级的11月时发布；招生定员计划调整方案在高三年级8月开学时发布；招生计划实施纲要需在提交志愿申请前的一个月内发布。这些政策的发布按照大学招生考试的时间安排逐一推进，确保了学生有充足的时间理解政策变化和未来一段时间的招生考试形势，获取相关招生考试信息，为合理填报志愿奠定基础。针对定员调整的时间安排和保健医疗类专业招生计划全国范围分配情况，《大学入学定员调整步骤改善事项》中也做出了相应的调整（见表7-4）。

表7–4 缩短定员调整期限以及保健医疗类专业全国范围分配表①

构 成	现行情况	改善情况
定员调整期限	（计划制订）上一年度6月 （定员调整）上一年度8月	（计划制订）上一年度1月 （定员调整）上一年度2月
保健医疗类专业分配系统	（确定规模）上一年度6月 （地方）保健福祉部确定 （专业类别）保健福祉部确定 （大学）教育科学部确定	（确定规模）上一年度12月 （地方）教育科学部确定 （专业类别）保健福祉部和教育科学部共同商议确定 （大学）教育科学部确定
行政处分	（大学）上一年度8月	（大学）上一年度1月中旬

从表7–4可以看出，与2013年相比，保健医疗类专业的定员调整期限缩短了6个月左右。保健医疗类专业的招生计划总数在全国范围内进行分配，并且考虑到大学自我个性化发展和全国范围内医疗水平的统筹发展，盘活地方大学和改善落后地区医疗服务水平，优先为地方大学分配保健医疗类专业招生计划。

韩国的招生计划设定从表面上看可协调性比较高，但为了保证大学的教学质量和保障学生能够享有优质教育资源，韩国文教部对学校增加招生计划以及招生计划在本校不同专业、不同层级（本科或研究生）之间的调配使用做出了严格的限制和规定。以下三类大学不允许在下一年度增加招生计划：新成立的大学、当年度受到行政处分的大学、国立和公立大学（原则上不允许增加招生计划，国家政策急需专业除外）。在增加计划时，大学需要向文教部提交《大学教育条件改善计划书》，计划书中要包含学校基本设施情况、任课教师的流失率、学校的收入支出情况等，如果这些方面达到法律法规要求，则可视情况审批增加招生计划的数量。

韩国在制订招生计划时，主要在文教部的统一指导下，通过立法和出台相关法律的实施令，按照法律法规的相关要求并结合国家政策、学校办学特色等，较为灵活又不失公正地开展招生计划的制订工作。每年年初韩国文教

① 韩国教育科学技术部.2014年度大学及产业大学定员调整计划[R].教育科学技术部，2013（1）：1–14.

部会对社会公布当年度招生计划的制订规则，全部过程公开透明。这样一来，学生及其家长就能够在第一时间了解招生计划政策制定的方向，为他们合理选择学校和专业起到导向作用。学校根据政策，结合国家当前政策对人才的需要变化情况以及自己学校的办学特色，合理合法地制订招生计划。

虽然韩国文教部一定程度上公开了招生工作计划，但各学校毕业生去向等涉及培养质量的信息并未完全公开，学生和家长往往由于掌握的信息有限，并不能准确清晰地了解当前的人才需求情况，这种信息的不对等，让本来就处于信息源末端的学生和家长群体更加迷惑，因而对于学校和专业的选择具有盲目性。如何在把涉及教育公平、学校发展以及学生利益的招生计划的制订写入法律、使其在法律层面有所保障的同时，还能做到政府、招生主管部门、招生学校的信息全面公开，是值得我们认真思考的问题。

六、学生在校生活综合记录簿成绩

现阶段韩国高校招生主要依据大学入学修学能力考试成绩、学生在校生活综合记录簿成绩（中学内部审核成绩）以及各大学单独考试成绩（包括论述考试成绩或者面试成绩）。学生在校生活综合记录簿制度是在1995年颁布的《树立面向信息化、全球化时代的新教育体制教育改革方案》中提出来的，主要针对原有的“内审制度”没有考虑学生个性的多样化、评价方式过于单一等问题。①内审制度是把学生在校期间学习和生活各个方面的表现计算成总分，分成15个等级，其中各学科的学习成绩占80%，出勤成绩占10%，课外活动、平时课堂表现等占10%。现行中学内部审核成绩评价的主要方式是参考文教部2008年颁布的《初中等学校法》第25条关于学生个人的学习志趣和人生规划等进行综合观察和评价，进而帮助学生发现自己的学习兴趣，提高学生的综合素质。②学生在校生活综合记录簿成绩按照15个等级进行划分过于复杂，此次将15个等级缩减为9个等级。成绩等级和分布比率如表7-5所示。

---

① 索丰，常波.韩国大学招生考试制度及其实施效果研究[J].外国教育研究，2014(12)：31-41.

② 房仁子.内审制度对教育课程的影响分析——以普通高中英语课程教育及评价为例[D].忠南大学硕士学位论文，2009:14.

表7-5 学生在校生活综合记录簿成绩等级及分布比例表[①]

等 级	比 例
一 等	4%以下
二 等	4%—11%
三 等	11%—23%
四 等	23%—40%
五 等	40%—60%
六 等	60%—77%
七 等	77%—89%
八 等	89%—96
九 等	96%—100%

学生在校生活综合记录簿成绩等级有着自己独特的计算方式，是按照学生在整个学年的排名来计算的，具体计算公式是：（本人成绩排名／总人数）×100。[②]例如，某学生的综合成绩排名为42，该年级共有129人，（42/129）×100＝32%，在表7-5中查找得知，32%在23%—40%之间，故该学生在校生活综合记录簿成绩为四等。

学生在校生活综合记录簿中主要记载学生在校期间各个科目的成绩、名次、学习能力、思想品德、兴趣爱好、出勤率、课外活动情况、社会奉献、志愿服务情况以及考试或竞赛所取得的各种证书等。社会各界对高校招生考试制度中参考学生在校生活综合记录簿成绩的反应褒贬不一。支持者认为采用学生在校生活综合记录簿成绩能够让高校招生时详细了解每个学生不同的学习能力和兴趣取向，能够较为充分地展现学生综合素质、反映出学生参与课外活动、社会奉献、志愿服务等情况。参考学生在校生活综合记录簿成绩一定程度上避免了仅仅参考修学能力考试成绩录取学生，造成“唯分数论英雄”和“应试教育”现象的出现，缓解了各区域间、不同学校间入学机会不

① 房仁子.内审制度对教育课程的影响分析——以普通高中英语课程教育及评价为例[D].忠南大学硕士学位论文，2009:16.

② 学生在校生活综合记录簿成绩计算方式[EB/OL]. http://cafe.naver.com/rightedusouth/16924.

均等现象的发生，[①]促进了区域教育的均衡发展，顺利推进了教育公平政策的有效实施。然而，由于中小学校在教育质量、生源质量等方面存在差异，一些教育质量较低的学校中普通学生的在校生活综合记录簿成绩较高，一些教育质量较高的学校的学生为了获得较高的在校生活综合记录簿成绩，纷纷转学到教育质量较低的学校，由此产生了生源的“逆向流动”。另一方面，学生在校生活综合记录簿成绩包含了一些教师对学生的主观评价，容易滋生教育腐败，激化了学校、教师、学生及家长之间的矛盾。针对种种负面评价的出现，韩国政府也致力于学生在校生活综合记录簿成绩评价的改革，确保客观的成绩与主观评价占比科学合理，保证教育公平，防止滋生教育腐败。

七、针对弱势群体的特别招生考试制度

公平问题一直是教育研究和社会热议的焦点，弱势群体的教育公平在社会文明进程中也受到越来越多的关注。柏拉图曾在他的《理想国》中论述过“教育公平”的含义，认为公平的教育应该使得每个人特有的能力得到充分发展，为了使每个人都能通过教育获得发展，必须提供相同的教育机会，这种机会不应该受到种族、地域、家庭背景、经济状况等外在因素的影响。[②]社会不同阶层的成员都有接受高等教育的权利，然而一流大学的教育资源有限，入学竞争非常激烈，使得经济收入和文化资本处于劣势的低收入家庭、农村家庭学生以及身体残障人士在日趋激烈的大学入学考试竞争中处于越来越不利地位。韩国早在1995年大学的毛入学率便已达到52%，[③]在2008年达到高峰83.8%。韩国高等教育发展十分迅速，为了进一步提高高等教育国际竞争力，2013年5月韩国政府着手实施“21世纪智慧韩国高水平大学建设工程”，由此产生了一批世界一流大学，如首尔国立大学、高丽大学和延世大学等。根据2016—2017年QS世界大学综合排名，首尔国立大学世界排名第35位，高丽大学排名第98位，延世大学排名第112位，这三所大学在韩国高校中处于领跑地位。韩国高等教育在迈入了普及化阶段后，民众开始追逐一

① 朴炳英.大学招生考试专行制度与社会公平[M].首尔：韩国教育开发院，2008:112.

② 杨德广，张兴.关于高等教育公平与效率的思考[J].北京大学教育评论，2003(1)：63-69.

③ 中国驻韩国大使馆教育处.韩国高校招生考试政策对弱势群体倾斜情况调研[J].世界教育信息，2015(2)：30-35.

流大学，接受优质高等教育的愿望更为强烈。韩国大学招录学生通常参考修学能力考试成绩、学生在校生活综合记录簿成绩、论述考试和面试成绩。为了获取更高的平时考试成绩和在校生活综合记录簿分数，很多家庭经济条件较好的、就读于私立和重点中学的学生纷纷转学到一般中学，造成了生源的“负向流动”，加剧了本处于劣势的弱势群体学生上一流大学的竞争。

针对此种情况，韩国文教部通过修订《高等教育法》，规定各大学在定时招生和随时招生中要为弱势群体考生单列招生考试计划，对外公布招生计划人数、申请条件、申请材料和考试内容等，全力协调弱势群体接受高质量大学教育的机会，贯彻其“弘益人间”的教育理念。韩国文教部还在2002年实行了随时招生考试制度，规定各大学可在随时招生计划中列入针对弱势群体的专项招生计划，此举提高了弱势群体学生进入大学学习的机会，扩大了各大学的招生自主权，加强了各大学的社会责任感。概言之，韩国大学根据不同时期国家经济社会发展对人才的需要以及人们对进入一流大学接受较高质量的高等教育的诉求，对其招生考试制度进行了数次变革，本质上是为了最大限度地保证国民能够平等地接受高等教育，占有较少文化资本的弱势群体家庭中的学生也能够进入一流大学学习，促进不同阶层间的流动。国家通过立法，建立完备的法律政策保障体系；政府发挥主导作用，合理配置招生名额、财政经费和优惠政策；以高校为主体，通过自主招生的方式带动弱势群体招生考试制度的建立和发展。

（一）招生类别及人数

韩国三所一流大学的随时招生和定时招生都针对不同的弱势群体制订了相应的招生计划。例如，首尔大学在2017年随时招生计划中设置了“地区均衡选拔计划”和“机会均等选拔计划I”，主要招收低收入家庭学生、职业高中毕业生和农、渔村学生；定时招生设置了“机会均等选拔计划II”，主要招收特殊教育者（残障学生）等。[①]因首尔大学为国立大学，它所承担的弱势群体招生计划人数较另外两所私立大学的招生人数要多。

延世大学在2017年随时招生计划中设立了“机会均等特别计划”，主要招收贫困生、职业高中毕业生、特殊教育者（残障学生）和农、渔村学生

①首尔大学.2017学年度大学入学定时招生简章.2016(5)：15-16.

等。[①]其中，贫困生又分为经过推荐和未被推荐两类。被所在高中校长推荐，可免除修学能力考试成绩要求。

高丽大学公布的2017年度随时招生计划中设立了“机会均等特别计划”，主要招收农、渔村学生、社会关怀者、特殊教育者（残障学生）、职业高中学生（应届）和职业高中毕业生（在职）；在定时招生中设置了“农、渔村计划”，主要招收农、渔村学生。[②]具体招生类别及人数见表7–6。

表7–6 2017年韩国三所一流大学针对弱势群体招生计划表[③]

<table>
<tr><th></th><th colspan="3">招生类别及人数</th><th colspan="3">数据统计</th></tr>
<tr><td>学 校</td><td colspan="2">随时招生</td><td>定时招生</td><td>弱势群体计划合计</td><td>当年招生总人数</td><td>弱势群体所占比例</td></tr>
<tr><td rowspan="2">首尔大学</td><td>区域均衡选拔计划</td><td>机会均等选拔计划 I</td><td>机会均等选拔计划 II</td><td rowspan="2">898人</td><td rowspan="2">3259人</td><td rowspan="2">27.55%</td></tr>
<tr><td>720人</td><td>160人</td><td>18人</td></tr>
<tr><td rowspan="2">延世大学</td><td colspan="2">机会均等特别计划</td><td rowspan="2">无</td><td rowspan="2">284人</td><td rowspan="2">3876人</td><td rowspan="2">7,33%</td></tr>
<tr><td colspan="2">284人</td></tr>
<tr><td rowspan="2">高丽大学</td><td colspan="2">机会均等特别计划</td><td>农、渔村计划</td><td rowspan="2">395人</td><td rowspan="2">5219人</td><td rowspan="2">7,57%</td></tr>
<tr><td colspan="2">276人</td><td>119人</td></tr>
</table>

从招生人数看，首尔大学招收弱势群体学生人数占27.55%，延世大学占7.33%，高丽大学占7.57%。无论是从招收弱势群体学生总人数或是所占百分比来看，首尔大学都位居第一，说明它作为国立大学充分发挥了承担更多社会责任的积极作用。延世大学和高丽大学作为私立大学，招收弱势群体学生人数及其所占百分比也有所提高。

（二）申请者条件及所需提交的申请材料

韩国三所一流大学规定的弱势群体入学考试申请条件和所要提交的材

① 延世大学.2017年大学入学招生简章（定时、随时）.2017:50–52.

② 高丽大学.2017年大学入学招生简章（定时、随时）.2017:24–43.

③ 招生计划类别及人数引用于首尔大学、延世大学、高丽大学2017年招生计划手册，所呈现表格是作者整理而成。

料，除在申请者高中毕业时间等细微之处略有不同外，其他申请条件都依各项法律规定实施，所以有一定的规律可循。笔者按照“低收入家庭学生”“农、渔村家庭学生”“特殊教育者（残疾学生）”“职业高中毕业生”等几类人群进行分类，介绍各自的申请条件和所需提交的申请材料。

低收入家庭子女的教育问题一直是韩国政府关注的焦点，按照文化资本理论的观点，无论是城乡二元化的地域差异，还是城市内部的阶层差异，都会直接或间接造成家庭文化占有量的不同，从而影响着不同阶层子女受教育公平问题。韩国“低收入家庭”主要依靠领取生活保障金生活。三所大学所列针对低收入家庭学生的申请条件都是按照《国民基础生活保障法》第二章第一条和第二章第二条规定的领取年生活保障金者和领取年生活保障金家庭来执行，满足条件的学生可凭借低收入家庭证明书报考。如果获得所在高中校长推荐，还可免除修学能力考试成绩要求。但首尔国立大学规定每所高中每年最多推荐2名学生，延世大学规定每所高中每年只能推荐1名学生。没有被推荐的学生需要提供修学能力考试成绩。

生活在农、渔村的学生远离城市，所享有的教育资源较城市相比稀缺，获取向上社会流动的机会也不多。所以韩国一流大学也针对长期在农村、渔村学习和生活的学生设置了单独的招生计划。国立首尔大学、延世大学和高丽大学都将农、渔村学生分为两类，满足下列任一条件即可申请：一类是小学、初中、高中阶段全部在农、渔村学习者，按照《地方自治法》第三章规定的行政区域邑、面[①] 以及《偏僻地区教育振兴法》第二章规定的偏僻地区内的小学、初中、高中入学者，小学至高中阶段12年学习全部在该区域完成，并且本人在该地区学习和生活；一类是初中、高中阶段学习在农、渔村者，按照《地方自治法》第三章规定的行政区域邑、面以及《偏僻地区教育振兴法》第二章规定的偏僻地区内的初中、高中入学者，初中至高中阶段6年学习全部在该区域完成且学生和父母都在该地区居住生活。

特殊教育者即身体残障学生既可以参加普通入学申请考核，也可以选择专门针对残障学生的特别计划申请入学，一般要求是韩国国内、外正规高级中学毕业生或者参加高中毕业鉴定考试合格者。满足《残疾人福祉

① 韩国行政区域由大到小划分为：特别市、广域市、道、市、郡、面、邑、洞、里。

法》第三十二章规定的残疾等级在1—3级的残障学生，或者满足《国家功臣特别优待相关法律》第四章规定的因公、社会奉献等导致伤残、伤残等级在1—6级的残障学生，可按照特殊教育者特别计划入学。

韩国重视科技在国家经济发展中的作用，重视一线科技人才的培养和选拔。因此进入职业高中的韩国学生也有机会进入一流大学学习。延世大学和高丽大学均设立了招收职业高中毕业生进入本科专业学习的特别计划，要求申请者为韩国国内职业高中毕业生、全部学习课程都在职业高中完成、经过所在职业高中校长推荐（每所高中最多推荐10人），并且满足下列条件中任一条件即可：一是在职业高中所学专业和所报考大学专业相符合；二是如果所学专业和报考大学专业不符，需出具在职业高中修习过该专业课程及课时30学分以上的证明。

各项计划申请所需要的材料大同小异，都需要学生在校生活综合记录簿成绩、自我介绍书、自我介绍中提及的技能认定和获奖经历的证明材料、推荐信以及贫困证明、农渔村学生确认书、伤残等级鉴定书等。

（三）考试科目及评价方法

韩国三所一流大学都根据自己专业发展实际要求，对学生需要参加的考试科目和内容做了详尽细致的规定，人文社会学科、自然科学学科以及艺术师范类学科各有不同的规定。但三所一流大学对不同学科专业的修学能力考试应考科目的要求相对较为一致，规定了人文学院、社会科学学院、经济管理学院、艺术学院、美术学院、音乐学院等人文社会科学领域和艺术领域文理科兼收，所以文科生修学能力考试应考国语、数学II、英语、韩国史、社会探究和第二外国语；理科生修学能力考试应考国语、数学I、英语、韩国史和科学探究。理学院、工学院、医学院等理工科领域只招收理科生，修学能力考试要求考查国语、数学I、英语、韩国史和科学探究。

除修学能力考试外，学生还需要参加学校统一组织的面试和实际操作考试。面试覆盖所有学科，主要考查申请专业所具备的基本素养，以及学生提交材料中所提及的各种能力与本人实际面试中所展示出来的能力相符程度。报考美术学院、音乐学院、师范学院、护理学院的考生，除面试外还要参加实际操作考试，以考查学生的专业技术能力。面试和实际操作考试时间都控制在10—15分钟之间。

三所一流大学的评价方法也有共同之处，由于学校的层级不同，对修学能力考试成绩的等级要求也略有差异。评价主要包括对申请材料的评价、面试的评价和修学能力考试的等级要求。出于评价的公正性和人性化的考量，采用多阶段的综合评价方式来查看学生申请时所提交的学生在校生活综合记录簿、自我介绍书、推荐书等材料，对学生的学习能力、自主学习态度、申请专业的关心程度、团队合作能力和作为创新人才进一步培养的可能性等方面进行综合评价。其中，学生在校生活综合记录簿不仅仅要看国语、数学、英语等主要学科，音乐、美术、体育等学科也要重点考查，避免学生只注重主要学科的学习，而忽视音乐、美术、体育等提升自身素养的学科。面试主要考查考生自我介绍书和学生在校生活综合记录簿中所反映出的能力与考生本人实际面试表现的相符程度，以及进入所申请专业继续学习的能力和专业素养。面试采用双数面试委员制，对每位考生进行10—15分钟的提问和考查。

三所大学对修学能力考试成绩要求不尽相同，国立首尔大学对修学能力考试的要求较高，延世大学和高丽大学较国立首尔大学的要求较低。延世大学要求报考人文学科的学生在国语、数学、英语、探究4个科目中有2个的成绩等级在四等以内；报考自然学科的学生在国语、数学、英语、探究4个科目中有2个的成绩等级在五等以内，但数学和探究科目中必须有一个在二等以内。高丽大学要求所有学科的报考者在国语、数学、英语、探究4个科目中有1个的成绩等级在三等以内；国立首尔大学的要求详见表7-7所示。

表7-7 国立首尔大学弱势群体招生计划对修学能力考试成绩要求[①]

<table>
<tr><th colspan="2">招生单位</th><th>修学能力考试最低成绩要求</th></tr>
<tr><td colspan="2">全部招生学院(音乐学院除外)</td><td>4科目(国语、数学、英语、探究)中有3个科目以上成绩在二等之内</td></tr>
<tr><td>音乐学院</td><td>作曲专业</td><td>4科目(国语、数学、英语、探究)中有3个科目以上成绩在二等之内</td></tr>
</table>

① 首尔大学.2017年度招生计划手册.2016(5)：15-16.

续表

招生单位		修学能力考试最低成绩要求
音乐学院	声乐专业、器乐专业	4科目(国语、数学、英语、探究)中有2个科目以上成绩在三等之内

(四) 配套政策支持

韩国历届政府都十分重视对弱势群体的教育支持，将发展农村和渔村教育、特殊教育、低收入家庭学生教育等纳入韩国教育事业发展的重点工作任务，出台《偏僻地区教育振兴法》，修改《高等教育法》中关于弱势群体入学政策相关条目，结合《地方自治法》和《残疾人福祉法》等法律法规，制订针对弱势群体的特别招生计划，以保证他们有机会进入韩国一流大学学习。从21世纪初开始，韩国政府还相继制定了一系列扶持政策来帮助弱势群体公平地接受高等教育。2008年制定并实施了《教育扶持政策（2008—2012）》，随后又制订了《提高农、渔民生活质量第二个五年计划（2010—2014）》等措施，不断加大对弱势群体在教育、生活等方面的支持力度。设立专项经费减少或者免除农、渔村学生的学费和午餐费，设置针对弱势群体的大学生专项奖学金，针对低收入家庭大学生的困难补助金。2009年李明博政府投入1819亿韩元，减免81705名农、渔村高中生学费，补助4505名农科类专业大学生学费，发放2900名农、渔村大学生贷款。[①]通过政府政策支持和财政补助，帮助弱势群体进入大学后能够全身心地投入到学习生活中，不必为经济负担而过分担忧。

以大学自主招生和“双元招生”带动弱势群体招生考试制度发展完善。韩国从2002年开始确立了定时招生和随时招生的“双元招生”模式，考生一年内有两次报考学校的机会，并且，大学在随时招生计划中能够获得更多权力自主选拔学生，随时招生计划人数占总招生人数的比例也逐年攀升，由2002年的29%提高到2008年的53.1%。[②]韩国从2008年起，又实施了以大学自主招生考试为主、国家考试（修学能力考试）和学生在校生活综合记录簿成绩为辅的招生考试制度。大学招生考试制度模式的多元化在很大程度上推

① 金香花.韩国政府发展农渔村教育的支持性政策评析[J].教育评论，2012(2):154-155.

② 金美兰，尹光熙，李洪烨.大学新生选拔实态和改善方案研究[M].韩国教育开发院，2009:78-86.

进了弱势群体招生考试的发展。当然，弱势群体招生政策的实施并非一帆风顺，政策实施之初遭到大学和非弱势群体家长的反对，认为政府干涉学校事务，弱势群体招生考试政策可能会造成大学教育质量下降。但通过自主招生的方式，学校可根据人才培养方案自主制定选拔标准，即便是弱势群体也要在一定程度上满足标准要求，此外，自主招生中的面试、材料审核和学生在校生活综合记录簿审核等，也能较为全面地反映出学生的综合素质和学习能力，确保了“弱势”但不“劣质”的选拔效果。

建立起以法律法规为依据、政府为主导、大学为主体的立体化政策格局，各司其职，确保弱势群体招生的公开、公平、公正。韩国政府实施弱势群体招生考试政策的意志十分坚决。该政策作为促进社会和谐稳定的一项基本举措，需要得到大学的认可和贯彻。为此，政府出台了《高等教育法实施令》，制定了“机会均等分配”政策，在法律层面确保弱势群体招生考试政策顺利实施。为了使大学积极配合，政府还制定了一系列优惠措施：一是世界排名前200名的研究型一流大学可在首都圈和地方分别建立5个分校；二是扶持200所培养产业技术人才的大学；三是增加政府的投入，提高高等教育经费预算，减轻学生家长的经济负担，大学对学生学费的依赖率从2005年的56%下降到2012年的45%。[①]大学则充分发挥其招生主体的作用，一方面根据学科发展和专业培养方案的要求合理制定选拔标准，并对外公布，建立监督机制，确保针对弱势群体的招生在公平、公正、公开的氛围下进行；另一方面，在弱势群体生源学习跟不上进度时，采取相应措施防止学生掉队，保障大学整体教育教学质量。

重视高等教育的区域均衡、阶层均衡，一流大学弱势群体招生概念外延宽广。所谓的弱势群体，是因在经济、文化、体能、智能、处境等方面处于一种相对不利的地位，因而缺乏获得各种稀缺资源的机会，并因此导致生存困难和发展机会匮乏的群体。[②]韩国三所一流大学弱势群体招生对象覆盖了城市低收入家庭学生、农村和渔村家庭学生、特殊教育者（残障学生）和职

① 中国驻韩大使馆教育处. 韩国高校招生考试政策对弱势群体倾斜情况调研[J]. 世界教育信息，2015(3)：30-35.

② 尹志刚.论现阶段我国社会弱势群体.北京教育学院学报[J], 2012(3)：1-9.

业高中学生等。其中，不仅包括经济、身体等方面的弱势群体，还包括通常意义上所认为的学习困难群体。韩国一流大学也同样注重区域均衡和阶层均衡，国立首尔大学为此专门设立了“区域均衡选拔计划”。三所一流大学都设立了针对城市低收入群体的专项计划，并严格规定了在农、渔村居住和学习的年限，防止“高考移民”现象的出现。

第三节
韩国高校招考制度的启示与借鉴

公平是人类社会共同和永恒的诉求，之所以发明出考试这把“量才尺”，主要是出于追求公平的考虑。高校招生考试制度公平性的诉求，一方面受历史与文化的影响，另一方面也是国情和现实的需要。[①]韩国与中国同处东亚文化圈，“学而优则仕”的学历主义思潮在韩国也普遍存在，社会地位、工资收入等都与学历高低有着密切的关系。因此，韩国高校招生考试制度引起了教育部门、社会舆论、学生及家长的广泛关注，一方面广大考生及家长要求考试制度要公平，一方面又要求考试制度要确保受高等教育机会均等。韩国高等教育的传统是私人投资的高等教育占绝对优势，一组数据显示韩国在20世纪90年代末私人投资高等教育占GDP的2.4%左右，政府公共资金投入仅占GDP的0.4%左右。[②]加之韩国高校在招生过程中有一定的自主权，在招生过程中的权钱交易不可避免，不正当招生现象屡屡出现。问题出现后，韩国通过出台教育公平相关政策法规，来约束高校在招生过程中的自主权，并且增加统一考试成绩在学生录取成绩中的比重，来调整高校招生考试制度。

韩国的大学招生考试制度几乎每年都有变化和调整。伴随着政权交替和经济形势的风云突变，大学招生考试制度也会随之变化。在不断地变化发展中，韩国的招生考试制度呈现如下特点。

从宏观层面来说，大学招生考试制度影响着韩国经济繁荣、国家富强，其中更涉及教育公平、社会公平等多重因素的影响和制约，常常成为社会关注的热点。为了避免大学招生考试管理中出现漏洞，治理招生腐败，韩国政府不断调整大学招生考试制度法制化进程，立法修约，确保大学入学考试更

① 郑若玲.高考思辨[M].北京：经济科学出版社，2013:26.

② 金新福.韩国教育模式的变革与发展[J].教育发展研究，2005(10)：29-34.

加公平。韩国政府招生考试制度取得成功的另一关键原因是它较为清楚地意识到高等教育具有明显的获利性，即受教育个体在接受高等教育后，会获得各种显性或隐性利好，高等教育在很大程度上应属于私人投资行为，所以，政府认为理所当然应由受教育者个人支付主要成本，并由市场供求来调配资源配置。

从微观层面来说，为了使个体能健康可持续地发展、在社会上占有一席之地、进入理想大学学习和深造等，韩国执政党不停地改革、优化和发展大学招生考试制度。[①]韩国高等学校招生考试制度在建立之初就充分考虑了学校的招生自主权，并在不断的改革中完善。韩国大学在文教部的监督下，招生时独立行使录取新生的权利，充分享有招生自主权，这使得招生录取工作具有活力，也在一定程度上促进了高校之间的有益竞争，调动了高校办学的积极主动性。

通过韩国现行高校招考制度的介绍可以看出以下几个特点。首先，韩国在大学入学考试这一环节更加注重学生自身的基本素质和创新能力。韩国现行的修学能力考试主要侧重考查学生的思维能力、问题解决能力，考试的内容是各个科目基本知识的综合，没有过于繁重的计算过程。其次，具有较高的招生自主权。韩国文教部规定可供各大学选择的录取标准多达6种，大学可在符合法律规定的前提下，结合文教部公布的录取标准，自主确定录取方案。第三，综合评价体系健全。大学在录取新生时，可以对学生在校生活综合记录簿、大学修学能力考试、各大学单独考试等各类成绩和材料进行自由组合来选拔学生，并且选拔办法呈现多元化，除了定时招生制度、随时招生制度和特别考核推荐外，还结合实际情况增加了追加招生计划、免试入学等选拔办法。但是，韩国的高校招生考试制度也不完美，有一些不足之处值得我们反思。比如大学修学能力考试成绩实行加权办法，使得成绩梯度区分不明显，给学校招生和考生报考志愿带来一定的麻烦；学生在校生活综合记录簿评价的信度和效度仍然值得商榷；自主化招生程度越高，招生腐败等现象越容易出现。

我国大学在招生考试组织和实施过程中也发现了诸多问题，例如“唯分

① 凌磊.光复后韩国高校招考制度的演变[J].教育与考试，2016(2)：26.

数论”影响学生全面发展，“一考定终身”使学生学习负担过重，区域、城乡入学机会存在差距，中小学择校现象较为突出，加分造假、违规招生现象时有发生。①为此，2014年9月国务院下发《关于深化考试招生改革的实施意见》（国发［2014］35号），强调要从有利于促进学生健康发展、科学选拔各类人才和维护社会公平出发，认真总结经验，突出问题导向，深化考试招生制度改革，为办好人民满意的教育、建设人力资源强国提供有力保障，为实现“两个一百年”奋斗目标和中华民族伟大复兴的中国梦提供强有力的人才支撑。通过对韩国高校招生制度的研究，我们可以得到如下启示。

一、丰富考试科目的设置

韩国大学修学能力考试既分文理科，又分选考和必考科目。考试的目的不单单是为了实现选拔功能，也考查学生的学习能力和进入大学继续接受高等教育的学习潜力。考试内容虽多为客观题，但更加强调学科之间的联系，这种学科间知识的渗透避免了生搬硬套，多为各学科专家综合各学科常用知识点配套命题而成。相较而言，我国高考科目设置比较死板，教育部从1999年开始实行“3＋X”综合科目改革试点，经历了近20年的考查，学生除了能够选择学文科还是学理科外，考试科目的选择余地几乎为零。我国高考在确保公平、公正的前提下，可结合各大学各专业的发展特色和学习特点，科学合理灵活多变地设置考试科目。

二、使用多样化的选拔方法

韩国大学在录取学生时，根据当年向文教部提交的招生实施计划和考核评价方案，采用灵活多样的选拔方法，确保有意愿上大学的考生有更多的入学机会。韩国大学通常参考大学修学能力考试成绩、学生在校生活综合记录簿成绩等，根据自己学校的特色和专业特点，以组合评价方式来选拔学生。采用这样的方式一方面可以全面考查学生的综合素质，另一方面也便于学校摆脱“纸面成绩”的局限，通过面试等方式对学生进行面对面考核，最大限

① 国务院关于深化招生考试制度改革的实施意见[EB/OL].http://www.moe.edu.cn/publicfiles/business/htmlfiles/moe/moe_1778/201409/174543.html.2014.9.

度地了解学生随机应变能力和人际关系处理能力。目前我国招生选拔方式还很单一，仅通过高考总成绩高低排序再结合学生考前、考后所填志愿来录取，一般不会将学生在高中阶段的学习和参加课外活动等情况纳入选拔范围。我们要在保证公平、公正的前提下积极探索能够真实反映学生综合素质、个性特长和创新应变能力的选拔方法，不将高考成绩作为唯一录取评价依据，而应兼顾考生高中阶段学习表现，大学可结合自己的办学特色开展一定的面试考查，加大这些评价方式在评价体系中所占比重。如此，既可以避免“一考定终身”的弊端，也能避免基础教育向应试教育畸形发展，有利于大学选拔真正的优秀人才，更加充分发挥出大学育人培才的作用。

三、提高高校自主招生权利

韩国大学在文教部的监督下能够独立行使招生录取权利，可以比较充分地享有录取新生的自主权利。这种自主权使得整个招生工作更具活力，调动了大学的办学积极性，而且在一定程度上提高了大学之间的良性竞争。当前中国大学介入招生过程的权限还十分有限，大学的招生部门仅仅是做计划公布、分数划定及根据考生高考分数来分配专业等方面的工作，大部分大学没有招生自主权，小部分大学实行的自主招生权利也非常小。今后应赋予更多的大学自主招生权利，更充分地体现高校所设置专业对考生的特殊要求，以及更多地考虑学生对专业的适应性，使其有利于学生未来的专业发展和成长。允许高校自主招生能更好地体现高校专业特点对考生的要求，对于个别有专长的考生，高校可采取灵活有效的措施招生。我国高等教育毛入学率已超过40%，高校数量大、竞争也越来越激烈，使得高校对自身的声誉更加珍惜，在监督得力、制度健全的情况下，高校自主招生不一定会带来不公正现象。相反，透明、公开、民主的自主招生制度将促进高校自律，有助于遏制腐败。

四、健全招生管理法律制度

韩国大学在招生考试过程中，各个部门分工明确。韩国文教部主要负责对高校招生考试工作进行监督，保证整个招生考试过程公平合法；协调因多种招生方式可能带来的矛盾和冲突，确保每位考生的合法权益不受侵害；并为各大学制订招生计划提供服务和监督，确立各大学单独考试的原则。在考试命题和组织上，韩国文教部及其下属的中央教育考试评价院负责大学修学能力考试的命题工作。韩国的大学教育协会作为独立民间社团法人，协会会员主要是韩国的四年制大学，它的成立旨在提高大学的独立性，寻求大学的健康发展道路。它是韩国仅有的一个高等学校民间团体组织，在招生考试工作方面主要负责组织实施大学修学能力考试，确定大学修学能力考试的时间、考试成绩的加权等。这些举措都是为了遏制高校招生管理中出现的招生腐败现象，不断加强高校招生管理体制的法制化进程，切实完善执法监督体系，加大各种对招生腐败问题的打击力度。加强招考制度的法制化建设，是市场经济体制下对招生管理的必然要求。我国高校招生管理工作多次出现负面新闻，很大程度上与我们的招生法律法规不健全、政府主导高校招生考试工作有关。如果不加快高校招生管理法制化进程，无论多么公平的招生制度都可能陷入无法可依的境地，无论多么科学的管理模式都可能流于形式。因此，我们可以借鉴韩国高校招生考试制度经验，走人性化、多样化、自主化和法制化的选拔人才之路，建立和完善各项规章制度，明确政府、高校和考生之间的权利和责任，逐步形成高校自主招生、自我约束、政府监督服务和国家宏观调控的体制机制。

五、大力帮扶弱势群体，确保教育公平

将单一的分数标准逐步改变为以分数为主的综合评价标准，有助于增加弱势群体入学机会。从韩国三所一流大学的成功经验来看，它们的录取评价标准多元化，包括对学生在校生活综合记录簿成绩、申请材料、面试和统一考试成绩等的多维度考查，有高中校长推荐的还可免除统一考试成绩的要求。录取评价的多元化有助于针对弱势群体的招生考试政策的有效实施。如果以分数作为唯一的录取标准，为了照顾弱势群体考生降低分数线录取，必然会带来社会舆论对降低分数线的争论，也会给弱势群体考生贴上“低分上名校”“机会主义者”等标签，对弱势群体考生是不公平的。因此，建立多元的录取评价标准，可让弱势考生有充分展示各方面能力、增加上一流大学

的机会，与此同时，也有利于提高大学的招生和办学自主权。韩国根据自己区域经济发展实际情况，制定了《偏僻地区教育振兴法》，李明博执政时期的《支持农、渔村教育发展政策》《高等教育法》《国民基础生活保障法》《残疾人福祉法》中也有关于弱势群体接受高等教育的法律要求。由于韩国针对弱势群体招生自主化程度高，招生对象又具有特殊性，因此整个招生过程的公平、公正性受到广泛关注。韩国政府为了防止高校招生管理出现漏洞，有效治理招生过程中可能出现的腐败问题，不断加快高校招生管理的法制化进程，完善法律监督体系，成立了韩国反腐败委员会等机构，系统应对招生过程中的腐败问题。

确保弱势群体有学可上，就要保证弱势群体招生有法可依。建立和完善涉及针对弱势群体招生的各项法律法规，明确政府、高校和考生三者之间的权利和责任，逐步形成高校自主招生自律、地方教育考试院监督服务、国家宏观调控的管理体制，是未来我国提高弱势群体高等教育机会的重要保障。笔者认为，供给侧结构性改革政策也同样适用于高等学校招生考试制度的制定，即从提高高等教育供给质量出发，用改革和政策支持的办法推进高等学校招生考试制度结构调整，扩大高质量的、有效的高等教育供给，提高高等教育招生考试制度的适应性和灵活性，更好地满足广大学生接受优质高等教育的需要。

第八章

新加坡高校招考制度

新加坡实行分流（streaming）教育体系，学生自中学起便被分流学习普通或职业教育课程，但二者之间可以弹性转换，大学也为各类学生群体提供多样化的入学途径。分流的教育体系需要分类的招生考试及录取标准，本章首先回顾新加坡高校招考制度的发展历程，详细梳理1998年、2003年两次招考制度改革的过程及内容；其次，重点剖析新加坡各学生群体进入大学的途径，和现有高校的招生考试及录取方式；最后，综合上述资料，总结新加坡高校招考制度的特点，并在此基础上为我国高考改革提供政策建议。

第一节
新加坡高校招考制度的发展历程

受英国政府殖民统治的影响，新加坡的高等教育主要建基于原英国高等教育体系，发展较为缓慢。自1965年独立后，仅有的新加坡国立大学（National University of Singapore，NUS）在较长时间内和南洋理工大学（Nanyang Technological University，NTU）在较长时间内仍沿用英国高校招考方式，以新加坡—剑桥普通教育证书（高级水准）会考（以下简称GCE“A”水准会考）[①]成绩作为录取学生的主要依据。单一的评价标准逐渐受到社会各界的诟病，新加坡政府遂于1998年进行招生制度，尤其是学生评价标准的改革，在GCE“A”水准会考成绩之外，引入SAT I推理测验[②]、专题作业（Project Work，PW）以及课程辅助活动（Co-Curricular Activities，CCA）三项新内容。2003年，新加坡政府进一步下放招生自主权，确保各高校能够依据办学目标，挑选最具学术潜力的学生。

一、1998年以前：沿用英国高校招考方式

新加坡高等教育起步较晚，殖民地时期，英国殖民政府直到1905年才建立了一所医学院，1920年，服务于新加坡和马来亚（Malaya）[③]的医学院被命名为爱德华七世医学院（King Edward VII College of Medicine）。1928年，英国殖民政府成立的莱佛士学院（Raffles College）开始招生。1949年，爱德华七世医学院和莱佛士学院合并成为马来亚大学（University of Malaya）。马来亚大学于新加坡和吉隆坡各建立自主治理的分校，前者于

① 新加坡—剑桥普通教育证书（高级水准）会考，即Singapore-Cambridge General Certificate of Education (Advanced Level) Examination，可简称为GCE “A” 水准会考。

② 目前，SAT Ⅰ通常被称为SAT推理测验，SAT Ⅱ则被称为SAT科目测验。

③马来亚（Malaya）为马来西亚联邦西部土地（即位于马来半岛的部分）的旧称，也被称为西马来西亚，简称“西马”。

1962年更名为新加坡大学（University of Singapore）。

20世纪50年代，新加坡高等教育机构以招收英文中学的学生为主。为解决华人子女的入学问题，当地华商提出建立以中文为教学语言的社区大学。[①]在此背景下，南洋大学（Nanyang University）于1956年成立，仅开设文学院（College of Arts）、理学院（College of Science）和商学院（College of Commerce）三个学院。由于优质教师资源缺失、教学水平较低等问题，政府虽于1959年赋予南洋大学法定地位，但直至1968年才正式认可其授予的学位。[②]

1965年独立后，新加坡政府加大对高等教育机构的控制。1980年，在英国学者费里德利克·丹顿爵士（Sir Frederick Dainton）的建议下，时任总理李光耀将新加坡大学和南洋大学合并为新加坡国立大学。1981年，政府于原南洋大学校址设立南洋理工学院（Nanyang Technological Institute），该学院于1991年发展成为新加坡第二所综合性大学——南洋理工大学。

1998年以前，新加坡仅有上述两所大学。独立以后，新加坡国立大学和南洋理工大学沿用英国高校招考方式，以GCE“A”水准会考成绩作为录取学生的主要依据。GCE“A”水准会考每年举办一次，由剑桥大学国际考试部（the University of Cambridge International Examinations, CIE）、新加坡教育部（the Ministry of Education，MOE）共同负责，[③]完成2年初级学院或3年高级中学的学生均可报名参加考试。考试结束后，学生依据成绩及兴趣申请心仪的大学和学院，联合招生办公室（Joint Admissions Office）负责依据考生志愿，按照GCE“A”水准会考成绩由高到低确定录取结果。[④]

① Wilson H E.Social engineering in Singapore: educational policies and social change 1819-1972[M].Singapore: Singapore University Press, 1978.

② Asia-Pacific Programme of Educational Innovation for Development.Higher education in South-East Asia [R].Bangkok: UNESCO Bangkok, 2006: 159-186.

③目前，GCE“A”水准会考由剑桥大学国际考试部、新加坡教育部以及新加坡考试及评核局（the Singapore Examinations and Assessment Board, SEAB）三者共同负责，并由后者组织实施。

④ Harman G.Student selection and admission to higher education: Policies and practices in the Asian region [J].Higher Education, 1994, 27(3): 313-339.

二、1998年改革：引入综合评价标准

随着国际化的深入，新加坡社会对人才的需求越来越趋于多元，依托单一评价标准的大学招生制度因其日益为社会诟病，各界关于应试教育、招生考试、评价标准等议题的讨论不绝于耳。学校、家长、学生过分注重考试成绩，教师也被认为以重复练习历届试卷、预测考试题目等手段，帮助学生应付GCE "A"水准会考，[①]忽略学生独立思考及动手能力。与此同时，大学教师也对学生缺乏分析能力和批判性思维的现状表示不满。[②]新加坡政府的诸多咨询报告中，大学招生制度的改革亦是无法回避的议题之一。例如，1997年，麻省理工学院20名教授应邀评估新加坡国立大学、南洋理工大学的工程学专业后，建议二者改革入学方式，增加面试环节，以挑选出GCE "A"水准会考成绩不突出但资质过人且富有创造力的学生。[③]

为改善单一评价标准引发的应试教育倾向，1998年，新加坡政府成立大学招生制度审查委员会，开始对大学招生制度，尤其是学生评价标准进行改革。委员会由12人组成，时任新加坡国立大学副校长施春风教授担任主席，其他委员分别来自新加坡国立大学、南洋理工大学、新加坡教育部、贸易与工业部、初级学院以及私立院校等多个机构。委员会成员实地走访了日本、瑞典、以色列、英国和美国的大学、政府机构、考试机构和高中学校，旨在全面了解各国招生制度。与此同时，委员会成员与新加坡各级教育机构的校长、教师、学生以及家长、雇主进行会谈，并在此基础上，于1999年1月提交报告草案，经议会讨论通过后，新加坡政府于1999年6月公布报告的修订案——《让毕业生为知识经济做好准备：新加坡大学招生制度》（*Preparing graduates for a knowledge economy: a new university admission system for Singapore*）。为了给社会各界适应和缓冲的时间，新的招生制度自2003年开始生效。

---

① Nirmala M & Mathi B.Do more A's mean brighter students…or just students who are more exam-smart?[N].The Sunday Times, 1996-03-31 (2).

② Nirmala M.Undergrads being taught to think and write[N].The Straits Times, 1995-02-02 (24).

③ Tan J.Recent developments in higher education in Singapore[J].International Higher Education, 1999 (14): 15-17.

报告指出，大学生源由四类学生群体构成，分别为“A”水准课程毕业生（“A”-level Graduate），即初级学院和高级中学等大学预科机构的毕业生，理工学院毕业生（Polytechnic Graduate），年龄在25周岁以上且至少有4年工作经验的社会人士，以及国际学生。其中，前二者为主要的学生群体，在历年大学录取人数中分别占比75%和10%。

大学预科机构毕业生的入学评价标准是本次改革的重点，在GCE“A”水准会考成绩之外，新的招生制度引入SAT I推理测验、专题作业以及课程辅助活动三项新内容。具体来说，受到国际认可的SAT I推理测验，被认为有助于评估学生的批判性思维能力，同时，该测试无须提前准备，指导和重复练习对于成绩亦无较多助益，既不会增加学生课业负担，也有助于改善中学教育的应试倾向。专题作业旨在为学生提供跨学科的整合式学习经验，即学生合作完成特定主题的项目，在此过程中，学生将学习处理从不同渠道搜集来的信息，了解学科之间的关联性，清楚地表达意见和想法，并能够以报告或作品等形式予以呈现。另外，合作过程也被认为有利于学生合作意识、沟通能力以及责任感的培养。为了制定更为明确的实施办法，确定不同学校专题作业的可比性，同时避免舞弊、剽窃、造假等问题的出现，该项目自2004年开始执行。课程辅助活动包括社团、体育及艺术活动，学生的参与情况同样被纳入评价标准，但比重不可超过总分的5%。

依据委员会的报告，不同的申请者将采用不同的评价方式。具体来说，大学预科机构毕业生的评价标准为：GCE“A”水准会考成绩占75%（2004年降为65%）；SAT I推理测验成绩占25%；专题作业从2004年开始实施，占比10%；课程辅助活动通常作为额外的加分，最高不可超过总分的5%。理工学院毕业生的评价标准为：GCE“O”水准会考[①]成绩占60%；SAT I推理测验成绩占25%；理工学院课程成绩占15%；另外，同样需参考学生在课程

① GCE “O”水准会考即新加坡—剑桥普通教育证书（普通水准）会考（the Singapore-Cambridge General Certificate of Education (Ordinary Level) Examination）。由剑桥大学国际考试部、新加坡教育部以及新加坡考试及评核局共同负责。中学生（初中）参加考试后，可凭此成绩申请初级学院、高级中学、理工学院和工艺教育学院。

辅助活动中的表现。①

值得注意的是，尽管新的招生制度于2003年开始生效，新加坡管理大学（SMU）自2000年成立以来，便效仿美国沃顿商学院，采用综合性的评价标准。除GCE“A”水准会考成绩外，还要求学生提供SAT I推理测验成绩、个人陈述材料，另外，学生在面试中的表现同样为录取标准之一。引入综合评价标准被认为有助于该校与新加坡国立大学、南洋理工大学竞争优质生源。②

三、2003年改革：下放招生自主权

在新的招生制度生效之前，一方面，新加坡教育部于2002年实施课程改革，并于2006年推行新的GCE“A”考试科目，改革后的课程更加强调学生的推理能力，同时涵盖更为广泛的科目；另一方面，美国于2005年对SAT I推理测验进行改革，此举亦促使新加坡政府重新思考大学招生制度的改革方向。

2003年4月，新加坡政府再次成立大学招生委员会（University Admission Committe），重新审视新的教育形势对大学招生制度提出的挑战。委员会由时任新加坡国立大学副校长的丛奇泰教授担任主席，委员分别来自新加坡国立大学、南洋理工大学、理工学院、初级学院及教育部等机构。2004年2月，新加坡政府接受了大学招生委员会提交的报告《迈向灵活、多样的大学招生制度》（*Towards a flexible and differentiated university admission system*），并决定于2004年推行新的招生制度。

此次改革的核心议题为下放招生自主权。以往大学招生，教育部严格规定历年的招生名额、录取标准，主要的招生考试——GCE“A”水准会考亦由新加坡考试及评核局组织实施，大学并无太大的发言权。在此背景下，大学招生委员会建议，自2004年起，给予大学适当的招生自主权，使其能够依据自身办学目标，调整评价标准，挑选最具能力和潜力的学生。具体

① Committee on university admission system.Preparing graduates for a knowledge economy: a new university admission system for Singapore[R].Singapore: Ministry of Education, 1999.

② Nirmala M.What counts for SMU entry? [N].The Straits Times,1999-07-15 (3).

措施如下。

首先，调整大学入学标准，取消SAT I推理测验成绩。一方面，新加坡政府已对GCE “A”水准会考科目进行修订，更加强调学生的推理能力；另一方面，美国即将对SAT I推理测验进行改革。有鉴于此，自2006年起，SAT I推理测验成绩不再成为大学入学标准之一，不过，在过渡期内（2004、2005年），学生仍可提交该成绩。

其次，母语（Mother Tongue Language，MTL）①成绩可不计入总分。母语是GCE “A”水准会考科目之一，学生申请大学，只需满足各大学对母语的最低要求，不必提交母语成绩，当然，母语成绩较好的学生亦可选择提交该科目成绩。

第三，增设院系分数。入学分数将由大学分数（University Score，US）和院系分数（Faculty Score，FS）共同构成，其中，院系分数可占比三分之一。关于大学分数，初级学院和高级中学等大学预科机构毕业生的分数构成为：GCE “A”水准会考成绩占比95%，课程辅助活动成绩占比5%；理工学院毕业生的分数构成为：GCE “O”水准会考成绩占比75%，理工学院课程成绩占比20%，课程辅助活动成绩占比5% 。②不过，自2007年开始，课程辅助活动仅作为入学参考，不再计入大学分数。③关于院系分数，各学院可自行组织面试、能力测验，同时参考GCE “A”水准会考H3级科目④成绩，以及学生在非学术领域的特殊才能和优异表现予以确定。

第四，大学享有独立的录取权。以往由联合招生办公室负责依据考生志愿，按照成绩高低确定录取结果，学生通常仅能获得一份录取通知书。自

① 作为移民国家，双语教育是新加坡教育体制的特色。在双语政策下，学生必须学习英语和本国母语，其中，汉语、马来语、淡米尔语为官方认定的三大母语。不过，依据新加坡教育部的规定，学生也可选择修读孟加拉语、古吉拉特语、印地语、旁遮普语、乌尔都语等非淡米尔语系的印度语，以及法语、德语、日语等第三语言替代母语。

② 王建梁，皇甫晓宇.新加坡大学入学考试最新改革述评[J].湖北招生考试，2004 (4): 59-63.

③ Asia-Pacific Programme of Educational Innovation for Development.Higher education in South-East Asia [R].Bangkok: UNESCO Bangkok, 2006: 159-186.

④ 改革后的GCE“A”水准课程分为Higher 1 (H1) 、Higher 2 (H2) 和 Higher 3 (H3)三种难度等级，其中，H3级科目旨在为有潜力和兴趣的学生提供更为专业、高深的知识，通常不计入大学分数，而是作为自主招生的参考依据。

2004年开始，大学享有自主录取权，学生可同时申请多所大学，获得多份录取通知书，此举一方面为学生提供多次选择的机会，另一方面亦强化了大学招生制度的竞争性和灵活性。

最后，大学获得10%的自主招生名额。[①]对于学业成绩不理想的学生，大学可依据其他因素，如学生对特定领域的兴趣和能力、在非学术活动中的表现等，自主录取具备学术潜力或表现出领导力、责任感等个人特质的学生。具体来说，获得（生物、化学、信息科学、数学、物理）国际奥林匹克奖牌、在国家科学与人才竞赛中获胜、代表新加坡参与艺术和/或体育竞赛、积极参与社区服务和志愿者计划、拥有与申请专业相关的工作经验、在校外的社区组织及体育俱乐部等机构担任关键领导职位等，均可作为自主招生的参考标准。

① Ministry of Education (Singapore).Government accepts recommendations for a flexible and differentiated university admission system[EB/OL].https://www.moe.gov.sg/media/press/2004/pr20040228.htm.

第二节
新加坡高校招考制度的现状及改革

新加坡实行分流教育体系，分流的教育体系需要分类的招考机制。本节首先梳理新加坡各学生群体的升学途径，继而探讨新加坡高校的招生考试及录取方式，并以新加坡国立大学为例，详细分析高校录取大学预科机构和理工学院学生的过程，以及自主招生的程序。

一、新加坡各学生群体的升学途径

新加坡实行分流的教育体系，学生参加小学离校考试（Primary School Leaving Examination，PSLE）后，依据成绩和学习兴趣，选择不同的中学课程。[①]如图 8-1 所示，新加坡的中学主要提供快捷课程（Express Course）、普通学术课程（Normal Academic Course）和普通工艺课程（Normal Technical Course）。依据新加坡统计局的数据，每年约有60%的学生选修快捷课程，25%左右的学生修习普通学术课程，13%左右的学生修习普通工艺课程。另外，亦有少部分学生修习综合课程（Integrated Programme，IP）或进入专科学校（Specialised School）。

快捷课程为期4年，主要提供英语、母语以及学术性的科目。学生完成学业后可参加GCE“O”水准会考，并依据成绩，选择进入初级学院、高级中学等大学预科机构，或进入理工学院、工艺教育学院等以提供职业教育为主的机构。初级学院、高级中学的学生完成学业后可参加GCE “A”水准会考，并凭此成绩申请大学；理工学院的学生可依据GCE “O”水准会考成绩以及理工学院的课程成绩申请大学；工艺教育学院的学生，同样有机会依据课程成绩申请进入理工学院，继而依据GCE “O”水准会考成绩以及理工学

① 一所中学可提供不同类型的课程供学生选择。

院的课程成绩申请大学。

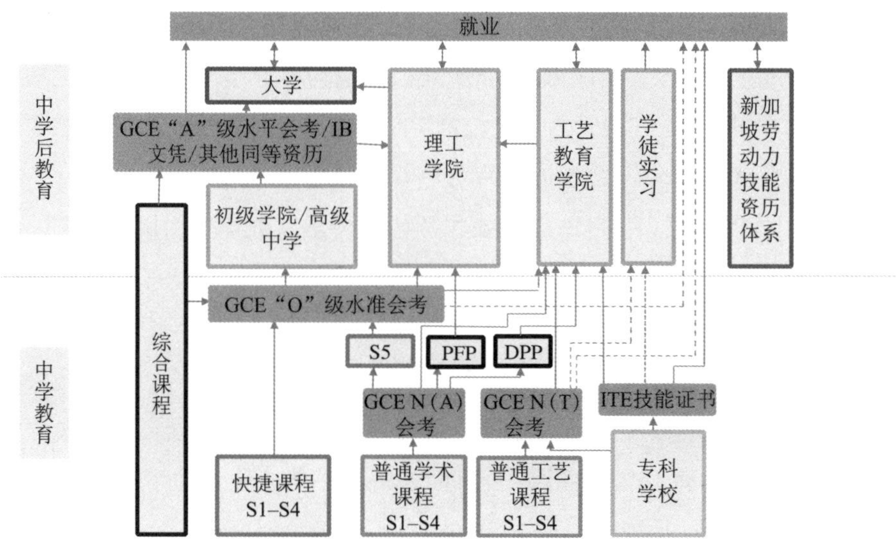

图8-1 新加坡教育体系图（中学以后）

资料来源：依据Department of Statistics (Singapore).Singapore standard educational classification 2015 [R].Singapore: Department of Statistics, 2016. 以及Ministry of Education (Singapore).Singapore's education system: an overview [EB/OL].https://www.moe.gov.sg/education/education-system, 整理而成。

普通学术课程为期4—5年，所学科目与快捷课程较为类似。学生完成4年中学课程后可参加GCE N（A）水准会考[①]，成绩较好的学生，在接受1年中五普通课程（S5）后，可参加GCE “O”水准会考，此类学生群体的后续升学途径与修习快捷课程的学生类似。另外，部分学生可凭一年制的理工学院预科班（Polytechnic Foundation Programme，PFP）及两年制的理工学院直接入学计划（Direct-Entry-Scheme to Polytechnic Programme，DPP）升入理工学院，继而有机会依据GCE “O”水准会考成绩以及理工学院的课程成绩申请大学。其中，理工学院预科班是理工学院为完成4年普通学术课程的学生提供的文凭基础课程，完成该预科课程的学生可以直接进入相应的理工

① GCE N（A）水准会考即新加坡—剑桥普通教育证书初级（学术）水准会考（The Singapore-Cambridge General Certificate of Education Normal (Academic) Level Examination），由剑桥大学国际考试部、新加坡教育部以及新加坡考试及评核局共同负责。

学院学习；关于理工学院直接入学计划，完成4年普通学术课程的学生，进入工艺教育学院学习2年，拿到高级国家工教局证书（Higher Nitec），且满足规定的GPA要求者，可以进入相应的理工学院学习。值得注意的是，部分普通学术课程的学生亦可升入工艺教育学院，修习高级国家工教局证书课程（Higher Nitec Courses），继尔进入劳动力市场。

普通工艺课程为期4年，主要提供英语、母语、数学等科目，以及以工艺或职业为导向的科目，自2005年起，此类课程同时提供涵盖多个科目的选修单元，如护理、旅游或数码动画等，旨在培养学生对特定领域的兴趣。完成普通工艺课程的学生可参加GCE N（T）水准会考①，继而报名工艺教育学院，成绩优异者可选择升入理工学院和大学。据新加坡教育部的统计，每届约有15%的普通工艺课程毕业生能够升入理工学院或大学学习。②

综合课程为期6年，通常为中学与初级学院等大学预科机构的直通车计划（Through Train Program），主要针对少数学习能力强且对特定领域感兴趣的学生。修习综合课程的学生无须参加GCE “O”水准会考，直接接受大学预科教育，课程结束后直接参加GCE “A”水准会考或国际中学毕业会考证书（International Baccalaureate，IB）等其他专业文凭的考试，并依据成绩申请大学。

专科学校为期3—6年，主要为动手能力较强的学生量身定制以实践为导向的培训课程。目前，新加坡共有北烁学校（NorthLight School）、圣升明径学校（Assumption Pathway School）、裕峰中学（Crest Secondary School）和云锦中学（Spectra Secondary School）四所专科学校，部分学校允许学生参加GCE N（T）水准会考，成绩优异者可申请工艺教育学院，继而选择升入理工学院或大学学习。另外，新加坡亦有多所专科自主学校（Specialised Independent School），这些学校旨在为对特定领域（如艺术、体育、数学与

---

① GCE N（T）水准会考即新加坡—剑桥普通教育证书初级（工艺）水准会考（The Singapore-Cambridge General Certificate of Education Normal (Technical) Level Examination），由剑桥大学国际考试部、新加坡教育部以及新加坡考试及评核局共同负责。

② Ministry of Education (Singapore).Parliamentary replies: progression of normal technical students[EB/OL]. http://www.moe.gov.sg/media/parliamentary-replies/2012/02/progression-of-normal-technical-students.php.

科学领域）有浓厚兴趣和专长的学生提供专科教育。部分专科自主学校与理工学院签订合作协议，为学生提供升入理工学院学习的机会，例如，满足条件的新加坡体育学校的学生可直接就读共和理工学院（Republic Polytechnic），此类学生群体同样有机会申请大学。

值得注意的是，新加坡的学生尽管在中学阶段便被分流学习不同的课程，但亦可依据学业表现转读其他更适合自己学习兴趣、进度和能力的课程，例如，修习中学二年级普通学术课程且成绩突出的学生，可选修中学三年级快捷课程，反之亦然。不过，中学二年级普通工艺课程的学生仅能转换至中学二年级普通学术课程修习，无法升级读高一级的普通学术课程。

关于新加坡的中学后教育，学生中学毕业后，除直接进入劳动力市场外，可选择就读初级学院或高级中学等大学预科机构，或者申请理工学院、工艺教育学院，接受实践导向的职业教育。从数量来看，选择大学预科教育的学生仅占中学毕业生的一小部分，绝大多数学生会选择后者。依据新加坡统计局2016年的数据，新加坡近5年（2011—2015年）进入初级学院及高级中学的学生人数分别为32296、32087、32165、31613、29559，进入理工学院及工艺教育学院的学生人数分别为110267、111386、114073、115672、114857，二者比例约为1∶3.5，2015年更是接近1∶4。[①]

具体来说，两年制的初级学院和三年制的高级中学主要提供大学预科教育，除学术科目外，学生亦可凭美术、音乐、戏剧等选修课程，以及课外辅助活动等，培养领导力、独立性、责任感及人际沟通能力，为进入大学做准备。学生完成学业后参加GCE “A”水准会考，并凭此成绩申请大学。

理工学院[②]通常不设学位课程（Degree Course），而是提供工程、应用科学、生物技术、信息通信、会计、大众传媒等领域的文凭课程（Diploma Course）。实践性的课程及实习计划旨在为学生做好职前准备，据新加坡教

① Department of Statistics (Singapore).Yearbook of Statistics Singapore 2016[R].Singapore: Department of Statistics, 2016.

② 目前，新加坡共有5所理工学院，分别为1954年成立的新加坡理工学院（Singapore Polytechnic，SP）、1963年成立的义安理工学院（Ngee Ann Polytechnic，NP）、1990年成立的淡马锡理工学院（Temasek Polytechnic，TP）、1992年成立的南洋理工学院（Nanyang Polytechnic，NYP）、2002年成立的共和理工学院（Republic Polytechnic，RP）。

育局的统计，2015年，约90%的理工学院学生在毕业后6个月内找到了工作。[①]当然，有意深造且成绩优异的学生可依据GCE “O”水准会考成绩和理工学院的课程成绩申请大学。

工艺教育学院[②]即1992年以前的新加坡工业与职业训练局，所提供的课程与职业资格证书培训课程一致，学生毕业后并不会获得学位，而是获颁国家工艺教育学院证书（National ITE Certificate，Nitec），或高级国家工艺教育学院证书（Higher National ITE Certificate，Higher Nitec）。另外，工艺教育学院亦与企业、海外机构合作培训，颁发相应的技能证书，为学生就业做好职前准备。据新加坡教育局的统计，2015年，约85%的工艺教育学院学生在毕业后6个月内找到了工作。[③]当然，有意愿及能力的学生亦有机会升学理工学院或大学。

大学是提供全日制学位课程的主要机构，学生毕业后可获得学士、硕士、博士等学位。目前，新加坡共有6所接受政府财政支持的大学，分别为1980年成立的新加坡国立大学、1991年成立的南洋理工大学、2000年成立的新加坡管理大学（Singapore Management University，SMU）、2009年成立的新加坡科技设计大学（Singapore University of Technology and Design，SUTD）和新加坡科技学院（Singapore Institute of Technology，SIT），以及2006年由新加坡管理学院升级而成的新跃大学（SIM University，UniSIM）。

综上所述，新加坡为各类学生群体提供了多条进入大学的途径。首先，学习综合课程的学生，可直接参加GCE “A”水准会考或国际中学毕业会考证书等同等专业文凭考试，并依据成绩申请大学；其次，学习快捷课程、普通学术课程的部分学生，参加GCE “O”水准会考后可进入初级学院、高级中学等大学预科机构，继而参加GCE “A”水准会考，并依据成绩申请大学；第三，学习快捷课程、普通学术课程的学生，可依据GCE “O”水准会

① Ministry of Education (Singapore).Post-secondary education: bringing out your best with different learning styles[R].Singapore: Ministry of Education, 2016.

② 目前，新加坡共有3所工艺教育学院，分别为工艺教育东区学院（ITE College East）、工艺教育西区学院（ITE College West）、工艺教育中区学院（ITE College Central）。

③ Ministry of Education (Singapore).Post-secondary education: bringing out your best with different learning styles[R].Singapore: Ministry of Education, 2016.

考成绩进入理工学院，成绩优异者可继续申请大学，当然，此类学生群体同样可选择进入工艺教育学院，成绩优异者有机会申请理工学院及大学；第四，普通学术课程的学生可凭理工学院预科班或理工学院“直接入学计划”直接进入理工学院，成绩优异者可继续申请大学；最后，学习普通学术课程、普通工艺课程、专科学校课程的部分学生可依据GCE N（A）水准会考成绩或GCE N（T）水准会考成绩进入工艺教育学院，成绩优异者有机会申请理工学院及大学。

二、新加坡高校的招生考试

初级学院、高级中学等大学预科机构的学生如欲申请大学，需参加GCE“A”水准会考，而理工学院的学生则不需要参加额外考试，仅凭借中四或中五毕业时的GCE“O”水准会考成绩和理工学院的课程成绩申请大学。下面将详细论述GCE“A”水准会考的考试科目、考试科目的组合以及分数核算方式。

GCE“A”水准会考每年举行一次，3月初至3月中旬为报名时间，[①]考试时间往往由5月底持续至12月初。通常情况下，学生将在2年制初级学院或3年制高级中学课程结束时参加GCE“A”水准会考，不过，学生可选择在初级学院一年级或高级中学二年级结束时参加母语（H1）、专题作业以及1门H1级别学术科目的考试，但母语（H1）可在初级学院二年级或高级中学三年级结束时重新参加考试，后两者则不允许重复考试。

（一）考试科目

GCE“A”水准会考科目与初级学院、高级中学等大学预科机构的课程直接对应。自2006年，为最大限度开发学生潜能，新加坡实施了新一轮的课程改革，GCE“A”水准会考科目随之进行调整。

改革后的大学预科机构课程更为灵活、多样，涉及生活技能（Life Skills）、知识技能（Knowledge Skills）以及学术科目（Subject Disciplines）

① 公立学校（Government Schools）或政府资助学校（Government-aided Schools）、自主学校（Independent Schools）、专科学校（Specialized Schools）的学生，由学校统一报名，其他学校的学生可自行报名。

三大领域。如图8-2所示，生活技能领域包括课程辅助活动、品格与公民教育、行动中的德育及体育，旨在通过一系列非学术性的活动和体验，培养学

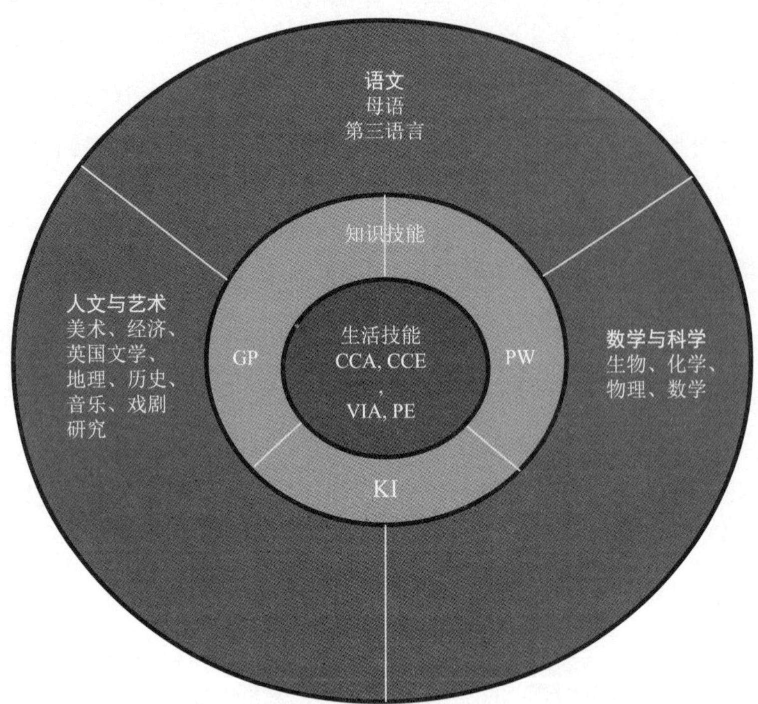

图8-2 GCE“A”水准会考课程示意图

图例说明：

CCA：课程辅助活动（Co-Curricular Activities）

CCE：品格与公民教育（Character & Citizenship Education）

VIA：行动中的德育（Values in Action）

PE：体育（Physical Education）

GP：英文理解与写作（General Paper）

KI：知识与探究（Knowledge & Inquiry）

PW：专题作业（Project Work）

资料来源：Singapore Ministry of Education (MOE).GCE “A” Level Curriculum [EB/OL].https://www.moe.gov.sg/education/pre-university/gce-a-level-curriculum.

生受用一生的价值观、技能和社会责任感；知识技能领域由英文理解与写作、知识与探究、专题作业构成，旨在培养学生的思考及沟通能力，使其能够使用和分析既有信息，同时清晰有效地表达自己的理念和想法。学术科目包括语文（Languages）、人文与艺术（Humanities & Arts）、数学与科学（Mathematics & Sciences）三大学科，各学科的具体科目详见表8-1。

值得注意的是，改革后的大学预科机构课程分为H1、H2和H3三种难度等级。其中，H2级别课程的学习要求、难度等与改革之前相当，但是学习内容有所削减，以保证学生有足够的时间参与课程辅助活动及社区服务，增强社会责任感及人际交往能力。

H1级别课程的学习难度与H2相当，但学习内容、学习时间仅为H2课程的一半，例如，H2级别的历史科目包含两大内容：国际史（1945—2000年）以及东南亚历史（1900—1997年），H1级别的历史仅涉及"国际史（1945—2000年），但学习内容及课程难度与H2级别的国际史（1945—2000年）相当。在获得学校允许的情况下，学生可将H1级别的科目调换为H2级别，反之亦然。不过，若学生已参加该科目（H1）的GCE"A"水准会考，在申请调换科目级别后，H1级别的成绩将予以取消。

H3级别课程可被视为H2课程的进阶，旨在为有潜力和兴趣的学生提供更为专业、高深的知识，除初级学院、高级中学等大学预科教育机构外，新加坡国立大学、南洋理工大学与新加坡教育部合作开设多门H3课程。此类课程可以设置独立的教学大纲，采取多样化的教学方式，通常要求学生已修习相关的H2科目，在此基础上，时间充裕且对特定学科感兴趣的学生，可以选修最多2门H3级别课程。值得注意的是，自2008年后，H3课程的成绩并不计入GCE"A"水准会考总分，但可作为大学自主招生的参考依据。

GCE"A"水准会考科目主要包括知识技能领域的英文理解与写作、专题作业、知识与探究，以及语文、人文与艺术、数学与科学三大领域的学术科目。其中，人文与艺术领域涉及美术（Art）、地理（Geography）、经济（Economics）、戏剧研究（Theatre Studies & Drama）、商业管理（Management of Business）等19个科目；数学与科学领域涵盖生物（Biology）、物理（Physics）、数学（Mathematics）、化学（Chemistry）等7个科目，每个科目设有不同难度等级的课程。例如，数学一科开设H1、H2、H3三个等级的课程，而会计原理（Principles of Accounting）仅开设H2级的课程。具体的科目名称及课程难度详见表8-1。

表8-1 GCE“A”水准会考科目

领域	科目	难度		
		H1	H2	H3
知识技能	英文理解与写作	√		
	专题作业	√		
	知识与探究		√	
语文	母语(中文、马来文、淡米尔文)	√		
	母语B(中文、马来文、淡米尔文)			
	法文	√		
	德文	√		
	日文	√		
人文与艺术	美术	√	√	√
	经济	√	√	√
	地理	√	√	√
	历史	√	√	√
	英国文学	√	√	√
	中国通识(英文)	√	√	
	中国通识(中文)		√	
	英语语言学		√	
人文与艺术	综合研究(中文)	√		

续表

领域	科目	难度		
		H1	H2	H3
	翻译(中文)		√	
	中文语言和文学		√	√
	马来语言和文学		√	√
	淡米尔语言和文学		√	√
	音　乐		√	√
	戏剧研究		√	
	商业管理		√	
	法　文		√	
	德　文		√	
	日　文		√	
数学与科学	生　物	√	√	√
	化　学	√	√	√
	物　理	√	√	√
	数　学	√	√	√
	高等数学		√	
	计　算		√	
	会计原理		√	

资料来源：Singapore Ministry of Education (MOE).Subjects offered at GCE “A” Level [EB/OL].https://www.moe.gov.sg/microsites/cpdd/alevel2006/experience/levels.htm.

除以上科目外，新加坡国立大学和南洋理工大学亦与教育部合作，在人文与艺术、数学与科学领域开设地缘政治：战争与和平、人文与社会科学研究、分子生物学、现代物理学等H3级课程供学生选择。

（二）考试科目的组合

GCE“A”水准会考科目繁多，学生依据能力与兴趣自行选择后，参加相应科目的GCE“A”水准会考。依据新加坡教育部的规定，母语（H1）、英文理解与写作（H1）、专题作业（H1）三科为必选科目，不过，若学生的高级母语（Higher MTL）在GCE“O”水准会考中获得D7及以上的成绩，则无须参加母语（H1）的GCE“A”水准会考。

另外，学生需从人文与艺术领域或者数学与科学领域选择3门H2级别科目、1门H1级别科目，其中，至少1门必须来自其他领域，以拓宽学生的知识视野。例如，偏爱人文与艺术类学科的学生，必须至少选择1门数学与科学领域的科目；偏爱数学与科学学科的学生，必须至少选择1门人文与艺术领域的科目。

依据新加坡教育部的规定，H2级别的知识与探究可替代英文理解与写作与1门H1级别的科目，也就是说，选择该科目的学生，只需另外修习母语（H1）、专题作业（H1），以及3门H2级别的科目即可。值得注意的是，知识与探究（H2）通常要求学生阅读多个领域的参考文献，并能够就特定题目进行独立研究。由于涉及跨学科的知识与技能，该科目既可作为人文与艺术类学科，亦可作为数学与科学类学科，这也意味着，若学生选择知识与探究，则无须另外选择其他领域的科目。

与此同时，H2级别的母语语言与文学可替代母语（H1）与1门H2级别的科目，即选择母语语言与文学（H2）的学生，仅需另外选择英文理解与写作（H1）、专题作业（H1），以及2门H2级别科目，1门H1级别科目。具体的科目组合标准详见表8-2。

表8-2 GCE "A"水准会考科目组合标准

数学与科学学科学生	人文与艺术学科学生
母语（H1） 专题作业 英文理解与写作 3门H2学科 1门H1学科	母语（H1） 专题作业 英文理解与写作 3门H2学科 1门H1学科
若学生修习知识与探究（KI）	**若学生修习母语语言与文学（H2）**
母语（H1） 专题作业（PW） 知识与探究（KI） 3门H2学科	母语语言与文学（H2） 专题作业（PW） 英文理解与写作（GP） 2门H2学科 1门H1学科

资料来源：Singapore Ministry of Education (MOE).The "A" level experience: combinations of subjects[EB/OL].https://www.moe.gov.sg/microsites/cpdd/alevel2006/experience/levels.htm.

表8-2仅为学生选择会考科目组合的最低要求，时间充裕且对特定学科感兴趣的学生，可额外选择多门H1/H2级别科目，或者最多2门H3级别的科目。不过，新加坡政府并不鼓励学生选择较多课程，以保证学生有足够的课外辅助活动及参与其他社会活动的时间。

值得注意的是，大学的各个院系通常依据专业需要，对科目组合及其成绩提出具体要求，以供学生选择考试科目及申请大学时参考。例如，新加坡国立大学建筑学系要求学生的化学（H1）、数学（H1）、物理（H1）科目，至少一科成绩合格，或者GCE "O" 水准会考中高级数学成绩及格；药学系要求学生化学（H2）成绩及格，以及生物（H2）或者物理（H2）任意一科成绩及格。

（三）分数核算方式

与GCE "A" 水准会考科目一致，学生申请大学，通常需要提交3门H2科目、1门H1科目、专题作业、英文理解与写作或知识与探究的成绩，母语成绩一般不计入总分。学生参与课程辅助活动的情况及H3科目成绩将被视为大学自主招生的参考依据。不同级别的科目所占分值亦不相同，H1科目的分值通常计为H2科目的一半，英文理解与写作、专题作业均被视为H1科目。在最低科目组合的基础上，额外选择多门H1/H2级别科目的学生，其GCE“A”水准会考分数核算标准详见表8-3。

表8-3 GCE“A”水准会考科目计分标准

所选科目组合	计分标准
选项一： 3门H2科目 2—3门H1科目 母语(H1) 专题作业 英文理解与写作	可计入总分的科目为： 3门H2科目 成绩最好的1门H1科目 专题作业 英文理解与写作
选项二： 4门H2科目 母语(H1) 专题作业 英文理解与写作	可计入总分的科目为： 成绩较好的前3门H2科目 第4门H2科目转换为H1科目，并计入总成绩 专题作业 英文理解与写作
选项三： 4门H2科目 1门H1科目 母语(H1) 专题作业 英文理解与写作	可计入总分的科目为： 成绩较好的前3门H2科目 1门H1科目，或者第4门H2科目转换为H1科目，并计入总成绩 专题作业 英文理解与写作
选项四： 3门H2科目 母语(H1) 专题作业 知识与探究	可计入总分的学科为： 3门H2科目 知识与探究(KI)作为1门H1科目计入总分 专题作业 知识与探究(取代英文理解与写作)

续表

所选科目组合	计分标准
选项五： 3门H2科目 1门H1科目 母语(H1) 专题作业 知识与探究	可计入总分的科目为： 3门H2科目 1门H1科目，或者将知识与探究作为H1科目计入总分 专题作业 知识与探究(取代英文理解与写作)
选项六： 3门H2科目 2门H1科目 母语(H1) 知识与探究	可计入总分的科目为： 3门H2科目 成绩最好的1门H1科目，或者将知识与探究作为H1科目计入总分 专题作业 知识与探究(取代英文理解与写作)

资料来源：Singapore Ministry of Education (MOE).Entering university: beyond the norm subject combinations[EB/OL].https://www.moe.gov.sg/microsites/cpdd/alevel2006/experience/levels.htm.

由表8-3可知，GCE“A”水准会考通常选取学生成绩最好的3门H2科目，1门H1科目，以及专题作业、英文理解与写作或知识与探究计入总分。其中，知识与探究可作为1门H1科目，以及英文理解与写作，分两次计入总分。

依据教育部的规定，母语成绩可不计入总分，但若学生的母语成绩较好，也可要求计入总分，并获得不超过3分的额外加分。具体来说，母语语言与文学（H2）获得“通过”可加2分；母语（H1）获得“A”可加1分；综合研究（中文）获得“B”及以上可加1分。

三、新加坡高校的录取方式

新加坡实行申请入学制，且高校享有录取权。各大学招生办公室负责发布历年的招生要求及申请程序，学生以GCE“A”水准会考成绩或理工学院的课程成绩、在课程辅助活动或其他社会活动中的表现等，自主申请心仪的一所或几所大学。各大学组织入学选拔委员会（Admission Selection Commit tee，ASC），基于公开竞争原则，依据申请者的学业成绩、面试或能力测试表现及其他方面的特长确定录取结果。值得注意的是，自2017年开始，新加坡高校享有15%的自主招生名额，以选拔学业成绩不佳，但在特定领域具备学术潜力的学生。

梳理新加坡6所大学2017/2018学年的招生章程发现，各校的录取标准、录取程序基本一致。下面主要探讨6所大学对于GCE“A”水准会考考生，即初级学院、高级中学等大学预科机构学生以及理工学院学生的录取标准，并以新加坡国立大学为例，详细阐述新加坡高校录取学生的主要流程。

（一）大学预科机构学生的录取标准

大学预科机构学生的录取结果由大学招生分数（University Admission Score），即GCE“A”水准会考成绩决定，部分院系同样要求学生参加面试或能力测试，依据学生表现确定学院分数，二者相加的总分即为录取依据。依据招生章程，新加坡科技设计大学、新加坡科技学院的各个院系均要求学生参加面试，其他4所大学仅部分院系有类似规定。

1. 大学招生分数（UAS）

大学招生分数主要为GCE“A”水准会考分数。依据新加坡教育部的规定，大学预科机构学生的最低入学要求为：至少2门H2科目成绩及格，英文理解与写作成绩及格，且满足各大学对于母语的要求。满足最低入学要求并不意味着必然被录取，整理各大学的招生章程后发现，除新加坡科技学院仅要求学生满足最低录取标准外，其他大学均规定GCE“A”水准会考成绩应包含英文理解与写作或知识与探究、专题作业、3门H2科目及1门H1科目的成绩。若学生选择多门H1/H2科目，其成绩核算方式详见表8-3。

如前所述，新加坡各大学的部分院系可能依据专业需要，对GCE“A”水准会考科目及其成绩提出具体要求。例如，新加坡国立大学建筑学系要求学生的化学（H1）、数学（H1）、物理（H1）科目，至少一科成绩及格，或者GCE“O”水准会考的“高级数学”科目成绩及格；新加坡管理大学法律专业通常要求申请者的英文理解与写作/知识与探究成绩为A或B；新加坡科技设计大学则要求学生的GCE“A”水准会考成绩包含数学（H2）和一门H2级理科科目，没有以上成绩的学生需要提供相应科目的GCE“O”水准会考成绩。由新加坡科技设计大学2015/2016学年的录取结果可见，当年的录取人数中，99%的学生参加了数学（H2）科目的GCE“A”水准会考，其中，成绩为A或B的学生比例达到85%；76%的学生参加了物理（H2）科目的考试，成绩为A或B的学生比例为72%；83%的学生参加了化学（H2）科目的考试，成绩为A或B的学生比例为75% 。[①]

依据教育部的规定，母语成绩虽可不计入总分，但需满足各大学对母语的最低要求，具体包括：高级母语在GCE“O”水准会考中的成绩为D7及以上等级；母语（H1级）或综合研究（中文）科目在GCE“A”水准会考中获得S及以上等级；母语语言与文学（H2级）在GCE“A”水准会考中获得S及以上等级；母语B在GCE“A”水准会考中获得“通过”。[②]值得注意的是，6所大学同时规定，若学生未满足母语的入学要求，亦可申请入学，但须在大学毕业之前达至上述要求之一。

关于SAT推理测验成绩，6所大学均规定该成绩可不计入总分，但在新加坡国立大学，SAT推理测验成绩可以作为与法律相关各专业的入学要求之一。如前所述，大学的各个院系通常依据专业需要，对学生的会考科目及其成绩提出具体要求，其中，法律相关专业通常要求学生英文理解与写作、知识与探究的成绩至少达到B。不过，若学生的英文理解与写作的成绩为E，[③]但SAT推理测验阅读部分得分700分及以上，亦可被视为满足法律相关学科的专业要求。值得注意的是，SAT推理测验阅读部分的成绩必须为5年以内的考试成绩。

2. 学院分数

6所大学部分院系要求学生参加面试或能力测试，依据学生表现确定学院分数，并作为录取依据之一。以新加坡国立大学为例，该校2016/2017学年的招生章程表明，法学院的法律系、医学院的医学系和护理系、牙医学院

① Singapore University of Technology and Design.Admission requirements[EB/OL].http://sutd.edu.sg/Admissions/Undergraduate/Application/Admissions-Requirements.

② Ministry of Education (Singapore).Entering university: application and selection[EB/OL].https://www.moe.gov.sg/microsites/cpdd/alevel2006/university/ appl.htm.

③ 英文理解与写作（GP）的成绩自上而下分为A、B、C、D、E、S、Ungraded等七级，其中，E及以上为及格。

的牙医系、设计与环境学院的建筑学系和工业设计系均要求已列为录取候选人的申请者参加学院面试，并不断改善面试的形式与内容，旨在全面了解申请者对所申请专业的兴趣及潜力。例如，牙医系自2016年引入新的面试形式——多次小型面试（Multiple Mini Interview），即针对不同的主题要求学生参加多次面试，旨在全面了解申请者对牙科专业的兴趣，以及是否具备口腔保健专业人员应有的专业特质。

除面试之外，上述院系亦自主设计多种与专业相关的能力测试，如建筑学系的“建筑学入学测验（Architecture Admission Test，AAT）”主要考查学生在设计方面的创造力、借由作品表达想法的能力，以及学生对建筑学基本知识的了解程度，考试形式灵活多样，包括问答题、设计插图、简单的模型制作等。又如药学系的申请者需参加“情境判断测验（Situational Judgement Test，SJT）”和“专注技能评估（Focused Skills Assessment，FSA）”。其中，情境判断测验为60分钟的多选题测验，旨在评估申请者关于各种用药情境的判断。专注技能评估则由一系列测试组成，测试形式多样，面试或关于专注力的测验均可，测试团队由学院教师、医生、医疗业专业人员及校友等多个群体组成，测试成员均严格挑选，并于面试前接受培训。牙医系通常要求学生参加“手部灵活性测验（Manual Dexterity Test）”。

（二）理工学院学生的录取标准

依据新加坡6所大学2017/2018学年的招生章程，理工学院的学生可依据理工学院课程成绩、中学四年级或中学五年级毕业时的GCE“O”水准会考成绩申请大学，其中，前者约占总分的80%，后者占比20%。若学生未曾参加GCE“O”水准会考，而是由专科学校或工艺教育学院进入理工学院，大学可依据学生的理工学院课程成绩，以及任何其他学术或非学术成就，对学生的入学资质进行单独评估。当然，各大学部分院系同样要求学生参加面试或能力测试，具体的时间、形式、要求等与选拔大学预科机构学生类似。①

另外，新加坡6所大学同时规定，尚未毕业且正在修读最后一个学期课

① 新加坡科技学院要求所有学生参加面试，部分院系亦要求申请者参加笔试或提交作品、文章等证明材料。

程的学生，可依据前五个学期的课程成绩及GCE“O”水准会考或其他成绩申请大学，若学生满足入学要求，将得到临时的录取通知书，并于入学之前提交最后一个学期的课程成绩。

与大学预科机构学生录取标准类似，6所大学的部分院系同样依据专业需要，对理工学院学生的成绩及所持文凭提出要求。其中，新加坡管理大学法律专业要求申请者的GCE“O”水准会考英文成绩至少为A1或A2；新加坡国立大学法律专业通常要求申请者的GCE“O”水准会考英文科目成绩达到A2，理工学院的英语成绩达到优秀。

关于学生所持文凭，以新加坡国立大学为例，该校的建筑学、工业设计、工程与设备管理和房地产等15个专业可以接受南洋理工学院、义安理工学院、新加坡理工学院、淡马锡理工学院、共和理工学院所有专业的文凭，[①]但其他近20个专业仅接受部分理工学院部分专业的文凭。例如，该校的生物医学工程专业仅接受南洋理工学院的航空与航天技术、生物医学工程、数码精算工程学、纳米技术与材料科学4个专业的文凭，接受义安理工学院的生物医学工程专业的文凭，接受新加坡理工学院的生物电子学、生物工程学、电机与电子工程等4个专业的文凭，接受淡马锡理工学院的生物医学工程、生物信息工程、机械电子学3个专业的文凭，以及共和理工学院的生物医学电子工程、生物医学电子学、电气与电子工程、材料科学4个专业的文凭。以上内容为学生申请大学及填报志愿的重要参考。

（三）录取程序

新加坡高校享有录取权，招生办公室通常负责发布历年的招生要求、录取程序，跟进学生的申请过程，协助各学院确定录取结果等。梳理6所大学2017/2018学年招生章程发现，各校录取大学预科机构、理工学院学生的程序基本一致，均为在线申请、参加面试、确定录取结果、投诉或确认接受录取通知书等步骤，以下主要以新加坡国立大学录取大学预科机构学生为例，探讨新加坡高校的录取程序。

通常情况下，学生需要在招生办公室的在线招生系统中提交入学申请、

① 不包括高级文凭（Advanced Diplomas）、专业文凭（Specialist Diplomas）和课程合格证书（Certificate Courses）。

跟进录取进度并确认录取结果。依据新加坡国立大学2017/2018年的招生流程导引（Application Guide），该校在线招生系统于2017年2月下旬开放，2017年3月19日关闭。

申请之前，学生可于招生办公室网页查看各院系对于会考科目，以及是否参加面试或能力测试的要求。例如，工程科学专业要求学生的数学（H2）及物理（H2）成绩及格，不要求面试或能力测试；医学专业要求学生的化学（H2）以及生物（H2）/物理（H2）成绩及格，要求面试或能力测试。另外，学生同样可查看前一年各专业对于GCE“A”水准会考科目的成绩要求。例如，设计与环境学院的建筑学专业2016/2017学年的录取结果为，由下自上处于第10百分位的学生，其3门H2科目，1门H1科目的成绩分别为AAB/C；第90百分位的学生，各科成绩分别为AAA/A。这些信息是学生申请大学及填报志愿的重要参考。

新加坡国立大学提供两种类型的在线申请表，若学生已收到招生办公室邮寄的个人身份识别码[①]，则填写并提交第一类申请表，其他学生使用第二类申请表。两类申请的流程并无较大差异，只是第一类申请表由系统自动生成个人资料、学业成绩等信息，学生仅需确认即可，第二类申请表则要求学生填写全部信息。另外，第一类申请的处理进度更快，学生可以较早确认录取结果。下面以第一类申请为例，详述新加坡国立大学2017/2018学年录取大学预科机构学生的程序，详情见图8-3。

新加坡国立大学录取大学预科机构学生的程序包括在线申请、确定录取结果、投诉或接受录取通知书三大步骤。首先，由图8-3可知，学生以个人身份识别码和身份证号登录在线招生系统，填写入学申请表。申请表由系统自动生成个人资料、联系方式和学术资历等信息，学生仅需确认即可。若信息有误，学生可在申请表的相关部分填写正确信息，并提供证明材料。另外，关于学术资历的信息，综合课程的学生需同时提供中四相关科目的成绩，以及参与的其他相关测试的成绩。

另外，学生需要填写申请表中其他十二部分信息。第一部分，大学/专

① 个人身份识别码（PIN）为登录在线招生系统的密码，由新加坡国立大学招生办公室于2017年2月提供，通常为8个字母或数字字符。

上教育（Tertiary Education）[①]：如果学生在此部分的答案为“是”，则不应使用该类申请表。第二部分，确认信息及结果：若前面所提及的个人资料、联系方式、学术资历等信息有误，学生可在此处填写正确信息。第三部分，杰出成就：学生可在此填写在国家或国际层面获得的杰出成就（非必填内容），此部分信息为大学自主招生的重要参考。第四部分，专业选择：学生最多可申请8个普通专业，以及8个提供双学位、专业学位等特殊项目的专业。第五部分，国民兵役：如果学生被强制服兵役，可在此处注明兵役服务情况。第六部分，成人申请者：若学生同时希望被视为有工作经验的成人申请者，则需填写此部分信息。第七部分，残疾和特殊需要：如果学生有身体或精神健康状况，可在此部分注明。第八部分，紧急联系人信息：填写在紧急情况下可以联系的亲属或朋友信息。第九部分，申请费用：选择付款模式，并缴付10新币申请费。第十部分，经济援助：此处仅为学生是否需要申请经济援助的意向，而非正式提交经济援助申请。第十一部分，其他信息：若学生曾经被法院、军事法庭或教育机构判定任何罪行或纪律处分，需在此部分予以说明。第十二部分，声明：学生需声明以上所有信息真实无误。

① 介于中学与高等教育之间的过渡教育阶段。通常情况下，专上教育不会授予学位，而是提供文凭、证书或者副学士学位。

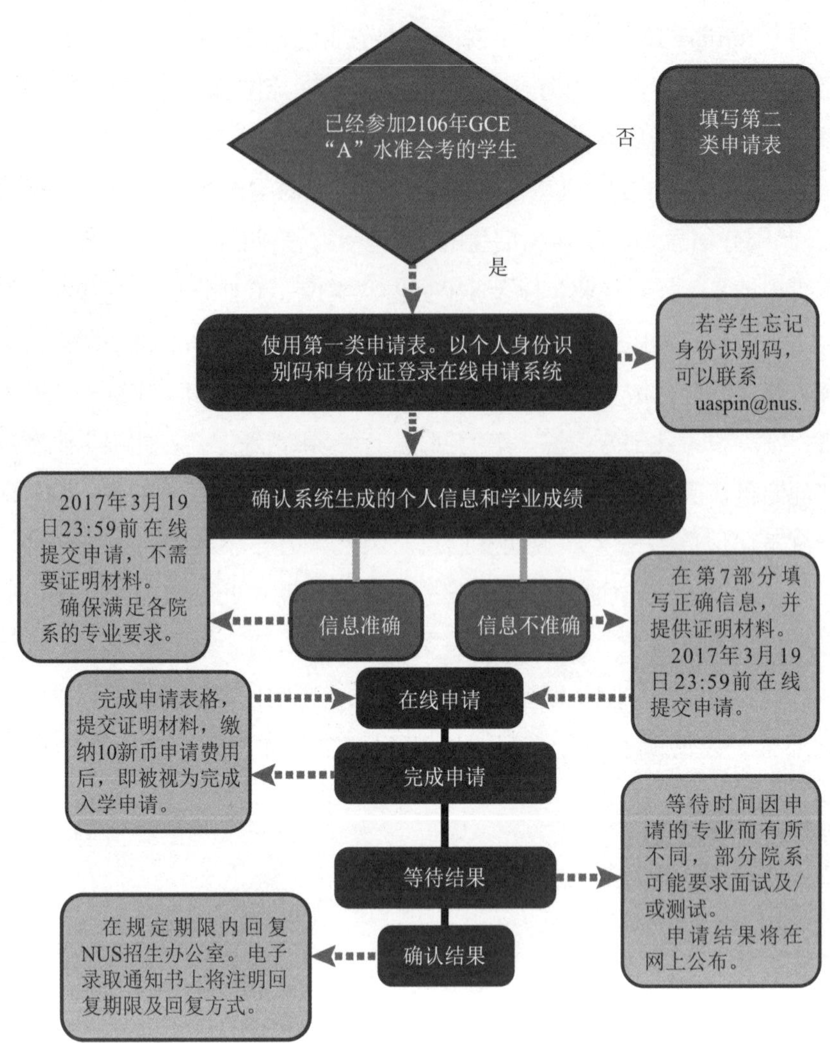

图8-3　大学预科机构学生申请程序

资料来源：Office of Admissions (NUS).Application guide for Singapore-Cambridge GCE “A” level students: academic year 2017/2018 [R].Singapore: National University of Singapore, 2017.

学生除了填写在线申请表，还需要提交母语成绩，证明自己满足新加坡国立大学对于母语的最低要求。其中，若学生在2016年的GCE“A”水准会考中，参加或者重新参加了母语科目考试，[①]则需于2017年4月1日之前将成绩单提交至招生办公室；若学生与母语相关的其他科目获得更好的分数，亦可提交该科成绩。具体情况如下：①若学生提交非淡米尔（Non-Tamil）语系的印度语，包括孟加拉语（Bengali）、古吉拉特语（Gujarati）、印地语（Hindi）、旁遮普语（Punjabi）、乌尔都语（Urdu）等科目的成绩，则需要同时提供小学离校考试（PSLE）或者GCE“O”水准会考的母语成绩；②若学生提交获得批准的外语（Foreign Language）或亚洲语言（Asian Language）成绩代替母语，需同时提交GCE“O”水准会考中的外语或亚洲语言成绩单，其中，获得批准的外语包括法语、德语和日语，获得批准的亚洲语言为阿拉伯语；③学生被豁免提交GCE“A”水准会考母语成绩。若学生已获得教育部颁发的GCE“O”水准会考母语成绩豁免信，或在GCE“O”水准会考中，提交缅甸语（Burmese）/泰语（Thai）等科目的成绩，则无须提交母语的GCE“A”水准会考成绩。

其次，确定录取结果。学生填写完成申请表格，提交相关证明材料，缴纳10新币的申请费用后即可视为完成入学申请。大学组织入学选拔委员会，综合考量申请者的学业成绩，以及参与课程辅助活动或其他社会活动的情况后，参考学生填报的志愿，拟定录取结果。部分院系组织面试或能力测试后，依据学生表现，确定最终录取结果。

具体来说，入学选拔委员会首先依据学生的第一志愿，按照GCE“A”水准会考成绩依次录取学生，若学生的第一志愿专业已无空缺名额，或成绩未达到第一志愿专业的最低录取分数线，入学选拔委员会则依次考虑学生能否为下一个志愿专业录取。值得注意的是，医学、牙医、建筑、工业设计、法律、护理等竞争较为激烈的专业对学生志愿的优先级提出了具体要求。具体来说，法律、牙医、医学等专业要求申请者必须将其列为第一或第二志愿，不过，法律学院同时规定，若学生将医学、牙医、建筑、工业设计或护理列为第一和第二志愿，则法律可被列为第三志愿；另外，建筑、工业设计和护理专业同样要求学生将其列为前三志愿之一，方可被予以面试或能力测

① 母语可重复测试，学生可在初级学院一年级或高级中学二年级结束时参加“母语”考试，也可在初级学院二年级或高级中学三年级结束时进行第二次测验。

试的机会，而录取结果的确定，除GCE“A”水准会考成绩外，亦参考学生在面试或能力测试中的表现。

最后，投诉或确认接受录取通知书。若学生对新加坡国立大学的录取结果有不同意见，可于2017年5月初的投诉期内，提交不超过1000字的在线投诉申请，简明扼要地阐述具体情况及投诉的理由。招生办公室负责与各学院协调处理投诉申请，并于2017年6月底或7月初发布处理结果。若学生对录取结果无不同意见，须在规定期限内回复招生办公室，确认接受录取通知书，具体的回复期限及回复方式通常于在线招生系统内的电子录取通知书上注明。

（四）自主招生

2004年，新加坡引入自主招生计划，大学开始享有10%的自主招生名额，以挑选GCE“A”水准会考成绩不理想，但在特定领域有学术潜力，以及具备领导力、责任感等个人特质或其他体育、艺术才能的学生。值得注意的是，依据新加坡教育部的规定，高校自主招生名额比例从2017年起提高至15%。

关于自主招生的录取标准，学生选修的GCE“A”水准会考H3级科目成绩、积极参与课程辅助活动或社区服务等社会活动、在体育或艺术活动中取得重大成就、对特定学术领域感兴趣并取得优异成绩等，均为自主招生的重要参考依据。综合新加坡6所大学的招生章程，满足以下条件的学生更有可能获得自主招生的资格：获得（生物、化学、信息科学、数学、物理）国际奥林匹克奖牌；在国家科学与人才竞赛中获胜；代表新加坡参与艺术和/或体育竞赛；积极参与社区服务和志愿者计划；有与申请专业相关的工作经验或突出成就；在校外的社区组织、体育俱乐部等机构担任关键的领导职位。当然，申请自主招生的学生需提供关于参与上述竞赛或活动并取得成绩的证明材料。

关于自主招生的录取程序，6所大学均不另设招生考试，录取程序亦与普通招生同时进行。以新加坡国立大学为例，申请自主招生的学生，需在申请表“杰出成就”部分详细陈述自己选修的H3科目及其成绩、参与课程辅助活动的情况、在艺术或体育方面的特长，另外，学生亦可描述一段与申请专业相关的特殊经历或曾经参与的活动等。通常情况下，新加坡国立大学的入学申请均首先按照招生办公室的普通招生程序处理，若申请者的大学入学分数高于当年最低录取线，该申请者将不被视为自主招生候选人；若申请者的大学入学分数低于当前最低录取线，该申请者则被视为自主招生候选人，“杰出成就”部分的信息亦成为重要的录取参考。

除在申请表上详细描述自己的学业成绩及非学术活动中的表现外，南洋理工大学同样要求学生提交至少1份（最多2份）评核报告，其中，评核者（appraiser）不能为家庭成员或亲属，最好是（但不限于）课程辅助活动的教练和导师，有过交往的社区人员，或非营利组织的首席执行官、领导、专业人士等。评核者被邀请填写在线评估表，从以下几方面对学生进行准确、无偏见的评价。

第一，领导力：申请者曾经展示出管理才能，能够激发同伴的自信心，获得共事人士之尊重，曾经担任过重要的领导角色，是团队的榜样。

第二，积极影响：能够调动士气，并能让同伴遵循或响应其行动。

第三，创造力：能够在项目或活动中提出新的想法。

第四，诚信：对自己和他人保持尊重，并能够在不同情境下坚持道德原则和标准。

第五，学术及其他方面的成就：曾代表学校或国家参加学术竞赛、展览、研讨会，或在奥林匹克等体育赛事中获奖，在以上活动中取得奖牌或获得认可的学生，将给予特别关注。

第六，情感成熟度：思维稳定，能够以负责任和冷静的方式处理情感和情绪问题。

第七，毅力：拥有在困境中完成任务或保持努力的能力，可以在各种情境下尽最大努力完成工作。

第八，责任感：能够将任务视为自己的责任，并全力投身其中。

第九，主动性：在没有被告知的情况下，依然对任务表现出兴趣和热情，并积极参与其中，能够积极求学，主动探索未知的知识和技能。

第十，关心社区：积极参与社区或社会活动，真正关心弱势群体。

第十一，自信：相信自己的理念和能力，能够负责任、独立地工作。

第十二，学术能力：在学习中表现出较强的能力。此份评核报告将与申请表中的信息一起作为自主招生的录取依据，当然，部分院系同样要求学生参加面试或能力测试。

值得注意的是，新加坡国立大学医学院自主设计了“杰出人才计划（Exceptional Individual Scheme，EIS）”，用以挑选除学业成绩之外，在医学相关专业具备特殊才能及取得优异成就的学生。具体来说，申请者需向医学院院长办公室提交一份文档，包括个人声明（500字）、所参与的课外活动列表、所在初级学院或者高级中学的官方推荐函、2封推荐信（推荐人需要填写一份由6—8个问题组成的在线调查问卷）等信息。“杰出人才计划”申请者将与普通申请者共同参加医学院的情境判断测验（SJT）、专注技能评估（FSA）及面试，招生委员会将详细评估申请者的表现并确定录取结果。

综上所述，首先，新加坡分流的教育体系为各类学生群体提供多样化的入学途径。依据学习兴趣和能力，选择普通或职业教育的学生，均有机会进入大学。其次，分流的教育体系，需要灵活的招生考试和分类的录取标准。GCE“A”水准会考的考试时间、考试科目及难度、分数核算方式弹性且灵活，照顾到各类学生群体的不同需要。而且，新加坡高校针对不同的学生群体提出分类的录取标准，大学预科机构的学生主要依据大学招生分数，即GCE“A”水准会考分数，以及面试、能力测试等学院分数申请大学，理工学院学生则依据理工学院课程成绩、中学四年级或中学五年级毕业时的GCE“O”水准会考成绩申请大学。最后，新加坡高校实行自主决策的录取方式，高校依据学生学业成绩和非学术活动中的表现，自主决定录取结果。自2017年开始，新加坡高校开始享有15%的自主招生名额，自主招生不另设招生考试，录取程序亦与普通招生同时进行，最大限度地降低了招生成本。

第三节
新加坡高校招考制度的启示与借鉴

本章前两节回顾了新加坡高校招考制度的发展历程，详细梳理了1998年、2003年两次招考制度改革的过程及内容，深入探讨了新加坡各学生群体进入大学的途径，以及现有高校的招生考试及录取方式。综合上述材料，本节主要总结新加坡高校招考制度的特点，并在此基础上针对我国高考改革提出政策建议。

一、新加坡高校招考制度主要特点

综合前述内容，新加坡高校招考制度具有如下特点。

（一）多样化的入学途径

新加坡实行分流的教育体系，学生参加小学离校考试（PSLE）后，依据成绩和学习兴趣，自主选择普通或职业教育中学课程。其中，普通教育课程包括快捷课程、普通学术课程及综合课程；职业教育课程包括普通工艺课程，以及专科学校或专科自主学校提供的课程。

与多元的中学课程相对应，新加坡中学后教育机构亦较为多样，具体包括：初级学院或高级中学等大学预科机构；理工学院、工艺教育学院等提供文凭或证书课程，旨在为学生就业提供职前培训的机构；以及提供全日制学位课程的大学。

分流的教育体系需要分类的招生方式，新加坡教育体系为各类学生群体提供了多条进入大学的途径。具体而言，其一，选择综合课程的学生，直接参加GCE“A”水准会考或其他同等资历考试，并依据成绩申请大学。其二，选择快捷课程的学生，成绩优异者依据GCE“O”水准会考成绩进入初级学院、高级中学等大学预科机构，继而凭借GCE“A”水准会考成绩申请大学。当然，选择此类课程的学生同样可以依据GCE“O”水准会考成绩进入理工学院或工艺教育学院，成绩优异者有机会继续申请大学。其三，普通学术课程提供与快捷课程类似的升学路径，不过，修读前者的学生亦可凭借理工学院预科班或理工学院直接入学计划进入理工学院，成绩优异者有机会继续申请大学。其四，普通工艺课程、专科学校的学生可依据GCE N（A）水准会考成绩，或GCE N（T）水准会考成绩进入工艺教育学院，成绩优异者有机会继续申请理工学院及大学。

（二）弹性、灵活的招生考试

新加坡高校不另设招生考试，学生主要以GCE“A”水准会考成绩申请大学。其中，GCE“A”水准会考由剑桥大学国际考试部、新加坡教育部、新加坡考试及评核局三者共同负责，并由后者具体组织与实施。总体来看，GCE“A”水准会考主要有如下特征。

首先，考试时间分散且灵活。依据新加坡考试及评核局的规定，历年的GCE“A”水准会考一般由5月底持续至12月初，一方面分散了考试的压力；另一方面，又为学生提供了较为充分的备考时间。而且，学生同样能够依据自身学习情况，灵活选择母语（H1）、专题作业和1门H1级别学术科目的考试时间，除完成全部课程外，亦可选择在初级学院一年级或高级中学二年级期末参加考试。

其次，考试科目多元且可选择。GCE“A”水准会考科目主要来自知识技能、学术科目两大领域，生活技能领域的课程辅助活动等仅作为自主招生的参考依据。具体而言，知识技能领域的三大科目，即英文理解与写作、知识与探究、专题作业重在考查学生独立学习、合作研究、意见表达等多方面的能力，为GCE“A”水准会考的必考科目；学术科目包含语文、人文与艺术、数学与科学三大学科的近30种科目，且每一科目提供H1、H2、H3等多个等级的课程，学生可根据自身兴趣与能力自主选择。

最后，分数核算方式弹性且人性化。通常情况下，GCE“A”水准会考成绩包括3门H2科目、1门H1科目、专题作业、英文理解与写作或知识与探究等科目的成绩，若学生修读了多门H1/H2科目，可选择成绩最好的3门H2科目、1门H1科目计入总成绩。另外，知识与探究作为H2级科目，课程难度及要求较高，因此，该科目可替代英文理解与写作与1门H1级别的科目，分两次计入总分。

与此同时，母语成绩虽不计入总分，但若学生的母语成绩较好，也可要求计入总分，并获得不超过3分的额外加分。具体来说，母语语言与文学（H2）获得“通过”可加2分；母语（H1）获得“A”可加1分；综合研究（中文）获得“B”及以上可加1分。申请大学时，学生可提交包括母语和不包括母语成绩中较好的一份成绩单。

（三）自主决策的录取方式

新加坡实行申请入学制，且高校享有录取权。学生依据学业成绩和非学术活动中的表现，自主申请心仪的一所或几所大学，各高校组织入学选拔委员会，基于公开竞争原则，综合考虑申请者的志愿、学业成绩、学术潜力及其他方面的特长，确定最终录取结果。另外，各大学部分学院同样依据专业需要，自主设计能力测试或要求学生参加面试，学生在上述活动中的表现同样为重要的录取标准之一。

在录取过程中，新加坡高校针对不同的学生群体，设计分类的录取标准。具体来说，大学预科机构学生的录取标准为：GCE“A”水准会考成绩，以及依据能力测试或面试确定的学院分数。理工学院学生的录取标准为：中四或中五毕业时的GCE“O”水准会考成绩约占20%，理工学院课程成绩约占80%，部分院系同样要求学生参加能力测试或面试。值得注意的是，若学生未曾参加GCE“O”水准会考，大学可依据理工学院课程成绩，以及任何其他学术或非学术成就，对学生的入学资质进行单独评估。

另外，新加坡高校享有15%的自主招生名额，以选拔学业成绩不佳，但在特定领域具备学术潜力，以及表现出领导力、责任感等个人特质，或具有特殊的体育、艺术才能的学生。自主招生不另设招生考试，亦无硬性录取标准，主要由各学院招生委员会依据学生提交的材料，或在能力测试/面试中的表现，综合评估学生的入学资质，并确定最终的录取结果。

二、新加坡高校招考制度启示

新加坡高校招考制度与我国存在较大差异，例如，我国高中会考与大学入学考试并存，新加坡的GCE“A”水准会考则既可作为大学前教育的合格凭证，亦可作为申请大学的主要依据；我国高考科目主要为语文、数学、物理、历史等学术科目，新加坡GCE“A”水准会考除学术科目外，还包括知识与探究、专题作业等跨学科研究式的科目，旨在考查学生独立思考、人际交往以及使用和分析既有信息、清晰表达理念和想法的能力；我国采用集中录取制，新加坡高校则享有自主录取权。

虽然两国高校招考制度各有特点，但新加坡致力于引入综合评价标准、下放招生自主权的招考制度改革却与我国高考改革方向颇为一致。我国于2014年颁发的《国务院关于深化考试招生制度改革的实施意见》（以下简称《实施意见》）明确提出：“形成分类考试、综合评价、多元录取的考试招生模式”①，新加坡在以上三方面均积累了较多经验，可为我国高考制度的进一步完善提供重要参考。

（一）拓展不同学生群体的入学途径，搭建公平的终身学习“立交桥”

新加坡注重普通教育与职业教育的弹性互换，为各类学生群体提供多条进入大学的途径。无独有偶，认可多种学习成果，促进各级各类教育纵向衔接、横向沟通，搭建公平、多样的终身学习“立交桥”，为不同学习需要及进度的学生提供多次选择机会，同样是我国《国家中长期教育改革和发展规划纲要（2010—2020年）》（以下简称《规划纲要》）与《实施意见》的重要目标之一。

依据新加坡的经验，不同的学生群体需要分类的招生考试及录取标准。目前，我国已在积极探索高职院校分类考试，其中，《实施意见》明确提出，中职学校毕业生报考高职院校，可参加文化基础与职业技能相结合的测试；普通高中毕业生既可参加统一高考进入高职院校，亦可参加职业适应性测试，并依据高中学业水平考试成绩及综合素质评价申请进入高职院校。不过，高职院校学生如何进入大学却鲜有政策或研究提及。虽然高职院校与普通高校旨在培养不同类型的人才，但普通高校同样需要为高职院校学业成绩较好，且有意继续深造的学生提供选择的机会，使其得以在适合自己能力和

①国务院.国务院关于深化考试招生制度改革的实施意见[EB/OL].http://www.gov.cn/zhengce/content/2014-09/04/content_9065.htm.

兴趣的学习进度中，寻求最优的发展道路。

关于高校录取高职院校学生的标准，参加统一高考进入高职院校的学生，可考虑以高考成绩和高职院校课程成绩申请大学；未参加高考的学生，可参考中职院校学术科目成绩、高职院校课程成绩，以及其他任何可以证明其学术能力的测验成绩。复杂的生源类型需要灵活的招考方式，可考虑赋予普通高校自主招收高职院校学生的权力，同时，各院系宜依据专业需要，对此类学生所需提供的学业成绩、所持高职院校文凭类型或其他方面的表现做出具体规定，以供学生参考。

值得注意的是，囿于招生及教育理念，普通高校可能并无招收高职院校学生的意愿和热情。上文所述并非提倡普通高校必须在短期内为各类学生群体提供公平、多样的入学途径，并积极探索针对各类学生群体的招生考试和录取标准，而是指出改革的方向，毕竟搭建终身学习“立交桥”是世界多国教育及招考制度改革的重心，[①]也是《规划纲要》与《实施意见》的重要目标之一。

（二）改革考试科目，促进招生考试的多样化

新加坡考试科目涉及生活技能、知识技能以及学术科目三大领域，学术科目更是包括数学、物理、地理、经济、商业管理等近30种科目，且每一科目提供H1、H2、H3等多个等级的课程，学生可根据自身兴趣与能力自主选择。长期以来，我国高考科目主要为语文、数学、英语、理科综合/文科综合，其中，理科综合包括物理、化学、生物3科；文科综合包括思想政治、历史、地理3科，学生的选择范围较小，且自高中二年级便被分流至理科或文科，窄化了学生的知识视野。

值得注意的是，考试科目的改革已经引起政府部门的重视，《实施意见》明确提出改革方案，并于上海、浙江率先试点。考试科目改革后，语文、数学、英语仍为必考科目，但学生可从物理、化学、生物、思想政治、历史、地理等科目中自主选择3科，最终成绩由必考科目高考成绩和自选科目的高中学业水平考试成绩构成。此举在一定程度上增大了学生的选择权，分散了考试的压力，但相较于新加坡近30种的选修科目，我国学生的选择

① 张伟远，段承贵．终身学习立交桥建构的国际发展和比较分析[J]．中国远程教育，2013 (17): 9–15.

范围仍然较小，可考虑进一步拓展高中学习科目，同时各科目设立不同难易级别的课程，以满足学生的不同学习需要。当然，拓展高中学习科目往往对高中教学计划、班级组合方式等造成重大影响，可考虑试点后逐渐推行、改进。

参考新加坡的经验，除拓展学术科目外，我国亦可考虑在高中阶段开设类似知识与探究、专题作业等跨学科研究式的科目，以考查学生学习多学科知识与技能，以及独立思考、合作研究等方面的能力。此类科目的成绩短期内可作为自主招生的参考依据，日后逐渐纳入普通招生标准，成为高校录取学生的主要依据之一。

考试科目改革后，学生可结合自身兴趣与能力，选择必修科目以及不同领域、不同难易级别的选修科目组成科目组合。在此情况下，一方面需要政府对必修及选修科目的种类、可选择的数量、科目组合的要求、不同科目组合的可比性，以及分数核算方式等做出总体规定；另一方面，高校的各个学院同样需要依据专业要求，对科目组合及其成绩提出具体规定，以供学生选择考试科目及申请大学时参考。同样的，考试科目的拓展涉及高中课程与高考制度两方面的协同改革，审慎规划、循序渐进方为良策。

（三）深化综合素质评价，探索多元录取机制

新加坡自1998年后，逐渐引入综合评价标准。一方面，改革GCE“A”水准会考科目，对学生素质进行综合考查。除数学、物理、地理等学术科目外，GCE“A”水准会考亦引入知识与探究等知识技能科目，以及课程辅助活动等生活技能科目。前者为必考科目，侧重考查学生独立学习、合作研究，以及清晰表达意见和想法，并以报告或作品等形式予以呈现的能力；后者主要为学生在社团、体育及艺术活动中的参与，重在考查学生的合作意识、沟通能力以及社会责任感，是各高校自主招生的重要参考。另一方面，引入多元录取标准，除GCE“A”水准会考成绩外，高校各学院可依据专业需要，自主组织能力测试或面试，考查学生对相关专业的学习兴趣与潜力。另外，其他学业成绩，如理工学院的课程成绩、中学四年级或中学五年级毕业时的GCE“O”水准会考成绩亦为重要的录取标准之一。

长期以来，我国以高考分数作为高校招生的唯一依据，刚性、单维度的

录取标准使得综合素质评价往往流于形式。当然，我国高考与新加坡GCE“A”水准会考等大规模标准化考试，强化了考试成绩的可比性，可以为高校招生提供基本的筛选依据，同时，二者均由政府组织实施，在很大程度上保证了考试过程的公平性，以及考试结果的可信度。不过，高考等单一考试仅将学生的能力、潜质量化为具体的分数，无法对学生的素质进行综合评价，不利于高校对于多元人才的选拔。

值得注意的是，深化综合素质评价，探索多元录取机制已经列入政策文本。《规划纲要》和《实施意见》均强调在完善高中学业水平考试、规范高中学生综合素质评价的基础上，探索基于统一高考和高中学业水平考试成绩、参考综合素质评价的多元录取机制。事实上，目前对于多元录取机制的争议在于如何实现综合素质的可比性，如何判断质性材料的真实性，以及如何规避人情等因素的干扰。笔者认为，可考虑对已开展多年自主招生的高校下放招生录取权，由高校教师等专业人士依据综合素质档案，以及面试或能力测试等方式，对学生的综合素质进行真实、客观的专业判断。关于人情因素，一方面，享有自主招生权的高校多为高水平综合性大学，较为注重学校及学院声誉，而且，此类院校已积累较多自主设计招生考试、组织面试等经验；另一方面，高水平大学之间激烈的优质生源竞争，也有助于此类高校合理使用招生录取权。人情顾虑不应成为改革止步不前的理由。

（四）适当下放招生录取权，增加学院对招生过程及结果的话语权

新加坡高校享有招生录取权，学生依据学业成绩和非学术活动中的表现，自主申请心仪的高校后，由各校入学选拔委员会综合考量学生的志愿专业、学业成绩、面试或能力测试的表现以及其他方面的特长，确定录取结果。另外，关于自主招生，新加坡高校通常不另设招生考试，而是以学生所提供的GCE“A”水准会考H3级科目成绩，参与课程辅助活动或社区服务等社会活动、在体育或艺术活动中取得的重大成就、对特定学术领域感兴趣并取得优异成绩的证明材料，以及在院系组织的面试或能力测试中的表现，自主录取GCE“A”水准会考成绩不理想，但在特定领域具备学术潜力、特殊才能或表现出领导力、责任感等个人特质的学生。

在我国，政府长期主导招考工作的各个环节，如招生计划的制订、高考的组织实施等，高校只是作为“演员”参与其中，完成政府的规定动作，缺乏基本的招生自主空间。[①]目前，我国高校招生录取，通常由政府机构依据学生的投档志愿，按照高考分数由高到低集中分配，高校方面则主要由招生办公室等行政部门负责与政府相关机构沟通学生接收事宜，学生的培养单位——学院并未参与其中。

依据新加坡的经验，大学享有录取权，学院参与招生过程，并对招生结果享有发言权更有利于选拔符合专业需要的人才。当然，招生考试方式越多样，越不依赖分数，客观上对没有社会资本的家庭就可能越不利，[②]尤其是在经济、文化、教育等资源存在较大差距的中国。因此，下放录取权或可考虑以下两个选项。其一，已开展多年自主招生的高校享有完全招生录取权，但为边远、贫困、民族地区或者农村考生预留入学名额。具体录取方式可由招生办公室依据当年学生的报考情况和高考分数，按照一定比例划定最低录取分数线，确定各学院的录取候选人，继而允许学院依据专业特色，自主设置录取标准及考核形式，并确定最终录取结果。其二，已开展多年自主招生的高校享有完全的自主招生录取权，并扩大自主招生名额比例，其他学生群体则仍由政府机构或高校招生办公室依据刚性的高考分数集中录取。其中，自主招生的录取标准、考核方式可由高校自主决定，并且允许高考成绩、高中学业水平考试成绩、高校自主考试成绩等作为学生的学业成绩。

当然，此类录取方式需要高额的招生成本，且更容易受到人情因素的干扰，选择已开展多年自主招生的高校下放录取权便是基于以上两个因素的考量。一方面，享有自主招生权的高校多为高水平综合性大学，依现有研究成果可见，2015年，我国参与自主招生的试点高校包括36所“985”高校、51所“211”非“985”高校以及3所普通高校，[③]此类高校更为注重优质生源的竞争，愿意花费人力、物力、财力完善人才选拔的招考机制；另一方面，出于对学校及学院声誉的维护，此类高校更有可能主动抵制人情等因素，且

① 郑若玲，万圆. 统一高考制度的问题及其成因评析[J]. 华中师范大学学报（人文社会科学版），2015(7): 154-160.

② 刘海峰，李木洲. 兼顾公平与科学的高考改革[J]. 中国考试，2015(9): 3-9.

③ 万圆. 2015年自主招生优惠政策的使用效益及影响因素分析[J]. 复旦教育论坛，2016 (14): 86-92.

更为注重招考机制的公平性，最大限度地对弱势学生群体予以政策倾斜。

有学者对北京大学、清华大学自主招生政策进行研究后发现：二者不断完善自主招生考核方式，力图全方位、多角度、多层次考核学生能力；自主招生的透明度逐年加大，招生腐败的生存空间越来越小，舆论监督得以充分发挥作用；逐年加大对弱势群体及贫困地区学生的招生倾斜与教育援助。例如，北京大学在中学资格审查、学生考核等环节中适当照顾农村偏远地区生源，清华大学除将自主招生的对象范围由以往的592个国家级扶贫开发工作重点县增加至832个，同时增加集中连片特殊困难县，不在以上区域的全部乡镇农村中学也首次纳入“自强计划”候选人推荐考察行列，除此之外，还对参加“自强计划”的学生实行单独的笔试和面试，入选者可一次性获得1万元生活补助，并获得勤工助学岗位的优先安排以及学习与发展指导上的专门安排。[①]得益于这一研究结论，对我国高校下放招生录取权或许可以得到更多的信心和理解。

① 郑若玲.自主招生需抓住机遇大胆前行[J].大学教育科学，2014(3)：4-6.

结　语

招生工作作为高等学校教学工作的起点与重要环节，是世界各国高等教育机构都十分重视的一项工作。尽管各国国情不同、制度各异，但就人才选拔与高等教育的关系而言，各国高等学校的招生工作仍有许多共同之处和必须遵循的基本规律。本书以美国、加拿大、英国、澳大利亚、俄罗斯、日本、韩国、新加坡等国的高校招考制度作为考察对象，通过对各国高等院校招考制度的历史梳理与现状分析，发现这些国家的高校招考制度有注重公平性，重视高中成绩，强调综合评价、科学选才，给予高校自主招生权等共同之处。这些做法非常值得我国在高考改革过程中借鉴与吸纳。

其一，公平始终是贯穿高校招生改革的一条主线。公平无国界，公平不仅是中国，也是人类社会共同和永恒的诉求。高考改革的公平性是一个世界性话题。无论是拥有高等教育先进经验的欧美国家，还是文化和教育观念与我国更接近的亚洲近邻；无论是具有高校自主招生传统的国家，还是以统一招考为主的国家；无论是实行中央集权的国家，还是实行地方分权的国家；无论是发达国家，还是发展中国家，在对高考与高等教育入学机会公平性的追求上并无二致，高考改革及其争议的聚光灯总是聚焦在公平上。

在美国，“平权”是高等教育发展与改革的关键词，高校招生的几乎所有改革都不遗余力地指向公平，如取消提前录取、废除《平权法案》、改革财政援助、实行“可免试入学”等，都是为了提升弱势群体的高等教育入学竞争力、增加其入学机会。在英国，指导英国高校公平招生实践的《施瓦茨报告》明确提出：一个公平的招生体系是为不管背景如何的所有人提供被适合个人能力和志向的专业所录取的平等机会，既不偏向于来自特定背景或学校的申请者，同时确保录取决策过程中考虑的因素是准确的、相关的，从而保证所有申请者都拥有证明个人成就和潜能的平等机会。英国高校构建公平招生体系的主要途径有两条：实施背景考察和开展拓展工作。一方面，通过不同渠道搜集申请者的教育环境、地理—人口学信息以及社会经济背景，作为录取的重要依据，并坚信考察背景是选拔最具发展潜力学生和区分高成就申请者的公平方式，同时，对弱势学生进行个体化审查成为趋势；另一方面，注重通过拓展工作（包括提供与专业、选拔过程、资助、各类资源支持等相关的信息）吸引来自弱势背景的高成就学生，并致力于使他们变成具有竞争力的申请者。在澳大利亚，针对弱势学生和土著民族，制定了一些特殊的招生录取计划如“加分奖励计划”“教育公平入学计划”“土著民族替代入学计划”等。其中，“加分奖励计划”是大学为了吸引特长学生或促进偏远地区学生的入学所提供的选拔加分项目计划，大学招生中心会根据学生居住地的邮政编码或就学地的相关学校办学水平来审核偏远地区学生的资格并进行加分；“教育公平入学计划”是大学对长期处于教育劣势的学生提供的特殊入学计划，只要是处于无法控制的教育劣势条件或遭遇困难环境的澳大利亚学生，如身心障碍、长期患病、经济困难、难民身份、英语语言困难、家人病重或去世、就读于乡村偏远地区等，都可以申请该计划；“土著民族替代入学计划”则是大学针对澳大利亚土著居民和托雷斯海峡岛民所提供的高等教育替代入学方式。在俄罗斯，根据考生的生活状况，规定了相应的优先录取办法，如为残疾人、孤儿等弱势群体拨出专门的公费录取名额，不与正常考生产生竞争；对盲人、聋哑人等残疾考生和健康状况异常的考生，根据他们的个体特点，提供专门的设备和仪器来保障入学考试的顺利进行。在韩国，由于重视高等教育的区域均衡与阶层均衡，部分一流大学有专门针对弱势群体的招生计划，即针对那些在经济、文化、体能、智能、处境等方面处于相对不利地位、生存困难和发展机会匮乏的那部分群体，包括城市低收入家庭学生、农村和渔村家庭学生、特殊教育者（残障学生）、职业高中学生等。

其二，高中成绩是大学招生中与大规模统一考试成绩同等重要，甚至更为重要的考量因素。与一次性考试相比，高中成绩是一个较长时段的学业反映，具有更大的稳定性，对学生的考查也更加全面，因而受到各国的青睐。

美国学者通过对高中成绩和美国高考（即SAT、ACT等大规模标准化考试）分数分别与大学学业成绩及毕业率的相关性研究，发现高中成绩是一个比“美国高考”分数更可靠也更公平的大学学业及毕业率的预测指标，因此，“美国高考”作为大学招生“黄金罗盘”的存在根基正在受到越来越多的动摇，以致有三分之一的四年制本科高校开始实行部分乃至完全的“可免试入学”改革。在英国，招生颇为倚重的A-level考试以及早期的学业记录GCSE成绩，则可视为与其他学术型资格证书或职业型资格证书以及高校单独组织的专业入学考试相对应的中学学业表现。在加拿大，尽管高校招生既没有大学入学考试，也没有全国统一的招生制度，但各校都有共同的最低要求，即申请者必须拥有高中文凭。此外，高中阶段的学习成绩，特别是高中最后两年的学习成绩高低对于本国学生能否进入加拿大著名学府起着关键作用。在日本，作为高校多样化招考制度的重要组成部分，推荐入学制度高度关注考生在高中的学习过程，需要考生提供记录了高中学习与活动基本情况的高中调查书，调查书中每学年的成绩记录是获得推荐资格的重要依据，如果成绩不理想就会被大学拒之门外。而且，该制度不单纯以学业成绩作为评价手段，而是结合高中阶段的各种课外活动与志愿者活动等实施综合评价，通过将高中调查书中记录的内容如学分获得情况、各科目成绩记录、出勤、参加课外活动与志愿者活动、所获资格证书、检定证书等情况，转化为对应的分数即“内申分”，纳入招生评定参考中。在韩国，文教部规定各大学均可以对学生在校生活综合记录簿、大学修学能力考试、各大学单独考试、面试、论述考试等成绩进行自由选择与组合来选拔学生，其中，学生在校生活综合记录簿成绩即是学生的中学各方面表现，覆盖学生在校学习生活的全部活动记录，包括毕业证号码、学年、班级、姓名、个人情况、学籍情况、出勤情况、身体发育情况、获奖情况、资格证书情况、特别活动情况、服务活动情况、义务劳动情况等。至于各大学是否参考以及如何参考，则由学校自行决定。

其三，各国都日趋重视对学生进行综合评价，以实现全面考查、科学选材。在高校招生的发展过程中，各国高校普遍意识到以单一的考试手段选拔学生易于偏颇、造成学生恶性竞争和片面发展，因此，在招生制度的改革中，都尽可能对学生进行全方位、多角度的综合评价。

在美国，高校录取新生没有绝对的刚性标准，而是实行综合评价，评价依据包括高中学业成绩、大规模统一考试分数、推荐信、课外活动、才艺证明、小作文等诸多材料，旨在从德、智、体、美各方面对学生进行全面考查。在英国，对学生的综合评价内容包括个人陈述、推荐信、A-level预测成绩、学业记录、入学考试成绩、写作质量、面试表现等多个因素，对各因素的综合评价使得大学，尤其是精英大学可以选拔出具备优异学业成就和成功潜力的生源。在澳大利亚，综合评价的做法是将校内考试成绩与校外考试成绩结合在一起，其中校内评价是对学生高中期间学习成绩定量和定性评价，校外评价则以统一考试为主要评价手段。为了使校内评价和校外评价的标准相对一致，澳大利亚制定了明确详细的课程标准和评价量表，校内评价和校外评价都严格按照统一的标准执行，此外，还用另外的标准参照系对校内评价成绩和校外评价成绩进行校准和调整，当校内评价结果和校外评价结果达到相对一致以后，才会综合在一起对学生学业成绩进行总评。在日本，虽然统考制度是选拔优秀人才的有效机制，但高校还通过面试、小论文、报告等来考查学生，重视挖掘个人潜能，对学生个性予以充分尊重。除了大考中心考试（即日本大学入学考试中心组织的考试）和高校单独考试的两次考试外，还有AO入学、推荐入学、编入学、社会人员入学等多种多样的入学制度，重视高中调查书、参与课外活动、学习态度等的综合评价。在韩国，大学所倚重的学生在校生活综合记录簿包括学生在校方方面面的记录，反映的就是学生的综合素质，而且韩国政府明令各大学不能只看重学业成绩，而要重点考查学生的特长、各种活动记录。在新加坡，自1998年后逐渐引入综合评价标准，一方面，改革GCE“A”水准会考科目，对学生素质进行综合考察，除数学、物理、地理等学术科目外，GCE“A”水准会考亦引入知识与探究等知识技能科目，以及课程辅助活动等生活技能科目，前者为必考科目，侧重考查学生独立学习、合作研究，以及清晰地表达意见和想法，并以报告或作品等形式予以呈现的能力，后者主要为学生在社团、体育及艺术活动中的参与情况，重在考查学生的合作意识、沟通能力以及社会责任感，是各高校自主招生的重要参考；另一方面，引入多元录取标准，除GCE“A”水准会考成绩外，高校各学院可依据专业需要，自主组织能力测试或面试，考查学生对相关专业的学习兴趣与潜力。

其四，都赋予高校招生自主权。高校作为一种开展高等教育的特殊机构享有办学自主权，既是一种世界性的历史传统，也是高等教育发展的内在要求。在西方国家，高等教育具有大学自治、学术自由的传统，高校有权决定和管理自己的事务，在招生上享有高度的自主权。因此，高校作为教育机构公法人，在招生活动中具有“招生自由裁量权”，即“高校在法律与规章制度授权和许可的范围内，基于合理选拔人才的目的，自由斟酌选择自己认为正确、恰当的行为的权力”[①]。

美国赋予高校招生自主权，招生的标准、规模及运作完全由各校招生委员会自主制定，联邦与州政府均不得干预。这也是为何白人学生诉讼大学因执行《平权法案》而对自己有“逆向歧视”时，多数都以败诉告终的重要原因，只要大学招收有色族裔是基于多样化的考量，没有构成违反宪法的歧视，法院就不得干涉大学的招生自主权。当然，美国的大学也因此时常要应对公众对诸如“逆向歧视”“校友子女优先录取”等问题的质疑与非议。在英国，高校招考实行考试、招生和录取三职分离制度，并由政府严格监管。其中，与中国统一高考类似的证书考试由全国6个综合考试认证机构具体实施；招生服务由实行公司化运作的非营利性机构——全国高等院校招生服务处向各高校提供，以便协助后者顺利、高效地录取新生；录取选拔则完全是大学的自主行为，是大学基于学术判断的责任，大学有权自主设置录取标准、评价方式和实施过程，但其录取政策的制定与实践须遵从政府设定的政策和法律要求。在加拿大，高校作为独立法人，享有财产独立、高校自治和责任自负的权利，其中大学自治是大学法人的本质特征，高度自治权的首要体现就是自主招生。虽同在北美地区，但加拿大与美国的情况很不相同，加拿大没有联邦教育部、没有全国统一的高校入学考试，招生方式较其他国家更为灵活多样，完全由高校自主决定。在俄罗斯，高校录取新生采取“统考成绩＋部分高校、部分专业的入学加试＋考生的个人成就”的二次考试模式。二次考试选拔模式既能发挥统一高考的规模效应，又能结合各高校的办学特色、扩大高校的招生自主权，并兼顾考生个体的综合素质和能力，从而实现高考兼顾公平选才与科学选才的目标。在日本，虽然具有绝对权威的统考制度，但教课科目的弹性设置，为各高校与考生预留了许多自主决定的空间。在韩国，文教部规定可供各大学选择的录取标准多达六种，大学在文教部的监督下和法律限定的范围内能够独立行使招生录取权利，自主确定录取方案。在新加坡，高校享有招生录取权，学生依据学业成绩和非学术活动中的表现，自主申请心仪的高校后，由各校入学选拔委员会综合考量学生的志愿专业、学业成绩、面试或能力测试的表现以及其他方面的特长，确定录取结果。

以上各国高校招生制度及其改革的共同之处，也正是我国高考改革的目标

① 尹晓敏. 规范高校招生自主权行使的若干问题的法律思考[J]. 黑龙江高教研究,2004(11):74-76.

与方向。总体而言，统一高考在过去60多年间发挥的作用利大于弊，影响优多于劣。但毋庸讳言，它给教育也造成不少负面影响，带来诸多弊端，有的弊端甚至很严重。例如："片面追求升学率"导致工具主义与功利主义盛行；学业负担过重、学习偏科造成学生身心片面乃至畸形发展，与"人的和谐全面发展"教育目标背道而驰；招生过程中采取不正当手段"挖墙脚""材料造假""身份造假"等，悖逆于教育的成"人"目的、给年轻的灵魂留下永难抹去的污痕；诸如此类。我国亟须全面检视大一统高考制度，以兴利除弊，使其良性发展。

从入学渠道看，尽管政府已清醒意识到统一高考造成诸多弊端，一再强调改革要朝"分类考试、综合评价、多元录取"的方向行进。但是，在目前的招生体制下，有关高考改革的诸多美好设想乃至已出台的政策多言易行难。例如，《规划纲要》明确指出"建立健全有利于促进入学机会公平，有利于优秀人才选拔的多元录取机制。……对特长显著、符合学校培养要求的，依据面试或者测试结果自主录取；高中阶段全面发展、表现优异的，推荐录取；符合条件、自愿到国家需要的行业、地区就业的，签订协议实行定向录取；对在实践岗位上做出突出贡献或具有特殊才能的人才，建立专门程序，破格录取"。但实际上，除了极少数特别优秀的高中毕业生通过保送、极少数特殊人才通过专门或破格录取进入大学，绝大多数考生仍需通过统一高考来竞争入学机会。从20世纪80年代中期开始实行的保送生制度，因出现各种诚信丑闻，规模一再缩水，条件也一再设限。近年来在一些高水平大学试行的自主招生改革，也因公平性与科学性广受争议而呈收紧趋势。

从录取依据看。尽管各种招生文件中都明确高校录取是"德、智、体、美全面考核，综合评价，择优录取"，但在招生实践中无一例外地被执行为"唯分是从"，"高考分数"成为唯一依据。无论是1987年颁布的《普通高等学校招生暂行条例》，还是2004年该暂行条例失效后每年发布的《普通高等学校招生工作规定》，都规定"根据考生的考试成绩，从高分到低分，按略多于计划招生总数确定控制分数线"或"根据高校的招生计划数和考生的考试成绩，综合考虑并确定各批次录取控制分数线"。除保送生外，对高中思想品德或在全国性学科竞赛表现优异的学生，以及部分少数民族、华侨归侨、烈士子女和退役士兵等特殊人群，虽然给予程度不等的加分，但也没有跳出"分数挂帅"的窠臼。

"唯分是从"影响了高校招生的科学性。仅凭分数评价人才显然有失偏颇，从某种角度看，既不科学也欠公平。公平的实质并非“一刀切”式的整齐划一，而是使真正的人才各得其所、各尽其能、各安其位，都有脱颖而出的机会。统一高考分数只是考生在一次考试中的业绩表现，高考因时间和题量所限，考核范围极为有限，且只有笔试（除外语科目有少量口试），更不要说高考命题本身也存在质量与公平方面的问题，考试的信度、效度、科学性、公平性都亟待提高。高等教育旨在培养社会各领域高级专门人才，自然需要多元、多样的手段、途径、方法、依据来选拔优秀、适合的培养对象。使用单一的考核手段与录取标准，不仅无助于高考改革目标之实现，反而成为强大的反推力，与改革目标背道而驰。

针对我国高考存在的诸多问题，借鉴国外教育发达国家的经验，结合本国国情，今后我国高考改革应在坚守公平的基础上扩大高校招生自主权，重视对学生综合评价，择优录取，加强与中学互动，更充分挖掘高中教学在高校招生中的参考价值，在公平、公正、公开、透明的原则下，制定出更加多元、多样的招生政策，以真正践行《规划纲要》提出的“建立有利于优秀人才选拔的多元录取机制”，并将中小学教育有效引导到素质教育与全面发展的轨道上。

当前，深化人才评价与招生录取改革，最重要的是扩大高校的招生自主权，并以此统领综合评价等一系列改革。自主招生改革已经试行十余年，且行且新、渐成共识，充分说明这是统一高考中一项行得通且行之有效的制度创新。尽管关于自主招生改革一直都是聚讼纷纭，但近几年，一些名校的自主招生明显散发出较以往更为浓厚的公平气息与科学色彩。例如：日渐完善自主招生面试环节，对学生的评价越来越综合、灵活、生动、立体，力图做到对考生全方位、多角度、多层次的考核；逐年加大对弱势群体及贫困地区学生的招生倾斜与教育援助，因地制宜、因材施教，旨在对因教育资源、社会资本、文化资本等因素造成的竞争起点的不公平状况进行一定程度的纠偏；改革的透明度逐年加大，招生腐败的生存空间越来越小，舆论监督得以充分发挥作用；大学与中学的互动关联更加密切，不同教育阶段得以更好地合作与衔接。得益于这些改革创新，高校的自主招生能力与水平正在不断提高。享有高度的招生自主权也是世界一流大学的普遍特征。自主招生的意义不仅仅在于为试点高校选拔优秀生源，而且在于对高考多元化与多样化改革探索的有力推进、对素质教育及德智体全面发展教育目标的有效践行。目前，自主招生改革涉及的范围与数量还非常狭窄有限，但其弘扬的理念与产生的影响积极而深远。

在没有试行自主招生改革前，人们常常批评高考“一考定终身”。但试行自主招生改革后，尤其是最近几年个别高校自主招生贪腐案件被揭露，不少人又认为自主招生相比于高考，可能存在更大的人为操作空间，而且能在自主招生考试中脱颖而出的考生，往往出身于社会阶层较高、经济条件较好的家庭，并据此认为自主招生会加剧阶层的固化。因此，囿于陈旧的人才观念以及外界对公平、公正性质疑的困扰，自主招生改革一直难以摆脱“分数优先”，甚至“分数至上”之窠臼，选才仍具有浓厚的“唯分是从”色彩。的确，能在高校自主招生考试中脱颖而出的考生，往往出身于社会阶层较高、经济条件较好的家庭。这一现象不仅仅存在于自主招生中，也普遍存在于高校录取，尤其是名校录取中。由此担心自主招生会加剧阶层固化也不无道理。事实上，在完全实行自主招生的美国高校，生源阶层构成的失衡也是一个长期困扰它们的社会难题。①然而，中国的教育与社会公平问题，全部由高考招生来承担责任既不公平也不合理。我们不能因为纯粹地追求阶层之间的入学公平而忘却自主招生的本原动机。自主招生的原始动机是充分发挥高校招生自主权，招收到综合素质全面、富有多样化与培养潜质的优秀而且适合各高校培养需求的生源。影响阶层之间入学机会的因素有很多，其中社会资源分配不均是最主要的因素，自主招生只是影响因素之一，自主招生对阶层固化的影响，可以通过完善自主招生标准及招生程序等予以弱化，甚至消除。再者，虽然自主招生容易滋生腐败不公，但自主与公平并非决然对立，只要程序公正、信息公开、机制透明，自主招生的腐败与不公是完全可以抵御的。

由于自主招生存在一些负面现象，近几年的改革力度明显减弱、政策收紧。其实，进行自主招生改革并没有错，不能因噎废食。政府应该做的，除了加强高考制度改革的顶层设计外，还应转变职能，由以往的包办变为监管和引导，努力下放招生自主权，把原来紧握在手的招生权力归还给高校，并引导高校积极投身于招生制度的改革洪流中，在改革中提升自主招生能力。正如抱着的孩子永远学不会走路一样，由政府包办招生的高校，其招生能力也永远没有机会得到培养和锻炼。

① Sarah Ovaska. How Standardized Admissions Tests Fail NC Colleges, Students[EB/OL]. http://www.ncpolicywatch.com/2012/11/16/how-standardized-admissions-tests-fail-nc-colleges-students/.

针对以往的问题，2015年的自主招生政策做了一定调整，时间由以往统一高考前调至高考后举行，且不得举行校际联考。笔者认为，自主招生改革的最主要目的是扩大高校招生自主权，2015年的政策调整并未从根本上改变其“带着镣铐跳舞”的现状，甚至会被“镣铐”锁得更紧。下一步的自主招生改革应加大步伐、大胆尝试。对于高水平大学，在充分尊重其改革意愿的情况下，可以鼓励这些大学将高考分数由录取的“硬条件”调整为“软标准”，根据高考分数、高中学业水平考试、高中综合成绩、高校自主笔试或面试成绩、考生各种获奖材料或才艺证明、推荐信等进行多元评价与综合录取。对于少数具有特殊才能的学生，甚至可以完全抛开高考分数进行录取。只有打破高考分数这一冰冷沉重的“镣铐”，自主招生才可能做到自由选才。与此同时，坚守程序公正、信息公开、机制透明、舆论监督等原则，让自主招生发挥其科学选才与引导教育的最大功效。

后 记

伴随着我国高等教育向普及化节点的冲刺与国际化进程的加快，国际高等教育研究成为一个越来越热门的领域。然而，与我国高考研究在国内高等教育研究界“门可罗雀”的尴尬地位一样，国外高校招考制度问题也属于较为冷僻的研究领域。之所以如此，一则因高校入学考试与招生问题处于普通教育与高等教育的交叉地带，虽然是一个颇受民众关注的社会热点，却不像其他纯粹的高等教育问题那样能引发高等教育研究者广泛的研究热情，尤其在我国，高校基本没有招生自主权，招生的主要乃至唯一尺度是高考分数线，以至于一些高校的招生办自嘲是“接生办”，研究者对招生问题的研究兴趣自然也不大；二则因国外高校考试招生资料较为散落甚至匮乏，不像研究其他高等教育问题那样能便捷地搜集到丰富的参考资料。然而，本书各位作者本着对国外高校招考制度的研究兴趣与学术责任，在我发出合作邀约之后，勇敢地接受了挑战，并克服种种困难，全力以赴、精修细改，最终按期交出了各自比较满意的书稿。

研究国外高等教育问题，除了需要具备丰富的相关领域知识储备和良好的研究与写作能力，最好还有境外亲身体察的求学经历。古人提倡人生修炼之法在于“读万卷书、行万里路”，当今的理论研究也同样如此，只有将“行走的学问”与“书中的道理”融会贯通，在读中走、在走中读，理论研究才会变得更加立体、丰满，才有可能落地为有效和可行的现实政策。参加本书撰写的作者们，均有良好的研究基础和相应国别的语言能力，并均有境外求学或访学的经历。李欣副教授在做博士后研究期间，专赴加拿大查找有关研究文献，进行访谈调查。蔡培瑜博士在澳大利亚接受本科和硕士教育后，又在澳大利亚从事教育工作数年，在厦门大学攻读博士学位期间，再次赴澳大利亚查阅文献和访谈调查。胡永红博士本硕均就读日语专业，攻读博士学位期间，专门赴日搜集文献并进行访谈调查。王婧博士也曾赴俄罗斯访学一年，专门研究俄罗斯高考问题。朱贺玲博士在我国香港中文大学攻读博士学位期间，对近邻新加坡的高考问题也有所关注。万圆博士曾在美国访学两年，利用美国文献数据库的便利条件，查阅了大量英国高考文献。凌磊博士生在攻读硕士学位期间先后三次共计一年赴韩国访学，对韩国的高等教育尤其是高考问题多有关注。本人也曾先后两次共计两年在美访学，对美国的高考问题有一定了解。作者们难得的境外求学、访学经历，给原本可能枯燥的理论研究注入了新鲜的“学术血液”与充沛的“学问活力”，从而增强了理论著作的可读性与亲近感。

本书作者均为厦门大学考试研究团队的在职在读人员、已出站的博士后或已毕业的博士生。具体分工如下：郑若玲负责全书章节设计和统稿修改，并撰写前言、第一章、结语、后记；李欣撰写第二章；万圆撰写第三章；蔡培瑜撰写第四章；王婧撰写第五章；胡永红撰写第六章；凌磊撰写第七章；朱贺玲撰写第八章。除了凌磊之外，本书其他作者清一色是不让须眉之巾帼，且多数是事业、家庭一肩挑的职场精英，既有繁重的工作任务，又有繁杂的家事和年幼的孩子要照顾，交稿前最紧张的写作时间正值春节，自己不时地催促，使她们春节陷入焦虑不安、挑灯夜战、加班加点的紧张状态。每念及此，心生歉疚，只能秉持“止于至善”的厦大校训，以更加认真负责的态度进行统稿，使书稿臻于完善，以报诸君之辛劳。无奈，多人合写的著作由于作者们各不相同的写作习惯与思维方式，通常都存在“汇易统难”之先天不足，至少难以做到风格完全一致。本人在统稿时虽尽心修缮、竭力统合，但能力、精力与水平有限，本书仍有诸多不尽如人意之处，敬请读者海涵宽容。

“知我者谓我心忧，不知我者谓我何求。”在高考恢复40周年的2017年，完成这本较深入研究国外高考制度的小著，对于时下躁动多变甚至可谓迷离彷徨的高考改革，无疑很有现实意义。为了如期交稿，笔者2017年春节几乎都泡在书斋中，重复单调的文字工作。学者的生活在常人看来大概是枯燥无味、了无情趣的，但自己觉来，“竹雨松风赏琴韵，茶烟梧月闻书声”的魅力，胜过“觥筹交错竭喧哗，迷金醉纸恣挥霍”岂止千万倍？在安静的芸窗里、在柔和的台灯下，书中的文字是熠熠生辉、鲜活灵动、芷兰幽香的。本书的完成，不仅仅是给出版社交了一份“答卷”，更让我收获了愉悦、涤荡了心灵，正如于谦《观书》一诗所云：“书卷多情似故人，晨昏忧乐每相亲。眼前直下三千字，胸次全无一点尘。”窗外，夕阳徐下、落日熔金，被霞光温柔拥抱的那片阔海，以及海中那座孤岛，时而浓墨重彩似西洋画，时而素淡雅静似山水画，它们既是我风里雨里日常的伴侣，又似幻似真成了我灵魂的寄寓。书山有路，学海无涯，且行且享受。

郑若玲
于海豚湾竹雨屋
2017年4月1日

图书在版编目（CIP）数据

国外高校招考制度研究 / 郑若玲等著. -- 杭州 : 浙江教育出版社, 2017.12
（高考制度变革与实践研究）
ISBN 978-7-5536-6786-7

Ⅰ. ①国… Ⅱ. ①郑… Ⅲ. ①高等学校－招生制度－研究－国外 Ⅳ. ①G649.1

中国版本图书馆CIP数据核字(2017)第321700号

责任编辑 吴颖华　　责任校对 陈云霞
封面设计 韩　波　　责任印务 陈　沁

高考制度变革与实践研究
GAOKAO ZHIDU BIANGE YU SHIJIAN YANJIU
国外高校招考制度研究
GUOWAI GAOXIAO ZHAOKAO ZHIDU YANJIU
郑若玲　等著

出版发行 浙江教育出版社
（杭州市天目山路40号　邮编：310013）
图文制作 杭州林智广告有限公司
印刷装订 杭州富春印务有限公司
开　　本 710mm×1000mm　1/16
印　　张 24.25
插　　页 2
字　　数 371000
版　　次 2017年12月第1版
印　　次 2017年12月第1次印刷
标准书号 ISBN 978-7-5536-6786-7
定　　价 52.00元
联系电话 0571-85170300-80928
网　　址 www.zjeph.com